水上に住まう

——中国福建・連家船漁民の民族誌

藤川美代子

風響社

まえがき

――水上。そこは、人が住まうのに適した空間なのか。あるいは、脱却・忘却すべき空間なのか。本書は、約一〇〇年にわたる現代中国を舞台に、船上生活者を見つめながら、水上（と陸上）に住まうことの意味を問う民族誌である。

唐突だが、私には、父と母が二人ずついる。日本で私を生み、育ててくれた父と母。中国・福建の河で船に住まい、魚を捕る父と母。放任を貫く前者と、愛情を注ぎすぎる後者。どちらも、私を摑んで容易に放さない。家族とは、しがらみのようなものだ。

人との出会いは、（それがいかなる類の出会いでも）不断にしがらみを生む。「連家船漁民」（＝家族で船に住まう漁民、の意）の父母との縁は、福建南部を流れる大河、九龍江畔の漁村でのフィールドワークにあった。厦門大学に留学中だった二〇〇七年の年始、（漠と農村を想像しながら）「どこか長期調査のできる村を」と請う私に、当時の指導教官が紹介してくれたのが、この漁村だった。

規格の揃った集合住宅群を縫うように、九龍江の支流。浮かぶ、赤・黄・緑・青の小船。その上で、刺し網を繕い、甲板のペンキを塗り直す人。コンロで煮炊きする人。小路をゆく、学校帰りの子。漁村橋から望む景色は、鮮烈だった。私はすぐさま、「ここでフィールドワークをさせてほしい」と申し出た。下調べの猶予はなかった。よくわからぬまま、そこに（自ら）ぽこっと入り込んでしまったというのが、私と彼らとの出会いだった。

ぽこりと置かれた私を襲ったのは、孤独だ。誰も知る者のいない都会に一人で存することをまったく厭わぬ（むしろ、そのほうが気楽だと思う）私が、孤独を感じたのだ。そこが、しがらみでつながる人々の織りなす空間だからだろう。皆、私を見ていた。私は、よそ者だった。その目が、私を孤独にさせた。やることがないからカメラを片手に散歩すれば、皆、背を向ける。言葉がわからぬから微笑めば、皆、すっと目を逸らす。しがらみに分け入ることは、できなかった。

だが、時は流れる。「標準語しか口にせぬ、お偉い博士（課程の学生）」は、「舌足らずの方言を話す、変てこな子」になった。やがて、父と母ができた。子と孫は男ばかり。女の子がほしかった張アーグン・黄アーギム夫妻が、「あなたを、乾女兒（＝義理の娘）にしたい」と言い、私はその意味するところを知らなかったが、快諾した。その日から、家族が八人になった。祖父母と親戚が現れた。甲板の下で母と寝た。私が掃除しているトイレ（プロパンガスのボンベが置いてある）に火の点いた爆竹を放った甥っ子を、怒鳴り散らした。「お宅の日本人をうちの嫁に」という連家船漁民の頼みを、父は「うちの子はまだ、勉強中の身だから」と丁重に断った。……いつの間にか、私はしがらみのただなかにいた。

眼前に存するのは、もはや、四〇〇〇人超の連家船漁民という集団ではない。現れたのは、「説教ばかり垂れる張さん」・「酒を飲むと、これ見よがしに日本の悪口を言う解放軍上がりの欧さん」・「愛すべき甥っ子」という、個々の具体的な顔をもつ生身の人間の姿だった。そのなかで、私は彼らに不審がられ、怒られ、嫌われ、利用され、やさしくされ、守られながら、二年半を過ごした。今も、そこは大事なしがらみの現場だ。

私が生身の連家船漁民のもとでおこなった（ている）こと。それは、果たして調査だろうか。予備知識のない私はずっと、何を見れば、何を尋ねれば、意味ある結果が生まれるのか（つまり、論文を書くための材料が得られるのか）、判然とせぬままだった。だから、そこにいた。そうしたら、彼らのしがらみが、私を巻き込んでくれた。一つ知れば、知らないことが増えてゆく。私のフィールドワークは、これのくり返しだ。

漁村から帰国後。今度は、中国の、アジアの、船上生活者研究に目をとおして、途方に暮れた。そこに広がるのは、「苛酷で悲惨な水上世界」に生きる、「物言わぬ弱き被差別者」の姿だった。研究史の山は畳みかける。中国の船上生活者は、文明に浴さぬ蛮族、あるいは賤民であり、中華人民共和国建国後に漢族の地位を授かり、陸上に家屋を得てもなお、彼らはマジョリティである陸上定住者から完全なる漢族と認められることはなく、社会の周縁に追いやられる一方なのだと。それゆえに、船上生活者は今も、魅惑の陸上世界へ同化したいと願いつづけているのだと。

ああ、私の接した連家船漁民もまた、このように悲惨な運命を歩んだ人々だったか。漁村に入った時、私はそれを知らなかったのではないだろう。予備知識などもたずとも、人には、その類のことを嗅ぎとる力がある。だから、私は孤独だったのだ。鮮烈な景色として迫ってきた小船と、その上の人々。船は、苫《とま》を外せば、あけっぴろげになる。だが、私はその放たれた空間に集う人々を、じろじろと見ることができなかった。カメラを向ける勇気がなかった。彼らは私を見ていた。背を向け、しがらみを作ったのは、私のほうだ。

直視できない理由は、何か。私は、彼らを侮蔑したのではない。船は人が住まうのに適した空間でないと直感し、そこに住まわねばならぬ連家船漁民を憐憫の目で見たのだ。橋から見下ろす自分が投げる憐みの視線を、私は彼らに悟られたくなかった。侮蔑と誤解されたくなかったのか。人を傷つけまいとする偽善の心がそうさせたのか（それで彼らが傷つくのかどうかもわからぬのに……）。屈折した心情はおそらく、説明のつかぬ、半ば刷り込まれた意識によるものだ。

だが、橋を下りて泥の岸辺に向かい、歩み板（＝船から岸に渡す板）に足をかけると、どうだ。そこに、別の景色はないか。私がしがらみの内部で接したのは、実に単純ならざる、連家船漁民だった。悲惨なはずの彼らは、いつでもどこでも笑っている（むろん、怒り、悲しみもする）。農民や市街地住民、土地・家屋を有する漁民から「水鴨仔」（＝カモ）と呼ばれ馬鹿にされてきた彼らは、一九六〇年代以降、陸上の居住空間を得て喜んだ。悲願が達成されたと。彼らの多くは、「われわれの祖先は農民出身なのだ」と主張し、農村の祖先や陸上の神明を祀ってもいる。だが、彼らの七七％以上が、陸上に家屋を獲得した後の現在も船に住まい、漁や水上運搬をつづけている。「船の暮らしは艱苦だ（＝つらく、苦しい）」が口癖の私の母も、一年のうち三六四日ほどを船で寝泊まりして過ごす……。

そこにあるのは、「陸上世界への同化の希求」とも、「定住化への抵抗」とも呼べぬような、矛盾に満ちた実践の重なりである。本書に通底する問いは、まことにシンプルである。本当に、水上は苛酷で悲惨な世界なのか。そこに住まう連家船漁民は、悲しき被差別者でしかないのか。陸上とは、無条件に魅惑的な世界なのか。すでに、しがらみの内に絡めとられてしまった私は、今度は、橋の高みからではなく、船から見る視点を獲得したいと切に願う。連家船漁民が苫を開けて望む水陸の境界は、いかなるものとして存しているだろうか。彼らは、二つの世界を、いかに住まい、いかに生きているだろうか。

本書が目指すのは、連家船漁民の水上／陸上に住まうという営みを、単なる容器としての船や家屋で寝泊まりする行動に矮小化することなく、彼ら自身の生きざまを表すような日常実践の総体として捉え、その絡み合いを描くことである。日常は、矛盾にあふれている。彼らも私も、その矛盾を生きている。

●目次

第Ⅱ部 陸上の世界に自らを位置づける

第Ⅲ部 水上／陸上のはざまで

装丁＝オーバードライブ・前田幸江

●水上に住まう——中国福建・連家船漁民の民族誌

序章

水上は、人が住まうには苛酷で悲惨な世界だ――。船上に住まう人々を貶めてきたこの通念は、近代において、彼らを水上から陸上へと解き放つように働いてきた。一九五〇年代からアジア各地の水辺に次々と建てられた、杭上家屋や鉄筋の集合住宅。この時、水上を漂う根なし草のような小船での暮らしは、蔑みの対象から、憐みの対象へと変わった。「陸上には、学校も病院もある。あなたたちにも、安全で、豊かで、文化的かつ科学的な生活を営む権利がある。さぁ、陸上へ！」と。そう、船上生活者は、陸上の世界へと救済されたのだ。――それから半世紀。船には今日も、人が住まいつづけている。

本書の主人公、中国福建省南部の河と海で暮らしてきた「連家船漁民」もまた、そのような人たちである。まっとうな人間ならば、とうてい望むはずのない、危険で、貧しく、文明から遠く離れた船上での暮らし。そのために、周囲の農民や都市民から、奇怪な人種や民族として貶められた過去。それが一転、今度はすべてをもたざる弱者の彼らに「国家の主人」たる地位を授け、公民の基本的権利としてわずかばかりの土地と集合住宅を与えてくれた共産党政権。職業や住まう場所の自由な選択を可能にした改革開放は、彼らの暮らしをいっそう人間らしいものにしてくれた。皆でがむしゃらに働き、求めた陸上の豪奢な家屋。その家屋を後目に、彼らの多くは今も、船に住まっている。海洋自然保護という地球規模で追求される高邁な理念や、世界中を巻き込み展開される国防政策といったものに取り込まれながら……。

連家船漁民にとって、水上とはただ寝泊まりをするだけの空間ではない。自然の脅威との闘い、人種・エスニシティ・経済格差をめぐる被差別的状況、国家建設・定住化・教育・福祉・環境保護・国防に関わる国策。かくも複雑な要素が絡み合うなか、今日も水上でくり広げられるのは、連家船漁民の「生」の営みである。

本書は、約一〇〇年にわたる現代中国を舞台に、連家船漁民の日常実践を見つめながら、水上に住まうことの意味を問う民族誌である。同時にこれは、国家の政策によりもたらされた住まう環境をめぐる大きな変化について、船の上で生きるマイノリティがいかに解釈し、いかに自分のものとしてきたのかを描く試みであり、中国の現代史を周縁から逆照射するものである。

第一節　問題の所在

(1)　水上居民研究の系譜

海や河川で漁業や運搬業を営みながら、船に住まう人々。江蘇・浙江・福建・広東・広西といった中国東南部の海・河川・淡水湖には、「船上生活者」・「漂海民」とカテゴライズされる人々が数多く暮らしてきた。各地の船上生活者は、「水上居民」(＝水上に住まう民)と総称される。だが、このいかにも客観性と中立性に彩られた語は、一九五〇年代になって登場した標準語の表現である。歴史のなかで彼らは、奇怪な人々として知識階級の興味を集め、まったく別の名で呼ばれてきた。それでは、そもそも、水上居民とは、中国社会でいかなる存在としてまなざされてきたのだろうか。

以下では、歴史書や学術研究において、「陸上／水上」という住空間の境界が、「漢族／蛮族」、「良民／賤民」といった社会的地位の境界へと重ね合わされてゆくさまを概観する。ここで展開されるのは、単なる先行研究の回顧などではない。これは水上居民たちが、いかなるまなざしに曝されながら、いかなる歴史を歩んできたのかを明らかにする道程である。すなわち、研究者もまた、陸上の農民や商人、為政者や地方の知識人とともに自らの目論見のもとで何がしかの水上居民像を作り上げる共犯者であり、それが水上居民の生きる現実社会を動かす力をもち得るという事実を押さえておくことが肝要である。

以下のまとめからは、水上居民に関するこれまでの研究が、概して次の三つの問いにより分断される形で遂行されていることが確認できよう。それはすなわち、①彼らはなぜ、船上へと追いやられているのか（＝船上生活を生み出す根本的要因の追求）、②彼らはいかに、マイノリティの立場へ追いやられているのか（＝水上居民を排除することで成り立つマジョリティ社会の解明）、③彼らが脱却したいと望む船上生活とは、いかなるものなのか（＝過去の負の記憶たる船上生活の再構成）というものである。ここでの最終的な狙いは、これらの問いに通底する「物言わぬ弱き被差別者」という水上居民像こそが、船に住まう営みに関わる彼ら自身の論理を理解することから遠ざけていることを批判的に再考することにある。

1　奇怪な蛮族――歴史書に登場する水上居民

中国各地の水上居民は、外部からまなざされ、他者によってその姿が描写されたその時から、すでに「奇怪な蛮族（＝野蛮な非漢族）」との性格をまとわされた存在であった。長らく、歴史書において、蜑民・蜑族・蜑人・蜑戸・蜑蠻・蜒・蛋民・蛋家・疍・疍民[(1)]などという漢字で表現されてきた水上居民。歴史書や伝説の蜑は基本的に蛮族として登場するが、その蛮族たる所以もまた、蜑の字によって説明されてきた。

（1）蛮族

何格恩によれば、蜑が表す人々の内容は、宋代を境に大きく変化している。そもそも蜑とは、広く中国の南方に暮らす蛮族全般を表し、単に「穴居野處之民族（洞窟や野原を住み処とする民族）」を意味するに過ぎなかったが[2]、宋代には「水上に住まう蛮族」を指すものへと変化した[3]。それどころか、時代が下るにつれ、蜑は嶺南一帯の水上に住まう民族を指す、きわめて限定的な語となっていった〔何格恩　一九五九：一―三〕。いずれにせよ、蛮族のなかでも、住まう空間が異質であること（＝洞窟・野原・水上）を理由に、他から区別される人々が蜑であるという点では共通している。

（2）獣に由来する人

歴史書では、各地の伝説も紹介される。そこでは、水上に住まう蜑が、龍[4]・鮫人[5]（＝人魚に似た生き物）・蛇・カワウソ[6]・クジラ[7]といった、実在・架空の獣と結びつけて語られることがあった。たとえば、清代の『粤風』（四川出身の詩人・李調元著）には、「蛋有三種、蠔蛋、木蛋、魚蛋。寓潯江者乃魚蛋、未詳所始、或曰蛇種、故祀蛇於神宮也（蛋には三種類ある。貝類を捕る蠔蛋、材木を運ぶ木蛋、そして魚を捕る魚蛋である。河に暮らす者は魚蛋である。由来は定かでないが、蛇の種族であるといい、ゆえに神宮において蛇を祀る）」といった表現が見られる。

蜑の人々を獣と捉えるこれらの記述は、荒唐無稽というほかない。しかし、これらは、各地の蜑が、周囲の人々や知識階層の目には「非人間的」と映るほど奇怪な存在であったことを示す重要な証左である。それはすなわち、水上という住空間や、漁撈・海産物の採取といった生業形態が、人間と呼ぶにふさわしくない事象としてまなざされていたことを表すものにほかならない。

（3）奇怪な身体

蜑と同音の蛋が「卵」の意をもつことから、蜑を卵と結びつける解釈もある。たとえば、中華民国期の広東では、狭隘な船で座ったまま種々の作業をこなすために著しく発達する丸い卵型の臀部が、蜑という名の由来だという語りがあった（船上生活者に、このような身体的特徴がしばしば見られるのは事実である）［陳序経　一九四六：一二］。このほかにも、蜑の字義を直接説明するものではないが、香港の蛋家は足の指が六本あると信じられるなど（多少の例外はあり得るが、事実ではない）、蜑の身体にまつわる不思議な話は多く伝わっている［Ward 1985(1965): 45、可児　一九七〇：三二］。

真偽が散りばめられたこれらの説は、周囲にとって蜑民がいかに奇怪で、蔑みの対象であったかを如実に物語る。たとえ、ある身体的特徴が船に住まうことに起因するとしても、陸上に住まう人々にとってみれば、詳細な要因など端から関係のないことなのだ。興味だけが独り歩きするさまが、これらの語りには表れている。

（4）まとめ――文化をもたぬ他者としての水上居民

歴史書に登場する蜑は、水辺や船上に住まい、水上での生業に従事することを理由に、周囲から「奇怪な蛮族」として位置づけられてきた。蛮族とはつまり、文明や文化に浴さぬ、化外の野蛮な民族であり、中国においては文明の中心たる漢族の対極に位置する人々である。こうして一瞥しただけでも、蜑をめぐる知識が、ある種の偏りを見せていることは明らかである。それは、どれも知識人たちが事のついでに触れる程度の、ごく粗雑な記述にとどまっているということだ。そして、この断片的で奇奇怪怪な記述こそが、蜑を取り巻いてきた状況を如実に反映している。つまり、蜑は、知識人を含めた周囲の人々にとって、身近でありながら、常に曖昧模糊とした、わかりにくさをともなった存在として想像されてきた。誰も、蜑と呼ばれる人々のことを正確に理解したいと望むことなど、ないのだ。

2　学術的関心による水上居民社会への接近

荒唐無稽とも思われる知識人たちの記述から一転し、中国国内において、より学術的な関心から水上居民社会に接近する研究が出現したのは、一九二〇～四〇年代末にかけてであった。黄向春が指摘するように、これは、中国が伝統的な社会から現代的な国民国家へと転身を遂げてゆく時期と重なる。それはとりもなおさず、民族主義と社会革命が台頭した時期でもある。こうした気運のなか、歴史学や民族史学では、中国国内の諸民族の構成要素や、その起源・形成・変容の過程を解明するための一事例として、水上居民に光が当てられた。そればかりか、水上居民は時に「社会問題」を抱えた「社会階層」として、またある時には「民俗・遺俗」の保持者として、人文社会科学で重要な研究対象となっていった［黄向春　二〇〇八：五六］。

この時期の水上居民研究は、（1）民族史学的な関心によるもの、（2）社会調査としての性格を帯びたもの、（3）文学的な関心によるものに大別できる。以下では、それぞれの立場を代表する研究者の成果を概観する。ここでの狙いは、各研究者がいかなる学問的（・政治的）要請のなかで、いかなる水上居民像を描き出そうとしたかを把握することにある。

（1）民族史学的関心——歴史の主人公たる異民族としての水上居民

民族史学者が試みたのは、歴史書の蜑に関する断片的な記述を時系列に並べ替え、各記述の間に意味ある差異を見出しながら、それらを各地の水上居民がたどった歴史として再構成することだった。歴史書の記述と同様、民族史的研究もまた、蜑という漢字で表される人々を中華の範疇の埒外、すなわち化外に置かれた異民族と見なす特徴をもつ。

たとえば、羅香林は、長江以南から現在のベトナムに至る地域の諸民族（＝百越）の壮大な歴史を描くなかで、蜑に注目する。彼によれば、蜑とは、百越の一部で、南洋の土着民族「林邑（チャンパ）族」と起源を同じくする民族である。蜑は唐代以前、陸上に暮らす民族だったが、後に漢族の侵略で水上へ追いやられたというのが羅香林の理解である[8]［羅香林　一九二九、一九七八（一九五五）］。この説に異を唱える林惠祥は、蜑の人種的特徴は林邑族のものと一致せぬと一蹴しながら、中国西方に暮らした異民族のうち、漢族による圧迫を受けて水上へ逃れた一部の集団と、猺・獞・馬来など多元的な由来をもつ民族とが混じりあって完成したのが、蜑という民族集団だと結論づけている［林惠祥　一九八四（一九三六）］。

二人に共通する「水上居民＝非漢族」という図式。それはほとんど、アプリオリな前提といってよい。その証拠に、彼らはその目で見ることができた民国当時の水上居民社会の考察にあたり、次のような態度を貫いている。それはすなわち、水上居民が呈する特異な文化的・民俗的事象は、彼らが異民族であったことを示す重要な証左であり、反対に、漢族と似通った部分は、そもそも異民族だった水上居民が時間をかけて漢族の内側へ同化したことの表れと断じる態度である。実際のところ、羅香林などは、水上居民のほとんどの民俗的事象が漢族のものと同じであることに戸惑いを見せてもいるのだが［羅香林　一九二九］、諸民族が同化・異化を重ねて出現した「中国」という巨大な社会の全体像を解明するという民族史学の使命のためには、そうした戸惑いは捨象されることになる。つまり、水上居民をめぐるいかなる要素も、「水上居民＝非漢族」というアプリオリな理解の前には、それを証拠づける役割しかもたない。それは、強化されても、覆されることはないのだ。

（２）社会調査的な関心――救済されるべき社会階層としての水上居民

一方、民国期の水上居民が現実社会で抱えていた問題に迫り、その解決に寄与したいと望む研究者も現れている。共通するのは、歴史書の「蜑＝蛮族」という記述に目を配りながらも、それに拘泥することなく、眼前の水上居民社会をありのままに捉えようとする態度である。

陳序経は、広東の蜑民という呼称の起源（＝蛮族・獣・奇怪な体型など）を諸説紹介するが、これらによって当代の蜑民社会を説明することに何ら意味はないと断じている［陳序経 一九四六：四四］。陳序経の卓見は、当時、陸上の人々と蜑民の間に存在していた差別／被差別関係を、漢族／非漢族という民族の差異に還元することなく、両者の力関係により理解し直そうとした点にある。

たとえば、一般に膾炙する「蜑民は陸での生活、教育の享受、科挙への参加ばかりか、（豪奢な）絹織物の着用さえも禁じられてきた」との語りは、陳序経にとって、公の権力による差別を表わすものではない。彼によれば、陸上に住まう「普通」の人々や地域社会で権勢をふるう一族が、蜑民のそれらへの接近を阻むのだ。つまり、強大な勢力をもつ陸上の人々の圧迫に抵抗できぬ弱小勢力の蜑民は、結果的に社会の周縁に置かれざるを得ないというわけである(9)［陳序経 一九四六：一〇八］。

もう一人の伍鋭麟は、自身が調査と執筆に加わった「沙南疍民調査報告」のなかで、広東の蜑民が地域社会で凶暴な盗人（＝「疍家賊」との蔑称）、道徳心を欠いた人々（＝売春女性が多いとの噂話）などと目される状況に憂いを見せる。彼は、可能な限り統計的データに依拠しながら蜑民社会の細部を理解する姿勢を貫いたが、これには陸上の人々から蜑民に向けられる種々の偏見を、科学的な根拠により払拭したいとの強い思いが込められていた［嶺南社会研究所編 一九三四：八―九、伍鋭麟 一九三六：一九―二四］。

社会調査的な性格を帯びた陳序経や伍鋭麟の研究には、水上居民が抱える問題を、当時の中国社会に潜む社会問題として理解しようとする姿勢が色濃く表れている。彼らの関心は、水上居民の人口・職業・社会組織・教育・宗教・婚姻・家庭・婦女の地位・娯楽・衛生・言語・歌謡といった多岐にわたる事象へと注がれ、彼らが水上居民社会の実態把握こそ喫緊の課題との問題意識を共有していたことがわかる。結果的にその態度が彼らを、歴史書から導かれる「水上居民＝非漢族」との図式から引き離し、「水上居民＝権力をもたず、差別や貧困にあえぐ弱者」との新たな問題系を開くことになったといえる。

（3）文学的な関心──高い芸術性をもつ水上居民に光を

この時期には、文学の分野からも水上居民に光が当てられた。たとえば、鍾敬文は、山地のイ族やヤオ族、チワン族、ミャオ族とともに、文化のない遅れた民族の代表格と見なされてきた水辺の蜑民について、彼らに発達した歌謡を芸術として研究する必要性を唱えた。鍾敬文自身は、進化した文化を有する漢族のような民族の説話や歌謡には、個々人の心が反映されるのに対し、蜑民のような遅れた民族の説話や歌謡は民族全体の心を表すとの見方をもっていた［鍾敬文　一九八五（一九二八）：二九二］。ただし、蜑民の歌謡を文字に起こし、丹念に意味を読み解こうとする彼の仕事には、蜑民の文化レベルの高低を判断する態度はない。むしろ、そこには、劣った存在として一方的かつ不当に貶められてきた蜑民の社会に対し、高い評価を与えようとする文学者の姿がある［鍾敬文　一九八五（一九二八）］。文学からの関心は、「水上居民＝非漢族」という理解に変化こそ与えなかったが、水上居民を「文化に浴さぬ野蛮な民族」ではなく、「類のない文化をもつ独特な民族」へと引き上げる意味をもっていたといえよう。

（4）まとめ──学問の舞台へ上がる水上居民

（1）民族史学、（2）社会調査、（3）文学といった方面からの水上居民への接近は、従来はきわめて断片的な記述によってしか知ることのできなかった水上居民の社会を、系統立った学問的視点から捉え直そうとする試みであった。これらの研究は、蛮族としてしか姿を現さなかった歴史書の記述から一転し、他の非漢族と対等に「中国の歴史」や「芸術」を生み出してきた民族、あるいは他の貧困者や弱者とともに救済されるべき階層として、水上居民を学問の舞台へと担ぎ上げたのだ。

これらの研究が新たに描いた「中国社会を構成する民族の一員」、「権力をもたず、差別と貧困に窮する弱者」、「類のない文化を有する民族」といった水上居民像は、その後の彼らに対するまなざしに、いかなる影響（＝踏襲・変化・断絶）を与えただろうか。

3　漢族の一員としての水上居民へ

共産党が政権を握ることで誕生した中華人民共和国は、自らを多民族国家と標榜した。一九五〇年代から、水上居民研究は、各地で少数民族を認定する「民族識別工作」と密接に関わる形で進められてゆく。すなわち、主に広東の蜑民や蛋家を中心に、その起源を多種の非漢族と結びつけるような言説が地域社会や学術界に伝わるという事実を改めて検討し、彼らの社会が少数民族と認定するに足る特徴を具えているかを判断する試みが、政治主導でおこなわれることになったのである。

（1）民族識別に向けた調査——水上居民社会の多様性の発見

広東省では、民族事務委員会と中山大学社会学部の教員・学生で組織された調査チームが各地の蜑民のもとへ赴き、一九五二年から一年余を費やして調査が実施された。後に出版された調査報告書からは、一口に広東省の蜑民といっても、その内部は決して一様でないことがうかがえる。

たとえば、同じ省南部の陽江に暮らす蜑民であっても、河内部の「淡水蜑民」は陽江沿岸部の農村に出自をもつと明確に主張するのに対し、海側の「鹹水蜑民」は、自らの祖先がどこから来たかを把握していないというように、居住・活動地域によって、その出自を示す伝説・言説・民俗事象には大きな差異が見られる［広東省民族研究所

編　二〇〇一：二一九]。そればかりか、中山市の沿海部では富裕な「大船主」、独立した生産手段をもつ「小船主」、一切の生産手段をもたぬ「漁工」に分かれるなど、各地の蜑民社会では内部に階級化が見られることを、調査は描き出している[広東省民族研究所編　二〇〇一：二〇—二一、一四一—一四二など]。

蜑民社会の内部に存在した階級の差異、さらに蜑民たちが陸上の漢族から受けてきた搾取の問題への言及は、民族識別のための調査が、その後、本格化してゆくことになる土地改革や集団化政策への布石ともなっていたことを如実に示している。

(2) 民族識別の結果——水上居民＝漢族

広範な地域での調査を経て下された民族識別の結果は、「水上居民＝漢族」というものであった。①広東省内各地に暮らす蜑民や、福建省をはじめとする他省の水上居民の間に明白な民族意識が認められなかったこと。それどころか、②同じ広東省内のごく小さな地域に暮らす蜑民同士の間でさえも、社会的なつながりがほとんどなく、まとまった民族集団とは見なせないこと。③ごく一部のものを除き、周囲の陸上漢族と蜑民の間に、両者を隔てるような明確かつ大きな民俗事象の差異がなかったことが理由となり、蜑民を一つの民族と認定するには至らなかったからである。そして、この水上居民＝漢族という認定に説得力をもたせるために新たに用いられたのが、「蜑民は元来、さまざまな出自をもつ非漢族であったが、長い歴史を経てすでに漢族へと同化している。その同化の程度はきわめて深く、現在では漢族と見なすことができる」というロジックだった[施聯朱　一九九四：二八九—二九二]。

(3) まとめ——政治的に与えられた「漢族」の地位

多くの議論がくり返されながら、程度の差こそあれ、地域社会のなかや研究者の間で共通の認識となっていた「水上居民＝非漢族」という図式。これが研究者の学問的判断を経て政治的に否定され、中国各地でさまざまに名づけられてきた水上居民は、正式に漢族としての地位を手に入れることになったというのが、一九五〇年代前半に進められた民族識別工作の結末であった。

4 「漢族性の欠如した人々」という新たなレッテル

広東社会の蜑民を主な対象とした水上居民研究のなかで作られてきた「陸上居民（農民）＝漢族／水上居民（蜑民）＝非漢族」という構図。これは、「両者ともに漢族である」という形で、政治的には一応の収束を見ることになった。しかし、彼らは国家の認識とは別のレベルで、「より真の漢族性を有するのは誰か」という新たな境界の創出の動きに絡めとられていくことになる。こうした動きにいち早く注目したのは、民族識別工作とは無縁だった、イギリス統治下の香港を対象とした水上居民研究であった。

（1）香港の水上居民──「中華の内側にある」との自己意識

中華人民共和国側の水上居民研究とは、一九二〇年代以降の学問的関心によるものにせよ、あるいは一九五〇年代の民族識別工作に関わるものにせよ、研究者が、生身の水上居民との間に、一定の距離を保ったまま調査・分析した成果であるという点に特徴があった。これに対し、一九六〇年代以降の香港では、研究者が蛋家と呼ばれる水上居民のもとで寝食をともにするという、長期フィールドワークに依拠した研究が登場するようになった。

たとえば、イギリス出身の人類学者バーバラ・ウォードは、香港東部・滘西の蛋家たちに、一見、矛盾するような二つの意識があることを発見する。いわく、蛋家は一方で、陸上に住まう漢族の農民・商人と自らの間にある生業・生活形態・民俗事象の差異を認識し、その特異性が周囲には奇怪と映ることも理解している。だが、他方で彼らは、「それでも自分たちは陸上の人々と同様に、正統な漢族である」と主張するのだという。ウォードの卓見は、蛋家自身の頭にある中華（＝漢族）像を描き出し、彼らがいかに自らをその範疇の内側へ位置づけているのかという、蛋家内部の論理を解明した点にあった［Ward 1985(1965)］。

可児弘明は、羅香林がすでに察知していたような、水上居民と陸上漢族の間にある均質性をフィールドワークによって緻密に検討し、「蛋家＝漢族」との見解を明確に示している。すなわち、広東の水上居民は広東人、福建の水上居民は福建人であり、水上社会の特異性は、あくまでも船上生活という特殊性から派生する文化的なものに過ぎない。可児が批判するのは、水上居民をアプリオリに別個の集団と捉える従来の見方そのものであり、それこそが、水上居民という「部分社会」もまた、地域の「全体社会」の一部であるとの理解を妨げてきたということになる［可児　一九七〇：一七八―一八一］。

水上居民自身の論理に注目するウォードと、水上居民の日常生活や民俗事象を総体的に理解する可児の試みは、それまで水上居民社会の外部で飛び交っていた「彼らは漢族か否か」という問いに対して、一つの学問的決着を与えたものといえる。だが、香港の水上居民研究は一九六〇年代以降、急速に下火になってゆく。それはひとえに、都市化の進行、政府による定住化支援政策といった急激な社会変化のなかで、水上居民が陸上に家屋と職業を得て、水上から姿を消しつつあったことによる。これは研究者が、「船上生活はやがて消え、水上居民という集団も消滅へと向かう」との見通しをもっていたことを示す証左にほかならない［可児　一九七〇：一六四―一七五など］。

（2）広東の水上居民――「漢族性を欠いた人々」という他者からのまなざし

一九五〇年代初頭、民族識別で政治的に打ち出された「水上居民＝漢族」との理解。だが、その直後から、中華人民共和国側では、学術研究の実施が困難な状態に入った。以下では、一九八〇年代に国内での調査・研究が開始された後で、形質人類学者や文化人類学者が、再び水上居民の民族性についての議論へと引き戻されてゆくさまを概観する。

①形質人類学からのアプローチ：一九八〇年代初頭、広東省各地の水上居民について、形質人類学の調査を開始したのが、黄新美を中心とする中山大学の研究チームであった。彼らの研究は、それまで種々の議論を呼び起こしてきた「水上居民は漢族か否か」という問題に対し、徹底した科学的手法で答えを与えようとした点に特徴がある。

黄新美らがとった手法は、一五〇〜七〇〇人の水上居民を対象に、観察と測定によって肌の色・頭髪の色・頭髪の性質・顔の形・鼻の形・眼の形など一六項目におよぶ特徴を平均化し、それをヤオ族・リー族・チワン族といった近隣の少数民族と比較するというものだった。最終的に出された答えは、広東省各地の水上居民の特徴は、少数民族よりはむしろ、省内の陸上に定住する漢族のものと最も似通っており、形質人類学的見地からは陸上の漢族と水上居民とを異なるタイプとして位置づけることはできないとするものであった［黄新美　一九八〇、一九九〇、黄新美ら　一九八五、一九八八、一九八九］。

科学知を動員したこれらの研究が一九八〇年代に必要とされたことは、一九五〇年代の民族識別によって「水上居民＝漢族」との政治的決着がつけられた後も、各地の水上居民たちを非漢族と結びつけるような語りが、依然として存在していたことを物語っている。

②文化人類学からのアプローチ：政治・科学による「水上居民＝非漢族」という理解の否定。それに加え、一九六〇年代以降は中国でも定住化政策が実施され、水上居民は次第に生活の場を陸上へと移すようになっていっ

た。かくして、長らく彼らを異質な「水上居民」たらしめてきた「水上生活」は姿を消し、彼らは名実ともに非漢族の地位を脱却したようにも見える。しかし、近年では、「水上居民＝漢族性を欠いた人々」へと形を微妙に変えた構図が、地域社会には依然として存在していることに注目する研究が次々と現れている。

たとえば、瀬川昌久は、広東社会で蛋家の差別・排除が生まれるメカニズムを浮き彫りにする。彼によれば、そこには、ⓐ中原から来た漢族の「客家」、ⓑ少数民族と認定されながら、言語的・文化的には客家と似た特徴を示す「畲族」、ⓒもともと広東に暮らしていた漢族の「本地人」という三種類の（サブ・）エスニック・グループが深く関わっている。いわく、客家は後発性を、畲族は民族特性のあいまいさを、本地人は土着性を理由に、いずれも自らが広東社会で正統性を保証された民族的存在であると主張することが難しい状況にある。しかし、彼らは、広東のなかでもきわだって特異な生活様式をもつ蛋家を、「漢化される前の土着の先住民の末裔」として社会の周縁へと追いやることで、自らのエスニック・アイデンティティの正統性を主張することができるのだという［瀬川　一九九三：一四八―一五五、一八八―一九五］。

長沼さやかもまた、広東省珠江デルタで「水上人」と呼ばれる人々が「すでに自分たちは農民や市街地住民と同様の生活を営んでいるのだから、正統な漢族の一員である」と主張するのに対して、陸上定住者の側は水上人の声を受け容れず、現在でも水上人を「異質な者」と見なすという状況を描き出している。長沼によれば、四〇年も前に「元・水上人」となったはずの人々の日常的な慣習のそこここに顔を出す、過去の船上生活の名残こそ、正統な陸上定住者の社会から彼らが排除される際に参照点とされる要素であり、両者の間には「陸上定住者＝真の漢族／水上人＝漢族性を欠いた人々」という新たな構図が出来上がっているのだという［長沼　二〇一〇a］。

陸上漢族や少数民族が自らの存在の正統性を主張するために、水上居民は、より非漢族に近い存在でありつづけなければならなかったと理解する瀬川の研究。そして、水上居民の「漢族だ」という名乗りと、それを無視する形で独り歩きする、陸上漢族による「水上人」という名づけの間に、マジョリティとマイノリティの力関係を見出す長沼の研究。いずれも、水上居民が常に自らのあずかり知らぬ権力関係のなかで、あたかも一つの民族であるかのごとく見せかけられてきたことに注意を促している。(10)

(3) まとめ――水上居民社会の理解なのか、漢族社会の解明なのか

歴史書の記述から民族識別工作中の研究に至るまで、水上居民が漢族であるか否かについては、彼らの身体的特徴や文化的・民俗的事象といった目に見える客観的な事柄を指標として、外部の知識人や研究者が判断を下してきた。一九八〇年代の形質人類学もまた、そうした性格を引き継ぐものであった。

その後の文化人類学的アプローチによる研究のほとんどは、水上居民を「より真の漢族性を欠いた人々」と結びつけるロジックが、地域社会の内部にもあることを浮き彫りにしてきた。どこでも、「自らも正統な漢族だ」と主張する水上居民の姿がありはするが、その声はすぐにマジョリティによってかき消されてしまうほど小さなものでしかない。これらの研究は、常に社会や文化の周縁に位置づけられてきた水上居民の側から、より巨大で複雑な漢族社会の成立メカニズムを明らかにする性格を多分にもつ。だが、この面をことさらに強調することは、これらの論を、水上居民の声の無視という別の極へと向かわせることになる。

なぜなら、このことは、研究の主眼を「漢族社会の理解」へとずらし、そのために動員できるマイノリティであれば、研究の対象は水上居民でなくともかまわないという本末転倒の結果を容易に生むからである。研究者が知りたいのは、「なぜ、漢族は水上居民を周縁へと追いやるのか」である。だが、水上居民にとってみれば、それは所詮、外部の他者が作り出す解釈でしかないのだ。

5　水上居民＝賤民という新たな理解

近年の歴史研究は、陸上居民と水上居民との間に境界を生じさせるメカニズムについて、新たな論を展開している。それは、両者の差異を、明清代の身分制度により理解する試みである。これらは、「水上居民＝非漢族」という理解に拘泥してきた従来の研究を相対化する意味でも重要である。

（1）慣習的な賤民の地位

清代の戸籍制度は、人を、大きく「良」と「賤」とに二分した[11]。その一方で、制度化された「賤民」とは別に、明文化された根拠がないにもかかわらず、長らく地域社会で慣習的な差別を受け、賤民と同様、良民であれば享受することのできる基本的権利を剥奪される人々も存在した[12]。広東や福建の水上居民、すなわち「疍戸」もまた、その一類であった［経君健　二〇〇九（一九九三）：三三二］。

疍戸の場合、①陸上に耕作地や家屋をもたず、里甲制に編入されない[13]、②教育を受ける機会が極端に制限され、科挙試験を受けることができない[14]、③陸上定住者と通婚しない[15]といった点に、被差別的状況が見られた。ただし、疍戸に対する身分差別とは、日本の部落差別における被差別民や、インドのカースト制における不可触民のように、血統の浄／不浄観念にもとづいて、下の世代へ脈々と受け継がれるものではなかった。むしろ、陸上定住者の女子が疍戸のもとへ売られ、疍戸と結婚して賤民に転じることや、反対に条件さえ整えば、疍戸が陸上へ上がって良民に転じることもあるなど、中国において、良民／（慣習的な）賤民の区別は、常に変動の可能性に富むものとして設定されていた［可児　一九八六：二〇五―二一七］。

それでは、疍戸が地域社会でいわば慣習的に賤民へと追いやられてきた要因とは、いかなるものだっただろうか。そこには、①疍戸を国家権力に反逆する者、（盗賊行為を働くなどして）社会秩序に背反する者、およびその後代と見なす考え、②（船で色を売ることがあった）疍戸の女性を卑賤なものと見なす考え、③農業以外の生産手段を見下す漢族の伝統的な考え、④中原から南下した漢族により人口過多となった結果、限りある土地資源へ接近不能となった疍戸を貶める考え、⑤疍戸の非定着的な生産・生活形態そのものを賤視する考えがあったというのが、研究者たちの理解である［可児　一九八六：三〇五―三一七、何家祥　二〇〇四、二〇〇五］。

⑵　賤民から良民へ

こうした状況が変化の兆しを見せるのは、雍正年間の一七二九年であった。雍正帝は、堕民・楽戸などとともに、疍戸を正式に良民戸籍へ編入すると宣言したのである。雍正帝はまた、陸上定住者に対して疍戸の陸上居住を阻まぬよう通達を出し、反対に疍戸に対しては、耕地を開拓して農業に従事することを奨励した。[16]だが、元来は賤民と同視されていた疍戸やその他の人々が身分を隠して科挙を受験することが頻発し、それが批判を呼んだため、乾隆三六（一七七一）年には、再びこうした人々の科挙受験資格を制限する命が下されている。疍戸については、良民戸籍に編入された後、漁業から別の職業に改めたことを役所へ届け出て四世代を経た者のうち、親族成員のすべてが卑賤な職業、すなわち漁業に就いていない者に限って、科挙の受験資格を与えるということになった［詹堅固　二〇〇九：一二一―一二二］。

つまり、戸籍制度の上では慣習的賤民の立場から解放されたはずの疍戸も、実際には歴史的な被差別の経緯が障碍となり、正統な良民であれば享受可能な一部の権利を制限され、そうした明文化された制限が今度は逆に、疍戸の差別を正当化する根拠として利用される、というような悪循環が生まれていった。さらに、実際には生業の変更の道が疍戸に対して開かれていたとはいい難い状況も重なり、彼らが船上での生活を脱け出して本当の意味で普通の人々と同等の権利を得るのは、中華人民共和国成立後のことであったとする見方もある［詹堅固　二〇〇九：一二一一一三二）。

（3）まとめ——陸上への接近を阻まれた結果としての船上生活

賤民としての水上居民に注目する歴史研究は、水上居民を異質なものと捉える一般的な考え方が、先に見た「陸上定住者（農民）＝漢族／水上居民（蜑民）＝非漢族」との構図だけで理解できるほど単純ではないことを示している。これらが読み解いたのは、明文化された制度によって裏づけられるものでなくとも、地域社会には長い間、水上居民を陸上社会へと接近させず、水上に押しとどめようとする何らかの力が存在しつづけてきたということであった。すなわち、「陸上定住者（農民）＝良民／水上居民（蜑民）＝賤民」という図式において、水上居民を水上居民たらしめるような船での移動生活という特徴は、非漢族的慣習の「残存」などではなく、陸上で文化的・社会的マジョリティの位置を占めてきた定住者たちが、さまざまな思惑を抱きながら、水上居民を自らの社会から排除しようとした結果として現れたものとの関係論的な理解が成り立つのである。

6　まとめ——弱き水上居民像の系譜

（1）船上生活を生み出す根本的要因の追求

陸上／水上という、一見すれば、単に住空間と生業空間の差異を示すだけの境界。歴史書の記述や学術研究の数々は、この境界が、中国においては漢族／蛮族（あるいは漢族／非漢族、正統な漢族／漢族性を欠いた人々）、良民／賤民という社会的地位の境界を示すものとしてまなざされつづけてきたことを如実に物語る。

研究者が第一に問うたのは、「水上居民とは、何者であるがゆえに水上にいるのか」、つまり、船上生活を生み出すことになった根本的要因が、彼らの属性そのものに隠されているのではないかということだった。「蛮族だ（った）

から」、「賤民だ（った）から」……。これらの答えは、あるどこかの時点で、蛮族あるいは賤民という属性が災いし、漢族や良民など社会で支配的な位置を占める人々により陸上を追い出された結果、否応なく船上に追いやられたのが水上居民だということを意味する。だが、それは、船に住まうことが野蛮で、貶められた行為であるということ以上の何ごとをも説明してはいない。なぜなら、ほとんどの場合において、それはまったく逆の道筋をたどる考察、すなわち、「誰も望まぬ船なぞに住まうのは、蛮族や賤民しかいない」という結論ありきの推断でしかないからだ。

（2）水上居民を排除することで成り立つマジョリティ社会の解明

そのことを物語るのが、多くの研究者が言及してきた第二の問い、「水上居民はいかにして、マイノリティの立場へ追いやられているか」に対する答えである。周囲の漢族をはじめとする諸民族、あるいは良民が、いかなる目論見のもとで水上居民を蛮族（・非漢族・漢族性を欠いた人々）や賤民へと貶めているのかを解明するべく、さまざまに展開されてきた論考。これらが説明するのは、水上居民は、船や水辺に住まい、流動的な暮らしを送りながら、漁撈や真珠採取といった生業に従事する（していた）からこそ、周囲から（元）蛮族や（元）賤民としてまなざされるという、しごく単純な状況である。

どの研究者も明確に示しはしないものの、これらの（研究者・農民を含めた水上居民社会の外部全体による）解釈の裏に、中国社会が「是」あるいは「理想」とするところの「文明的な」住まい方や生業が想定されていることは疑いない。それは、陸上という空間に定住しながら農耕に従う、という住まい方・生業の形態である。重要なのは、中国社会においては、この文明性が、一元的に漢族（の良民）に設定されてきたという点である。これこそが、歴史書の記述から二〇〇〇年代まで、約一〇〇〇年にわたって、形を変えながらしつこいほどに登場する、「水上居民は漢族か否か」という問いの正体である。

つまり、水上居民とは非漢族、あるいは賤民である以上に、何よりも、「文明からの逸脱者」という属性を付与された存在なのである（蛮族とはそもそも、「文明に浴さぬ人々」という意味である……）。かくして、数々の研究は、「あるべき文明的な住まい方を実現できぬことを理由に、何重もの意味で社会からの差別・排除を経験する弱者」との水上居民像を生み出してきた。だからこそ、水上居民は今も昔も、陸上での定住という理想を強く、強く希求しつづけているのだと。

（3）過去の負の記憶たる船上生活の再構成

人間として当然そうあるべき、文明的な住まい方の対極にあるものと見なされてきた船上生活。こうしたまなざしのもとに発せられる第三の問いとは、「水上居民が脱却したいと望んできた船上生活は、いかなるもの（だった）か」というものである。そう、船に住まうとは、水上居民にとって、文明性を一手に引き受ける漢族が理想とするところの陸上定住へ接近したいと切に願いながら、それが叶わなかった、長く、暗い「屈辱の歴史」でしかないのだ。

この理解は、一九六〇年代以降、中国各地でレンガ造りや鉄筋コンクリートの集合住宅を獲得した後の元・水上居民についても、ある屈折した解釈を生みだしてきた。彼らは、念願だった家屋を得た以上、陸上に定住するだろうし、何よりもそうすることによって、正統な漢族の仲間入りを果したいと考えているに違いないと。この見方は、「水上に住まう」という容易に消されることのない過去の負の記憶が、元・水上居民となったはずの人々を完全なる「陸上居民」たらしめることを阻んでいるという現実によって、いっそう強化されてゆく。元・水上居民が陸上でおこなうさまざまな事柄はどんなものでも、彼らが漢族内部への同化を望むことの証左であるというように。

（4）「物言わぬ弱き被差別者」との水上居民像――陸から水上を見下ろすまなざし

中国の水上居民をめぐって投げかけられる、三つの問い。いずれも、水上（船上）に住まうとは、空間と地位という二重の意味で負の意味を背負わされた実践であることを、見事に浮き彫りにしてきた。だが、これらの問いは、水上居民たちの「水上に住まう」、あるいは「陸上に住まう」という営みを細かく分断し、その全容を理解することから遠ざけてしまってはいまいか。

端的に指摘しよう。水上居民は水上に住まうことによって、蛮族や賤民とまなざされることがあるかもしれないが、彼らは蛮族や賤民であることを体現するために水上に住まうわけではない。あるいは、彼らは陸上に住まうことによって、周囲から、漢族や良民への仲間入りを承認されたり拒否されたりすることがあるかもしれないが、漢族や良民に同化することだけを目指して陸上に住まうわけではない。私たちの眼前にあるのは、日常生活のさまざまな場面において水上居民が見せる、細やかで断片的な、そして矛盾に満ちた実践の重なりであり、先の問いだけではすくい取れぬような事柄をも含んだ、住まうという営みである。

それならば、一体、何が、水上に住まうという実践についての歪んだ理解を生み出してきたというのか。その答えは、問いを発する者が立つ地点にある。つまり、先の三つとはまさに、陸に立つ者によって投げかけられる問いなのだ。この状況は、研究者が水上居民社会の内側に入り込むことで調査が進められ、さまざまな局面に現れる水上居民たち自身の論理を紐解くことに関心が注がれているにもかかわらず、最終的な議論の行き着く先が、水上居民たちの論理を通り越した先の地点（＝陸上世界の論理の追求）に設定されるということによって生み出される、研究者自身の認識のねじれとして理解できる。

その根底に横たわるのは、「弱き被差別者」、あるいは「物言わぬマイノリティ」という水上居民像である。つまり、陸上という地点からは、水上居民たちが自らのまわりに広がる状況をいかに捉えているのかといった主体的な解釈の方法（＝水上世界の論理）は、取るに足らぬものとして片づけられるか、逆にマジョリティの側の論理を映し出す鏡のようなものとして利用されるのみで、それ自体が中心的な主題として取り上げられることはほとんどないのだ。

つまり、これまでの水上居民研究に潜む問題とは、最終的には文化的・社会的マジョリティとマイノリティの関係を、どの地点から捉えるのかという研究者側の姿勢に尽きることがわかる。当然ながら、水上居民が陸上の論理によって常に社会の周縁に置かれてきたという状況には十分留意する必要がある。どの地域のマイノリティもそうであるように、水上居民たちもまた、日常生活のさまざまな場面に覆い被さるような形で作用する、権力関係から自由であり得ないことは明らかだからだ。だが、この点に注意深くなるあまり、水上世界にある論理に対するまなざしを失うのだとしたら、それがどんなに新しく、高度に精緻化された議論であるとしても、少なくとも私の心には、響きはしないのだ。

(2) 水上世界の論理に対するまなざし

ところで、船に住まうとは、中国のみに見られる営みではない。①土地・建物を陸上に直接所有せず、②小船を住まいにして一家族が暮らす、③多くが海産物を中心とした採取活動に従事し、獲物を販売、もしくは農作物と交換する、④一か所に長くとどまることなく、一定の海域を絶えず移動するといった特徴を具えた船上生活者は、東南アジアと日本にも広く存在してきた［羽原　一九六三：二―三］。注目すべきは、中国に限らず、船上生活者はどこでも、陸上と水上（＝海・河・湖）の間の葛藤との共通した問題を抱えてきたという点である。

実は、陸上／水上の間にある非対称な関係のなかでは見落とされがちな水上世界の論理を、積極的にすくい上げようとしてきた分野がある。それは、東南アジアや日本を対象とした一連の船上生活者研究である。これらの研究は、陸上／水上間の関係性に決定的かつラディカルな変化を与えた要素として、近代国民国家の登場とその統治論理にも気を配っており、その点でも注目に値する。ここでは、それらの研究を回顧しながら、水上に住まうということ自体が不可避に生み出すような、広域に共通した問題を浮き彫りにし、中国の水上居民研究から導かれた問題系を相対化することを目指す。

1　開かれた海での移動という生き方――海から陸を見つめる視点

東南アジアでは、たとえば、フィリピン南部のスールー諸島、マレーシアのボルネオ島東岸、インドネシア東部のスラウェシ島に広がる海域のサマ・バジャウ、あるいはミャンマー南部からタイ西岸にまたがる海域のモーケンが、船に住まう人々としてよく知られる。さらに、日本の海にも、瀬戸内のノウジ・フタマド・フナズマイ、大分のシャア・フナヤ、長崎のエフネ・エンブなど、「家船漁民」と総称される船上生活者が数多く存在してきた。

興味深いのは、自然・社会環境の違いにかかわらず、どこでもおしなべて陸上のほうに安定的な権力が生まれ、水上の船上生活者は陸上の勢力に対して、従属的もしくは被支配的な立場にあるということである。それはなぜか。その背景にはおそらく、鶴見良行が指摘するような、陸上と水上とが本来的にもつ非対称の関係がある。それは端的にいえば、充足的な生態環境を具える大地に対して、海は大地への依存度が高い（＝海の民は海産物を陸上のさまざまな生産物と交換せねば生存できぬが、逆は必ずしもそうではない）ということに尽きる［鶴見　二〇〇〇（一九八九）］。

陸上の権力者により形成される王朝や国家にとって、空間・地位という二重の意味で周縁にある船上生活者。彼らを陸から眺めれば、定住型の農耕に接近できず、船に住まうことを余儀なくされた貧しき弱小集団に過ぎないということになるだろう。しかし、ひとたび視点を海へと移せば、前植民地期の東南アジアにも、近代以前の日本にも、陸からの支配が届かぬ海で、権力者の定めた領海の境をものともせずに広範な移動をつづけながら、漁撈・航海・交易・海賊といった諸活動を融通無碍にこなし、たくましく生きる船上生活者の姿があった［羽原　一九九三、河岡　一九八七、野口　一九八四、鶴見　一九九〇、床呂　一九九九、ニモ　二〇〇一、二〇〇五、長津　二〇〇一、鈴木　二〇一六など］。

反対に、海から眺める陸上とは、大地に束縛され、自由を喪失した人々の息苦しい世界と映ろう。このような地点から見ればこそ、移動分散型［鶴見　一九八七、一九九〇］のネットワーク社会［立本　一九九九］に生きる船上生活者は、ある空間に固定されることでしか得られぬ安定的権力になど、そもそも無頓着であるという理解が得られる。つまり、周縁的存在でありつづけることが、彼らの海での自由な移動を担保してきたのだ。

2　領土内への囲い込みと非文明のレッテル——船に住まう人たちの近現代

だが、広く開かれた海に生きる人々は次第に、近代国家的な「領土」と「領海」のなかへ、「国民」として囲い込まれてゆくことになる。東南アジアにおけるその萌芽は、二〇世紀初頭の植民地期にある。たとえば、フィリピンとしてアメリカの統治下に入ったスールー諸島やミンダナオ島周辺のサマは、人口調査・人頭税の徴税・船舶登録制度をはじめとする新たな形の支配テクノロジーによる、厳格な国境管理と定住化政策を経験している。万人に開かれていた海は目に見えぬ国境で分割され、当局が許可せぬ人とモノの移動は突如として、「不法出入国」・「密輸」へと姿を変えた。その海を股にかけ、流動的に暮らすサマたちも「無法者」として対象化され、地域の平和的秩序のために一定の居住区内での定着と船舶の登録とを義務づけられることになった［床呂　一九九九：七六―八七］。

より重要なのは、こうした植民地支配が、統治される側の人々の「文明化」という大義名分によって正当化された点である。フィリピンにおいて、宗主国アメリカは、衛生水準や教育水準の向上といった人類普遍に「善」とされるところの環境を住民に提供する使命を負っており、（本当はアメリカの利害的関心に基づくかもしれない）すべての政策は、その使命遂行のためにあるというロジックである。この論理は最終的に、サマのように、不定居的で、かつムスリムでもある、最も「野蛮」な人々を、近代的な学校でのアメリカ流公教育、病院での科学的治療と公衆衛生、監獄での人間主義的矯正といった文明化のテクノロジーによって、定住的な農場で働く、「健康な身体をもつ従順な労働者」へと訓練し直すことを目指した植民地統治の仕組みを生み出していった〔床呂　一九九九：八八―一二二〕。

この、文明化と定住化を抱き合わせにした政策は、大正期の日本にも出現していた。文明化のまなざしはまず、都市部に登場した港湾労働の船上生活者に対して向けられた。明治期より、東京をはじめとする大都市の港には、建築資材・輸出用石炭・塵芥の運搬や浚渫工事に従事しながら家族で船に住まう人々が全国各地から集まっていた。ところが、米騒動後に高まった治安維持の徹底化という文脈において、彼らは次第に、社会の秩序を乱しかねない「不定居型細民」のレッテルを貼られてゆく。そのなかで、船上生活者の子どもたちは、不定居的であるがゆえに陸上で施される義務教育へ接近不可能な「不就学児」として問題化されたのである〔草間　一九八七（一九二九）など〕。

フィリピンと同様、こちらも表向きは、教育水準の向上と児童福祉の拡充といった彼らの文明化を目的として進められた。一九三〇年代から、西日本の家船漁民をも「救済」の対象として巻き込みながら、各地で宿舎つきの小学校が開設された。ただし、船上生活者に対する教育・福祉は、「不良児」の矯正という性質を多分にもっていたことも事実である。なぜなら、子どもたちは貧しさ・無教養・粗野な性格・未発育の身体をもつ「問題児」として対象化され、それらはすべて流動的な船上生活に起因するものと断定されたからである。こうして、宿舎や学校では、陸上での定住を見据えた生活訓練や体質改善のプログラムが展開され、子どもたちは偏見に負けぬ強い心を有した「健康優良児」へと作り変えられていった〔草間　一九八七（一九二九）、石井　二〇〇四、水辺の生活環境史（水上生活）研究班編　二〇一四、厚ら　二〇一五〕。

東南アジアや日本で進められた定住化政策や一連の文明化政策は、船上生活者にとってみれば、従来の越境的かつ漂泊的な住まいの形態が、法律や科学知により「非文明」と断定され、救済・矯正の対象として囲い込まれるという経験をもたらすものであったといえよう。それは、多様な生き方のうちの一つに過ぎなかったはずの船に住まうという生き方が、公的に否定されたことを示している。こうして、陸上での定住こそが、文明化された生活を享受するための必須条件となるような社会システムが作られ、船上生活者もまた、均質な国民の一人として国家のなかへ組み込まれてゆくというのが、船に住まう人々の経験した近現代であった。

3　まとめ——水上に住まうこと＝生き方として捉えるまなざし

（1）海から陸を見つめる

人々に多様な生き方を許容する、開かれた豊かな海。その海を、いわば多国籍的に、無国籍的に動いて人為的境界を横断し、陸上に設定された中心から距離をとりながら生きる船上生活者——。こうした状況の理解は、東南アジア史において鶴見［鶴見　一九八七、一九九〇など］が、日本史においては網野善彦［網野　一九九八など］や宮本常一［宮本　一九六四、一九七五］らが模索したような、農本主義的史観（＝中央主義的史観）との訣別によってのみ可能となる。そうして、海から陸を見るまなざしを獲得したところではじめて、海で展開される船上生活者の多様な生の営みが、（陸上の論理の転倒ではない）彼ら自身の論理に則った、一つの生き方として焦点化されるのである。

海から陸を見つめるまなざしの獲得は、陸上／水上の間にある支配／従属関係に固執しながら、「物言わぬ被差別者」像を描きつづけてきた中国の水上居民研究を乗り越える意味で、きわめて重要な意味をもつ。そこにこそ、被差別者たる人々の主体的な生き方を浮かび上がらせる足がかりがあるからだ。本書もまた、主人公である連家船漁民の、「水上に住まう」という営みを彼らの生き方の一つと捉え、そこから彼らの価値観や水上の論理を探るという意味で、これらの研究と構えを共有している。

（2）近現代が船上生活者にもたらした変化に対する注視

陸上／水上の関係性に、それまでの時代とは根本的に質の異なる変化をもたらした近現代。本書において、中華民国期から現在までの約一〇〇年にわたる時期を扱う狙いも、まさにこの点にある。すなわち、国民国家形成にともなう一連の政策が、連家船漁民の住まう環境をいかに変えたのか、そして彼ら自身はその変化をいかに生きてきたか、と問うことができるからである。

近現代という時代性に対する注視は、中国の水上居民研究の弱点を克服するための有効な手段ともなり得る。というのも、文明性の担い手を一元的に漢族（の良民）へと固定してきた水上居民研究は、定住化政策後に水上居民が経験した陸上に住まうという営みを、これまた一元的に「漢族への同化を目指す運動」として対象化しており、漢族社会からの排除とそれに抗する態度という一点のみに拘泥して、近現代の前と後とに連続性のあることを強調するからだ。

とはいえ、近現代の定住化政策や一連の文明化政策を、一種の断絶と捉える東南アジア・日本研究（とりわけ、後者）のまなざしも、万全のものではない。それは、定住用の家屋獲得という出来事に大きな意味をもたせるあまり、陸上がりした後も船にとどまり、移動をつづける船上生活者の存在を、容易に周縁化するからである。たとえば、現代の船上生活など、急激な社会変化に対応できぬ貧困者や高齢者がやむを得ずおこなう例外的な行為でしかないと断じ、等閑視するというように。国家の政策施行などよりはるか以前から、定住を希求する人々として水上居民を描きつづけてきた中国研究とて、この傾向から自由ではないことは明らかである。つまり、近現代の変化を国家からの押しつけと見なすか、反対に国家による手助けと見なすかにかかわらず、家屋の獲得を「あるべき形としての定住」へ接近するための大きな契機と捉える限り、現代における陸上定住以外の住まい方は、人々による意味ある選択の結果として立ち現れることはないのだ。

（3）連家船漁民が見せる複雑な「住まう」という営み

本書に登場する連家船漁民もまた、一九六〇年代以降、政府の供給する集合住宅をはじめとして、さまざまな形で陸上の家屋を所有・賃借してきた。その一方で、現在でも実に多くの連家船漁民が、水上労働のために家族や夫婦で船に住まったり、陸上と水上を臨機応変に往来して生活の場を求めたりしている。だが、それは、「定住化への抵抗」と呼び得るような単純な現象ではない。彼らは、他方で、家屋の獲得に対する並々ならぬ欲求を見せているし、さまざまな民俗的方法をとおして、陸上の世界に自らを位置づけようとする動きを呈してもいるからである。陸上と水上とを股にかけてくり広げられる、複雑かつ動態的な、住まうという営みの形。本書は、「移動から定住へ」などという生半可な言葉では語りきれないような、その営みの総体の理解を試みる。そのためには、日常生活のさまざまな場面で連家船漁民が見せる、一見すれば住まうということとは関係のないような、ごく断片的な実践の重なりへと目を配り、それらを重層的に捉えることが不可欠である。そして、何よりも、住まうということの意味を、より根源的なものへと開いてゆく必要がある。

(3)「住まう」ことをめぐる本書の視座——住まうとは生きること

人にとって、住まうとはいかなる営みだろうか。食の人類学で広く知られる石毛直道はかつて、こう問うたことがある。「どのような行動が満足されるような条件が揃ったら、ある文化において住まうということの概念が成立するのか」と。石毛は文化の違いを超え、人間の住居に普遍的な機能を抽出することで、この問いに答えようとした。試みたのは、想定され得る住居の機能一八項目を挙げ、九つの異なる社会でそれらがいかに重なり合うかを検討することだった。導かれたのは、いずれの社会でも、住居は、睡眠・休息、育児・教育、炊事、食事、家財管理、接客、隔離の計七項目の機能を満たすという結論である〔石毛　一九七一：二四〇—二四六〕。ならば、人にとって住まうとは、これらの行動の連合体でしかないのだろうか……。

マルティン・ハイデガーは、人間の他の諸行動と並列に扱うことを退けながら、より根源的なところに住まうことの意味を求める。私たちは街で働き、郊外に住む。旅に出れば、ある時はここに、またある時には別のところに住む……。このように想像される住まうこととは、単にそこに寝泊りする場所があり、その空間を占拠するというだけのことになってしまう、と彼は言う。そうではなくて、そのありさまがいかに多様であるとしても、われわれ人間がこの地上に存在する、その在り方こそが住まうことなのだと。つまり、人間であるということは、死すべき者としてこの地上に存在することであり、そこに住まうということにほかならないのだ［ハイデガー 二〇〇八a、二〇〇八b］。

ハイデガーに触発されて、ティム・インゴルドもまた、住まうことを再定義している。彼によれば、住まうとは運動であり、生きる道に沿って動くという営みを指す。すなわち、インゴルドにとって住まうとは、そこに住む者が、自らの生活と生命とを生産する方法なのである［Ingold 2010］。

この世に生を受けた時から死す時がくるまで、私たちは住まいつづけている——。つまり、人にとって住まうこととは、生きることと同義なのだ。本書では、ハイデガーやインゴルドに倣い、生きること全般に関わるような実践の総体として、住まうという営みを捉える。

第二節　本書の概要

先に見たような中国の水上居民についての標準的な理解は、蜑民・蛋家と呼ばれる人々が暮らした香港や広東省の状況をもとに導き出されてきた。そこには、他地域を圧倒するだけの数の水上居民がいたからである。だが、このことは、中国社会の周縁にあるはずの水上居民社会のなかに、「マジョリティとしての広東社会／マイノリティとしての他地域」という形で、さらなる中心と周縁を作り出しているように見える。それも、研究者の手によって、知らず知らずのうちに。

本書では、広東省のすぐ隣、福建省南部の河で暮らす連家船漁民の社会、つまり、ごくごく周縁に位置する社会から、「物言わぬ弱き被差別者」というこれまでの水上居民像と、それを描き出してきた研究者の態度を、批判的に乗り越えることを目指している。

(1)　研究の方法——水上に住まうという営みの理解を目指して

1　文化人類学的手法による対象社会の理解

本書では、文化人類学の手法を用いながら、連家船漁民の「水上に住まう」という営みの理解へと向かう。ここには、従来の中国水上居民研究が抱える弱点を克服するための、二つの戦略的意図がある。

狙いの一つは、住まうという営みを総体的に捉える視点を獲得することにある。先に確認したように、これまでの研究は、住まい方の特徴によって「水上居民＝水上に住まう民」と名づけられた人々を対象としながらも、住まうという事象に迫るための枠組みを十分にもちあわせてこなかった。本書は、連家船漁民の水上に住まう・陸上に住まうという営みを、単に、船や家屋でなされる行動の連合体として矮小化するのではなく、また、被差別に対する抵抗の実践などと無批判に過大評価するのでもなく、彼らの生き方を示すような、さまざまな日常実践の総体として捉えることを目指している。そのために、連家船漁民と生活をともにするという経験を重ね、日常のそこここで見聞きできるような、ありふれた行為や何気ない会話から、彼らの住まい方＝生き方に焦点化するという文化人類学的フィールドワークの方法が力を発揮するはずである。

もう一つの狙いは、やや古典的な区別になるが、エティックな視点を拒否し、イーミックな視点を確保することにある。ここまで見てきたように、従来の研究は、水上居民の内側に入り込んで得たデータが、客観的理解・多面的理解の名のもとに、結果的には研究者自身の解釈や陸上居民の論理を導くために用いられるという本末転倒の結果を生むことがほとんどであった。それに対し、本書では、近隣の農民・(土地・家屋を有してきた)漁民・市街地の人々にもアプローチをするが、それはあくまでも連家船漁民の置かれた社会的状況を把握するための材料にとどめ、主眼は、連家船漁民自身がもつ価値観や彼らの主体的な生き方を理解することに置く。とりわけ、ある家庭に「義理の娘」として迎えられて彼らと寝食をともにし、新たにできた「祖先」を大勢の親族とともに拝むといった関係性を紡ぎながら、私自身が半ば当事者として連家船漁民のくり広げる日常実践に参与するなかで得られたデータを、(その限界や陥穽を強く認識しつつも)可能な限り、彼らの視点に立って分析しようと試みる点に、本書の特徴がある。

2 フィールドワークの概要

ここで、フィールドワークの概要を示しておこう。基本的な調査は、一九六〇年代に連家船漁民が定住用地として得ることでできた漁村(現・Sm漁業社区)を拠点におこなわれた。二〇〇七年の年始にここをはじめて訪れてから二〇〇九年夏までの二年半は、留学先の厦門大学に籍を置きながら、合計で年の半分はSm漁業社区で過ごすという形でフィールドワークが進められた。ごく初期にはSm漁業社区の党支部書記の計らいで、社区内の九龍江支流畔に建つアパートの一室(をさらに小さく区切った部屋)を借りることができ[17]、Sm漁業社区を訪れる際は、ここに寝泊まりするという暮らしを、二〇〇八年の秋頃までつづけた。その後は、この部屋を引き払い、私を義理の娘として迎えてくれることになった張アーグン夫妻のアパートや漁船で、彼らの家族と寝食をともにするようになった。日本に帰国後の二〇〇九年秋以降は、春や夏の長期休暇を利用して二週間から一か月半ほど、この連家船漁民の家庭に泊まり込む形で断続的なフィールドワークをつづけている。

船に住まいながらの移動を生活の基礎とする連家船漁民の性質上、彼らの活動範囲である漁場・市場・出漁先の港・かつて根拠港があった農村といった場所へも、可能な限り同行し、彼らと他者との関係性に目を配った。また、連家船漁民が歩んできた歴史を知るために、図書館・（調査許可が下りた）檔案館での文献調査も並行しておこなった。なお、本書に登場する連家船漁民の名前は、個人情報を守る意味から基本的に仮名としている。

(2) 本書の構成

本書は、以下の三部から構成される。それぞれの部は、従来の広東社会を中心とした水上居民研究をめぐる問題系への懐疑に対応しており、各章でそれを乗り越えるための事例と新たな視座が提示される。第Ⅰ部では、水上居民をエスニック・マイノリティあるいは賤民と捉える視点に、第Ⅱ部では、水上居民を「物言わぬ弱き被差別者」としてのみ描く研究者の態度に、第Ⅲ部は、「移動から定住へ」という水上居民の住まい方をめぐる固定化された語りに、焦点が当てられる。

1　第Ⅰ部　社会変化期を生きる連家船漁民

第Ⅰ部は、九龍江河口という小さな地域社会に暮らしてきた連家船漁民の全体像を明らかにすることを目的としており、第Ⅱ部、第Ⅲ部で取り上げる具体的な事例を理解するための背景ともいえる部分を占める。

第一章「連家船漁民とは誰か」では、まず、土地や家屋をもたず、船に住まう「伝統的な」連家船漁民の暮らしを確認する。その後で、陸上定住者（＝農民・市街地住民など）／土地・家屋を所有する漁民／連家船漁民という三者間でくり広げられる、名づけと名乗りの諸相を紐解きながら、「連家船漁民とは何者なのか」という問いの答えを探る。描かれるのは、陸上定住者や漁民が、「船に住まう」という住まい方の異質さを根拠に連家船漁民を他者化するのに対し、連家船漁民の側はそれを意に介することなく、「魚を捕る者」と自称し、自らを漁民と同じ範疇にあるものと主張する状況である。ここでは、地域社会においては、連家船漁民もまた、自分たちなりの方法で（すなわち、陸上の論理の転倒ではない形で）、自己と他者を区別し、互いを意味づけるような、きわめて能動的な一面をもつ存在であることが明らかになる。

つづく第二章「土地と家屋獲得の歴史——集団化政策と定住化を経て」では、中華人民共和国成立後の共産党政権下において、連家船漁民が近隣の農民や市街地の人々とほとんど変わらぬかに見える生活を手に入れてゆく過程を描く。集団化政策や定住化政策は、連家船漁民の住まい方を変化させただけではなく、彼ら内部の集団意識のあり方や、周囲の陸上定住者たちとの関係をも変容させてきた。この章は、連家船漁民社会の成り立ちを理解するための歴史的概況ともいえる部分だが、ここでの狙いは、個々の連家船漁民によって生きられた歴史を、彼らの語りによって示すことにある。つまり、国家の政策によりもたらされた、住まう環境をめぐる変化を、マイノリティがいかに解釈し、いかに生きてきたかを描くという意味で、中国の現代史を周縁から逆照射する試みともなっている。

2　第Ⅱ部　陸上の世界に自らを位置づける

第Ⅱ部で注目するのは、集団化政策や定住化政策といった一連の国民化過程を経て、生活の拠点を陸上へと移しつつある連家船漁民が、儀礼という民俗的な方法をとおして、陸上の世界に自らを位置づけようと模索する姿である。それは、陸上定住者が形作る社会への同化を目指した実践などと片づけられるほど、単純なものではない。ここではむしろ、船に住まうという記憶や、船上で育まれた価値観が、連家船漁民のアイデンティティをさまざまなレベルで支える重要な要素となっているとの様相が描かれる。

第三章「祭祀活動に見る連家船漁民の集団意識——共存する『宗族』・『角頭』・『大隊』」では、農民や市街地住民のものとして広がってきた陸上の世界に、連家船漁民がいかに自らを位置づけようとしているのかを検討する。ここでは、祖先祭祀や神明祭祀を取り上げながら、①農民を中心に組織される宗族組織、②根拠港を同じくする連家船漁民から構成される父系出自集団、③集団化政策のなかで新たに形作られることになった行政組織という、方向性の異なる三種類の社会的紐帯への帰属意識が、現在を生きる連家船漁民のなかで重層的に共存するさまを描く。なかでも注目すべきは、連家船漁民が国民化の過程で権利として獲得した定住用地や港を、約五〇年もの間、「他者からの借り物」と認識してきたことである。これはつまり、水上居民の定住化という事態が、為政者による定住用地や家屋の供給という物質的な方法によってすぐ達成されるほど単純なものではなく、当事者の間では葛藤や揺らぎをともなった事象として存在することを示している。

次の第四章「連家船漁民の眼に映る陸上の人々との差異——葬送儀礼と『祖公』をめぐる理解」では、陸上に生活の場を得た後に連家船漁民がおこなう葬送儀礼や祖先祭祀の方法、彼らがもつ祖先観といったものを取り上げ、それらが依然として陸上定住者のものとの間に多くの差異を呈していることに着目する。従来の研究において、水上居民とは陸上への定着後も残存するこれらの差異を根拠に、陸上定住者から文化的・社会的他者として排除される存在でしかなかった。しかし、第四章では、それらの差異について、差異があることを認めながらも、「それでも私たちのやり方のほうが優れている」と積極的な意味を与える連家船漁民の姿が描かれる。ここからは、地域社会では圧倒的な力をもつはずの陸上定住者の価値観から距離を置き、そこへの同化にきわめて無頓着な連家船漁民の姿が浮き彫りになろう。

3　第Ⅲ部　水上／陸上のはざまで

最後の第Ⅲ部は、一連の国民化の過程を経て定住するための条件が整えられた後の現在、連家船漁民にとって、水上／陸上の境界がいかなるものとして存在しているのかを検討する部分である。

第五章「船に住まいつづける連家船漁民」では、家屋の獲得後もなお、船での移動生活をつづける連家船漁民の家族の事例から、水上の船と陸上の家屋という二つの空間に跨ってくり広げられる、複雑で動態的な住まい方の実践に着目する。問うべきは、連家船漁民にとって、土地や家屋の獲得はいかなる意味をもってきたのかであり、ここでは、連家船漁民を家屋の希求へと向かわせる価値観のあり方と、家屋の獲得が必ずしも定住に直結しないという実際的な実践のあり方の間にある、一種の矛盾が描かれる。この矛盾への注目は、最終的には、「弱者たる船上生活者は、陸上世界への同化を常に切望しているはず」とのアプリオリな前提に対する批判へと向かうことになる。

第三節　連家船漁民が暮らす地域の概況

(1)　九龍江の環境

福建省は中国の東南部に位置し、台湾海峡に面した沿海部の省である（図0―1）。二〇一〇年の人口センサス（＝「人口普査」）によれば、省全体の常住人口は三六八九万人に及ぶ［福建省第六次全国人口普査領導小組弁公室：online］。省の東側はすべて海に面しており、三万七五一一五キロにわたる海岸線がつづく。こうした海岸線の長さに加え、省全体で一五〇〇を超える島々を有していることもあって、沿海部の省であることばかりが目立つのだが、実際には省のおよそ八〇％を山地や丘陵が占めており、きわめて山がちな省でもある。

本書が調査の対象とする連家船漁民が長らく生活の場としてきた九龍江は、福建省西南部の山から大きく北渓・西渓・南渓に分かれて台湾海峡へと注ぎこむ大河である（図0―2）。その全長は一九二三キロに及んでおり、福建省内では福州近郊を流れる閩江に次ぐ長さを誇る河でもある［福建省龍海県地方誌編纂委員会　一九九三：六］。九龍江の

図0-1　福建省

図0-2　福建省東南部を流れる九龍江

河口には経済特区厦門市の中心である厦門島や、西洋建築と美しさで国内外に知られる鼓浪嶼《コロンス》島、さらに台湾の実効支配下にある金門島・小金門島などが位置しており、この一帯は古くから政治・経済・軍事上の要衝でありつづけてきた。

九龍江が流れる地域は南亜熱帯海洋性気候に属しており、多雨で気温の高い夏季が長く、反対に冬季は短く一〇度前後までしか気温が上がらない。河口の気水域には背の低いマングローブが密集し、水底には泥が溜まって遠浅が広がっている。ここに陸地から大量の有機物と無機塩類が運び込まれることで、プランクトンが大量に発生し、それが河口一帯に棲息する魚やエビ、貝類、海藻類にとって天然の栄養源となってきた［龍海県水産局　一九八九：六］。連家船漁民は、この河口の汽水域から沿海部までの地域において、船上で寝泊まりしながら、魚や甲殻類を捕り、それを九龍江沿岸部にある農村の市場や道端で売ったり、漁獲物や杉などの木材、日用品を水上運搬したりしながら、生活を営んできた。

(2) 龍海市Sm街道の社会的概況

1　漳州・龍海市

龍海市の前身は、南朝の五四〇年に設けられた龍渓県と、明朝の一五六七年に設けられた海澄県という隣り合う二つの県が、一九六〇年に合併して作られた龍海県である［福建省龍海県地方誌編纂委員会　一九九三：一二］。その後、一九九三年になって龍海県は龍海市へと名称を改めている。ただし、市と改められた後も、龍海市は県レベルの市として漳州市（図0―3）に管轄される形で存続している。九龍江河口から中流域の山間部、さらに広東省の潮州市との境にまで広がる漳州市で、龍海市は九龍江の最も河口側に位置し、河の両岸を取り囲むようにして定められた地域にある。漳州市は市直轄の二区と八県、それに龍海市を合わせた行政単位から成るが、そのうち龍海市は他県と同じく、その下に街道・鎮・郷といった行政単位を抱えている。二〇一二年現在、龍海市の下位には市政府を擁する一つの街道と一〇鎮、一郷、さらに少数民族の畲族が暮らす一つの民族郷が置かれており、二〇一〇年の人口センサスによれば、龍海市全体で八七万七七六二人の常住人口を有している［福建省人口普査弁公室・福建省統計局編二〇一三：四］。

龍海市は、福建省南部の他の市や県と並んで、唐代以降、東南アジアへ移住する華僑・華人を多数輩出してきたことで知られる地域でもある。とりわけ、明朝期以降は台湾への移民を多く送り出してきた。こうした歴史的背景と、台湾との地理・文化・社会的な距離の近接性から、龍海市では改革開放後すぐの一九七九年から、台湾との経済的な協力関係を再開してきた。龍海市は二〇〇三年以降、経済特区の厦門市に隣接するJm鎮をJm工業総合開発区と定めたり、その対岸に位置するDy鎮に工業集中区を設けるなどして、台湾企業を積極的に誘致するようになっている。現在では、台湾の十大財閥に入る企業や上場企業の多くも龍海市内に工場を設立しており、その業種は鉄鋼・食品・家電・電力・金属製品など二〇種以上に及んでいる［龍海市人民政府a：online］。これら台湾企業や大陸・台湾合弁企業の工場の多くは市内の九龍江沿岸部に集中しており、龍海市民や隣接する他県の人々にとって重要な雇用先となっている。

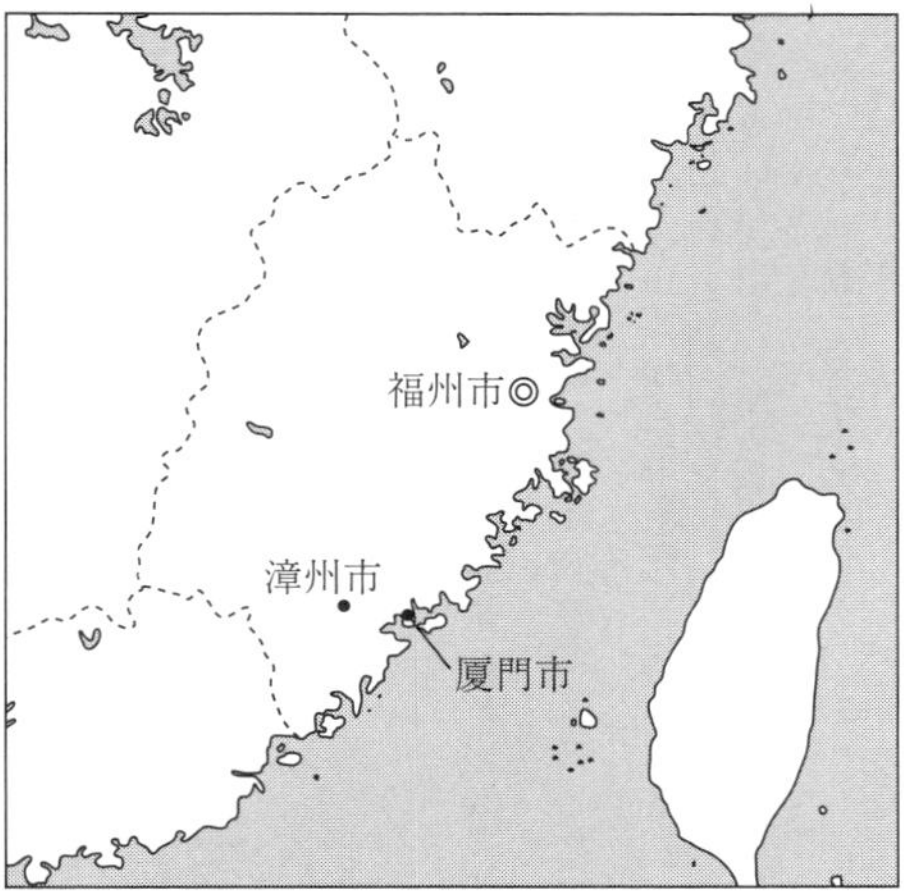

図 0-3　福建省東南部に位置する漳州市

2　Sm街道

経済特区厦門市の港から高速船で九龍江を一時間ほど上流へ進むと、龍海市の市政府が置かれるSm街道の港にたどり着く。Sm街道は、地理的にも龍海市の中心に位置する市区である。ここは長らく、龍海県・龍海市の中心地でありつづけてきた。一九六〇年六月になると、Sm鎮は生産大隊を二つだけ抱えるSm公社となったが、一九六三年七月には公社が分割され、その一部が龍海県直轄のSm鎮へと改められた。さらに、一九八〇年には各地の人民公社撤廃にともない、Sm公社も廃され、すべての範囲が県に直轄されるSm鎮へと組み込まれている［福建省龍海県地方誌編纂委員会編 一九九三：一六―一八］。

その後、二〇〇三年になると都市部における社区設置という全国的な流れのなかで、Sm鎮では社区居民委員会一三か所と村民委員会四か所が設けられた［龍海市人民政府b：online］。この段階で、Sm鎮はSm街道へとその名称を改め、市区のさらなる都市化を図ろうとしてきた。ただし、龍海市の中心という性格とは裏腹に、二〇一〇年の人口センサスでは、Sm街道の人口は六万三八八〇人で、市の人口のわずか七・二八％を占めているに過ぎない［龍海市第六次全国人口普査領導小組弁公室：online］。これは、名義上は農村でも、実際には耕作可能な農耕用地を有さぬ村がSm街道のほとんどを占めており、若年層の多くは他県や漳州市内の市街地、厦門市内へ就労の場を求めてSm街道を離れることや、Sm街道に集中する政府関連機関の機関の職員の大多数は、龍海市内の他鎮や漳州市内などに自宅を構えて通勤するといったことに起因している。

このように、現在のSm街道では田畑がほとんど見られず、大通りに政府関連機関や中学校・高校などの教育施設、大型スーパーなどが立ち並ぶほか、間の細い路地の脇に小売りの商店や食堂、小規模な町工場、そして集合住宅が埋め尽くすという小規模都市的な様相を呈している。近年はSm街道でも土地開発が進んでおり、国営工場や電力会社などの公的機関で働く人々に福利として供給されていた旧来の集合住宅のほかに、新たなマンションが続々と建設されている。全国的な不動産投資ブームに乗って、そうした新設マンションの部屋を個々人が投資のために購入するという例も多く見られるようになっている。二〇一一年六月に発表されたデータによれば、Sm街道を中心とした龍海市内の新築分譲マンションの平均価格は一平方メートル当たり六五七六元とかなり高額である。それはすでに、龍海市を管轄する漳州市市街地の一平方メートル当たり五八八三元をはるかに上回り〔海峡都市報　二〇一一：online〕、同時期の経済特区厦門市内における価格（一平方メートル当たり一万一九〇三元）〔克而瑞（中国）信息技術有限公司　二〇一一：三〕に迫る勢いを見せている。こうしたマンションの平均価格というのは、その上下変動を含め、地域に暮らす人々にとっての大変な関心事となっている。それは、こうした価格の高低が、かなり高い精度で各地域の都市的な性格と、経済的発展の実情および可能性を映し出す指標と見なされているためである。

(3)　Sm漁業社区の社会的特徴

1　社区の概況

Sm街道には、九龍江の本流から南西に向かって一本の小さな支流が流れ込む地域がある。この支流の最も河口部にあって、河を挟むようにして両岸に広がる小さな地区が、Sm漁業社区と呼ばれる場所である（図0―4）。そのうち、九龍江支流を隔てて北側は、「西頭」と呼ばれ、二～六階建ての集合住宅が一一棟建てられている。このほか、河の畔には社区の居民委員会が入る三階建ての建物が設けられている。南側は、「過港」と呼ばれており、一～五階建ての集合住宅が一二棟建てられている。この西頭と過港は、「龍海橋」と「漁村橋」という二本の橋で結ばれており、行き来が可能となっている。

第二章で詳しく触れるが、ここは、長らく九龍江河口で漁や水上運搬をしながら船で生活してきた連家船漁民が、集団化政策のただなかだった一九五〇年代後半から徐々に獲得してきた定住用の土地である。その契機は、九龍江沿岸部に分散していた連家船漁民の一部が、一九五六年にSm漁業高級社に集団化された際に、高級社の事務所をJd村の西頭という地域に設けたことであった。その後、一九五九年夏の巨大台風で多数の連家船漁民が溺死したこと

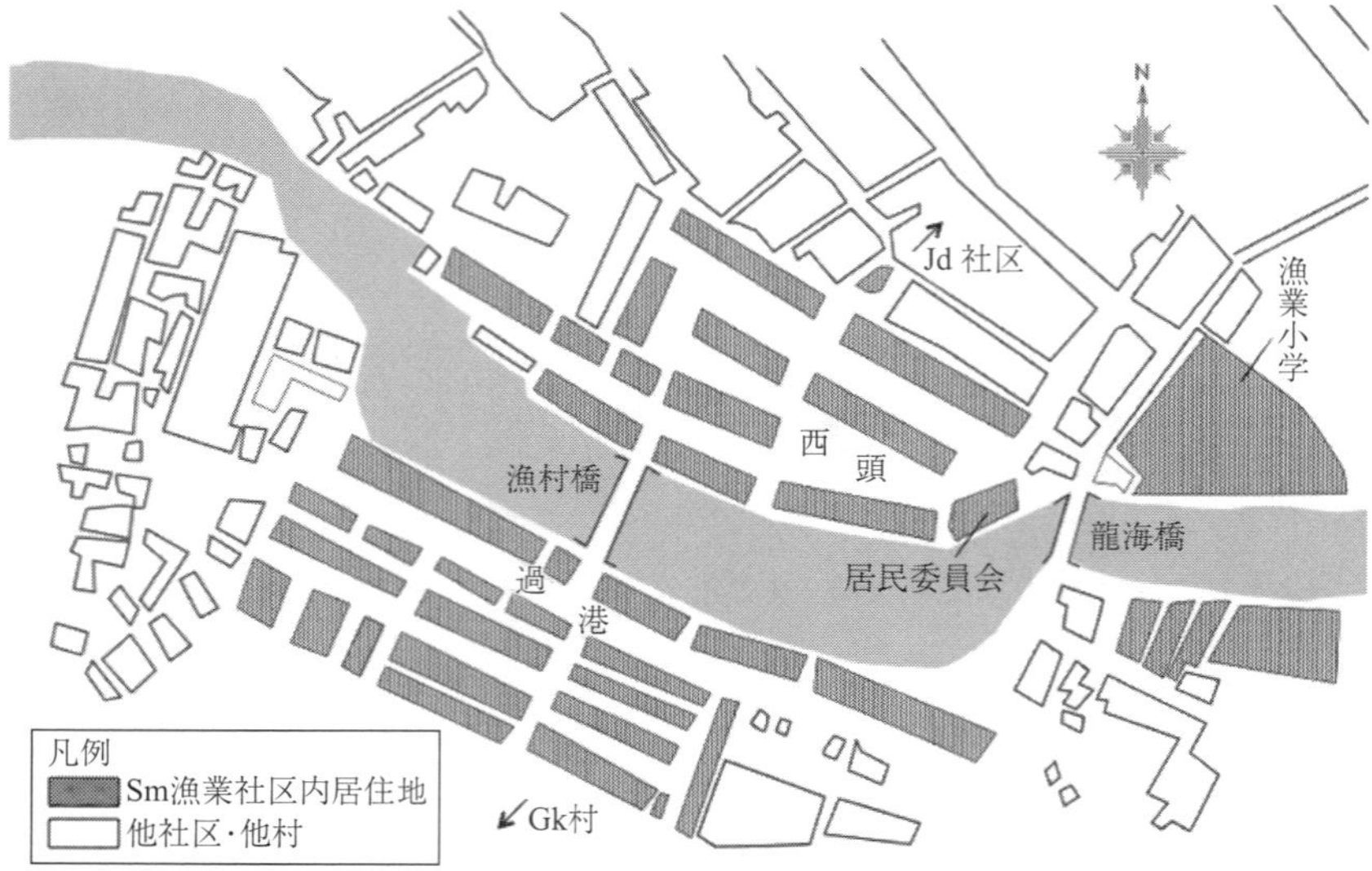

図 0-4　Sm 漁業社区の居住地（2009 年以前）

を機に、彼らの定住問題に関心を向けた県人民政府は、翌一九六〇年には一四万元を投じて西頭に二階建ての集合住宅二棟を造り、計三四八人を定住させることになった。この頃から、連家船漁民は当時所属していたSm公社Sm漁業生産大隊の資金で西頭に次々と集合住宅を建てていった。さらに一九七六年になると、Sm漁業生産大隊は西頭の対岸にあった過港の土地を得ることになった。こうして、連家船漁民は西頭と過港という二つの地域に跨る土地を得て、ここを生活・生産の拠点としてきた。

一九七七年の人民公社解体後、Sm漁業生産大隊はSm漁業村という行政組織として村落部に位置づけられていたが、二〇〇三年以降、Sm街道に属するSm漁業社区へとその名称を変えている。これにより、それまで農村戸籍として扱われていた住民たちの戸籍も、都市戸籍（＝城市戸口）へと性格を変えることになった。現在のSm漁業社区は、社区内の共産党員によって選ばれる書記を中心とした党支部と、住民による選挙を経て選ばれる主任（＝通称「村長」）を中心とした居民委員会によって営まれる政治的自治組織として機能している。人々は、社区の居民委員会を窓口として、漁船や運搬船に課せられた税や船舶の安全検査費などを支払い、それを龍海市海洋漁業局に納める。さらに、ここを窓口として低所得者は最低生活保障の申請・受取りができるほか、近年の燃料購入費補助制度実施にともない、発動機付船舶の所有者は燃料費の補助を申請・受取り可能であるなど、社区は人々の基本的な生活を支える仕組みとなっている。

二〇〇六年の統計では、Sm漁業社区の住民は一二五八戸、四五四四人であり、他所からここへ婚入した男女を除けばその大多数が連家船漁民とその後代である。住民のすべては政府が定めるところの漢族に属しており、張・欧・阮・黄・楊姓が大多数を占めている。先述の統計では、漁や漁獲物の水上運搬、また九龍江の川底から砂を掘り出す仕事など、水上での職業に従事する住民は一六七七人おり、これは全労働力人口の七七・三%に匹敵する数であった。

写真 0-1　河の岸に建てられた集合住宅

2　社区の社会的特徴

Sm漁業社区に入ると、そこには田畑が一所もなく、規格の似通った集合住宅が狭い道路の脇に立ち並んでおり、その外観はきわめて飾り気のない簡素なものであることに気づく（写真0―1）。この外観は、漳州市内や厦門島内など他所に定住用地を得た連家船漁民の集合住宅とも似通っており、地域に暮らす人々にとっては、それが一九九〇年代以前に公的資金で建てられた集合住宅であることがすぐにわかる造りとなっている。このほかに、社区内を流れる九龍江の支流には、経済的な余裕がなく家屋を購入・賃借できない、あるいは家屋を子に譲って自分たちは住み慣れた水辺で暮らしたいなどの理由から、屋根や窓をつけた木造の廃船を川岸に据え、そこを住まいとして暮らす老人たちの姿も見える（写真0—2）。

これらが、Sm漁業社区と、西頭に隣接するJd社区や、過港と隣り合うGk村との間に横たわる、目に見える差異である。Jd社区、Gk村はいずれも、現在は田畑を有さない点でSm漁業社区と同様に都市的性格をもつが、敷地内には二階建てや三階建ての独立した一戸建てが目立つ（写真0—3、0—4）。とりわけGk村は長らく農村であったことから、一世帯あたりの使用可能な土地面積が広く、三棟の居住スペースが庭を取り囲む三合院形式の家屋なども見られる。一戸建ての家屋も床面積が広く、通りに面した家屋では、一階を商店や食堂として開放し、二階以上を家族の居住スペースとすることも多い。このほかに、Jd社区やGk村で見られるのは「商品房」と呼ばれる分譲マンションで、いずれもSm漁業社区内の集合住宅より各部屋の専有面積が広く、外観も豪奢な印象を与える造りとなっている。また、Sm漁業社区の集合住宅ではほとんど見ないクーラーが、Jd社区やGk村をはじめとする近隣地域では、どこの家庭にも普及しており、地域社会に占めるSm漁業社区の独特な経済的位置づけがわかる。

ただし、「Sm漁業社区」という行政単位が示す範囲については、ここで注意を促しておく必要があるだろう。ここまで、私が主な調査地としてきたのはSm漁業社区であり、そこに暮らす大多数が連家船漁民とその後代であると述べてきた。しかし、全四五四四人のうち、西頭・過港というSm漁業社区の敷地内に暮らすのは、ごく一部に過ぎない。多くの人々が、Sm漁業社区の近隣の社区や農村に建てられた分譲マンションを購入したり、三合院の一室やマンションの一室を賃借したり、またSm街道に隣接するBs鎮に龍海市が建設した低所得者用の低家賃住宅（＝「廉租房」）に部屋を借りたりしながら、それぞれの地域で暮らしている[18]。

これは、そもそもSm漁業社区の土地として定められた敷地が狭小で、集合住宅の数を増やすことができず、人口の増大についてゆけないことが原因となっている。Sm漁業社区では、こうして社区外に暮らす人々の戸籍も社区内に暮らす人々と同じように管理しており、どちらも同様のサービスが受けられるようになっている。住民の居住空間と、住民の戸籍を管理する行政組織の区画が完全には一致しない状況もまた、近隣の社区や農村とSm漁業社区の間に横たわる大きな差異と見なすことができる。「Sm漁業社区の人々」という時、この地域に暮らす人々の間において、それはどこの地区に暮らすかを問わず、Sm漁業生産大隊からSm漁業村、Sm漁業社区につながる組織に所属してきた人々と同義語であるように思われ、その内部は、顔の見える具体的な関係性で結びついているようでもある。つまり、本書が分析の対象としているのは、こうした地域の人々が考えるところの「Sm漁業社区の人々」であり、Sm漁業社区という行政組織の区画外に暮らしながら、戸籍の上ではSm漁業社区の住民として扱われる人々も含まれることを断っておきたい。

二〇〇六年の統計において、水上労働に従事する人々は、社区内の全労働力人口の七七・三%を占めていた。こ

写真 0-2　廃船を改造して岸に固定した住まい

写真 0-3　Sm 漁業社区近隣の社区に建つ戸建住宅

写真 0-4　Sm 漁業社区に隣接する農村の三合院

写真0-5　社区内の青空市場

写真0-6　道端で魚を売る連家船漁民

のほかの人々は、労働の場を求めて近隣の鎮やSm街道の市街地へ出向いており、各種工場で働いたり、病院や個人の家庭で清掃の仕事に就いたりする者が多く見られる[19]。

集合住宅がひしめくSm漁業社区の敷地内に目を向けると、そこには、居民委員会のほか、食品や日用雑貨を売る小さな商店が四軒ほど、そして医師免許を有さぬものの、初歩的な治療に従事することのできる「裸足の医師（赤脚医生）」[20]が経営する診療所が二軒ある。住民はごく簡単な買い物や軽度の病気やケガの治療であれば、社区内で用を済ませることができるようになっている。また、住民の一人が経営する海鮮レストラン一軒も社区内にあり、ここは社区外の行政機関から会議や査察のために社区を訪れる要人らをもてなす際に用いられるほか、社区の住民をコックやウェイトレスとして雇う場としても機能している。

このほかにも、過港を通る道の脇には、午前中と夕方の二回、近隣の農民や漁から戻ったばかりのSm漁業社区の漁民たちが、野菜や活きた鶏、豚肉、調理済みの総菜、魚介類、食器、調理器具といったものを運んで集まってきて、そこは青空市場さながらの様子を呈することになる[21]（写真0―5、0―6）。社区の住民たちは、ここで日々の食事の材料を調達することができるほか、社区外ではあるものの、すぐそばに位置するスーパーマーケットや個人経営の菓子店・パン屋・茶葉屋・肉屋などへ出かけていって、必要な食品を購入することが可能である。

なお、第一章以降では、連家船漁民が暮らす九龍江河口で広く話される閩南語の表現に限り、イタリックで発音を表記する。発音表記は基本的に『閩南話漳腔辭典』〔陳正統　二〇〇七〕に倣うが、声調記号は省略する。

註

（1）蜑・蜒・蛋・疍はいずれも同音異体字で字義に大差はないため、本書でこれらを一括して指す際は、便宜的に「蜑」と記す。

（2）東晋の常璩により編纂された『華陽國志』巻一「巴志総述」には、「其屬有濮、賨、苴、共、奴、獽、夷、蜑之蠻」（その属に濮、賨、苴、共、奴、獽、夷、蜑の蛮あり）との記述がある。つまり、蜑とは、巴東（現在の四川省東部）一帯に数多く存在した蛮族の一種を表していた。また、『隋書』巻二九「地理志上」の「梁州」という項には、「又有獽、狿、蠻、賨、其居處風俗、衣冠飲食、頗同於獠、而亦與蜀人相類（ほかに獽、蜒、蠻、賨あり。その居所、衣服、飲食はきわめて獠に似る。また蜀人にも似る）」という記述がある。さらに、巻八二「南蠻傳序」では「南蠻雜類、與華人錯居、曰蜒、曰俚、曰獠、曰㐌、（中略）随山洞而居、古先所謂百越是也（南蛮の類は、華人とともに暮らす。蜒、俚、獠、㐌などといい、洞穴に住む。古くは百越と呼ばれた者である）」とも記されている。つまり、隋から唐にかけては、中国の南方に暮らしていた南蛮、すなわち百越の一種を示すものとして蜒という漢字が当てられていたことがわかる〔何格恩　一九五九：一―二〕。このほかにも、蜑は歴史書において、「色目人」、「蒙古人」、「漢人の一派ではあるが、一般的な漢人からは蔑視される人々」、「客家」、「蠻族の一種」、「苗族」、「林邑蠻」、「馬人」、「烏蠻」、「越族の一種」、「傜族」といった数々の起源をもつものとして現れることがある〔陳序経　一九四六：二九―四〇〕。

（3）たとえば、北宋に編纂された地理書『太平寰宇記』巻一五七「嶺南道一　新会県」には、「蜑戸、県所管。生在江海、居於舟船、随潮往来、捕魚爲業、若居平陸死亡、即多似江東白水郎也（蜑戸は県に所管される。河川や海で生まれ、船に暮らす。潮に随いて往来し、魚を捕ることを業となす。もし平常陸に居すれば死す。多く江東の白水郎に似る）」などという記述が登場する〔何格恩　一九五九：二一―二二〕。

（4）明代の『赤雅』（広東の詩人・鄺露著）では、「疍人神宮畫蛇以祭、自云龍種、浮家泛宅、或住水滸、或住水瀾、捕魚而食、不事耕種、不與土人通婚、能辨水色、知龍所在、自稱龍神、藉稱龍戸、莫登庸其産也（疍人は神宮に蛇を描きこれを祭る。自らを龍種と称す。船を住み処とし、水辺や波の上に暮らす。魚を捕って食し、農業には従事しない。土人とは通婚せず、潮を見ることに長けている。龍の居場所を知っており、書籍では龍戸と呼ぶ。莫登庸はこの生まれである）」とある。ちなみに、莫登庸とは、ベトナム莫朝の初代皇帝であるが、中国側の資料のなかでは、広東省東莞県の蜑民出身であったと考えられている〔可児　一九七〇：二〇〇〕。また、清代『廣東新語』巻一八「蛋家艇」（広東出身の学者・屈大均著）にも、「昔時稱爲龍戸者。（中略）

以象蛟龍之子（昔時は龍戸と呼ばれた。蛟龍の子に似る）」と記されている。蛟龍とは、日本でも「みずち」として知られている。大辞泉によれば、それは蛇に似て長く、角と四本の足がある想像上の動物であり、水中に住み、毒気を吐いて人を害するものであるという。

（5）大辞泉によれば、鮫人とは、中国で南海に棲むという人魚に似た想像上の生物を指す。常に機を織り、しばしば泣き、その涙は落ちて玉になるとされる。梁代『述異記』（山東出身の文学者・任昉著）には、「南海中有鮫人室、水居如魚、不廢機織、其眼能泣則出珠（南海に鮫人の室あり。水居すること魚のごとし。機織を廃せず、その眼泣けば珠を出す）」との記述が見られる。これはおそらく、海で真珠を採る蜑を指したものである［陳序経　一九四六：一五］。

（6）南宋『嶺外代答』（浙江出身の官僚・周去非著）では、「蜑船泊岸、羣兒聚戯沙中、冬夏無一縷、眞類獺然（〈広西では〉蜑船が岸に寄れば、子どもたちは砂で戯れる。冬も夏も衣服を一糸纏わず、その様子は獺のようである）」との描写がある。また、清代『廣東新語』巻一八「蜑家艇」にも、「今止名曰獺家。女爲獺而男爲龍。以其皆非人類也（彼らはこれまで、名を獺家といった。女は獺で、男は龍である。いずれにせよどちらも、人類ではない）」とある。

（7）清代『廣東新語』巻七「蜑家賊」には、「蜑家本鯨鯢之族、其性嗜殺（蜑家とは元来、鯨鯢の種族であり、殺しを好む）」とある。なお、鯨は雄のクジラ、鯢は雌のクジラを意味し、鯨鯢とは鯨を表す。

（8）羅香林は、「後漢の支配に対する反発から起きた現在のベトナムでの蜂起を収めるために派遣された武将、馬援が鎮圧に成功して後漢へと戻る際に、それに従う形で中華の領域へと入ってきた人々が蜑民である」とする伝説を引きながら、広東社会の蜑民の顔や体格の特徴がベトナムのあるインドシナ半島の人々のそれと著しく似通っていることに注目し、蜑民＝林邑族という説を導いている［羅香林　一九二九、一九七八（一九五五）］。

（9）このような見地に立てば、大家族を志向する農民と、分節をくり返して小規模な家族を形成する蜑民というように、陸上の人々と蜑民の間にある文化的・民俗的差異もまた、民族の差異に起因するものではないと理解できる。陳序経にとってそれらは、土地に結びついた生活を根本とする農民に対し、船で生涯を過ごすという蜑民という、生業・生活形態の差異によって把握されるべきものということになる［陳序経　一九四六：一四六—一五八］。

（10）こうして水上居民が他者によって異民族へと結びつけられる仕組みについては、可児弘明も論じている。可児はそこに、平地民である広東人が、安全かつ生産性の高い平地を確保するために、山地民である客家や水上居民を、「異民族の血を引く者は山地に住むべきであり、平地の漢族とは混住すべきでない」という棲み分けの論理によって平地から排除しようとする構図を読み取っている［可児　一九七二：二七］。

（11）良民として戸籍に編入されたのは、「軍籍」（兵役を負担する軍戸）、「商籍」（商人とその子弟）、「竈籍」（製塩労働に従事する者）、そして「民籍」（一般の民）を含む「四民」であった。これとは反対に、明文化された制度の下で「賤民」の範疇へと組み込まれたのは、「奴婢」や「娼優」（娼妓・俳優）、「隷卒」（役所にあって特定の賤役に従事する者）といった人々であり、彼らは従事する労働の種類が卑賤であると見なされたがゆえに賤民へと分類された［経君健　二〇〇九（一九九三）：二三一―二三二］。

（12）その代表的な例が、「堕民」や「丐戸」（いずれも、浙江省北部に暮らし、屠殺、かごかき、剃頭、髪結い、顔剃り、冠婚葬祭時の演唱、楽手、給仕、花嫁の世話、蛙捕り、水飴売り、竹灯作り、棕櫚縄作り、団子を廃物と交換する仕事、役者などをする人々を指す）［木山　一九八六：二四四、経君健　二〇〇九（一九九三）：一六八―一七二］、「九姓漁戸」（浙江省北部で土地をもたず船に暮らして漁撈に従事した人々を指す。陳・銭・林・李・袁・孫・葉・許・何の九姓に限られたことから九姓漁戸の名称で呼ばれた）［経君健　二〇〇九（一九九三）：一七五、賴青壽　一九九九、朱海濱　二〇〇六］、「楽戸」（山西省に多く暮らし、中央や地方の衙門で祭祀や儀礼に必要な音楽や歌舞の演出に関わった人々を指す）［経君健　二〇〇九（一九九三）：一八五、好並　二〇〇四：五五―五六］などである。

（13）明代の洪武年間になると、疍戸の戸籍は戸部の管轄下には置かれなくなり、各地に河泊所が設けられた後、疍戸は一般的な漁民と同様、河泊所へ魚課を納税する義務を負うようになった。ところが、つづく清代の戸籍制度では、疍戸の戸籍は河泊所による直接の管轄下に置かれ、村や町で編成される里甲のなかには属していなかったという点で、一般的な陸上の定住者とは大きく異なる地位にあった。ただし、疍戸の陸上における居住の禁止が明文化されたことは歴史上一度もなく、それゆえに、康熙年間の中期には、陸上に住み、村を作る疍戸さえもいた。しかし、こうした少数の者を除けば、疍戸は常に陸上定住者から賤民と見なされつづけており、権勢をふるう一族などによる圧迫の憂き目にも遭ったため、そのほとんどが陸上に居住することを敢えて避けてきたというのが実情であった［経君健　二〇〇九（一九九三）：一八三、傅貴九　一九九〇：一一七―一一八、張銀鋒　二〇〇八：二二―二四、詹堅固　二〇〇九：一一七―一一八］。

（14）疍戸の多くが教育を受ける機会を欠いており、非識字者であった。しかし、奴婢・娼優・隷卒といった明文化された賤民が科挙の受験資格を剝奪されていたのとは異なり、疍戸は受験資格を認められてはいた。そのため、わずかながら科挙に及第する者もおり、士大夫の後代が族譜を編纂し、祠堂を建てるということも見られたという［経君健　二〇〇九（一九九三）：一八三、張銀鋒　二〇〇八：二四］。

（15）疍戸は一般的には陸上の定住者と婚姻関係を結ばず、疍戸の内部で通婚するほかなかった。ただし、これも明確に禁じられたゆえの結果ではなく、経済状態の優れた者であれば、定住者と結婚する者もいたという［経君健　二〇〇九（一九九三）：一八三―一八四］。

（16）清代に編纂された『世宗憲皇帝実録』巻八一「雍正七年五月壬申」の条には、次のような記述がある。「広東督撫に諭す。粤東地方、四民の外に別に一種ありと聞く。名づけて蜑戸となす。すなわち猺蛮の類。船を以て家となし、捕魚を以て業となる。省に通ずるの河路、ともに蜑船あり。生歯繁多にして数はかるべからず。粤民は蜑戸をみなして卑賤の流となし、岸に登りて居住するを容れず。蜑戸もまた敢て平民と抗衡せず。威を畏れ、隠忍して舟中に跼蹐し、終身安居の楽をえず。深く憫恻すべし。蜑戸はもと良民にぞくす。軽賤、擯棄すべきところなし。かつ彼は魚課を輸納し、斉民と一体なり。いずくんぞ地方の積習により強いて区別をなし、これをして飄蕩、寧なきにするをえんや。該督撫等をして有司に転飭し、あきらかに諭を通行せしめ、およそ無力の蜑戸はその船にありて自便するをきき、強いて登岸せしめるに及ばず。もし力ありてよく房屋を建造し、および搭棚して棲身するものは、その水に近き村荘に居住するを許す。斉民と一同、甲戸を編列し、以て稽査に便ならしむ。勢豪、土棍は端にかりて欺陵、駆逐するをえず。ならびに有司に令し、蜑戸に荒地を開墾し、播種、力田するを勧諭せよ。ともに本に務むるの人、以て朕の一視同仁の至意に副え」[可児 一九八六：三〇一―三〇二]。

(17) ここは、アパートの各階に一世帯が暮らすという形をとっていたが、私が借りることになった三階だけは、上の階に住む海鮮レストランのオーナーが、自分のレストランで働くコックの家族や従業員たちに提供するための住居スペースとなっていた。小さな四つの部屋から成る空間に、私を合わせて八人が寝泊まりし、身体を洗うことのできるトイレは全員で共有するという形式だった。窓を開けると、眼下に九龍江の支流があり、ここから出入りする小船を見ることができるのも、私にとっては好都合であった。時には、上流から木製のソファがどんぶらと流れてきて、度胆を抜かれることもあった。なかなか連家船漁民の社会に馴染めなかった私にとって、ここは自分の身を隠し、骨休みすることのできる空間ともなっていた。

(18) 二〇一一年冬の時点で、Sm漁業社区には、家屋を購入・賃借せず、自分の漁船で寝泊まりしたり、古い木造船を川岸に固定し、そこを住居としたりする住民が約二〇世帯はあるといわれていた。Sm漁業社区では、彼らの戸籍もすべて一括管理している。二〇〇九年になって、龍海市は市内に暮らす低所得者に対する最低生活保障の一環として、市内の二か所に集合住宅群を建て、低家賃住宅（=通称「廉租房」）の提供を開始した。最も小さな部屋でも台所とトイレ・シャワールームのついた二Kタイプで、簡素ながらも新しく小ぎれいな部屋であることから、入居申請に人が殺到することになった。龍海市は住宅保障事務室（住房保障弁公室）を組織し、入居を希望する人々のもとに調査員を派遣して、低所得者としての条件を満たすかどうかを調査した後に、市内の各社区に属する全一九二世帯に対してこの集合住宅への入居を許可した。

二〇〇九年一一月の発表によると、全一九二世帯のうち、Sm漁業社区の住民一八世帯が入居の権利を与えられている。各世帯の経済状況や家族構成員の数、入居する部屋の広さなどによって、一か月当たり一八〇~四一〇元の家賃で賃借可能である。龍海市内のごく平均的なアパートの一室を賃借する場合、一か月当たり三〇〇~八〇〇元ほどの家賃が必要になることを考えると、比較的安価で新しい部屋を借りることができるのは、低所得者層にとっては魅力である。私も、調査中にSm漁業社区の連家船漁民がこの集合住宅の入居申請に悪戦苦闘する姿を目にすることがたびたびあった。実際は離れて暮らしている親・兄弟・子・孫と同居していることにして、「こんなに多くの家族がこんなに狭い部屋に暮らしている、もう一つ部屋を借りたいがお金がない」と主張したり、「お金がなく家が買えない。船に暮らすしかないから、廉租房を借りたい」と主張したりと、皆、知恵を捻り出して工作に努めていたことを記憶している。ただし、現在も漁をつづけながら、家屋を購入することができず、漁船に暮らしているという人々の多くは、収入が高く、低所得と認められることはほとんどない。よって、廉租房への入居も認められず、現在も依然として漁船で生活しているというのが現状である。

(19) 現在、Sm漁業社区の周辺地域の共働きの家庭では、住み込みや通いで家事や子どもの世話を手伝ってくれる女性を雇うケースが増えている。Sm漁業社区の女性がこの種の仕事に就く場合、必要のあるときだけ呼ばれてこうした家庭へ赴き、家の清掃を任されることが多い。こうした仕事には時間給で金銭が支払われ、決して安定した職業であるとはいえない。彼女たちは、「自分は小学校にも行けなかったから、学歴もないし、いい仕事に就くこともできない。掃除することぐらいしかできないんだよね」といって、安定した職に就けない自分の運命を嘆くことがある。一方で、長らく小さな船で生活してきた連家船漁民の女性たちは、船を整理・整頓し、甲板をぴかぴかに磨き上げる清潔好きとして知られてもいる。そのせいか、周辺地域の人々からは、清掃を頼むならキレイ好きなSm漁業社区の女性に、と多くの指名を受けることができるという。

(20) 一九五〇年代からはじまる集団化政策のなかで、「赤脚医生」は漁業をはじめとする組織での生産活動に従う傍ら、初歩的治療行為にも携わる役割を担っていた。彼らのなかには小学校を卒業しただけの学歴しかもたぬ者もおり、当然ながら国家資格の医師免許は有さなかった。しかし、衛生に関わる基礎的な知識を習得しており、ごく簡単な病気やケガであれば薬を処方して治療することができたほか、分娩に立ち会うこともできた。

(21) 大都市と同様、Sm漁業社区の属するSm街道の市街地では、都市管理局の役人(＝通称「城管」)が定期的に見回りをして、道路を占拠して商品を並べ、露天での商売をする人々を取り締まる光景がよく見られる。「今日は城管が来る!」あるいは「城管が来た!」といった情報は瞬く間に広まり、串焼き・焼きビーフン・かき氷などの「小吃」(＝軽食)や海賊版のDVD・ラジオ・懐中電灯など安価な電化製品、ウサギ・カメ・子犬・子猫などの小動物を売る人々が、大量の商品を荷車に積んであたりを走りまわるという光景を、市街地では日常的に目にする。一方、Sm漁業社区内の道端で毎日の朝夕に突如として現れる青空市場は、道路が狭隘で、人通りが限られることから、城管が見回りに来ることはめったになく、そこにはいつも、のんびりとした商売の光景が広がっている。

第Ⅰ部　社会変化期を生きる連家船漁民

第一章　「連家船漁民」とは誰か

プロローグ

　多くの研究から導かれる、「マジョリティの社会から排除され、差別と戦う、悲惨で苦しいマイノリティ」という水上居民像――。

　それとは裏腹に、私の眼前で連家船漁民がくり広げるのは、街の市場でその日捕れた魚や蝦を売り、街角で出会った農村や市街地の友人たちと世間話をしながら笑い合い、時には河の堰き止めや小学校の廃止をめぐって地方政府に物申す、どこにでもある普通の生活だった。二〇〇九年に漁村の小学校が廃校になり、市街地の小学校に間借りする形で再編入された連家船漁民の子どもたちは、「お前ら、船に住んでる漁村の奴らだろ！　お前らなんか、俺たちと同じ学校に来るな」などと馬鹿にされても、それに一方的に屈するわけではなく、反発して相手に殴ってかかる度胸をもち合わせている。

　別の場面では、連家船漁民の男性と恋愛結婚した市街地出身の女性が、「私は船で暮らしたこともないし、すぐに船酔いして、漁の仕事を手伝うこともできない。彼とつき合ってる時は、彼のお母さんに嫌われてるんじゃないかって不安でしょうがなかった。彼の弟の恋人は、小学校も出ていないけど、船に住んでいたことがあるから、お義母さんには好かれてたの」と吐露することもあった。そこにあるのは、嫁と姑という、おそらくどの社会でも見られるだろう関係に悩む女性の姿だった。

　彼らと過ごした日々は私に、「弱きマイノリティ」像だけでは捉えられぬ面もまた、連家船漁民にとっては現実なのだという、しごく当たり前のことを教えてくれた。こうした気づきの重なりが、本書に登場する表情豊かな連家船漁民像へと結実している。

本書の主人公、「連家船漁民」とは一体、誰なのか。福建南部の九龍江河口において彼らは、船に住まい、漁撈に従事するという特異な生活・生業形態、あるいはそこから派生する生理学的特徴を指標に、「船に住む奴ら」・「カモ」・「足の曲がった奴ら」など、性質を異にする複数の名を投げかけられてきた。反対に、彼ら自身は「漁をする者」・「魚を捕る者」と名乗り、周囲からの名づけに対抗してきた。

本章が描くのは、連家船漁民、農村・市街地の陸上定住者、土地・家屋をもつ漁民という三者が、地域社会のなかで相互にくり広げる自己／他者の識別の様相である。ここでの問題意識は、住まう環境や生業の形態、(後天的な)身体的特徴といった面で特異性を見せてきた中国各地の「水上居民」の自己／他者を同定するという営みが、総じて「民族」をめぐる問題として片づけられるという学問的状況に対する、私の素直な疑問から出発している。研究のなかで、なぜ、彼らは「不定居の貧困者」でも、「特殊な生業集団」でも、「身体障がい者」でもなく、「特異な民族」としてまなざされてきたのか。本章が最終的にあぶり出すのは、自己／他者の同定をめぐる地域社会の知のあり方から著しく乖離していることに、研究者自身が無自覚であるという事実である。

第一・二節では、(水上居民を含む)集団間の自己・他者同定の営みを捉える人類学の理論的視座を整理する。第三節では、福建の水上居民に向けられてきた研究者のまなざしを確認する。これは、研究の中心を占めてきた広東研究を相対化するために必要な作業でもある。つづく第四節では、土地・家屋をもたず船に住まう、いわゆる「伝統的な」連家船漁民の姿を描く。その上で、第五節では、連家船漁民が周囲の陸上定住者との間で見せる名づけと名乗りの形を描く。この作業をとおして、地域社会においては、連家船漁民もまた、自分たちなりの方法で、自己と他者を区別し、互いを意味づけるような、きわめて能動的な一面をもつ存在であることが明らかになる。

第一節　「名づけ」・「名乗り」という営みをめぐる理解

(1)　中国における「民族」概念

身体的特徴・言語・文化・住まう環境・生業をはじめとする実にさまざまな要素の差異を指標に、社会のそこここでくり返される、われわれ／他者という線引き。この営みを中国の水上居民へと引きつけるならば、(ごく少数を除いた) 知識人や研究者はこぞって、それを民族、あるいはその下位集団であるところの「民系」・「支系」・「族群」(＝サブ・エスニック・グループ) をめぐる問題と捉えてきた。まるで、水上居民が見せるさまざまな特異性の複合体に「民族的なるもの」の地位を与えさえすれば、彼らのすべてを理解したことになるとでもいうように。

だが、これは何も、水上居民に限った話ではない。中国では、特異と目される何がしかの性質をもつ人々を理解するために最も効果的な方法とは、彼らの民族的属性を明らかにすることであるとの一種の幻想が、厳然としたリアリティをもって存在するからだ。世界のあらゆる地域と同様、中国においても、民族とは一方でそれが内包する集団をいかに定義するかについて多くの議論を呼び起こしながら、他方では便利な道具として各所で無批判に乱用される語である。とりわけ、多民族国家を標榜する中華人民共和国の成立後は、全国民が政府公認のいずれかの民族 (＝漢族か五五の少数民族) に属さねばならぬという状況にあり、民族という語は多分に政治的意味合いを帯びるようになっている。

歴史を顧みれば、そもそも中国には伝統的に、文明の体現者たる中華と野蛮の現身たる夷狄を区別する華夷之辨が存在してきた。とりわけ、漢代以降、中華／夷狄を分ける基準は、儒教文明の世界規範と「皇朝の大一統＝中華世界」との秩序規範を受容・共有するか否かに設定され、そこでは漢字・漢語の受容による夷狄の「漢化」が重要な役割を果たしてきた。こうした世界規範に支えられる以上、そこで想像される中華の範囲とは、国境のような物理的境界線で定め得る固定的な領土などではない。それは、中華文明ともいうべき世界へと参入する人々を内に取り込みながら、緩やかにどこまでも拡大する可能性を秘めた領域であった。だが、そのような観念の存在など歯牙にもかけぬ欧米列強との出会いが、中華世界のあり方を挫折へと追いやってゆく。アヘン戦争、清仏戦争、日清戦争の相次ぐ敗戦を受けて、清は列強諸国との間に、国境画定をともなう国際条約の締結を迫られたからだ。ここにきて、隅々まで引かれた国境によって定められる領土の意識と、そこに成立するものとしての国家概念が、この地にも生じることになったのだ［加々美　二〇〇八：四四—五〇］。

列強による侵略の危機に曝されるなか、満族の清朝を倒すことこそが中華支配回復の要であるとする革命派は、華夷之辨によって満族を夷狄と位置づける一方、自らを「中国民族」や「中華民族」と呼んで、漢族による支配権奪取の正統性を主張しはじめた。しかし、初期には明らかに漢族のみを指したこれらの語は、辛亥革命により目的が果たされると、その性格を変えていった。代わって現れたのは、夷狄だったはずの満族・モンゴル族・回族・チベット族を含み込む形で、ともに共和建設を目指すべきとする孫文の「五族共和論」や、自衛能力をもたぬ諸民族を漢族へと融合・同化させながら中華民族国家を形成すべしとの同化論的政策である。だが、これらは逆に、諸民族の分離・独立を促しかねぬとの危機感を煽り、最終的には、中華民族とは形成途上の民族などではなく、黄帝の子孫たる同一宗族の国内全民族が漢族への同化を果たした結果、すでに一個の実体をもつに至った民族であると唱える蔣介石の「中華民族一元論」へと結実していった［加々美　二〇〇八：五〇—五四］。

すなわち、一九四九年の中華人民共和国建国時点から、為政者はいかに諸民族を国内にとどめるのかとの課題を抱えていた。そこで政府が採ったのは、多民族国家を自称しながら、区域自治政策のもとに各民族の分離権・自治権を認めず、民族自治区を不可分の領域とする統一国家を目指すという方策であった［毛里 一九九八：三三、加々美 二〇〇八：九五―九六］。この理念のもと、一九五〇年代以降にはじまるのが、「エスニック・グループの民族的出自と民族呼称を弁別する」民族識別工作［毛里 一九九八：六一］である。すなわち、漢族を除く国内の「少数民族」を弁別・認知し、正式な民族として地位を与えるというきわめて政治的な行為が、国家主導で進められたのだ。

初期の民族識別工作は、民族を①言語、②地域、③経済生活、④文化的共通性に現れる共通の心理状態という四要素によって成り立つ共同体と捉えるスターリンの定義に立脚していた。だが、独自の文字・言語・居住地域・経済圏をもたぬ回族を一民族と認定したことからもわかるように、実際の民族識別工作はスターリンの民族定義を緩やかに適用しながら、より柔軟な形で進められた［毛里 一九九八：六八］。「共通の民族意識」あるいは「民族感情」と呼び得るものを重視することで各民族が識別された結果、現在のところ、人口の圧倒的多数を占める漢族と、五五の少数民族が政府の公式認定を得ているという状況にある。

こうした政治的営みの末に定められた民族に関して、近年の学術研究や民族政策に大きな影響を与えているのが、中国の民族学・人類学界をリードしつづけた費孝通が一九八八年に提起した「中華民族多元一体格局（構造）論」である。彼の論は、次の二点に集約される。すなわち、①中華文明は中原を起源とし、そこから漢族が周辺民族を一方的に同化・統合したとする従来の中原一元論的な歴史認識を排して、漢族を核心としながらも、歴史的にくり返された漢族・他民族間の相互的な融合・吸収の過程こそが、中国に多元的構造を形成するに至ったとの新たな視覚を提供した点。そして、②漢族と五五の少数民族がその内部にさまざまな下位集団を抱えるという多層的かつ多元的な構造を認める一方、他方では中国国境内に存する全民族の上位に中華民族という概念を据え、その一体性・統一性を強調した点、である。費孝通は中華民族について、その内側に自覚的な民族と自然発生的な民族という二つの異なるレベルが存することに注意を向け、前者は中国が西欧列強に対抗するなかで発現したもの、後者は数千年に及ぶ歴史の過程において形成されてきたものと明確に区別する［費孝通　二〇〇八（一九八八）］。費孝通の唱える民族認識は、漢族中心の国家統合を鼓吹するもの、あるいは単なる政治への迎合との誹りを受けやすいが、少なくとも理念的には、中国の民族に関わる議論を一旦政治的な論争から切り離し、学術的な問題として位置づけ直す試みであった［瀬川　二〇一二：五―六］。

とりわけ、費孝通の二点目の指摘は重要な問題を含んでいる。民族がきわめて人為的な線引きによって成立するものである以上、他地域と同様、中国にも、政府の公式認定とは別に、言語・文化・民俗などの差異を根拠として自らは個別の民族集団であると主張したり、反対に、自らの意識とは裏腹に他者から別個の民族集団と見なされたりする人々が数多く存在するからだ。さらに、漢族のように規模の大きな民族の場合、地域ごとに細分化され得るようなサブ・グループをその内側に含むことも多い。こうした民族の下位レベルにある民族集団、あるいは民族的集団ともいうべき人々の集合体は、中国の民族学や人類学の分野においても常に注目を集めている。なお、慣用的には、漢族の下位集団を指す際は民系が、その他の民族の下位集団を表す際には支系が用いられるというように、両者は区別して使用されてきた。

(2)　エスニック・グループ間の関係性に対する注目

民族・民系・支系といった言葉で表される中国の民族集団に対する関心は、一九八〇年代以降、欧米で展開されるエスニック・グループ研究の流れを受けながら、個々の民族集団から、複数の民族集団間の関係や、民族集団間の境界が維持されるメカニズムへと転換してきた。そこで大きな理論的貢献を果たしたのが、ゼボルド・W・イサジフやフレドリック・バルトらの論考である。イサジフは、従来の研究に混在する複数のアプローチを端的に弁別する。彼によれば、その一つは客観的アプローチであり、それは、エスニック・グループをあたかも現実の現象としてそこに存在するかのごとく仮定する。もう一つは、主観的アプローチであり、こちらは、個々人が自らを他者と異なる集団に属するものと同定する過程、あるいは他者から異なるものと同定される過程、そしてその双方向の同定の過程へ目を向けようとする態度が含まれる［イサジフ　一九九六（一九七四）］。

後者の主観的アプローチを重視しながら、問題とされるべきは、エスニック・グループ内部の特徴ではなく、エスニック・グループそのものを存立させるところの境界についてであると指摘したのが、バルトであった。エスニック・グループ間の境界を示す文化的特徴や、集団内部の成員がもつ文化的特性が変化したとしても、成員とそれ以外の人々を二分する区分だけは存続してゆくという事態が普遍的に見られることからもわかるように、境界がいかに維持されるのかという点こそ、議論されてしかるべきとするバルトのエスニック・バウンダリー論［バルト　一九九六（一九六九）］は、台湾や香港で「族群辺縁」［王明珂　一九九七］という学術用語を生み出しながら、中国の学術界にも浸透している。こうした動きを受け、ある面では政治的な意味合いを色濃く含み得る民族という用語とは別に、その内部に民系・支系を含み込むような柔軟な形で想像されるエスニック・グループの対訳として、中国では族群という語が広く用いられるようになっている。

エスニック・バウンダリー論の登場以降、エスニック・グループ間の関係性を問う研究者の関心は、主に次の二点に集中してきた。すなわち、①何らかの特徴を根拠に、他者をある集団へと同定しようとする「名づけ」の動きと、②自らが重視する特徴を指標に、自己をある集団へ同定しようとする「名乗り」の動きである。

たとえば、内堀基光は、エスニック・グループが、小規模で対面的な共同社会と全体社会の間を媒介する中間的カテゴリーとして形成されてゆくプロセスを論じるなかで、名づけと名乗りの問題に注目する。内堀によれば、国家のような全体社会から発せられる名づけを、共同社会が黙殺・受忍するだけの場合、その名は外在的なものにとどまり、それによって立ち現れるエスニック・グループもまた、国家による（しばしば恣意的な）分類カテゴリー以上の意味をもつことはない。だが、共同社会がひとたび、国家による名づけに対して名乗りという呼応を示せば、それは共同社会がエスニック・グループとして自己形成する契機となり得る。なぜなら、名乗りとは、他者に向かっては自己が他者と異なることを示す一方、同じ名を名乗る者に対しては自己同一をくり返し確認するものであり、この名乗りの反復が、実際には単にカテゴリーに貼られたラベルに過ぎぬ名を、固有の超時間的な永続性をもった実体であるかのように（他者・自己双方に）見せるからだ。こうしてエスニック・グループが得た永続性は、個人の不死性と自己保存の欲求を引き受けることを可能にし、それゆえに、人々はエスニック・グループに対する帰属の意識を深くするというわけである［内堀　一九八九］。

ところで、内堀の議論では、名づけと名乗りの相互行為の間に、名をめぐる齟齬が生じる可能性は論じられるが、名づけられる人々の範囲と名乗りを上げる人々の範囲に不一致が現れる可能性についてはさほど注意が向けられていない。名和克郎が後者の可能性に言及しながら指摘するように、だからこそ、エスニック・グループの問題を取り上げる研究者は、「〇〇族」、「〇〇人」といった抽象化を急ぐ前に、対象とするエスニック・グループがいかなる範囲の人々によって想像されているのか、あるいはそのエスニック・グループの境界について誰がどのように考えているのかについて、より具体的な検討を試みることが最低限必要である［名和　一九九二］。

(3)　本章の問題意識——福建の水上居民に対するまなざしの再検討

華夷之辨と大一統を基礎とした中国の民族観から、エスニック・グループを成立させる名づけと名乗りの状況に至るまで、こうしてやや概説的にまとめるのは、本書が対象とする連家船漁民を含む中国の水上居民、そして彼らを語ろうと試みる私自身もまた、こうした歴史や学術界の動きと無縁ではあり得ぬことを意識化しておくためである。とりわけ、序章で確認したような水上居民の置かれた複雑な状況には、注意を払う必要がある。なぜなら、彼らは長い歴史のなかでは侮蔑的な名を付されることで夷狄と少数民族の間を揺れながら、現代的な文脈においては彼ら自身が明確な民族意識を欠くことを理由に、いわば消去法的に漢族として公式認定されるという経緯をたどり、また一方で、地域によっては現在も依然として少数民族に限りなく近い存在と見なされている（らしい）からである。

だが、水上居民をめぐる名づけと名乗りの動きをエスニック・グループの問題と一括し、「陸上の人々＝漢族または真の漢族／水上居民＝非漢族または漢族性を欠いた人々」という図式の確立に中心的な役割を果たしてきたのは、香港・広東の水上居民社会を扱う研究者たちであることも忘れてはならない。それでは、他地域の水上居民はいかなる存在としてまなざされてきたのか。本章の第一の目的は、福建の水上居民に関する研究動向をふり返り、地域社会で水上居民が他者化されるメカニズムを明らかにすることにある（第三節）。これは、広東社会の状況を相対化する初歩的な手続きであると同時に、福建南部において連家船漁民とは誰を指すのかという第四節以降の問題を考える上で、重要な作業でもある。

第二節　水上居民はエスニック・グループなのか

(1)　広東の水上居民――名づけと名乗りをめぐる不一致の状況

他者から名を与えられたカテゴリーに対して積極的な帰属意識を示さぬという状況、すなわち、名和の指摘する、名づけと名乗りの範囲に不一致が生じる状況について、広東の水上居民に注目することで明確に描き出そうとしているのが、長沼さやかの研究［長沼　二〇一〇a］である。若干複雑で長いまとめになるが、長沼の研究は水上居民の名づけと名乗りをめぐる議論にとって重要な問題を含んでいるため、内容を概観してゆくことにしよう。

長沼によれば、広東珠江デルタでは、ある集団を「蛋家」あるいは「水上人」という名によって他者化しようとする力が、少なくとも二つのレベルで働いてきた。それは、①蛋家・水上人と境界を接して生活する陸上の漢族と、②蛋家・水上人、および彼らの歴史について語ろうとする知識階層という二者によるものである。実際には、これらすべてを包括して影響を与えつづける国家という三つ目の力が加わることになるのだが、地域社会において絶大な力を有するものとして、ここでは先の二つのレベルを区別しておくのみで十分だろう。珠江デルタは、沙田（＝海抜の低い沖積地を開墾して造られる耕地）開拓の歴史の深浅によって、社会のあり方に大きな地域差が認められる。この地域差を踏まえてまとめるならば、蛋家・水上人をめぐる名づけと名乗りの状況は、以下のようなものである。

沙田開墾の歴史が浅い地域において、①の陸上漢族が蛋家・水上人の名で呼ぶのは、当該地域へ移住した歴史が自らよりも浅く、一定の土地に定住せずに沙田の開拓に従事する人々、あるいは沙田での苛酷な水田耕作に携わる傍ら、副業で漁をする人々である。反対に、蛋家・水上人と呼ばれた側は、それらの名づけを拒否し、自らを「耕田」（＝田を耕す者）もしくは「水上嘅」（＝水上の者）と名乗る。一方、沙田開墾の歴史が古い地域において、①の陸上漢族によって蛋家・水上人の名を付されるのは、水運業や漁業といった土地を必要としない生業に従事しながら、船上生活を送ってきた人々である。これに対し、水運業者は「船民」、漁業者は「漁民」とそれぞれ別の名を名乗っており、船民と漁民がわれわれ意識を共有することはないという。

顔の見える者同士でなされるこれらの名づけ・名乗りに対し、②の知識階層が蛋家・水上人と名づける対象は、先住の越族が南下した漢族によって水上に追いやられた結果、旧時は土地をもつことなく、陸上での居住や商いを許されずに、船に住まいながら水運・漁業・販売業に従事していたものの、時代が下って沙田へと至り、沙田での開墾や耕作に携わるようになった人々である。すなわち、①の陸上漢族たちが蛋家・水上人という名で表す人々の範囲は、地域ごとの沙田開墾の歴史的経緯によってまちまちであるのに対し、②の知識階層にとっては、それらすべての範囲の人々が蛋家・水上人の名に内包されるということになる［長沼　二〇一〇a］。

長沼はこれらを一括して「他者による『名づけ』と自己の『名乗り』が一致しない状況」［長沼 二〇一〇a：二四四］と表現し、これまでの研究者が無批判に、水上居民とは船上生活者であると断じてきたことに疑問を投げかける。水上居民が誰なのかを決める基準は地域社会に生活する当事者の内側にあり、それが地域社会のポリティクスに支えられていることを丹念に描き出す長沼の論考は、きわめて秀逸である。ただし、長沼が挙げる例のなかに、「名づけと名乗りの不一致」をめぐっていくつかのレベルが錯綜していることもまた、事実である。なぜなら、珠江デルタでは、ⓐ異なる歴史的背景を有する地域ごとの差によって生じる名づけと名乗りの不一致、そして、ⓑ異なるレベルの他者からなされる名づけに現れる不一致が確認できるからである。

ⓐの場合、他者からなされる蛋家・水上人という名づけに対し、自己は水上嘅・耕田・船民・漁民と名乗ることによって生じる「名をめぐる不一致」と、蛋家・水上人という総括的な名づけに対し、船民と名乗る者、漁民と名乗る者がいることで生じる「名づけの範囲と名乗りの範囲をめぐる不一致」という二種類の不一致が認められる。これに対して、ⓑのほうは、より複雑かつ重要である。つまり、地域社会で蛋家・水上人と実際に境界を接しながら暮らす陸上漢族にとって、誰を蛋家・水上人と名づけるかをめぐる決定は、名づける側自身の生活環境・生業形態・経済状況・文化的特徴によって多様かつ可変的なものとなる可能性を含んでいる。他方、知識階層は、地域社会の一員ではあるが、実際に蛋家・水上人と境界を接して生活するわけではない、いわば非当事者である。それゆえ、知識階層にとって、蛋家・水上人と名づけるべき対象とは、客観的な基準だと彼らが考えるところの生業形態や文化的特徴、そして歴史書や政府の公式見解に登場する異民族由来の水上居民の姿といったものから得られる知識を指標とすることで、陸上漢族とは別個の集団と特定可能な人々であり、それはきわめて包括的かつ固定的な集団として想像される。ここに、「名づけをめぐる不一致」という、より重要な問題が立ち現れることになるのである。

(2) 名づけと名乗りの不一致に錯綜する二つのレベル

後者のⓑに出現する「名づけをめぐる不一致」が重要な鍵を握ると思われるのは、これこそが長沼の主張において最も肝要な点、すなわち「ある一定の名を与えられたグループに対して帰属意識を積極的に示さない人々」［長沼 二〇一〇a：二四四］という水上居民像に深く関わるためである。長沼の最終的な議論は、バーバラ・ウォードの議論を参照しながら、珠江デルタの水上居民について、「彼らは非漢族との結びつきを示唆する他者からの名づけを受け容れようとはせず、『私は中国人である』という語りをくり返しながら、自らを中華の内側に位置づけようとしている」との結論へと集約されてゆくことになるのだが［長沼　二〇一〇a］、ここに、長沼が想定する名づけのレベルが如実に露呈していることがわかるだろう。

長沼が最終的に問題とするのは、ⓑのなかでも後者のほう、すなわち、水上居民が暮らす地域社会のなかにありながら、外部で量産される歴史や民族をめぐる議論へと接触することができる知識階層によってなされるほうの名づけである。そこでは、水上居民と境界を接する人々が日常的にはさまざまに異なる範囲のものとして認識しているはずの水上居民という集団が、すべて一括りにされ、非漢族としての歴史をもつような一個の包括的な集団として想像されることになる。長沼の取り上げる名づけがそうしたものである以上、水上居民の側からそれに呼応すべきものとしてなされる名乗りとは必然的に、自らは「中国人」であり、「漢族」であり、「中華」の内側にあるのだと主張し得るものとなり、名づけによって与えられたカテゴリーに対して帰属意識を示さないどころか、それを丸ごと拒否するような状況が生まれるということになる。

こうして微細な部分まで検討を重ねるのは、水上居民の名づけと名乗りをめぐる問題が、知らず知らずのうちに大仰な議論の内側へと昇華されているという重要な点に意識を向けたいためである。大仰な議論とは、蛋家・水上人という名づけに対して、突如、中国人・漢族・中華といった包括的かつ抽象的な名乗りを上げる人々として登場する水上居民についての議論を指す。そもそも、他者からの名づけを拒否するという事態について、長沼の挙げる珠江デルタの水上居民の事例からは、ⓑで見たような、地域社会で顔をつき合わせながら生活をする陸上漢族による名づけと、知識階層による名づけという二種類の性格が異なる名づけが想定されるはずであった。それが、最終的な議論の段階では、前者の名づけ、すなわち名づける側の立場によって多様に想像され得る可能性を秘めながら、漢族か非漢族かといった問題はさほど意識されることなくなされる名づけの姿は、まるではじめから存在しなかったかのように影を潜めてしまうことになる。ここで捨象されるのはつまり、蛋家・水上人という名づけに対して、水上嘅・耕田・船民・漁民などという名で名乗りを上げようとする水上居民の姿ということである。

ここにきて私たちは、なぜだかこの二つの名づけの間に、序列が存在するかのような印象を受けることに気づくだろう。それはつまり、地域の陸上漢族が自身と水上居民を隔てる指標として重要視するところの生活環境・生業形態・経済状況・文化的特徴といった雑多なものよりも、知識階層が地域社会に暮らす他のエスニック・グループから水上居民を区別する際に参照するところの、いかに漢族的であるか、いかに非漢族的であるかという指標のほうが格上であるという印象である。

本章の第三節「福建省の水上居民」と第六節「まとめ」において詳しく検討する結論を先取りすれば、この序列をともなうかのように見える二つのレベルの名づけは、「歩く者による名づけ」と、「見る者による名づけ」という、性格をまったく異にするものとして区別できる。長沼が研究全体を貫く議論において重視する見る者による名づけは、水上居民のもつ雑多な文化的特徴の総体に対して、「非漢族的」というレッテルを貼り、水上居民という集団があたかも超歴史的に存在してきたかのような語りを生むことができるという意味で、非常に大きな力をもっている。それは、「水上居民＝漢族」という国家の公式見解を地域社会に浸透させせぬほどの力を発揮するのだから。

長沼が二つの名づけのなかから、意識的に、ないしは無意識的に、見る者による名づけのほうを議論の対象として選択した理由は、広東社会において、水上居民が常に漢族という範疇の周縁へと位置づけられ、漢族と非漢族の間で翻弄されつづけてきたという事態に、自身が強く惹きつけられたためといえよう。長沼のみならず、一九六〇年代以降、香港を含む広東社会の水上居民を対象とした主要な研究が、その意見に相違こそあれ、ほとんどすべてが漢族内部のサブ・エスニック・グループをめぐる問題系に言及してきたことが物語るように［Ward 1985（1965）、可児　一九七〇、瀬川　一九九三、長沼　二〇一〇a、稲澤　二〇一六など］、広東社会では、水上居民を非漢族的なものへと結びつけようとする見る者の名づけが、リアリティをもつものとして存在してきたということだろう。

しかし、である。ここで浮かぶ疑問とは、現実の地域社会で日常を送る生活者としての水上居民にとって、見る者による名づけばかりが力をもっていて、歩く者による名づけのほうは大した意味をもたないということがあり得るだろうか、というものである。実は、長沼の研究では、見る者の名づけに対して水上居民の側から発せられる名乗りは、はっきりと描かれているわけではない。中国人・漢族・中華という名乗りは、長沼が水上居民と接するなかで、さまざまな局面に立ち現れる彼らの意識のあり方を抽出するという、きわめて人類学的な作法によって導き出されたものといえる。これに比して、相対的に明確な形で描き出されるのは、歩く者の名づけに対して水上居民からなされる、水上嘅・耕田・船民・漁民といった名乗りのほうである。これは、前者の名乗りが、きわめて抽象度の高い名づけに対して発せられるものであり、反対に後者の名乗りが、より具体的な名づけに対して発せられるものであるという性質の違いに由来する。

私自身は、この歩く者の名づけに呼応して上げられる名乗りのほうに強く惹かれている。それは、名乗りが明確な輪郭をともないながら現れるというそのこと自体、自らがいかなる集団に属すのかをめぐる水上居民の意識を、より明瞭な形で映し出しているということにほかならないと感じるからである。少なくとも、歩く者の名づけと、それに呼応する名乗りのほうを議論のなかから捨象してしまいたくはないと考えている。

(3) 本章の問題意識——水上居民＝エスニック・グループという前提の拒否

このように見てきて気づくのは、集団間で名づけと名乗りが一致しない状況とは、何もエスニック・グループ同士の関係に限ったものではないということである。ここでは、名づけと名乗りのあり方が、往々にして権力的な関係に裏づけられていることに注意しておく必要があるだろう。たとえば、名づける側と名乗る側が、数や勢力の上で対等な関係にある限り、たとえその間に、名や、名で表される範疇の齟齬が存していたとしても、名づけと名乗りの関係は、ある程度の均衡を保つことができるだろう。しかし、そこにひとたび数や勢力の不均衡が生じれば、支配的な立場を占める他者からなされた名づけのほうが力をもち、従属的な立場に置かれる人々がそれに対抗する別の名乗りを見せても、それが正当に受け容れられないという事態を招くことは、容易に想像がつく。

したがって、名づけと名乗りが一致しないことが現実社会で意味をもつ状況とは、とりわけ、社会的・経済的・文化的に支配的な立場にあるマジョリティと、それに対置される従属的立場のマイノリティとの間に生じやすいということになるだろう。これは、私たちが日常生活を送る上で経験的に知っている事実でもある。

広東社会の水上居民研究から導き出される水上居民像というのも、それが非漢族に結びつけられる集団であれ、賤民集団であれ、特異な生業集団であれ、経済的弱者であれ、どれも彼らが地域社会において社会的・経済的・文化的マイノリティの立場にありつづけてきたことと多分に関係しているものと思われる。すなわち、これらの多様な水上居民像の根幹には、彼らを別個の（サブ・）エスニック・グループへと落とし込もうとする力が存在しており、その他諸々の姿とは、この根幹から派生したものに過ぎないとする、一見もっともらしい前提を一旦、拒否しておく必要がある。くり返すが、さまざまな水上居民の姿は、彼らが地域社会において、数・勢力の両面でマイノリティの位置にあることから生じており、彼らを（サブ・）エスニック・グループと見なし得るような事象もまた、彼らを賤民集団や特異な生業集団、経済的弱者などと見なし得るような事象と同様の根幹から派生したものと考えることのほうが自然である。

こうした状況を踏まえ、本章では、水上居民を最初から（サブ・）エスニック・グループと捉える姿勢を放棄し、何らかの特徴の集合によって結びつくような集団というように、漠然とした形で想像しておくことにする。この場合の集団とは、民族的なるものや社会階級、生業集団、身分的序列や経済的序列をともなう集団などをすべて含み込むようなものとして想定している。そして、こうした集団間全般の関係性を問題とするために、名づけと名乗りという語を用いる。こうすることで、本書が対象とする連家船漁民が、福建省南部の九龍江河口という地域社会で、いかなる性格をもつ集団としてまなざされてきたのか、そして彼らは自身をいかなる集団として想像してきたのかということ自体を、議論の俎上へと載せることができるはずである。

このような設定をしたところで、本章では、資料や聞き取りをとおして遡ることが可能な、中華民国期におけるいわゆる「伝統的な」連家船漁民の姿を描くことからはじめる（第四節）。その上で、そうした連家船漁民と、農民や市街地の住民、陸上に家屋を有する漁民といった周囲の人々との間で相互にくり広げられる日常的な名づけ・名乗りの形を描く（第五節）。こうした作業をとおして、九龍江河口で、連家船漁民とは一体、誰を指すのかという問題を検討することが、本章の第二の目的である。

第三節　福建の水上居民

以下では、過去の研究を回顧し、福建の水上居民がいかにまなざされてきたのかを概観する。実は、九龍江河口に暮らす連家船漁民はこれらの研究に（数文字程度の言及を除いて）ほとんど登場しない。だが、彼らを他者化する周囲や、彼ら自身が意識する連家船漁民像のなかに、福建の他地域の水上居民に関する知識が、ある程度において影響を及ぼしている可能性を考慮することは無駄ではないだろう。ここでの関心は、研究から導かれる福建の水上居民像が、これまで中心的地位を占めてきた広東社会の蜑民・蛋家像のものとパラレルな関係を見せるのか、それとも何らかの際立った特徴を見せるのかを見極めることにある。

(1) 中華民国期の研究

1 閩人＝漢族／水上居民＝非漢族という視点

福建省内の水上居民に関する研究は、省都である福州市を流れる閩江の下流域に多く暮らし、白水郎・曲蹄・科蹄・科題・裸蹄・郭倪・訶黎・九十七・岸使などと呼ばれる人々のものが大多数を占める（写真1―1）。この偏りは、一九二九年に福州の海上公安局が発表した統計で八九三七人[1]［野上 一九三七：七三］と、省内の他地域を圧倒する数の水上居民がこの地域に散在していたという状況に起因する。

中華民国期に福建省の諸事情について調査を進めていた日本の外務省通商局調査員や、台湾総督府が福州に設立した東瀛学校[2]の校長を務めた野上英一[3]、呉高梓、劉松青といった人々は、一九一〇～三〇年代にはすでに閩江河口の水上居民へとその関心を向けていた。たとえば、呉高梓は福建の水上居民（＝彼はこれを「蜑民」と総称）に対して、陸上の人々から向けられる名づけの意味を紐解く。呉高梓によれば、発音の似通った種々の名の語源は、以下の四系統に分けられる。すなわち、①水上居民の生活形態を示す科題・裸蹄（＝常時、裸足で過ごすことを意味）、②生活形態・身体的特徴を指す曲蹄（＝狭小な船で身体を伸ばせず、両足の膝を曲げて生活すること、また、猫背になりやすいことを意味）、③氏姓を表す郭倪（＝郭・倪との姓しか存在しないとの噂を意味。ただし、実際には両姓はほとんど皆無）、④被差別性を示す

写真 1-1　“Min River, Bridge of Thousand Ages and Foochow Tanka boats, Foochow, China, 1927” と題された写真［LuHungnguong　1927］

訶黎（＝「訶斥之民」。つまり、陸上の社会から排斥され水上へ駆逐された民を意味）という四種である［呉高梓　一九三〇：一四二―一四四］。

呉高梓は、福建の水上居民は広東・広西の蜑民と同じ「特殊民族」に属するものと位置づけながら、水上居民は陸上漢族と日常的に接触することから、その民俗のほとんどはすでに漢族のものと同化していると論じるが［呉高梓　一九三〇：一五三］、水上居民が具体的にはどのような民族に由来する人々であるかについてはまったく触れていない。

これに対して劉松青は、閩江の水上居民をめぐる三つの説を紹介するなかで、彼らが非漢族に由来することを示唆する。それは、以下のとおりである［劉松青　一九二六：一二八―一二九］。

（1）土人説：水上居民とは、福建が多くの島から成っていた太古よりいた土人で、これは夷狄である。その後、漢族が福建に侵攻すると、土人は敗れて帰る場所を失い、水上へと向かった。後に「閩人」となる漢族の圧迫で土人は上陸を禁じられ、「上無片瓦、下無地基」（＝上に瓦なし、下に土地なし）の生活を余儀なくされた。進化が閩人よりも立ち遅れたために、土人は今もなお水上に暮らすのだ。

（2）虫族説：「蜑」（＝水上居民）は蛮族の一種で、福建の土人を指す。蜑には虫字が含まれるが、それは彼らが虫から進化して人となった虫族だからである。福建を「閩」と記すのも、このことによる。

（3）蒙古民族説：水上居民は、福建・広東地域へ至った蒙古民族である。皇帝となるほどの勢力をもった蒙古民族の一部は、元代はじめに一族郎党を引き連れ、福建・広東へと到来。内陸部に寄留してのさばっていたが、明代に入るとその勢力は翳りを見せた。閩人との戦いにことごとく敗れ、退くことをくり返した蒙古民族は、ついに水上へと追いつめられていった。水上での生活に慣れぬ彼らは、はじめこそ死亡者を多く出したが、自然と水上の環境に適応してその数を増やし、中華民国期には福州の人口の五~六%を占めるまでになった。

劉松青が紹介する閩江の水上居民の起源説には、本人が荒唐無稽と認めるものも含まれる。だが、土着性・外来性の別はともかくとして、彼らが非漢族に由来する人々であること、また、彼らは元来、陸上に暮らしていたが何らかの理由で水上へ追いやられたという状況を説明する点で共通している[4]。

これらに比してより明確な形で水上居民を非漢族と捉えるのが、沈驥や傅衣凌の研究である。たとえば、沈驥は「福建省には、土着の漢族以外にいくつかの特殊民族が存在する」といい、その例として蜑戸・畲族・蠻婆の三種類を挙げる。沈驥は蜑戸の起源がどの民族にあるか明快な解釈を示さぬが、晋代の「蜑」に由来する人々が各時期に戦乱を避けて水上へと逃げ込み、後にその子孫が永久に船で暮らす民族を構成したものと見ており、「猺族」に由来する畲族とは別個の民族であるという[5]［沈驥 一九三三：二一―二三］。対する傅衣凌は、蜑戸と畲族はいずれも越に起源をもち、両者の間には前者が水上に、後者が山地に暮らすという住環境の差異があるのみだと理解している［傅衣凌 一九四四：七］。

2 陸上居民=良民/水上居民=賤民という構図

ところで、先に挙げた劉松青や呉高梓、野上といった研究者は、水上居民が甘んじてきた賤民・賤族の地位についても言及している。それらによれば、清代まで、①居を陸上に構えること、②陸上の人々との通婚、③絹織物を身に着けること、④教育を受けることを禁じられたほか、⑤科挙の受験資格を与えられなかった点に、閩江の蜑民が賤民として扱われてきたことが端的に示されている［呉高梓　一九三〇：一四四、野上　一九三七：七二］。だが、興味深いことに、中華民国期に入って、蜑民は賤民の地位から解放され、一部には陸で働き夜は船で寝泊まりする者や、船での暮らしから足を洗い、陸上に家をもつ者も出現したものの、その大多数が船上生活をつづけたという［野上　一九三七：七二］。

もう一つ、閩江の蜑民が賤民と見なされてきた要因として考えられるのが、女性のなかに娼妓となって船に男性を招き、色を売る者がいたことである。売春は蜑民の間でも非道徳的かつ「下賤」な行為と見なされ、経済的に逼迫した女性がやむにやまれずはじめることがほとんどであった。陸上の閩人から水上居民に向けられる種々の蔑視も相俟って、船上生活の娼妓が良民となって自由を得る機会はほぼ皆無であり、娼妓は水上居民のもとに嫁ぐよりほかなく、結婚後も娼妓として売春することさえあったという。ただし、蜑民の娼妓は全体として見ればごく少数であり、娼妓となる女性の大多数を陸上の人々が占めていた［劉松青　一九二六：一二八―一二九、呉高梓　一九三〇：一五三］。

だが、実際のところ、水上居民を賤民と捉えるこうした視点は、閩江流域の場合、彼らの起源を非漢族に求める考え方と分かち難く結びついてもいた。なぜなら、陸上の漢族との通婚を許されぬ、乞食となって陸上で食を求める者が多くいるといった表層的な事象はしばしば、水上居民が蒙古種族をはじめとする非漢族に由来するという根源的な事情から発すると捉えられるからである［外務省通商局　一九二一：一〇三］。

(2)　中華人民共和国成立直後の研究

中華人民共和国成立後の一九五〇年代に入ると、厦門大学南洋研究所所長を務めた韓振華や、同大学で教鞭をとった陳碧笙らが、文献資料を精査しながら福建全域の水上居民について、その来歴を明らかにしようと試みている。

彼らの研究は、民族識別工作の一環として位置づけられるが、私たちはここに、中華民国期の研究とは大きく異なる認識の転換を見ることになるだろう。

1　水上居民＝非漢族に由来する兄弟民族という見方

韓振華の基本的見解は、「福建の水上居民は、広東や広西をはじめとする東南中国の沿海部に広く分布する蛋民の一部に属するものの、元来は個別の由来をもつ別個の種族であった」というものである［韓振華　一九五四：一四九］。韓振華によれば、福州・莆田・泉州・厦門・漳州の水上居民は、唐代の頃から「白水郎」（＝男性）・「白水婆」（＝女性）の名で歴史文献に登場してきたが、近代以降の地方志では一転、蛋戸・蛋民の名で表されるようになった。韓振華は、福建の白水郎・蛋民について、次の四段階に分けて論じている。

（1）「西甌駱裸国」・「閩越」の子孫＝白水郎：福建には、水上居民を指す呼称として庚定子・盧亭子がある。これは裸艇子と同義で、いずれも、百越の一派によって作られた西甌駱裸国（＝西甌。現在の浙江省）の人々、あるいは閩越（＝現在の福建省）の人々を指すものである。裸艇子の祖先は元来、西甌駱裸国や閩越国の陸上居民だった。漢代になると、彼らは漢族の統治階級による圧迫や漢族の軍隊による虐殺を避けて海へと逃げ込み、水上生活をはじめたことから白水郎と呼ばれる水上居民に転じたのだ。なお、白水郎とは、「泊水郎」（＝水に泊まる者」を意味する言葉が変化したものである。

（2）抗東晋の武装蜂起に参加した水軍＝白水郎：西晋はじめの白水郎は、造船や水上運搬に従事する「屯戸」であった。だが、後に屯田兵に代わって軍事と農業を兼務する「客戸」として戸籍に編入され、さらに西晋の太康年間には「田客」として農民と同様、戸調・田租を納めるほか、傜役の義務も担うことになった。後に、白水郎は東晋に反旗を翻す孫恩と盧循が福建の沿海部一帯で引き起こした武装蜂起に水軍として参加。蜂起は惜しくも失敗に終わり、零落した白水郎が、沿海部に分散してつらい水上生活を送るようになったのだ。

（3）唐代に朝廷へ帰順した「夷戸」＝白水郎：唐の高祖武徳年間に至ると、福建の白水郎の酋長は朝廷に帰順した。その後、彼らは水上の夷戸（＝非漢族）と見なされるようになり、漢族の統治者による圧迫と差別を受けることになった。これ以降、白水郎とは福建の水上居民を指し、盧亭（＝裸艇子）とは東晋に対する武装蜂起で敗れた後に広東一帯の沿海部へと至った水上居民を指すという区別がなされるようになった。広東の盧亭たちは苦しい生活を迫られたが、朝廷に帰順しようとはせず、漢族からは一貫して蔑視の対象とされたため、文献には盧亭は魚やカワウソの類であるといった記述が見られるのだ。

（4）白水郎から蛋戸へ：宋代以降、福建の白水郎は貨物・客の水上運搬や漁撈に従事した。元代になると、白水郎は広東の盧亭とともに蛋戸と呼ばれるようになった。これが現代でいうところの蛋民である［韓振華　一九五四］。

こうして韓振華は、福建の水上居民について系統的な歴史を描き出すことに成功している。彼の特徴は、福建の水上居民とは「未だ完全には漢化されることのない人々」［韓振華　一九五四：一六二］との見方を貫く点である。韓振華によれば、近代に入って、広東や福建各地の水上居民は、自分たちの共通語として早々に漢語を取り入れ、民俗・信仰の面でも多くの共通点を具えていたために、個別の民族として成立するだけの条件を整えるまでになっていった。しかし、各地に分散して暮らす水上居民は、共通の経済生活圏を構成するには至らず、彼らが「現代民族」としてのまとまりを見せることはなかったという。そうした考えを基底に据えながら、韓振華は水上居民を中国国内における漢族の兄弟民族と見なすことが可能であるとし、憲法で彼らの文化・経済レベルを向上させるように努め、民族間の「真の平等」を目指すべきであると結論づける［韓振華　一九五四：一四九―一五三、一七二］。

韓振華の見方は、基本的には中華民国期に展開された福州の水上居民研究と似通った論調に貫かれている。しかし、共通の経済圏を欠くことを根拠に、現代的な文脈のもとでは各地の水上居民は独立した民族などではないと断じる点には、共産党政権下でスターリン流の民族定義を念頭に入れながら水上居民を理解しようとする姿勢を見出すことができる。

2 水上居民≠少数民族という新たな見方

一方、福州の水上居民を対象とした陳碧笙の研究は、韓振華とまったく異なる視角を導いている点で注目に値する。陳碧笙の卓見の一つは、地域社会で水上居民に向けられる名づけや彼ら自身による名乗りと、歴史文献に現れる蜑・蛋・疍・蜒といった水上居民の総称とを切り離すことで、「広東と福建の水上居民は同一の民族である」という文献に依拠した従来の通説を乗り越えようとした点にある。

陳碧笙によれば、福州の水上居民に対して投げかけられる名は、二種類に分けられる。一つは、科題・訶黎・乞黎・舸底・曲喜など似通った音をもつもので、いずれも、船上生活により湾曲した膝を揶揄する「曲蹄」と同義である。もう一つは、「九十七」で、これは、北洋軍閥統治下にあった清末の頃、陸上に住まう人々が船を訪れる時に使う百文銀はその名のとおり百文の価値をもつのに、水上居民が陸で使用する時にはわずか九十七文の価値にしかならなかったことに由来し、水上居民の地位の低さを物語る名である。当然、水上居民はこれらの蔑称を嫌うのだが、そこで名乗りに用いるのは、「船の者」を意味する郭倪・船下・船體従という語であるという［陳碧笙 一九五四：一一五—一一六、一二四］。

そこから陳碧笙の関心は、広東とは異なり、福建の場合、他称・自称を問わず、水上居民を表すものとして蜒族・蜒人・蛋戸といった名が用いられることがほとんどないという事実に向かう。歴史文献において、広東・福建の水上居民はしばしば蜑・蛋・疍・蜒といった言葉で総称され、広東の蛋家・蛋民と福建の科題は船上生活という共通の要素により同一民族に属するものと見なされてきた[6]。しかし、陳碧笙はそうした通説を痛烈に批判する。なぜなら、広東と福建の水上居民は船上に住まうことで生じる生活習慣上のいくつかの近似性を除けば、体格・言語・民俗・慣習・姓のどれをとっても共通点はほとんど認められず、むしろ広東の蛋家は広府人、福州の科題は陸上の福州人との間に似通った点を多く見出すことができるからである［陳碧笙　一九五四：一一八―一一九］。

陳碧笙は、両者の民族的起源についても明確に区別する。すなわち、福州の科題は中原から南下してきた漢族により圧迫され水上へ至った土着の古代閩越族、広東の蛋家のほうは同じ経緯をたどった古代粤越族であると。さらに、福州の水上居民をめぐる陳碧笙の見解は、きわめてダイナミックである。いわく、古代閩越族は、ごく初期には生存のために漁撈をする必要に迫られて船に住まうようになったが、宋代以降は福州・厦門・漳州といった沿海部都市における商工業や海洋貿易の発展を受けて、彼らの生業は運搬業を含むものへと規模を拡大した。そのうち、中原から南下してきた漢族や陸上にとどまっていた古代閩越族も水上に活路を見出していった。こうして、陸上の人々と水上居民との間には絶えず双方向の融和がくり返されるようになった（＝陸上・水上間の通婚、水上への零落、陸上へ上がり佃戸・商人として生活）。したがって、陳碧笙によれば、外来漢族を中心とした陸上の人々と水上居民の長期にわたる融和を経て、今日の福州人が形成されたのであり、両者に民族の差異などないということになる[7]［陳碧笙　一九五四：一二〇―一二三］。

陳碧笙は、水上居民が過去に陸上の人々から受けてきたさまざまな差別や搾取についても考察を試みる。それによれば、そうした差別とは水上居民が非漢族であることに由来する民族間の圧迫の結果ではない。それは、彼らが封建社会において土地をもたず流動性の高い生活を送り、自然環境に左右されやすい不安定な生業や娼妓など恥ずべき卑賤な生業に従事するという特殊な階層に属していたことに由来する、階級間の圧迫として理解すべきであるという［陳碧笙　一九五四：一二三―一二五］。

陳碧笙の一連の見解からは、「中国各地の水上居民＝漢族」という民族識別工作による決定へとつながる論を導き出すことが可能である。さらに、地域社会で陸上の人々と水上居民との間に存在しつづけてきた差別や搾取の構造について、それを民族間の矛盾に帰結させることなく、階級間の矛盾と捉える点は、当時の民族政策に通底していたソ連流の史的唯物論［瀬川　二〇一二：八］に基づくものと解釈可能である。他方で、陳碧笙の理解は、水上居民から陸上漢族への一方向的な同化を唱える民族識別工作後の公式見解（＝「中国各地の水上居民は長い歴史を経て、すでに漢族へと深く同化している」［施聯朱　一九九四：二八九―二九二］）とは真っ向から対立するものとなっている。水上居民の内に非漢族性を認めながらも、水上居民と陸上の人々の間に双方向的な交流を見出し、両者が民族的にも分かち難く結びついていることに注目する陳碧笙の視点は、一九八〇年代後半に費孝通が提起する中華民族多元一体格局論を先取りする性格をもっていたといえよう。

(3)　民族識別工作以降の研究

1　水上居民＝非漢族が漢族へ同化したものとの視点

中国各地の水上居民が正式に漢族として認定された一九五〇年代の民族識別工作以降、明確な形で福建社会の水上居民を非漢族として位置づけるような論調は、ごく少数に限られてゆく。[8] これに代わって優勢を占めるのは、非漢族起源だが、すでに漢族と同化して長い時間が経過しているとの公式見解に沿う形のものである。

たとえば、蔣炳釗は、「福建の水上居民＝古代越族に由来」との陳碧笙らによる説に賛同を示しながら、古代越族の分布範囲はきわめて広く、一口に越族といってもそれ自体が単一の民族ではなかったことに目を向けている。彼が注目したのは、水上居民の移動範囲が一定の範囲内に限られているという点であった。このことから蔣炳釗は、福建各地の水上居民について、それぞれが生活する地域にいた各種の土着越族に起源をもつものとする結論を導いている。こうして、さまざまに分化した越族に由来する福建の水上居民だが、彼らはすでに漢族の仲間入りを果たして久しいというのが蔣炳釗の見解である［蔣炳釗　一九九八：八一―八四］。

対する陳支平の研究は、福建各地の水上居民に対して、他の漢族とはまったく異なる地位を与える意図をより明確に打ち出している点で、注目に値する。厦門大学人文学院歴史学系で教鞭を執りながら、地方志や各地の族譜を分析することで明・清代を中心とした福建の歴史研究をリードしてきた陳支平は、『福建六大民系』という著書のなかで、福建で蜑・疍と呼び表わされてきた「水上遺民」について触れている。陳支平の基本的な見方とは、次のようなものである。すなわち、福建には、晋代から明・清代までのおよそ一〇〇〇年にわたり「北方漢族」とでも総称し得る漢族が入植しつづけてきた。一口に北方漢族といっても、そこには出身地・文化を異にする人々が含まれていた。一方、北方漢族を迎える側の福建も、地域によって自然環境やそれに適した生業に大きな差異が見られた。したがって、北方漢族がいつ、どこから福建のどこへ入植したかによって、文化的背景の異なる漢族集団が福建各地に出現したのであり、この傾向は現在まで維持されているのだと。陳支平は一定の文化的同質性をもつ漢族内部のまとまりを民系と捉え、現在の福建省の漢族内部には、福州人・興化人・閩南人・閩北人・客家人・龍岩人という民系が存在しているという［陳支平　二〇〇〇］。これらは基本的には、地理的な差異に対応した分類となっており、この類型に従うならば、閩江の水上居民は福州人に、泉州の沿海部や九龍江に暮らす水上居民は閩南人に分類されてしかるべきということになる。

ところが、陳支平はこれを明確に否定する。すなわち、福建の水上居民は漢族内部の民系には含まれず、土着民族であった閩越族が長い時間をかけて漢族と融合した結果として現れた集団、よりわかりやすくいえば、彼らを閩越族の「残余」・「遺民」、すなわち生き残りのようなものと位置づけるのだ。陳支平によれば、疍民は唐代という早い時期に漢族王朝へと帰順しており、陸上へ上がることが叶わず水上にとどまりつづけた者でさえ、その民俗・方言は宋代までにほぼ各地の漢族と同化していた。だが、各地の疍民の間には依然として蛇を祀る民俗が残っており、それこそ、彼らが閩越族に由来することの証拠であるという。陳支平の特徴は、福建各地の水上居民が早い時期に漢族と同化していたことを認めながら、他方では彼らが閩越族の生き残りという地位を脱し、完全に漢族へと融合した契機を、一九五〇年代の民族識別工作に求める点である。彼の説明では、民族識別工作の調査段階で各地の水上居民は、彼ら自身が少数民族に分類されることに反対したこと、そして、一つの民族と認定するだけの人数を有していなかったことが要因となり、結果的に漢族として認定されたに過ぎず、彼らは依然として閩越族の名残を色濃く残しているということになる［陳支平　二〇〇〇：一七七―一八四］。

さらに、陳支平の注意は、福建各地の水上居民が周囲から閩越族と見なされてきたメカニズムにも向けられていく。そもそも、福建では漢族それ自体が、純粋な単一民族ではない。そのほとんどが、北方漢族と土着の閩越族が通婚して同化した結果、漢族となった人々から構成されている。陳支平によれば、唐・宋代の文献において、福建に多い林姓や黄姓とは、その大部分が、越族が漢族へと転じようとする際に名乗るものであったという。その後、宋代以降に盛況となる族譜編纂の過程において、福建の漢族はこぞって自らの属する姓氏が中原に源流をもつものであると主張し、それによって地域社会における社会的・政治的地位を確固たるものにしようとしてきた。こうした傾向は、本来的には閩越族の性格を色濃くもっていたはずの林姓や黄姓の人々のほうでより強いものとなった。それはつまり、彼らはそうすることでしか正統な漢族の人々と同様の社会的地位を得ることができなかったためであるが、こうした主張をくり返すなかで、彼らは次第に自分たちが閩越族に由来することを忘却してしまったのだという。それどころか、こうした人々は、未だ漢族に完全に融合することが叶わない畲族や疍民を自分たちとは別個の存在として蔑むようになったというのが、陳支平の見方である［陳支平　二〇〇〇：一八二］。

蔣炳釗と陳支平の見方は、「水上居民＝非漢族に由来をもつものの、すでに漢族に同化している」ものと捉える点で、すでに見た韓振華のものとも似通うほか、基本的には民族識別工作の公式見解に従うものである。ただし、陳支平のほうは、地域社会には水上居民を非漢族へと結びつけようとする力が常に働いてきたことに目を向け、さらに漢族への完全なる同化という水上居民の願望を可能にした契機として、民族識別工作に大きな意義を見出すという点で、きわめて独特かつ示唆的な視角を提供してくれる。

2　陸上の人々／水上居民の境界に対する関心

水上居民が民俗や方言の面で漢族に同化しているように見えるとしても、それだけでは完全に同化したとは捉え難いとすれば、果たして陸上の人々と水上居民とを隔てる境界は、いかなるものによって維持されているのか、との疑問が生まれるだろう。

ところで、陳碧笙や陳支平も指摘するように、福建各地の水上居民は主に宋代以降、住まう場を陸上へと移すことに成功してきた。郭志超は、この点について、福建省東南部泉州市沿海部の恵東という地域の漁民を例に、陸上に居を構え、改姓までして自らの村落を形成してから二〇世代以上を経たという彼らの独特な服装や蛇に対する信仰、女性が手に施す入れ墨、特有の訛りをもつ方言といったもののなかに、彼らが疍民であった痕跡を見ようとする。郭志超はとりわけ、恵東に現在でも伝わる「長住娘家」の慣習（＝女性が結婚後も実家で暮らし、夫のもとに通うとの居住形態。出産後、婚家へ正式に居を移す）に注目する。彼によれば、この慣習は疍民が陸上がりした村だけに分布しており、これこそ、かつて賤民視されながら陸上に暮らしていた疍民が、貧窮した漢族と人目につかぬように結婚した際の名残であるという［郭志超　一九九七、二〇〇六：三二九―三四三］。

郭志超自身は、恵東の疍民を古代から沿海部に暮らしていた少数民族の一種と捉えている［郭志超　二〇〇六：

三三〇］。長住娘家の慣習に、非漢族であった疍民が漢族へと同化してゆく過程を見出す際に論拠として挙げる事例の正当性については、容易には納得し難い点もあるが［石亦龍 二〇〇三］、郭志超の研究においてより重要な点とは、ある人々が水上居民であるか否かを判定するためには、彼らが具体的に遡ることのできるごく最近までの間、船上生活をつづけていたことを確認するだけでは意味がないとの主張のほうである。すなわち、彼の論理に従うならば、たとえかつての水上居民が水上から陸上へと居を移して姓を漢族のものへと変更し、漢族との間に婚姻関係を結んだり、自分たちの村落を形成したりしてから長い時間が経過していたとしても、彼らの文化・民俗のなかに、船上生活をしていた遠い過去の歴史を示すような断片的な痕跡が残ってさえいれば、彼らを非漢族由来の水上居民と判断することが可能だ、ということになる。郭志超の主張は、「陸上の人々＝漢族／水上居民＝非漢族」という構図が、一体どのような事象を指標として保たれているのかという点に、私たちの目を向けてくれることになる。

黄向春は、福建の水上居民が非漢族のレッテルを貼られてゆく歴史的経緯を整理し直した後で、陸上の人々が水上居民を社会の周縁へと追いやる際に重要な指標として働いた事象の検討を試みている。黄向春によれば、閩越とは単に福建の地域文化の「底層」に位置する土着の族群でしかなかったが、漢代以降に入植してきた漢族によって「漢文化」が形成されていく過程では、歴史から取り残された非漢族由来の雑多な存在全体を指すものと見なされるようになった。漢族によって水上へ追いやられた水上居民も、こうした非漢族の代表格であった。水上居民は、唐・宋代になると、蜑民などの名称を与えられ、異民族として地方史に登場。さらに明・清代には、宗族組織や文字文化、ある種の儀礼遂行に正統性をもたせるような文化的実践が民間に浸透し、陸上の人々は自らが正統な漢族であることを証明するために、地方史などに現れる記述を参照しながら、それらを取捨選択することで、新たに自らの祖先の来歴を示すような歴史を構築することに躍起になっていった。この傾向は、清代の中葉に至って地方文人が多く登場したことでより大きくなり、人々が地方史の知識を借りながら「種」・「族」・「血統」といった民族主義的な符号を用いて新たな秩序を作り出そうとするなか、閩越／漢族という地方史の基本的な見方が、現実の地域社会における族群間の関係性にも影響を与えることになった。こうした動きのなかで常に非漢族として社会の周縁へと追いやられてきたのが蜑民であった。つまり、蜑民という族群は、現実社会に存在する集団であると同時に、「良民／賤民」、「華／夷」、「化内／化外」といったさまざまな性格の二項対立へと結びつけられながら、負の符号を背負わされた象徴的存在でもありつづけてきたといえる［黄向春　二〇〇五：一七―一六一］。

明代以降は、黄向春が研究の対象とする閩江河口では、陸上へと居を移す蜑民が現れるようになった。すでに「岸上人（＝陸上の人々）＝漢族＝支配者／蜑民＝非漢族＝被支配者」という構図が出来上がっていた地域社会において、蜑民の陸上がりとは、彼らがさまざまな文化的策略をともないながら岸上人の大伝統のなかへと同化してゆくことを示すものにほかならなかった。すなわち、蜑民が蜑民である所以とは、宗族・村落・神廟・儀礼システムを欠くという点に尽きるのであり、たとえ蜑民が陸上へと住まう場を移しても、それらの要素の獲得が能わねば、蜑民は本当の意味での岸上人とはなり得なかった。したがって、ある祖先とその祖先が建てた廟宇へと自らを結びつける形で自分たちの「定住史」を構築し、それに見合う形で宗族による儀礼的実践をおこなうことができるかどうかが、蜑民の陸上がりが成功するか否かの重要な鍵を握っていた。ただし、逆にいえば、定住史を作り、それらの要素を獲得できさえすれば、蜑民が岸上人へと同化することは大いに可能であったということになる［黄向春　二〇〇五：一六八―二五三］。

黄向春は、広東の珠江デルタと福建の閩江河口とでは、蜑民の置かれる立場に大きな差異があったことを認め、両地域の開発の歴史的経緯に根拠を求めながら説明している。すなわち、広東の珠江デルタでは、沙田の開発が明代以降になってはじめて本格化し、異なる背景をもった人々が土地資源と支配的な地位の獲得を目指して争うなか、正統な漢族としての身分・戸籍をもつことが沙田を占有するための重要な根拠となっており、人々はこぞってそうした身分を手に入れようとしていた。これに対して、閩江河口では、唐・宋代にはすでに洲田と呼ばれる水辺の土地の開発がはじまり、早い時期に漢族の支配層が現れるようになっていた。相対的に長い時間、陸／水の境界が安定的に保たれてきた閩江河口の場合、蜑民の陸上社会への同化も長い歴史を有し、それは珠江デルタと比べて緩やかに展開してきたという。黄向春によれば、それは、伝統的に岸上人と蜑民とが共同で参加することで成立してきた各地の村廟における儀礼や、地域社会で大きな勢力をもつ大姓の宗族が特定の儀礼を経た後で同姓の蜑民を宗族成員として受け容れてゆくことがあるといった事象にも如実に表れているという［黄向春 二〇〇五：一八〇―一五三］。

黄向春の研究は、前出の郭志超と同じことを主題としながらも、まったく異なる結論を導き出すことに成功している。これは、郭志超の場合、ある文化的・民俗的事象をもつ者が水上居民であるとの判断を、研究者たる自身が下しているのに対し、黄向春のほうは、いかなる要素をもつ者が水上居民と見なされるのか、地域社会で聞かれる声に耳を傾ける姿勢を貫いたことによって現れる差異といえよう。とりわけ、宗族組織やそれに基づく儀礼に代表される正統な文化から排除された人々こそが水上居民であるとする黄向春の研究は、閩江流域とは異なる歴史的背景をもつ広東珠江デルタの水上居民の事例を検討した長沼さやかと同質の結論を導いており、その視点は民族識別工作以降の現代的文脈においてもきわめて高い有効性をもつことがわかる。

(4) 水上居民研究に内包された「見る者」の視点

1 福建・広東の水上居民研究に現れる地域差と同質性

以上のように、福建の水上居民に関する研究は、中華民国期の民族政策や、中華人民共和国成立後の民族識別工作、そして漢族内部の民系や族群に代表されるサブ・エスニック・グループ間の関係性に対する学術的な関心といった政治的・学術的パラダイムの転換を反映させながら展開されてきた。各自の関心に基づいて、「漢族／非漢族」、「良民／賤民」、「真の漢族／非漢族に由来をもつ兄弟民族」、「真の漢族／漢族性を欠いた人々」といった、いわばわかりやすい構図へと収斂させながら、絶えず陸上の人々と対比させることで福建の水上居民社会の特徴を描き出そうとする研究者たちの論調というのは、基本的には広東社会で行われてきた蜑民・蛋家の研究とパラレルな関係を保ちつづけてきたといえるだろう。

本節での関心に引きつけるならば、複数の研究者が、福建の水上居民と広東社会の水上居民の間にある差異に言及してきた。たとえば、韓振華や陳碧笙は両者が本来的には起源を異にする民族であると指摘し、黄向春は背景とする地域社会がたどってきた歴史的文脈の差異に注目することで、両者が置かれる社会的地位の違いを明確に描き出している。しかし、こうした地域による差異が確認できるにもかかわらず、研究から導き出される水上居民社会の特徴というのは、両地域できわめて似通ったものとなっている。この同質性の正体とは、何だろうか。

私たちは、福建・広東どちらにせよ、こうした研究のなかに、陸上の人々と水上居民とに間に現れるさまざまな要素の差異を、一つ、あるいはいくつかの要因へと収斂させる形でまとめあげようとする力が絶えず働いていることに気づくだろう。それはすなわち、ひとたび研究者の手にかかれば、土地や家屋をもたない、家族とともに船上に住まう、漁をする、色を売る、経済的に劣位にある、足が曲がっている、宗族組織から排除される、系統的な歴史をもたない、蛇を崇拝する、といった水上居民を他の陸上の人々から隔てるような種々の事柄がすべて、先に見たような二項対立的な構図へと吸い寄せられてゆくということである。たとえば、こうしたすべての特徴が見られるのは、「彼らが非漢族であるためだ」などというように。こうした一つ一つの特徴とは、実際にはさまざまな場面で、さまざまな人が水上居民と対峙した時に浮かび上がるはずのものである。これらの本来的にばらばらなものとして存在するはずの特徴に、別の意味を付与しながら、ある一つの大きな柱となるような要素へと収斂させようとする時、鍵となるのが、地方史をはじめとする歴史文献や他地域の事例から導き出される知識を総動員しながら、水上居民についての一つの物語を組み立てるという技術である。

黄向春が指摘するように、この技術は、その多くを地方文人と呼ぶべき人々が担ってきたと考えて差し支えない。そもそも、華夷之辨とは、漢文化を受容せず、正統な歴史から取り残された者を夷（＝野蛮な異民族）として位置づけながら、「華／夷」という図式によって社会の周縁に追いやるという仕組みをもっており、地方史に代表される歴史書とは、そうした世界観に基づいて編纂されるという性格を具えている。したがって、そこに登場する水上居民とは、黄向春が明確に示すように、常に「華／夷」、「化内／化外」という構図、あるいはそこから派生したであろう「良民／賤民」という構図のうち、負の意味をもつ存在として描かれてきた。序章で検討した広東社会の例からも明らかなように、多くの場合、歴史書の膨大な記述のなかで水上居民に触れた部分とはきわめて断片的で、全体から見れば微々たる分量でしかない。しかし、地方文人が中心となって自分たち漢族の歴史性を正統化しようとする際には、そうした断片的かつ微細な水上居民についての知識が、自らの漢族性をより際立たせるための物語作りへと総動員され、反対に水上居民のほうは、非漢族性をもつ人々についての別の物語へと取り込まれてゆくということになるのである。

2　地方文人と研究者が抱える「見る者」の視点

地方文人とは、地域社会に暮らしながら、外部で書かれたさまざまな歴史書の知識へと接近することができ、それらを解読し、そこから得られた断片的な知識や、ある集団がもつさまざまな特徴を、系統立った一つの物語へと収斂させることにより、その集団をあたかも超歴史的にそこに存在しつづけてきた実体であるかのように見せかけることのできる力や技術をもつ人々の総称とでも捉えることが可能である。ここで気づくのは、歴史的に地域社会でこうした技術を有してきた地方文人と、中華民国期以降の現代的な文脈で水上居民に注目してきた研究者とが、きわめて似通った手法によって水上居民社会を描き出しているということである。そのことは、研究者自身が、地方文人たちの描く水上居民像を参照しながら研究を進めていることにも端的に現れている。ここでは、研究者の描く水上居民が、非漢族であろうと、賤民であろうと、漢族の兄弟民族であろうと、漢族性を欠いた族群であろうと、はたまた、そのいくつかを組み合わせたものであろうと、そのこと自体は問題ではない。ここで問いたいのは、先に挙げたような水上居民をめぐって存在する、本来的にはさまざまに異なる性格をもつ特徴を、包括的に何らかの要因へと結びつけるような技術を成立させ得るような、地方文人や研究者たちに共通する一つの視点についてである。

その視点こそ、ミシェル・ド・セルトー［セルトー　一九八七］のいう「見る者」の視点、すなわち、社会に支配的な世界観や価値観の全体像を、上から見渡すものにほかならない。こうした視点に貫かれた水上居民像とは、きわめて単純化された構図のもとに描かれることが多く、読む者にとっても、一見、理解しやすいものとなる。しかし、それが単純化されればされるほど、理解しやすいものであればあるほど、私たちの眼前に現れる現実とは果たして、それほどわかりやすいものなのだろうか、という疑問がついてまわるものである。それは、見る者によって単純化された構図が多くの場合、見る者にとってさほど重要とは思われない些末な事象を排除した上で構築されるものであるということから生じる問題といえるだろう。この問題は、見る者に対置されるところの「歩く者」、すなわち、たとえば水上居民や、彼らを取り巻く地域社会の農民や市街地のごく普通の人々にとって、その構図がどれほどリアリティをもつものとして日常生活のなかに立ち現れてくるのかという問いに直結するものでもある。水上居民についていえば、非漢族・賤民・漢族の兄弟民族・漢族性を欠いた族群といったわかりやすい水上居民像は、彼らが実際に毎日を暮らす地域社会のなかで、果たしてどの程度まで浸透しているのかという疑問と、今一度向き合ってみる必要があるだろう。

ここでは、福建・広東という地域の差異にかかわらず、これまでの水上居民研究には、地方文人や研究者自身が共通して抱える、見る者の視点が反映されているということを確認しておくにとどめたい。これについては、本章の第六節において、九龍江河口に暮らす連家船漁民をめぐって現れる名づけと名乗りの問題として、改めて詳しく検討する。

第四節 「伝統的な」連家船漁民の姿

以下では、本書の主人公である連家船漁民について、文献や彼らの語りから遡ることのできる中華民国期頃までの「伝統的な」暮らしぶりを概観する。ここでの関心は、連家船漁民の社会や生活が見せる特徴を導き出すことにある。

(1) 連家船漁民の伝統的な作業タイプ

1 船の種類と作業の内容

九龍江河口一帯において、「連家船」(*lian gE zun*)とは、「家族を連れて生産・生活の大部分を水上で過ごす人々の乗る船」を指す言葉として、連家船漁民(*lian gE zun hi bvin*)とは、「船を住み処とし、船上で生活する者」を包括する言葉として用いられてきた〔張亜清 一九九八:五七、張石成 二〇〇九a:二〕。具体的な時代は不明確ながら、連家船漁民の間では、「自分たちの祖先は、九龍江沿岸部の農村で農業に従事していた。そのうち、旱魃や飢饉に見舞われて貧窮した人々が、農地を離れて(あるいは、追い出されて)九龍江へと下り、次第に漁撈や水上運搬を暮らしの糧とするようになった。さらに長い月日を経るうちに、家族とともに船を唯一の住み処として九龍江の河口を移動しながら生活を営む連家船漁民が数多く現われるようになったのだ」というある種の定着した語りが聞かれる。

表 1-1　連家船漁民の伝統的な漁船の種類と作業の内容

漁船の種類		作業の内容	長さ × 幅 × 深さ（m）	船に乗る最低人数
A	手網漁船	投網漁	7.5 ～ 8.5×2.4×0.5 ～ 0.8	夫婦 2 人
B	掃簾漁船	刺し網漁	7.5 ～ 8.5×2.4×0.5 ～ 0.8	夫婦 2 人
C	鈎釣漁船	延縄漁	7.5 ～ 8.5×2.4×0.5 ～ 0.8	夫婦 2 人 + 未婚の子
D	虎網漁船 （大隻） （辺脚） （舢舨）	流動定置網漁 （漁の主導） （漁の補助） （漁獲物の回収）	10.0×3.4×1.0	夫婦 + 息子夫婦など 計 6 ～ 10 人
E	運魚船	漁獲物・日用雑貨の運搬	8.5 ～ 9.0×2.4×0.5 ～ 0.8	夫婦 + 息子夫婦など 計 3 ～ 5 人

写真 1-2　網を打つ手網漁船の連家船漁民（張亜清氏提供）

九龍江河口の沿岸部には、漁撈を主要な生業とする漁村が少なくとも六か所はあったとされ［龍海県水産局　一九八九：七九―八八］、こうした漁村の漁民たちは陸上に家屋をもち、男性のみで漁撈に従事していた。このほか、沿岸部の農村にも、農業に従事しながら、潮の流れがよい時や農閑期に船で河へ出て、魚や蝦を捕る人々もいたというが、この場合も、そのほとんどが男性一～二人の漁撈であったという。すなわち、漁村の漁民や農村で漁撈に従事する人々と、連家船漁民の間にあった最大かつ決定的な差異とは、前者が陸地に土地・家屋をもち、そこに妻子を残して男性が主体となり漁撈をおこなうのに対して、後者は陸地に土地・家屋をもたず、家族全員で船に住まいながら、漁撈をするという点であった。

一口に連家船漁民といっても、彼らが乗る船と作業の内容は、いくつかのタイプに分けることが可能であった（表1―1）。伝統的な船はすべて木造で、いずれも動力を備えてはいなかった。

Ⓐ手網漁船（*ciu bvang hi zun* ＝投網漁船）：帆を備えぬ小型の船で投網漁をした。漁撈

時には妻が櫂を漕ぎ、夫が手網と呼ばれる網を打つのが一般的で、一艘の船には夫婦のみあるいは未婚の子どもを含んだ核家族で生活した（写真1―2、1―3）。手網漁船は、時には二〇～三〇艘もの船で船隊を組み、魚の群れを囲んで一堂に網を打つこともあったという。主に、九龍江内部で、フウセイやキグチなどを捕っていた。

Ⓑ掃簾漁船（*sao li hi zun*＝刺し網漁船）：帆を備えぬ小型の船を用いて刺し網漁をおこなっていた。漁の際には夫が櫂を漕いで船を安定させ、妻や未婚の子が掃簾と呼ばれる刺し網を水面へと流していき、網を上げる時には錨を下ろして船を固定し、夫婦で作業に当たる。漁場は、九龍江河口から厦門島近海に広がり、フウセイ・キグチ・イトヨ・サッパといった魚を捕っていた。

Ⓒ鈎釣漁船（*gao dio hi zun*＝延縄漁船）：帆を備えぬ小型の船で、針を結んだ糸を用いて延縄漁をした。夫婦のどちらかが糸を水面に垂らし、手の空いたほうが櫂を漕いで船を安定させる働きをした。捕れた魚を針から外すのは、子どもたちの仕事だった（写真1―4、1―5）。九龍江河口から厦門島近海で操業し、ハモ・エイ・サメなどを捕った。

Ⓓ虎網漁船（*hoo bvang hi zun*＝流動定置網漁船「大隻」（*dua ziah*＝大型の母船）と「辺脚」（*biN ka*＝小型の船）の間に袋状の網を張り、魚が入るのを待つ。

写真 1-3 手網漁船（Sm 漁業社区居民委員会提供）

写真 1-4 鈎釣漁船（Sm 漁業社区居民委員会提供）

写真 1-5　餌をつけた延縄（映像資料『夫妻船』より抜粋）

写真 1-6　帆を備えた虎網漁船（大隻）（張亜清氏提供）

写真 1-7　現在の虎網漁船

網が虎の口のように開くため、「虎網」と呼ばれる。網から魚を回収するために、「舢舨」（*sam ban*）と呼ばれる小型の船を要した。大隻には、手動の木製ウィンチが据えられ、虎網を巻き上げることができる。虎網漁船とは、大隻・辺脚・舢舨という三艘の船を一組とした総称である。[9] 大隻には帆と舵が備えられたが、小型船の辺脚と舢舨は帆をもたなかった（写真1—6、1—7）。虎網漁船は用いる船も多く、作業が煩雑なことから、夫婦のほかに成人した未婚の子や親族の若者の参与を必要とし、最低でも六〜一〇人の労働力を要した。漁場は九龍江内部のみならず、厦門島から金門島附近まで広がり、カタクチイワシなどの小型の魚や蝦のほか、ウナギの稚魚など高値で取引される魚を捕ることもできた。

Ⓐ手網漁船、Ⓑ掃簾漁船、Ⓒ鈎釣漁船の場合、捕れた魚はその日のうちに九龍江沿岸部の農村の市場や道端へ運び、連家船漁民自身で直接、農民たちに売ることができ、得た金銭で米・

野菜・油などの食料や薪といった船で必要な物品を購入することが可能だった。これに対し、Ⓓ虎網漁船は、一度出漁すると、半月ほどは港へ戻らぬことがほとんどで、捕れた魚を陸上で売ったり、船上での生活に必要なものを調達したりすることが困難であった。そこで、虎網漁船には、捕れたばかりの魚を買い取り、その魚を新鮮なうちに農村の仲買人に売りに行ったり、日用品の購入を代理で引き受け、料金と引き換えに連家船漁民の家族に渡したりすることを生業とする船が同行していた。それが、Ⓔ運魚船（*un hi zun*）である。運魚船には帆が備えられ、五艘ほどの虎網漁船に対して、一艘の運魚船が同行していたという。

2　伝統的な連家船の生活

Ⓐ手網漁船、Ⓑ掃簾漁船、Ⓒ鈎釣漁船、Ⓓ虎網漁船の大隻、Ⓔ運魚船はいずれも、生産の場であると同時に、生活の場でもあった。連家船漁民の間では、男子は結婚すると新たな船を造って両親から独立するのが理想的とされていた。しかし、実際には夫婦と未婚の子のほかに、夫の父母が加わる場合や、新たな船を造る経済的余裕がないなどの理由で、結婚した子の夫婦もともに一艘の船で生活する場合もあった。時には、祖父母から孫までの三世代、一〇人ほどが狭い手網漁船でひしめき合って眠ることさえあったという。

船は、船首側が漁撈など生産に用いる空間とされ、竈が据えられた船尾側は主に生活に関わる空間とされた。甲板の下にはいくつかに区切られた船艙がある。船首近くの船艙には網などの道具をしまい、夜になれば、基本的には中央から船尾の船艙で寝ることになった。しかし、家族が多い場合には、たとえ甲板の上であろうとも、空いている空間があればどこでも布団やゴザを敷いて寝たという。漁撈が終われば、甲板の上には細く割いた竹などで編んだ苫が掛けられ、日除けとすることができた。

当然、食事も船の上で摂る。市場などで購入したり、無人島で拾ったりして調達した薪を竈にくべて火を起こし、

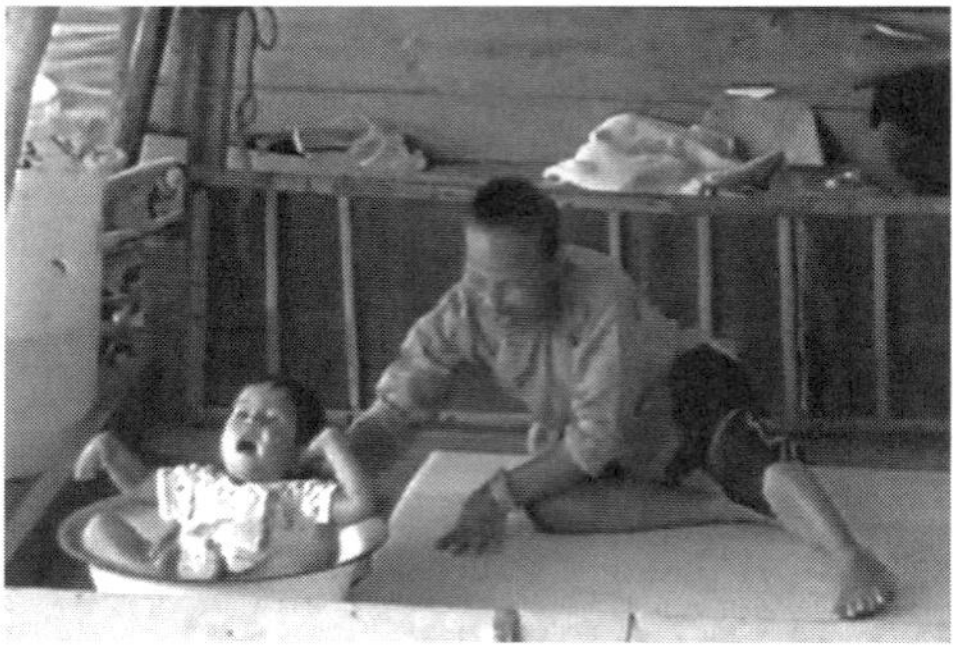

写真 1-8　船上の子ども（映像資料『夫妻船』より抜粋）

写真 1-9　狗尾仔（映像資料『夫妻船』より抜粋）

写真 1-10　染めた漁網を天日に干す虎網漁船（張亜清氏提供）

船尾側の船艙に貯めた水や九龍江から直接すくった水を使って、食事を作っていたという。伝統的には、出産も子育ても船上でおこなわれた。出産の際は、陸上に暮らす「拾姆」（*kioh m* ＝産婆）や、経験豊富な連家船漁民の女性を招いたという。狭い船の上で子どもたちはよく動きまわり、船から水を覗き込んだり、船から船へと移動しようとしたりして落水し、死に至ることも珍しくなかった。心配の絶えぬ両親は、子どもたちの肩と腹に「狗尾仔」（*gao bue a* ＝犬をつなげる縄）を結わえ、その端を船に結びつけて、落水を防いでいた（写真1―8、1―9）。

船の上では、漁撈が終わるとすぐに漁網の修繕や、漁網に錘をつける作業、延縄の針を研ぐ作業もおこなわれた。手の空いている者であれば老若男女、誰でもこれらの作業に当たったという。伝統的な漁網にはカラムシ（苧麻）の繊維が用いられたが、魚の捕れぬ時期に各種の漁網を編むのも、連家船漁民の仕事だった。カラムシの繊維で編まれた漁網は水を多く吸収して腐敗しやすいため、定期的に染め直す必要があった。たとえば、虎網の場合は、薯榔（＝タロイモに似た中身の赤いイモ）を薄い千切りにし、水桶のなかで踏んで抽出した染料で網を染めた。染めたらすぐに天日に干す作業をくり返し、さらに大きな蒸籠に入れて蒸してはじめて漁撈に用いることができたという。手網は、編んだ後に卵白を塗って網に膜を張った後で豚の血で染め上げ、天日に干し蒸籠で蒸すことをくり返すことで、その強度を増した［張亜清、張石成、藤川 二〇〇九：四三―四六］（写真1―10）。

先に、虎網漁船の場合、水上で捕った魚を運魚船に売り、陸地まで運ばせたと述べたが、かつては製氷技術もなく、気温の上がる夏場には、魚の鮮度を保つことが難しかった。そこで、虎網漁船の船尾には大型の竈と鍋が据えられ、捕れた魚をすぐに茹で、天日干ししたものを運魚船に運ばせたという（写真1―11）。

写真 1-11　虎網漁船の釜で魚を茹でる（現在）

（2） 漁船幇と根拠港

1 漁船幇

各地の研究が示すとおり、船上生活者の暮らしが水上のみで完結することは皆無であり、彼らはさまざまな面で陸上社会に依存せざるを得ない［可児 一九七〇、伊藤 一九九二など］。それは、連家船漁民とて同様である。連家船漁民は船での移動生活を基礎としながら、九龍江河口に広がって家族で魚を捕り、漁に出た先の沿岸部や波の静かな海上に船を泊めて夜を過ごすという生活を送っていた。だが、彼らは九龍江沿岸部の農村に、根拠港とも呼べる港をもっていた。台風襲来時や年越しなど重要な日になると、親族関係で結ばれた数十家族で根拠港に船を停泊させたのである。連家船漁民の記憶によれば、彼らの

表 1-2　中華民国期の九龍江河口における連家船漁民の数

漁船幇	※	手網漁船	掃簾漁船	鈎釣漁船	虎網漁船	運魚船	合計
石美漁船幇	①	33 艘・33 戸		5 艘・5 戸	7 組・15 戸	1 艘・1 戸	53 艘・54 戸
中港漁船幇	②	10 艘・10 戸					10 艘・10 戸
海滄漁船幇	③				17 組・35 戸	2 艘・2 戸	36 艘・37 戸
洲頭漁船幇	④	10 艘・10 戸			16 組・33 戸	3 艘・3 戸	45 艘・46 戸
浮宮漁船幇	⑤		7 艘・7 戸	2 艘・2 戸	12 組・27 戸	1 艘・1 戸	34 艘・37 戸
海澄漁船幇	⑥	12 艘・13 戸			4 組・9 戸		20 艘・22 戸
龍海橋漁船幇	⑦	18 艘・19 戸			10 組・20 戸	2 艘・2 戸	40 艘・41 戸
福河漁船幇	⑧	28 艘・28 戸					28 艘・28 戸
渓墘漁船幇	⑨			7 艘・7 戸			7 艘・7 戸
流伝漁船幇	⑩	12 艘・12 戸					12 艘・12 戸
（わかっている全漁船幇の船の総計）							285 艘・294 戸

※ は停泊拠点（図 1-1 に対応）

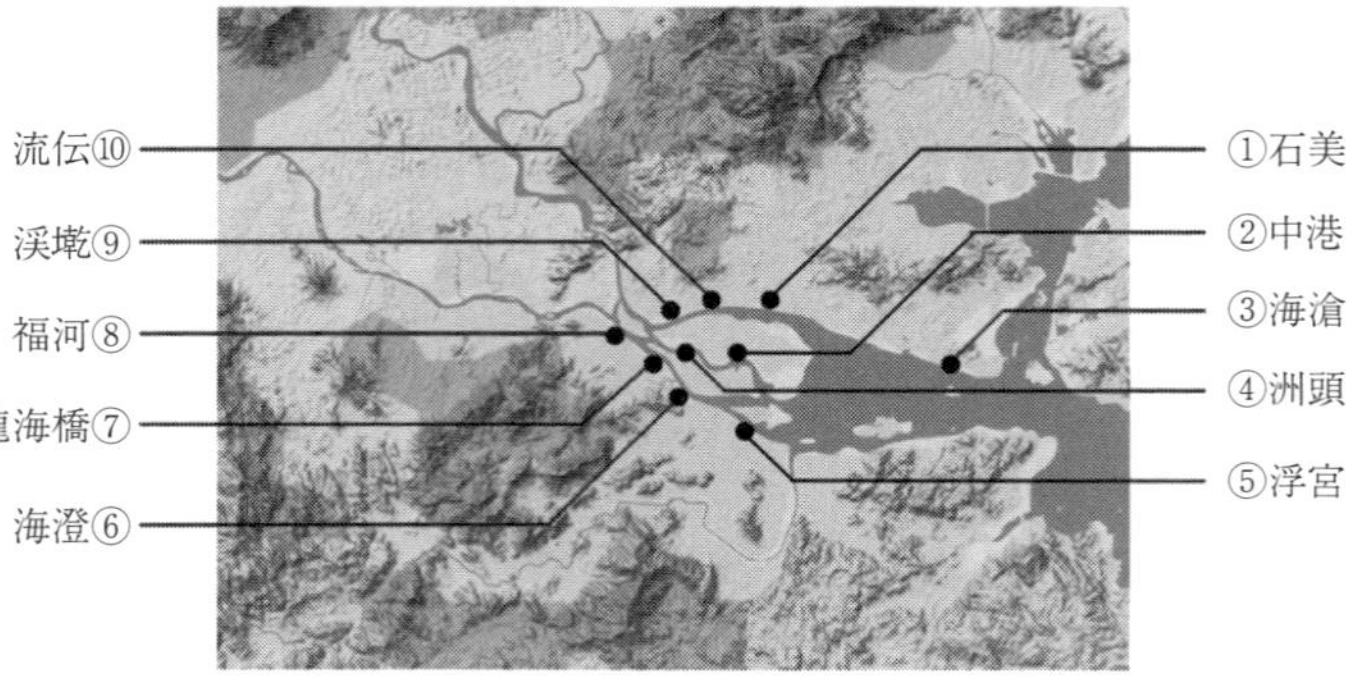

図 1-1　中華民国期における各漁船幇の停泊拠点
（http://ditu.googlw.com を参照し、筆者が加筆したもの）

停泊拠点となった港湾は、多い時で大小あわせて三六か所、主なもので一〇か所に及んだという。連家船漁民側のほとんどは、自らの祖先が根拠港のある農村の出身であるとの認識をもち、村内の同姓農民との間に血縁関係があると考えていた。

こうして、農村の沿岸部に点在する港には、共通の祖先をもち、互いに血縁関係でつながる連家船漁民の船が停泊し、さらに隣接する港の連家船漁民が集まって「漁船幇」（*hi zun bang*）と呼ばれる集団を構成していた。一つの漁船幇には通常、一〜四つの同姓集団と、一〜三種類の作業に従事する人々が含まれたという。これらは港のある農村や集落の名前を冠して「〇〇漁船幇」と呼ばれ、九龍江河口部には、主なもので

写真 1-12　柱で岸に固定された漁寮（張亜清氏提供）

写真 1-13　漁寮で漁網を編む老人たち（張亜清氏提供）

一〇の漁船幇が存在した（表1―2、[10]図1―1）。漁船幇は、作業を同じくする連家船漁民が船隊を組んで魚を捕ったり、「幇頭尪」（*bang tao ang*＝漁船幇で共通に祀る神明。第三章において詳述）を祀ったりする単位ともなっていた。

2　連家船漁民と根拠港の農村

連家船漁民は造船技術をもたず、造船や船の修繕の際には、根拠港のある農村にいた船大工に依頼した。船大工は専業とは限らず、農民のうち手先の器用な人が船を造る作業を引き受けることが多かったという。船大工と連家船漁民は強い信頼関係で結ばれ、造船時に金が足りなければツケにしてもらい、漁で金ができるのを待って、徐々に返済する形をとることもあった。

さらに、漁網の材料となるカラムシの糸や、漁網の強度を上げるために染料として用いる薯榔や豚の血、魚を茹でる時に使う塩、魚を入れておくための竹籠、竹を編んでできた苫、船の帆といったものは、すべて根拠港をはじめとする九龍江沿岸部の農村や街にいる専門の商人たちから購入していたという［張亜清　一九九八：一〇二］。また、漁網を染めたり、天日に干したりするといったことは、ほとんどすべて、漁を休んで根拠港へ戻った時に、船上でおこなわれていた。

表1-3　中華民国期の保甲制度下における各漁船幇の所属

漁船幇	※	作業タイプ	保甲
石美漁船幇	①	虎網・運魚	海澄県浮宮郷水上保
		手網・鈎釣	龍溪県石美郷漫頭保
中港漁船幇	②	手網	龍溪県烏礁郷漁州保
海滄漁船幇	③	虎網・運魚	海澄県浮宮郷水上保
洲頭漁船幇	④	虎網・運魚	龍溪県烏礁郷漁州保
		手網	
浮宮漁船幇	⑤	虎網・運魚	海澄県浮宮郷水上保
		掃籐	
海澄漁船幇	⑥	虎網	龍溪県烏礁郷漁州保
		手網	海澄県浮宮郷水上保
龍海橋漁船幇	⑦	虎網・運魚	海澄県浮宮郷水上保
		手網	龍溪県烏礁郷漁州保
福河漁船幇	⑧	手網	龍溪県烏礁郷漁州保
渓墘漁船幇	⑨	鈎釣	海澄県浮宮郷水上保
流伝漁船幇	⑩	手網	龍溪県石美郷漫頭保

※は停泊拠点（図1-1に対応）

このほか、船での労働が困難になり、船の生活をやめたいという老齢の連家船漁民のなかには、根拠港の川岸に廃船を置き、そこで暮らす者もいた。これは「漁寮」（*hi liao*）と呼ばれ、そこでは夫婦や親族関係にある老人が複数で生活していたという（写真1―12、1―13）。漁寮は、ごく少数の富裕な家庭の子どもが学校教育を受けようとする時にも、大きな役割を果たした。子どもは漁寮の老人に預けられたり、農家に間借りしたりしながら、農村の国民小学校へ通うことができたからである。

(3)　保甲制度下の連家船漁民

中華民国期の保甲制度のもと、各漁船幇に所属する連家船漁民は、作業のタイプを同じくする集団ごとに海澄県浮宮郷水上保・龍渓県石美郷漫頭保・龍渓県烏礁郷漁州保に分かれて所属していた（表1―3）。保甲制度のもと、彼らは漁場で錨を降ろすために船ごとに求められる「占地税」（銀二四元／年）、「海覇」[11]に保護を請うために船ごとに出す「保護費」（銀二四元／年）、船の停泊地点に対する「地頭税」、個人に課せられる「保甲税」など、数種類の金を支払わされていたという〔張石成　二〇〇九a：五六〕。

(4) 閉鎖的な婚姻関係のネットワーク

ここで、連家船漁民の間でどのような関係が結ばれていたのかを知る具体的な例として、人々の婚姻関係について見てみよう。年輩の連家船漁民の間でよく聞かれるのは、次のような話である。「俺たちは、結婚っていうと、自分と同じように船に住む女の人とするものだと思ってた。親同士もそういう考えがあるから、年の頃が合う女がいるって聞くと親戚や知り合いをとおして紹介してもらって、すぐ結婚を決めた。船で作業する時なんかに船を近くに寄せていたから、俺も嫁になる人とは顔見知りではあったけど、でも結婚するまで一言もしゃべったことなかったよ、それでも結婚したんだよな。あの頃は、陸に住む人のことは娶れないって思ってた。お金もないし、住む土地もない、新居も用意できない、そんな男のとこに誰が嫁に来る?」と。実際に、中華人民共和国建国後のある時期までは、連家船漁民の人々が農民と結婚することはほとんどなく、船に暮らす者同士で婚姻関係が結ばれていたという。以下に、そうした事例を見てみよう。

《事例1—1》張シーチン（一九四四年生・男性・洲頭漁船幇出身）

母親の黄シンインは、洲頭漁船幇に属し、投網漁をする漁船で生まれ育った。シンインは、両親とともに投網漁をしながら生計を立てていたが、一八歳頃になって同じく洲頭漁船幇で流動定置網漁をする家庭の六人兄弟の五番目だった張バオチンと結婚することになった。結婚して間もなく、バオチンは三人の兄弟とともに銃をもって船で金門島の近くの島まで鳥を獲りにいった。銃に火薬を詰めて鳥を撃とうとしたところ、音は鳴らず、鳥も獲ることができなかった。兄弟たちは島を離れることにした。ところが、兄の一人が手にしていた銃を甲板に置いたところ、その衝撃で引き金が引かれ、詰まっていた火薬が爆発してしまった。この事故で、バオチンはシンインとの間に子どもをもうけることなく亡くなった。

同じ洲頭漁船幇には、流動定置網漁をする張ティエンクーという男性がいた。二人兄弟、五人姉妹の長男であった。家庭が貧しく、ティエンクーは長じても自分の船をもつことができなかった。そのため、ティエンクーが結婚するのは不可能だと家族の誰もが考えていた。しかし、寡婦のシンインならば婚資もほとんど要らないというので紹介され、バオチンの死から一年後に、両者は結婚。

ティエンクー姉のうち一人は、知人の紹介で厦門港を根拠とする連家船漁民に嫁いだ。夫は、虎網漁船の大隻に乗り、主にタチウオを捕っていた。二人の姉は、龍海橋漁船幇に所属する手網漁船の連家船漁民と結婚した。ほかの二人の姉は、九龍江の福河漁船幇の手網漁船の連家船漁民に嫁いだ。弟は、幼い頃から洲頭漁船幇で虎網漁船の裕福な親戚に雇われ、漁や雑用を手伝う「漁工」(*hi gang*)として働いていた。

結婚後しばらく、ティエンクーは手網漁船よりも小さな舢舨を造って、延縄漁をした。しかし、捕れる魚は限られ、大した収入にはつながらなかった。生活が困難になったティエンクーは、すぐに弟とは別の親戚のもとで漁工として働くことになった。後に、ティエンクーとシンインの間には一男六女が生まれた。そのうち、四番目として誕生した長男が、自分である。

張シーチンの母親である黄シンインの二回の結婚相手は、いずれも同じ漁船幇内の連家船漁民である。中国では「同姓不婚」が原則だが、シンインの結婚は、連家船漁民の間でもこの原則が働いたことを示唆している。なぜなら、シンインは父系出自で結ばれる同じ作業タイプの同姓集団内での婚姻を避け、異なる作業に従事する別姓の連家船漁民を選んでいるからだ。また、張ティエンクーの姉の例からは、漁船幇の範囲を越えた婚姻のあり方を見て取ることができる。連家船漁民に多く見られる結婚とは、九龍江河口に根拠港をもつ一〇の漁船幇間でなされるものだった。しかし、実際には九龍江中流沿岸部や河口の厦門島にも船上生活者がいた。事例1―1からは、連家船漁民が、少し離れた地域の船上生活者との間にもネットワークを築いていたことがわかる。

《事例1―2》張アーグン（一九四四年生・男性・海澄漁船幇出身）

父親の張アーロンは、海澄漁船幇で投網漁をする夫婦の長男として誕生。ところが、アーロンが幼い頃に父母が相次いで病死し、アーロンは父の兄（＝伯父）に引き取られた。伯父には、息子が一人いたが、生活は困窮していた。そこで伯父夫婦は、幼い女の子をもらってきて育てれば、投網漁を手伝う労働力も手に入るし、長じた頃にはどちらかの男の子と結婚させることができると考えた。

アーロンの伯父は農民から蔡フーホアという二～三歳の女児を安い値段で買い、二人の男児とともに育てることにした。アーロンと伯父の息子、フーホアの三人は兄妹同然に育てられた。やがて、アーロンとフーホアは床をともにして実質上の結婚生活をはじめたという。自分は、この二人の間に生れた六男三女の長男である。

《事例1―3》張アーチン（一九四六年生・男性・洲頭漁船幇出身）

父は、洲頭漁船幇で虎網漁船に乗って流動定置網漁をしていた。父は連家船漁民だった女性を娶り、一男一女をもうけた。しかし、間もなく、妻は病死。父が一人で小さな子どもを育てながら生活していくのはとても困難だった。

そんな折、父の二番目の兄（＝伯父）も若くして病死。伯父の妻は、現在のJm鎮Nm村に生まれた農家の娘だったが、まだ幼かった頃に、ある連家船漁民の家庭に一元四角という安値で買い取られて、育てられていた。この女性と伯父の間には、三人の娘がいたが、夫を失った身で女性が一人で子どもたちの世話をしながら漁をつづけるのは大変なことだった。

これを見ていた父の長兄は、妻を亡くしたばかりの弟と、夫を亡くしたばかりの弟の妻に、再婚を勧めたのだという。かくして二人は子連れで再婚。やがて、二人の間には二男一女が生まれた。その一番目の男児が自分である。妹は、生まれて間もなく亡くなってしまった。

事例1―2は、中華民国期において、連家船漁民と農民の子女との結婚がごく少数ながらあったことを示している。蔡フーホアのように、将来自分の息子の妻とすることを見越して幼い頃から引き取って育てる女子のことを、中国では「童養媳」と呼ぶ。この習慣は、中華人民共和国成立以前には福建省南部でもよく見られたという。また、事例1―3のように、連家船漁民が農村から迎えた養子が、ほかの家庭の連家船漁民の子女と結婚することもあった。いずれにせよ、連家船漁民と結婚する農民のほぼすべてが、幼い頃から連家船漁民のもとで育てられ、船の操作や漁法に関わる知識や技術を身につけた者に限られていた。こう見ると、連家船漁民が農民と結婚しないのは、「土地も家屋もない」との引け目だけが原因であるわけではなく、彼ら自身による能動的な選択の結果でもあることがわかるだろう。なぜなら、連家船漁民の側からすれば、船を操縦し、漁や運搬をするための基本的な技術をもたぬ相手との婚姻は、生活の上で困難を招くに違いないからである。

さらに、事例1―3からもわかるように、連家船漁民の間では、妻や夫を亡くした後、互いに自分の子どもを連れて再婚することが頻繁に見られた。病死のほか、船上生活には、落水事故や台風や大波に巻き込まれての溺死という危険が常につきまとっており、伴侶を亡くした後、一人で漁船での煩雑な作業をこなしながら子育てをし、生活することはほとんど不可能に近かったためである。第四章でも詳しく検討するように、子連れでの再婚をくり返すことは、連家船漁民と陸上の農民や市街地住民との間にある大きな文化的差異であった。

第五節　連家船漁民をめぐる名づけと名乗りのズレ

連家船漁民は、九龍江河口という地域社会で、他者からいかなる存在とまなざされ、自らは他者をいかにまなざしてきたのか。以下では、連家船漁民／農民・市街地住民／家屋をもつ漁民という三者間でなされる名づけと名乗りの状況を見てゆこう。ここからは、先にみたような「伝統的な」連家船漁民の生活・生業形態こそが、彼らと周囲を隔てる指標となってきたことが浮き彫りになる。

1　「連家船漁民」とは誰か

(1)　連家船漁民出身の知識人が描く二つの連家船漁民像

連家船漁民は教育を受ける機会に恵まれず、文字を解さない人々も多かった。しかし、一九九〇年代後半から、連家船漁民の歴史や自らの幼い頃の思い出を文章にして表そうとする者が現れはじめている。代表的な存在が、張亜清と張石成という、連家船漁民の家庭（＝ともに、洲頭漁船幇）出身の人物である。いずれも、中華人民共和国建国直前の一九四〇年代生まれで、連家船漁民の子弟のために設立された小学校（＝第二章で詳述）に通った経験を有している。張亜清は運魚船に乗る父母のもとで生まれ育ち、龍海市や漳州市の地方政府で幹部を務めた後、閩南日報という漳州市の新聞社副社長となり、退職後は精力的に多数の散文集を出版する作家となった人物である。他方の張石成は、Sm漁業社区の前身であったSm漁業村で幹部を務めた人物である。張亜清のほうは、一九九八年に『九龍江・連家船』を、張石成は二〇〇九年に私家版の資料集『連家船』を、さらに、同じく二〇〇九年に、二人で『即将逝去的船影——九龍江上「吉普賽人」史迹』[12]（邦訳　やがて消えゆく船の影——九龍江「ジプシー」の史跡）を、相次いで上梓してきた。

ここで注目したいのは、連家船漁民の由来について、この二人が文献資料に知識を求めながら記述を進める部分である。当然ながら、本章第四節で確認したような、「連家船漁民の祖先は九龍江沿岸部の農村の農民で、いつの頃からか貧困で行き場を失い、漁撈に従事するようになった」との定型化された語りは、張亜清も張石成も共有しており、それを発信してもいる。だが、一方で二人は、現在の連家船漁民につながる人々は、紀元前二〇〇〇年ほどの時期にすでに存在していたとする、きわめて壮大な歴史を描き出そうとも試みている。

二人が参照するのは、『福建漁業史』[13]〔福建省水産学会『福建漁業史』編委会　一九八八：二〕、林恵祥の論文「福建民族之由来」[14]〔林恵祥　一九八一（一九四七）：二九三〕、清代に編纂された『龍溪縣志』といった文献に現れる知識である。

これらの知識を用いて、張亜清と張石成は福建の漁民の由来について、次のように説明する。すなわち、「原始社会から封建社会の初期にかけて、古代越族のなかには東越族と呼ばれる一派がおり、彼らは海洋モンゴロイドに属していた。彼らはアジアの北方から南下し、その先頭にいた一派は中国南方へと至ると、福建などに定住しはじめた。その多くは河川や海に近い丘陵を選んで生活し、最も多く集中したのが閩江、九龍江の流域であった。春秋戦国時代に至ると、彼らの後裔である閩越族の多くは沿海部や河川の沿岸部に集住するようになり、水上での生活に適応した結果、常時、木の船を操って河川や海で水中の食物を捕るようになった。彼らこそが、福建で漁業に従事した最古の開拓者である。福建で出土した遺物によると、今から約三〇〇〇年前に九龍江一帯から厦門島にかけた地域で生活していた人々は、古代越族の後代であった。秦・漢以後、中原の漢族が徐々に南下して福建省へと至り、閩越族と通婚した結果、両者は融合するようになった。その一部が今日の福建沿海部や河川の沿岸部に暮らす漢族漁民の始祖である」と〔張石成　二〇〇九ａ：四、張亜清、張石成、藤川　二〇〇九：二―三〕。

さらに、二人は九龍江に暮らしてきた連家船漁民の由来についても、こう述べている。「長い間、漁撈に従事してきたために、漁民の多くは家族を連れて水上で暮らすようになり、やがて『疍民』と呼ばれるようになった。何ゆえに『疍民』と呼ぶのだろうか。一説によると、明王朝の開祖である朱元璋はかつて、戦に参加し、逃げまどうなかで、連家船に乗ったことがあるという。朱元璋は船が水中に漂うのをその身体で感じながら、水面に浮かんだ一つの卵が右へ左へと揺れつづけるさまにたとえ、後に水上人に『蛋民』の称号を賜ったという。蛋には『虫』という字がついており、上品ではないので、後に『虫』を取り払い『疍』という新たな字を作り出したのである。『龍溪縣志』の記載によれば、明代に漁民たちは龍溪県十一都水居社に属していたとあり、少なくとも明代には漁撈に従事し、水上で暮らす人々はすでにある一定の規模に達していたと考えられる」〔張亜清、張石成、藤川 二〇〇九：三一四〕。なお、船上で生活する人々が疍民と呼ばれるに至った経緯として、朱元璋の物語に言及する件については、出所は明らかにされていないことから、これを九龍江河口の連家船漁民の間で伝えられてきた説と考えることも可能である。

ここで考えてみたいのは、彼らの著作のなかに、連家船漁民の由来を語るものとして、①九龍江沿岸部の農村に暮らす農民に起源をもつものとする説と、②古代越族と中原から来た漢族とに起源をもつものとする説が併存しているという点についてである。①は、一般的な連家船漁民の間で口伝をとおして共有されてきた知識のあり方である。他方の②は、張亜清と張石成という連家船漁民のなかでも文字を解し、歴史文献や学術論文の知識にアクセスすることのできる二人、すなわち「地元の知識人」とも呼び得る立場の人物が、文献資料を駆使した結果として構成される知識のあり方を示している。換言するならば、①は連家船漁民の内側と、彼らの出自に関わる一部の農村の農民という、地域社会でもきわめて限定的な範囲で完結する類のものである。これに対し、②は、より高い地点に立ち、秦や漢代から現代に及ぶ福建全体の歴史というより大きな範囲を連家船漁民の外側から見渡しながら、幅広い知識を組み立てることができるような、さまざまな時代の、さまざまな知識人の力を借りることでしか成立し得ないものである。この意味で、張亜清と張石成が描く二つの連家船漁民像は、異なる知識のあり方を基礎とした、まったく異なる性格を具えている。だが、興味深いことに、二人のなかで両者は、それほど矛盾のないものとして存在しているのである。

(2)　連家船漁民に向けられる名づけの諸相

1　白水仔・水鴨人・船底仔・曲蹄仔をめぐる解釈

ここで、連家船漁民という呼称について考えてみたい。ごく大まかに説明するならば、九龍江の河口で船上生活をしながら漁業や水上運搬に従事する人々が、連家船漁民である。だが、連家船漁民とは、決してこの地域だけに特徴的な語彙ではない。なぜなら、上海市・浙江省・江蘇省に跨る太湖周辺や福建省北部の寧徳市の沿海部で船上生活を送る人々も、連家船漁民あるいは「連家船民」と呼ばれてきたことが確認できるからである［林孝仁 二〇〇三、太田 二〇〇八、李健民 二〇〇九など］。

しかし、実際のところ、連家船漁民というのは、彼ら自身による名乗りにも、他者からの名づけにも、明瞭な形で登場するわけではない。つまり、第二節で確認したような名づけと名乗りの不一致という状況が、連家船漁民にも生じている。本書では、連家船漁民という語が自称・他称としては曖昧さをもちあわせているという事実に注意を払いながら、説明の煩雑さを避けるために、九龍江河口で船上生活を送ってきた人々を指すものとして、連家船漁民という言葉を用いることにしたい。なお、連家船漁民という語がいかなる文脈で用いられるかについては、本節の(4)「半名づけ・半名乗りとしての『連家船漁民』」で詳しく検討する。

まず、連家船漁民に対して、周囲の人々からなされる名づけの状況について見てゆこう。それは、（1）「白水仔」（*bEh zui a*）、「白水婆」（*bEh zui bo*）、（2）水鴨仔（*zui ah a*）、（3）「船底人」（*zun de lang*）、「船底婆仔」（*zun de bo a*）、（4）「曲蹄仔」（*kiok de a*）に大別される。

（1）白水仔・白水婆：『閩南話漳腔辭典』（＝九龍江沿岸一帯の方言を解説した辞典）には「白水：疍民。かつて、九龍江の船民に対する呼称であった。『泊水』の音が転じたもの」、「白水仔・白水婆：旧社会において、九龍江の船民を蔑視する呼称」との記述がある［陳正統　二〇〇七：三四］。泊水とはおそらく、「水辺に船を泊める者」という意味合いの言葉である。ここからは、白水仔・白水婆という名が、陸上の人々から連家船漁民に投げかけられる蔑称であることがわかるのみで、この語彙自体の特徴的な意味を見出すことはできない。

これに対して、連家船漁民の側からは、まったく別の見方を導き出すことが可能である。張亜清と張石成によれば、白水仔・白水婆という語は、かつて大勢の乞食が集まる荒れた地であった九龍江南渓の畔の白水に「白水宮」と呼ばれる「乞丐宮」（＝乞食の寝泊まりする場所）が設けられたことに由来するという。いわく、「白水宮の乞食のうち、九龍江で魚が多く捕れるさまを見て、自ら船を出して漁撈をはじめ、船で暮らしながら妻を娶り、子を生み育てることになった一部の人々が、現在の連家船漁民につながる人々であり、陸上の人々はそうした連家船漁民の男性を白水仔、女性を白水婆と呼ぶようになった」というのである［張亜清、張石成、藤川　二〇〇九：四―五］。

この見方は、自身の祖先を旧社会において卑賤な職業と見なされていた乞食に結びつけることになるという点で、連家船漁民にとっては決して名誉な説明であるようには見えない。しかし、これは張亜清と張石成が強調するように、現在の連家船漁民の祖先に当たる人々がはじめから船上生活を根本としていたわけではなく、元来は陸上の民であったものが、やむにやまれぬ事情で水上の民へと「零落」したのだということ、そして何よりも、連家船漁民が古代越族の後裔などではなく、陸上の民と同じ由来をもつということを説明する点で［張亜清、張石成、藤川　二〇〇九：五］、きわめて大きな意味をもっている。

白水仔・白水婆という名づけに関する張亜清と張石成の解釈は、地元の知識人という立場からなされており、ごく一般的な連家船漁民の間で共有されたものとはいい難い。しかし、その点を考慮しても、この解釈からは、「陸上の人々＝漢族／連家船漁民＝非漢族」というアプリオリな区別を前提する文献上の知識に対して、連家船漁民の内側からそれをつき崩そうとする態度を見て取ることができよう。

（2）水鴨仔：年輩の連家船漁民の多くが、船上以外に住まいをもたなかった頃を思い出して、口にする話がある。それは、「たまに船から降りて陸へ上がると、近くの農民たちから『水鴨仔（＝カモ）が来たぞー、船に帰りやがれ！』って言われたもんだった。だから、子どもの頃は怖くて一人で道を歩くこともできなかったよ。大人の後ろをくっついて街に出るしかなかった」というものだ。水鴨仔とは明らかに、生涯にわたって船での移動を基礎とした生活を送り、土地・家屋といった陸上に定住するための基盤をもたなかった、いわば漂泊者とも呼ぶべき連家船漁民の特異な生活形態を指標とした名づけである。

（3）船底人・船底婆仔：『閩南話漳腔辭典』には「白水仔に同じ」と書かれるのみで、語源は詳述されていない［陳正統　二〇〇七：五九二］。おそらく、これらは、船の底、すなわち甲板の下の狭小な空間でひしめき合って寝る連家船漁民の姿を捉えたものだろう。つまり、これも（2）と同様、船に住まうという特徴的な生活形態を指標にした名づけと解釈可能である。

（4）曲蹄仔：近年出版された短編小説集のなかで、龍海市出身の作家、方達明は、九龍江沿岸部に船を停泊させる連家船漁民のことを、曲蹄仔という語で表現している。小説「曲蹄」に登場する二人の曲蹄仔の少年とその家族は、いずれも川面の浮き草のように根をもたず、水面を漂いながら生活する貧しい人々として描かれる。小説のなかで、少年の一人が次のような言葉を口にするのが印象的である。それは、「俺たちの家は、小船である。（中略）俺たちは、この船のことを連家船と呼んでいる。（中略）陸上に暮らす人々はこれまでずっと、俺たちを受け入れようとはしてこなかった。（中略）あいつらは俺たちのことを泊水崽と呼ぶ。あいつらは、俺たちの足を横目で見ながら、曲蹄仔！と言うことだってある。それはまるで、俺たちが蟻みたいな小さな虫けらであるかのような扱いなのだ」というものである［方達明　二〇一〇：四―五］。

この小説の序文には、作者の方達明と同郷であるらしい海迪という作家による解説もある。すなわち、「この小説に登場するのは二人の『泊水』、つまり連家船船民の後代である。（中略）彼らは何世代にもわたって船の上で生活するため、両脚が湾曲してくる。そのために『曲蹄』と呼ばれるのである。街を歩いていて両脚の曲がった人を見かけたとしよう、三〇年前であれば、それは連家船民であると断言することができた」［海迪　二〇一〇：三］と。

ここで描かれるのはごく短編の小説の出来事に過ぎないが、作者の方達明と序文を書いた海迪はいずれも連家船漁民の出身ではないことから、こうした表現自体に、九龍江河口の農村や市街地に暮らしてきた人々の連家船漁民に対するまなざしの一端が表れているはずである。海迪も指摘するように、曲蹄仔という語には、きわめて狭小な船で、生活し、作業時にも睡眠時にも、足を曲げることが多い連家船漁民によく見られる湾曲した両足を嘲笑う意味が込められている。[15]すなわち、曲蹄仔とは、長年の船上生活が招くことになる連家船漁民の特異な身体的特徴を指標とした名づけである。[16]

また、この記述からは、浮き草のごとく水面を漂うというそのことのために、陸上の人々は連家船漁民のことをあからさまに侮蔑する態度を見せていたことがわかる。さらに、海迪による解説では、陸上の人々から投げかけられる曲蹄仔あるいは泊水・泊水崽（＝ともに、白水仔・白水婆と同義）という名づけに対し、船に暮らす人々の側はそれを拒否して、連家船民と名乗るという、連家船漁民をめぐる名づけと名乗りの不一致が存在することも示唆されている。

この曲蹄仔とは、福州閩江の水上居民に対する曲蹄・科蹄・科題・裸蹄・郭倪・訶黎・庚定子・廬亭子といった名づけと、発音の上では酷似したものである。第三節で概観したように、研究者たちはこれらの名について、水上居民の身体的特徴のみならず、彼らが西甌駱裸国や古代の閩越族に起源をもつ人々であることを示すものと捉えてきた。ここでは、九龍江河口という地域社会においては、文献や音声学の知識を駆使した研究者による推論とは別に、曲蹄仔という名が、連家船漁民の湾曲した足に対してだけ向けられているということに注意しておくことにしよう。

2　包括的な名づけの不在

具体的な名づけとしては聞かれぬものの、連家船漁民の多くは経済的な安定を得ることが叶わず、貧窮することが多いという理由から蔑視の対象となることもあった。不安定な暮らしについては、張亜清も、連家船漁民に伝わる「船在靠船喫、船破当乞丐（船は船を頼りに飯を食う。船が壊れれば乞食になるほかない）」という言葉に、そのありさまを見ている。すなわち、船に暮らす連家船漁民はたとえ大漁に恵まれて多くの利益を得たとしても、普段は食べることのできぬ肉を購入するなどして金をその日のうちに消費してしまうのだという。なぜなら、現金や財物を残しておいたとしても、それを保管しておく船がひとたび大風や高浪に襲われてしまえば、一家死亡の憂き目に遭うか、助かったとしても現金はすべて流失し、皆で乞食になるほかないということを、連家船漁民は心得ていたからである。こうした危険性に加えて、伝統的な漁船には発動機も大型の網を巻き揚げるウィンチもついておらず、移動距離は限られ、大量の魚を一息に捕ることも困難であったことから、普段は市場へ行き魚が高値で売れたとしても、その日のおかずを買うお金を稼ぐのがやっとという状況であった。これ以外にも、船の修理代や漁網を作るための費用を捻出しなければならず、いきおい、連家船漁民の生活は富裕なものとはなりにくかった［張亜清　一九九八：

九三―九五〕。

　こうしたかつての連家船漁民の生活というのは、農村や市街地に暮らす人々の間にも印象強く残っているようである。フィールドワークをはじめるようになってから、さまざまな文脈で出会う農村や市街地の人々は、私が「Sm漁業社区で連家船漁民の民俗について勉強している」などと伝えると、「あの人たちは、昔はとても貧乏で、本当に可哀そうだった。家もなくて、いつもボロボロの服を着て、靴も履かずに裸足で生活するのを、河の上からよく見ていたものだ」という言葉を揃って口にした。この言葉からは蔑視というほどの雰囲気は感じられない。しかし、「自分たちは土地も家もなく、貧乏で、陸上の人からいつも蔑まれていた」といった連家船漁民の回想とあわせるならば、家屋を有さないという生活形態に加えて、低い生産性に由来する貧窮した暮らしが蔑視を生み、それが連家船漁民を陸上の人々から隔てる指標の一つとなってきたと考えることができる。

　ここでもう一つ、広東社会の蛋民・蛋家や福州の白水郎・科題といった水上居民に関する研究で導き出されてきた、水上居民を非漢族に結びつけるような見方についても検討しておこう。先に概観したように、連家船漁民出身の「地元の知識人」たちは、一方では「連家船漁民は古代越族の末裔といわれる」などと自分たちを非漢族に由来するものと捉える記述をしてきた。しかし、一方で、その見方が九龍江河口の地域社会に浸透しているとは考えにくい状況も見受けられる。先に挙げた方達明の小説や海迪による解説でも、泊水や曲蹄仔が非漢族であるという記述は一切見られないし、フィールドワークのなかでも、農民や市街地の人が、連家船漁民を非漢族的存在に結びつけて語る場面には遭遇したことがないからだ。

　さらに興味深いことに、書物においては自らの祖先が古代越族に起源をもつと記述してきた当の本人たちも、日常生活のなかではそうしたことをまったく意識していないようなのである。たとえば、二〇一一年の冬、広東の蛋民・蛋家が民族識別工作の際にたどった経緯についての知識を得た後で、張亜清と張石成のもとを訪れた時のことを思い返してみよう。連家船漁民に対しても、一九五〇年代初頭には民族識別工作関連の調査が実施されたのではないかと考えた私は、かつて地方政府の幹部を務めたことのある張亜清に対して、民族識別工作時の資料が保管されている部署はどこにあるのかを尋ねてみることにした。「広東や福州では、水上居民は漢族ではないといわれていて、当時は彼らも、調査の対象となったらしい。九龍江の連家船漁民についても、調査がおこなわれたかどうか知りたい」と事情を話したところ、張亜清も張石成も、すぐに「龍海市内に少数民族は畲族しかいないよ。畲族自治郷があるだろう」と返してきた。そして、「少数民族について管理する部署はあるが、そこには俺たちの資料はない。だって、俺たちは漢族だろう？　もともとは漢族の農村から出てきたことを、美代子も知ってるだろう？」と言うのである。すなわち、張亜清や張石成にとって、古代越族に起源をもつものとする連家船漁民像というのは、いわば書物を著す際の作法として触れるべき歴史の一端に過ぎず、日常の場においては、そうした像はほとんど意識に上らず、影を潜めているのだ。

当然ながら、「水上居民＝非漢族」と捉える見方は、政治的・学術的に否定されてすでに長い時間が経過しており、連家船漁民自身や周囲の人々の間では、そうした見方などとうに淘汰されてしまったと考えることはできる。私がフィールドワークで出会った人というのも、数はごく一部に限られており、農村や市街地の人々すべて、連家船漁民すべてに共通する考え方を抽出することは難しいだろう。しかし、ここでは、歴史文献や学術論文に登場する「水上居民＝非漢族」という図式が、少なくとも現在的な文脈においては、九龍江河口の連家船漁民や農民・市街地住民の双方で、はっきりと共有されていないという状況に注意を払っておく必要がある。

まとめよう。九龍江河口という地域社会において、農村や市街地に暮らす人々から連家船漁民に対してなされる名づけとは、土地・家屋をもたず船上での移動を基礎とする生活形態や、そこから派生する身体的特徴、そして劣悪な経済状況といった、目につきやすくわかりやすい事柄を指標としながら選ばれている。それはすなわち、陸上の人々は、日常生活のなかで連家船漁民と対峙するという具体的かつ個別の場面、個々の文脈において、どの名を選ぶか、あるいはどのような特徴を選んで侮蔑するのかを決めているということである。これこそ、連家船漁民が見せる特異性の全体について、「それは、彼らが漢族性を欠いた人々であるから」というように、包括的かつ明確に一つの要因へと結びつけるような語りが、日常的な文脈においては必ずしも存在せぬという状況の正体である。まさにこの点が、広東社会や福州の水上居民について、研究者たちの間で一般的に理解されている、「陸上の人々＝漢族／水上居民＝非漢族に由来をもつ人々」という図式から、一旦、離れてみることの必要性を物語っている。

(3) 名乗りとしての「討海人」・「掠魚人」

白水仔・白水婆、水鴨仔、船底人・船底婆仔、曲蹄仔といった名づけについて、連家船漁民はそれらに侮蔑的な意味合いが込められているとして受け容れることを拒否してきた。当然ながら、そうした名を自分たちの名乗りとして用いることなど、しようとはしなかった。しかし、だからといって、彼らに自分たちを名乗るような言葉がないわけではない。

連家船漁民が自らを名乗る際に用いる言葉とは、「討海人」(*to hai lang*)、あるいは「掠魚人」(*liah hi lang*)というものである。討海人とは「漁をする者」を、掠魚人とは「魚を捕る者」を意味しており、いずれも拍子抜けしてしまうほど単純な言葉である。この討海人・掠魚人という名乗りについては、単純に過ぎるものであるがゆえに、自らの歴史や民俗を描き出そうとする張亜清や張石成といった連家船漁民内部の知識人たちも、そこに意識を向けようとはしてこなかった。私が注目したいのはまさにその点であり、この単純さのなかにこそ、連家船漁民の意識が表れていると考えている。

討海人・掠魚人という名乗りには、連家船漁民にとって最も際立った特徴であるように思われる、船上での移動を基礎とした生活に対する言及が、まったくなされていない。そのことからもわかるように、討海人・掠魚人というのは、九龍江沿岸部の漁村に暮らす一般的な漁民、すなわち陸上に土地・家屋をもちながら、男性のみで船に乗り、漁撈に従事する人々が、自らを名乗る際に用いてきた言葉でもある。

さらに、連家船漁民が用いるこの名は、「山頂人」（*suaN ding lang*）という名づけとともに使われる場合が多いことにも注意しておこう。山頂人とは、農民や市街地の人々にとっては「山の人」を指す言葉であるが、連家船漁民や一般的な漁民にとっては「陸上の人々」、つまり、農民や市街地の住民など、水上での生業に従事しない人々を指す総称として機能する言葉である。したがって、討海人・掠魚人という言葉は、「彼ら山頂人には、自分たち討海人や掠魚人の仕事のつらさはわかるまい」というように、山頂人との対比で現れることが多い。あるいは、これほど明らかな対比を含んだものでなくとも、言外に山頂人の存在を対置する意識が働くことになる。すなわち、連家船漁民が自らを表す際に使う討海人・掠魚人という名乗りは、山頂人という名づけの対立項として用いられることではじめて成立可能なものなのである。

まさにこの点に、連家船漁民の側がいかなる要素を指標として、自らを地域社会に位置づけているのかが表れている。すなわち、連家船漁民にとって、陸上に土地・家屋をもつか否か、家族でほぼ一生を船で移動して過ごすか否かといった指標はまったく問題とならず、河川や海で漁撈に従事するという生業こそが意味をもつのだ。そしてそこには、生業の差異を根拠としながら、山頂人と総称すべき陸上の人々と自らが別個の範疇に属することを認める一方で、漁撈という同様の生業に従事する一般的な漁民については、自分たちとまったく同じ範疇にあるとする連家船漁民の分類方法を見て取ることができるのである。より簡単にまとめるならば、連家船漁民の側は、自分たちも一般的な漁民と同じく、「ただの漁民である」と主張しているということになる。

ただし、連家船漁民による範疇化が一般的な漁民たちにも共有されているかというと、決してそうではない。そのことは、陸上の家屋に妻子を残し、九龍江へ船を出して魚や蝦、カニなどを捕り、数日後に漁村へと帰るという生活をしていた漁民たちと連家船漁民の間に、漁場や船の停泊場所をめぐって日常的に対立が起きていたこと、その際に連家船漁民はしばしば、「お前ら曲蹄仔には土地がないのだから、この港に船を泊める権利もないのだ」という論理によって、漁民たちから金品を巻き上げられるなどしてきたことからも明らかである（第二章にて詳述）。

つまり、連家船漁民の側が生業の同質性を根拠としながら、一般的な漁民をも含み込むものとして討海人・掠魚人という範疇を想像するのに対して、一般的な漁民の側はそれをまったく受け容れようとはせず、土地・家屋を有さずに船上で一生のほとんどを移動しつづけるという連家船漁民の生活形態の異質性や、そこから生じる身体的特徴のほうを根拠としながら、連家船漁民を討海人・掠魚人という範疇から排除すべきものと見なしているのだ。したがって、連家船漁民の討海人・掠魚人という名乗りと、一般的な漁民が用いる討海人・掠魚人という名乗りの間には、そのなかにいかなる範囲の人々を含むのかという点において、大きなズレが生じている。

(4) 半名づけ・半名乗りとしての「連家船漁民」

連家船漁民に対する名づけと、彼ら自身から発せられる名乗りには、二種類の性格の異なるズレが生じてきた。それは、①連家船漁民が農村や市街地の人々や一般的な漁民から投げかけられる、白水仔・白水婆、水鴨仔、船底人・船底婆仔、曲蹄仔という侮蔑的な名づけを拒否しながら、名乗りには討海人・掠魚人を用いるという、名づけ／名乗りの名をめぐるズレ。そして、②連家船漁民が名乗りに用いる討海人・掠魚人の範疇には一般的な漁民が含まれるのに対し、一般的な漁民が用いる討海人・掠魚人の範疇に含まれるのは彼らのみであり、そこに連家船漁民は含まれないという、名乗りの範疇をめぐって連家船漁民／一般的な漁民の間に現れるズレ、の二つである。

近年、こうした二つのズレを同時に解決可能なものとして用いられるようになっているのが、連家船漁民という言葉である。連家船とは、「連家帯眷生産、生活在水上的漁家之舟（家族を連れ、水上で生産・生活を営む漁民の船）」［張亜清　一九九八：五七］を指すものとして、九龍江河口の地域社会において長らく用いられてきた。そこに、新たに生業の種類を表す漁民という語を加えたのが連家船漁民であり、内部に漁撈、漁獲物・物品の運搬といったすべての生業を含みながら、連家船に住まう人々を総称するものとして成立している言葉である。[17]すなわち、連家船漁民とは、「家族で船上に住まう」という生活形態の特徴について、より客観的な言葉で表すことができる一方、あくまでも漁民であるという彼ら自身の主張をも入れ込むことができる語であり、それは半名づけ・半名乗りともいうべき中立的な性格を具えている。

実際のところ、連家船漁民の名づけ／名乗りをめぐるズレを超越する形で作られることになった連家船漁民という語が、はっきりとした名づけ・名乗りとして、日常生活に立ち現れることは少ない。しかし、現在では、張亜清・張石成といった連家船漁民内部の知識人たちが自らを表現する時、あるいは地元の新聞や地方誌、水産誌が連家船漁民の外部から彼らについて描こうとする時などに、連家船漁民という言葉が好んで用いられるようになっており、これは連家船漁民自身、一般的な漁民、そして農村や市街地に暮らす人々という三者の間で、広く共有される概念となっている。

こうした状況を踏まえて、本書では、特に断りがない限り、九龍江沿岸において家族とともに船に住まいながら漁撈や水上運搬に従事してきた人々と、その後代を指す時に連家船漁民という語を用いる。なお、このなかには、現在のSm漁業社区に戸籍を置く者（＝本書の主人公）のみならず、以前は彼らと同じように九龍江河口各地に分散して船上生活を送り、集団化政策の結果として、九龍江中流域の漳州市Bw区や、Sm漁業社区より河口に位置する龍海市Fg鎮、厦門市といった地域に定住用地を獲得することになった人々も含むものとする。それは、私がフィールドワークで出会うSm漁業社区の連家船漁民とそうした地域の人々が、婚姻関係や漁場での顔見知りの関係によって分かち難く結びついていることが、両者の間で共通の認識となっているように見えるためである。

第六節　まとめ――連家船漁民とは誰か

(1)　名づけ・名乗りに現れる連家船漁民像

連家船漁民に対して他者からなされる名づけと、彼ら自身がそれに呼応して発する名乗りとの間にある、何層にも重なったズレ。これは一体、何を意味するのだろうか。

農民や市街地の人々と一般的な漁民からなされる白水仔・白水婆、水鴨仔、船底人・船底婆仔、曲蹄仔といった具体的な名づけと、「彼らは昔、とても貧乏で、本当に可哀そうだった」という語りは、彼らにとって、連家船漁民とは、自らとは異なる生活形態や身体的特徴をもち、劣悪な経済状況にあるような集団であることを示している。こうして、他者と連家船漁民とを隔てる特徴の集合は、基本的には彼らが船で移動を基礎とした生活を送るということから派生するものである。

一方、これらの名は、名づける側自身の生活環境・生業形態・経済状況・文化的特徴によって、あるいは名づけが発生する場面や文脈によって、より多様な意味を表すようなものになる可能性を秘めている。たとえば、農民や市街地の人々にとって、これらの名は、自らと連家船漁民の生活の場が異なることを表す「水／陸」、あるいは生業の種類が異なることを示す「漁撈／農耕」、「漁撈／商い」といった構図を含むものとして機能する。反対に、同じ名が、一般的な漁民にとっては、自らと連家船漁民は生活の場ではなく、生活の基本が異なることを意味する「移動／定住」、「土地や家をもたない／土地や家をもつ」、あるいは生業の種類ではなく、生業の参加者が異なることを示す「家族全員で船に乗る／主に男性だけで船に乗る」といった構図をともなうものとして機能することになる。

これに対して、連家船漁民から発せられる討海人・掠魚人という名乗りからは、自らと他者との間には、生業形態の差異しか存在しないと見る、他者が考えるのとはまったく別の連家船漁民像を導き出すことができる。その集団は、山頂人と総称されるところの農民や市街地の人々と対置されるものとして想像され、一般的な漁民をも含むことができるような範疇である。連家船漁民から見れば、その名は、それが発せられる状況によっては、自らと山頂人とでは生業や生活の場所が異なることを示す「水／陸」という構図を示すものとして機能する。連家船漁民が発する討海人・掠魚人という名の範疇内部に自らが含まれることに一般的な漁民が賛同しないのは、漁民のほうは、連家船漁民が見せるまったく別の特徴の集合を指標としながら、自らと連家船漁民の間に境界を見出しているためである。

九龍江河口の地域社会において、いくつものズレをともないながらなされる名づけと名乗りの行為から導き出される連家船漁民像の特徴とは、どのようなものだろうか。それは、名づけや名乗りに用いられる名が生活・生業形態を表すものであろうと、身体的特徴や経済状況を表すものであろうと、いずれの場合も、そこに現れる連家船漁民像が、きわめて具体的な内容をともなう形で想像されているということに尽きる。それはつまり、連家船漁民に対して他者から投げかけられる名と、連家船漁民から他者に向かって発せられる名とが、どれも目で見ることのできる、非常にわかりやすい事柄に裏打ちされた名であって、それ以上でもそれ以下でもないというところに端を発している。

(2)　他地域の水上居民像と連家船漁民像の差異が示すもの

連家船漁民をめぐる名づけ・名乗りに現れる名が示す内容は、それ以上のものでもそれ以下でもないと強調するのは、連家船漁民が毎日を過ごす九龍江河口という地域社会で、少なくとも日常的な文脈においては、彼らを他者から隔てるようなさまざまな特異性の全体について、包括的かつ明確に何らかの要因へと結びつけるような名や語りが存在していないことに意識を向けたいためである。

それでは、すでに見た広東社会の水上居民、あるいは福州の閩江河口、泉州の沿海部、恵東といった地域の水上居民が、多くの場合、非漢族あるいは漢族性を著しく欠いた人々として描かれるのに対して、九龍江河口に暮らす連家船漁民についてはそうした印象が導き出されることはほとんどないという状況を、私たちはどのように考えたらよいだろうか。真っ先に浮かぶのは、①それは地域差に由来するものであるという、もっともらしい解釈である。そして、もう一つ、②それは研究者の資質、すなわち研究手腕の巧拙に由来するものであるという、私にとっては少々やるせない解釈を考えることも可能である。

①については、黄向春が閩江河口の水上居民と広東珠江デルタの水上居民とでは、地域社会で置かれる地位に違いが見られることに注目し、それを両地域の開発の歴史的経緯の差異によって説明していることからもわかるように、ある一定の説得力をもった解釈の方法であるといえよう。しかし、広東社会では、蛋家・水上人という名づけに対して、水上嘅・耕田・船民・漁民といった名乗りが見られること、そして、閩江河口では、白水郎・曲蹄・科蹄・科題・裸蹄・郭倪・訶黎・九十七・岸使というさまざまな名づけから、生活・生業形態や身体的特徴、経済的従属性といった意味を引き出すこともできるという状況に目を向けるならば、そうした地域にもまた、九龍江河口の連家船漁民と同様に、具体的な内容に彩られた名づけと名乗りの形が顔を出していることは明らかであり、すべてを地域差として片づけてしまうことは、どうやら難しそうである。

対する②の解釈は、謙虚に受け止めるべきものだろう。このなかには、連家船漁民に対する名づけのうち、彼らを非漢族に結びつけるような語りを見つけ出すことができていないだけであるとか、九龍江河口という地域社会でも、さまざまな特徴をもったサブ・エスニック・グループが錯綜しているはずなのに、それを認識できていないだけである、あるいは、この地域社会の民族的状況を物語る歴史文献や研究論文を探し出し、それらの資料を系統的に組み立てる力がないだけである、といったものが含まれるだろう。なるほど、私は研究者としては失格である。特に、前半の二点については、反論の仕様がない。だが、最後の点だけは、別の意味をもつことになるだろう。それは、この点こそが、なぜだか九龍江河口の連家船漁民だけが、非漢族であるという印象をもちあわせていないように見える、ということの正体を解く鍵だといえそうだからである。

こう考える時、中華民国期の一九三〇年に閩江河口で調査をした呉高梓が記したこと、すなわち「今回の調査において最も遺憾だった点は、われわれが福州の蜑民の来歴について、満足のゆくデータが得られなかったことである。（中略）福州の蜑民たちは最近になって教育を受けはじめたばかりであり、彼らは自らの来歴についてはっきりとは理解していない。それゆえ、こうした方面のデータについて調査することは、とりわけ難しいものとなる」［呉高梓　一九三〇：一五三―一五四］という言葉が、私には非常に説得力をもって響いてくる。呉高梓が自身の現地調査の至らなさとして吐露したこの言葉に、本質のすべてが表れているからだ。そう、水上居民の来歴、ここでは主に古代閩越族であるとか、蒙古族であるといったことを指すと思われるが、そうしたものを示すデータは、水上居民が暮らす地域へ赴いて話を聞いてまわったり、彼らの生活ぶりを観察したりするだけでは、得られないのだ。つまり、水上居民を非漢族や漢族性を欠いた人々と見なし得るような資料は、水上居民の日常生活のなかにではなく、その外部にあるのである。

(3)　見る者の名づけと歩く者の名づけ

1　見る者の名づけ

私たちはここにきて、各地の水上居民に対してなされる名づけに関わるズレのなかでも、より大きく、より重要なものへと視線を移してみる必要に迫られることに気づくだろう。それは、①水上居民が生活する場の外部へと接触しなければ得られぬような資料に当たることではじめて導き出される名づけと、②水上居民と日常的に顔をつき合わせて生活するなかでなされる名づけ、という二つの名づけの間に現れるズレである。前者の名づけとは、見る者の視点、すなわち、社会に支配的な世界観や価値観の全体像を上から俯瞰することができるような者の視点に貫かれたものであり、ここではこれを「見る者の名づけ」と呼ぶことにしよう。対する後者は、見る者に対置されるところの歩く者、すなわち、日常生活のあらゆる側面を規定する支配的な世界観・価値観の全体像を見通すような力はもちあわせていない者の視点によるものであり、これを「歩く者による名づけ」と表すことができる。

水上居民の名づけに関わる問題において、見る者とは、地域社会の外部に位置しながら、地方史などの歴史書を著してきた知識人、そして地域社会に暮らしながらも、文字を解し、そうした歴史書に接触してその知識を整理し、系統立った形で物語を構成することができるような人々、すなわち、長沼がいうところの知識階層、黄向春のいう地方文人、私のいう地元の知識人といった人々を指す。一方の歩く者とは、地域社会で水上居民と接しながら暮らしている、ごく普通の農民や市街地の住民、そして陸上に土地や家屋をもつ、いわゆる一般的な漁民といった人々を指す。連家船漁民の場合、連家船漁民出身の作家や郷土史家は、自らの歴史を書物として著す際には見る者の性格を強め、日々の生活においては歩く者の性格へと戻るような存在と考えることができる。

見る者による名づけとは、二つの大きな特徴をもっている。その一つは、①さまざまな場面で多様な形で現れるはずの水上居民の特徴の集合、たとえば、「土地や家をもたない、水上に暮らす、家族とともに船上に住む、漁業をする、色を売る、経済的に劣っている、足が曲がっている、宗族組織から排除される、系統立った歴史をもたない、蛇を崇拝する」といった事柄を、歴史書や研究者の論考など、地域社会の外部で作られた大量の知識から抽出されたー一つ、あるいは複数の要素に関連づけながら、一括りにしてまとめあげてゆくようなものとして想像されることである。これは名づけというより、地域社会で歩く者たちが水上居民に対して与える名のもつ意味の解釈と捉えるべきものかもしれない。しかし、水上居民に対して投げかけられる名の意味を解釈することもまた、水上居民という集団をどのようなものと理解するかという点で通常の名づけの行為と同様の性格をもつことから、ここではこれを見る者による名づけと捉えることにしておこう。

見る者の名づけはそうした性格をもつことから、結果として、見る者の名づけから現れる水上居民像とは、超歴史的に存在してきた一個の包括的な集団として想像されることになる。それは、多くの研究者が、「蜑民とは福建・広東・広西の三省に共通する特殊民族である」［呉高梓　一九三〇：一四二など］などと表現してきたことにも如実に表れている。つまり、見る者の視点に貫かれた名づけとは、歩く者が水上居民に対して与える名が各地で似通っていることや、彼らの生活形態が同様であるといったことを指標としながら、省を跨ぐ形で、水上居民というとてつもなく巨大な一個の集団が存在しているかのごとく想像させる。水上居民たち自身も、その周囲の人々も、日常生活では遠く離れた他地域や他省に、自らと似たような人々が存在することなど、まったく意識する機会がないにもかかわらず、である。これは、ベネディクト・アンダーソンが「想像の共同体」と表現したものとまったく同じ構造をもつものであり［アンダーソン　一九八七（一九八三）］、その共同体の存在を想像するのは、水上居民たち自身や彼らが地域社会で出会う他者ではなく、自らこそが中国全体の状況を俯瞰できる（と信じている）見る者たちのほうであることは明らかである。

これこそが、民族識別工作の結果、水上居民をめぐって「（広東をはじめとする地域の）疍民は内部の関係が疎遠であり、互いの間にほとんど往来をもたない。（疍民たちは）民族としてのアイデンティティと民族としてのわれわれ意識がかなり薄く、自らの民族身分を認定してほしいとの明らかな要求が見られなかった」［施朱聯　一九九四：二九二］との見解が示されたことの理由といえよう。民族識別工作に関わる研究者が想定する、広東・広西・福建といった広範な地域団に跨る水上居民という巨大な「民族」は、各地の水上居民の日常生活とはまったく関わりのないところで、一つの上位概念として存在しているのだから。したがって、これは水上居民による「自分は少数民族などではない、漢族なのだ」との抵抗であるというより、「そんなに遠くに暮らす人たちと自分たちとは同じ民族なのか？ 会ったこともない人のことなど、知らない」という、水上居民たちの率直な驚きを反映したものと理解できる。

見る者による名づけのもう一つの特徴とは、②水上居民の社会を研究しようと試みる者を除けば、基本的に、水上居民の姿を描き出すことを目的としていないということである。その名づけは往々にして、「華／夷」・「化内／化外」・「漢族／非漢族」・「真の漢族／非漢族に由来をもつ兄弟民族」・「真の漢族／漢族性を欠いた人々」・「良民／賤民」といった二項対立的な構図のうち、上側に属するもの、すなわち、より正の側に属する人々の正統性や優位性といったものを強調する作業と分かち難く結びついたものである。たとえば、自分たちは漢文化を受容しており、中華の内部にいるものと主張する人々の正統性を際立たせるために、水上居民を野蛮で劣った存在と見なす、あるいは、自分たちは来歴を示す族譜を有し、宗族組織という秩序の内部にありつづけてきたと主張する人々の正統性を確保するために、水上居民を来歴不明の、宗族組織から排除された存在と見なすというように。

つまり、見る者によってなされる名づけの行為は、ある人々が属す集団の境界を際立たせるために、水上居民をその境界の外側へと追いやろうとする力と不可分な関係にある。これが、多くの研究者によって指摘される、「水上居民は常に社会の周縁へと位置づけられてきた」ということの正体である。地元の知識人は、意識的（あるいは無意識的）にこうした目的を隠匿し、地方史の知識や、その意味を解釈した結果を文章として発表する研究者の論考といったものの知識を参照しながら、それらを地域社会に放出し、再生産していくことになる。そして、地元の知識人たちが参照する地方史をはじめとする歴史書もまた、華夷之辨というういわゆる伝統的な秩序の体系に基づいて書かれており、それ自体が中華あるいは漢文化といった領域や漢族という集団の境界を明確化するために、それ以外の者を夷狄と見なすような構造に貫かれたものである。すなわち、水上居民に対してなされる名づけのうち、見る者による名づけとは、こうした幾重にも重なった見る者たちによって形作られるものであるといえる。

見る者による名づけが、ある人々が属する集団内部の正統性や優位性、あるいはある集団の境界を際立たせるために、水上居民を境界の外部へ追いやろうとする思考に支えられたものであるならば、そこで描かれる水上居民像は常に、別の集団が望ましいと考えるような集団のあり方とは正反対のものとして姿を現すはずである。歴史書に登場する水上居民の姿が、きわめて荒唐無稽なものであったり、断片的かつ表面的なものであったりすることにも、そのことが表れている。つまり、歴史書のなかでは水上居民が野蛮な夷狄であることが伝わりさえすればよいのであり、彼らがいかなる人々で、いかなる生活を送っているのかを理解し、それを具体的に描写することなど、意味をもたないのである。

2　歩く者の名づけ

見る者の名づけに対して、地域社会のなかで日常的に水上居民と接し、時には対立したり、侮蔑したりしながら暮らす農民や市街地の人々、一般的な漁民たち、すなわち歩く者にとって、彼らが想像する水上居民像とは、より具体的で細部にわたるまで実際の姿を反映したものとなるだろう。それは、歩く者が水上居民に対して発する名づけが、水上居民たちと実際に境界を接し合いながら暮らすという対面的な関係において、自らと水上居民との間にあるさまざまな差異を身近で観察しながら、どれが自らと彼らを隔てるにふさわしい差異なのかをその場その場で、細かく判断した結果として生まれるものだからである。その意味で、歩く者の名づけがいくら、船上生活という非常に目につきやすい特徴だけを反映したもので、歴史書に描かれた特徴とほぼ同様のものであるとしても、そこに込められる意味というのは、両者の間でまったく異なるはずである。

当然ながら、地方文人や地元の知識人の仲介によって、歴史書のなかの知識が水上居民の内部や彼らを取り巻く人々に浸透し、そこで再生産されてゆくという事態もあるだろう。しかし、そうであるとしても、見る者と歩く者とでは、その理解の拠り所となるものが性格を異にしているということに気を配る必要がある。この意味で、社会的・経済的・文化的に支配的な立場を占めるマジョリティであり、文脈によっては、社会に支配的な世界観や価値観を代表するかのような見る者の側に立つことが多いはずの農民や市街地の人々、一般的な漁民たちも、水上居民の名づけをめぐる関係性のなかでは、水上居民と同様に、歩く者の一部であるということが了解されるだろう。

(4) 「水上居民＝能動的な名づけ・名乗りをせぬ人々」という偏見を越えて

ここで改めて、広東社会や福建省内の各地の水上居民が多くの場合、非漢族あるいは漢族性を著しく欠いた人々として描かれるのに対して、九龍江河口に暮らす連家船漁民についてはそうした印象が見出しにくいという状況へと目を向けてみることにしよう。その違いがどこから来るものかは、もはや瞭然としている。それは、地域の差に由来するものではなく、見る者による名づけと、歩く者の名づけのどちらに重きを置いて水上居民を捉えようとするのかという研究者の視点の差に起因するものである。

見る者の視点に貫かれた水上居民像とは、見る者にとってさほど重要とは思われない些末な事象を排除したり、無視したり、歪曲したりすることによって構築される、きわめて単純化された構図のもとに描かれることが多い。こうして構築された非漢族、漢族の兄弟民族、漢族性を欠いた（サブ・）エスニック・グループ、賤民といった水上居民の姿は非常にわかりやすい反面、それを検証することには著しく困難をともなうような事象に彩られている。水上居民が非漢族であるかどうかを判断する根拠が歴史書の知識に求められるとしても、その知識もまた、水上居民を非漢族に仕立て上げようとする構図のもとに作られたものであるし、そもそも、ある集団の起源をたどるという作業自体、どこまでも無限につづけることが可能なものである以上、その議論は堂々巡りの結果を生むことにしかならないだろう。あるいは、水上居民が非漢族的であるという根拠を彼らの文化的・民俗的事象に求めるとしても、多くの研究者がそうしてきたように、水上居民の民俗が漢族のそれとほとんど似通ったものであることに気づきながら、それを黙殺して、非漢族的であると片づけてしまうことも可能なのである。こうした水上居民像は、検証が困難で、それが正しいのか否かを考えることすら停止させてしまうような性格の事象を組み立てることで作られており、だからこそ、それを人々に信じさせる上で大きな力をもつ。この意味で、「水上居民＝非漢族、漢族の兄弟民族、漢族性を欠いた（サブ・）エスニック・グループ、賤民」という水上居民像は、長い時間をかけてさまざまな立場の見る者によって作られ、維持されてきたイデオロギーともいうべき性格を具えている。

水上居民の社会を描きたいと望む者がもし、見る者の名づけと、それに対して発せられる水上居民の名乗りだけに注目するのだとしたら、この得体の知れないイデオロギーのなかに、自身が絡めとられてしまうことになるだろう。なぜなら、見る者の視点によって描き出された水上居民像が、あくまでも水上居民ではない何か別の集団を際立たせるために負の意味を付与されることで成り立つものである以上、それに呼応して水上居民の側から発せられる名乗りとは、きわめて受動的なものとならざるを得ない。たとえば、非漢族などと指差されてはじめて、「自分は漢族である、中華の内側にある、中国人である」と名乗りを上げ、賤民だと侮蔑されてはじめて、「自分は良民である」と名乗りを発するというように。すなわち、見る者の名づけに反応した結果として、水上居民が認識することになる水上居民像自体が、ひどく受動的なものとなる可能性をもっている。

一方で、研究者がもしも、地域社会のなかで普通に生活していても耳に入ってくるような、歩く者によってなされる名づけと名乗りへと視点を移すならば、そこには、農民や市街地の人々、一般的な漁民といった具体的で個々の顔をもった人々と水上居民との間に、相互に現れる名づけと名乗りの姿を捉えることができるはずである。ここでは、水上居民でない人々が想像する水上居民像も、水上居民自身が想像する水上居民像も、そして、水上居民たちが想像する他の人々の像も、そのなかに多くのズレをともないながら、同じレベルのものとして存在していることが確認できるだろう。どれも、自己と他者をどう位置づけるのか、というとても能動的な名づけと名乗りの形から作り上げられる集団像だからである。

地域社会で社会的・経済的・文化的マイノリティでありつづけてきた水上居民が、マジョリティによって常に社会の周縁へと追いやられてきたことは認めよう。しかし、それは、水上居民が能動的な名づけや名乗りをしない人々であるということと同義であるわけではない。私たちが、歩く者の織りなす日常の世界へと視点を移すならば、そこには、自分たちなりの方法で周囲の人々を名づけ、自分たちを名乗ろうとする水上居民の姿が自ずと見えてくるはずなのである。各地の地域社会において、水上居民に対してなされる見る者の名づけと、歩く者の名づけのどちらが、より重要性をもっているのかについて、私はその判断を下す立場にない。当然ながら、研究者の興味関心によって、どちらを重視するかを決めることについても異存はない。ただし、見る者と歩く者という二つのレベルの名づけを区別せぬまま、地域社会のなかから、ただやみくもに、「水上居民は非漢族である」、「水上居民は漢族性を欠いた人々とされてきた」という目立つ語りのほうだけを抽出し、それに対抗するような水上居民の名乗りだけに目を向けるのだとしたら、そこで描かれる水上居民像はひどく偏ったものとなる可能性を秘めている。

九龍江河口で連家船漁民に対してなされる、白水仔・白水婆、水鴨仔、船底人・船底婆仔、曲蹄仔といった名づけと、彼らが発する討海人・掠魚人という、とても単純で具体的な特徴に彩られた名乗りに耳を傾けることは、ひどく受動的な存在であるかに見える連家船漁民にも、ほかの歩く者たちと同様、自分たちなりの方法で自己と他者とを意味づけるような能動的な一面があるのだというごく自然なことに、私たちの思いを至らせてくれるものにほかならない。少なくとも私にとっては、地域社会のなかで多くのズレを含みながら、さまざまな人々によってくり返される能動的な名づけと名乗りの行為のほうが、リアリティをもつものとして迫ってくるのである。

註

(1) 野上英一の論考をまとめた『福州攷』には「蜑族」という節があり、そこには民国一八（一九二九）年の時点で水上公安局が出した数字を表にしたものが掲載されている。表では、閩江の下流域に位置する一八の場所に船を停泊させる水上居民の戸数と男女別の人口が細かく算出されており［野上　一九三七：七三］、ここでは、表中の数字を単純に合計したものを載せることとした。なお、移動を基礎とする水上居民の数を把握することはいつの時代も困難を極めるため、実際の人口にはこの表とのズレがあったと見るべきだろう。いずれにせよ、この人口は、福建省内では最も多くの水上居民が閩江河口に暮らしていたということを示している。

(2) 福州東瀛学校とは、台湾総督府が福州に滞在していた台湾籍の商人たちの子弟に対して教育を施すために設立された学校である。前身は明治四一（＝光緒三四＝一九〇八）年に設立された東瀛学堂であった。当初、東瀛学堂は各地にあった東文学堂のような清国人向けの日本語学校、すなわち日本人教師が中心となって主として日本語を教授し、付随的に近代諸科学を中心とした普通学を教授するという学校に準ずるものとして計画された。しかし、最終的には台湾に設けられていた「修身・国語・作文・読書・習字・算術・唱歌・体操」を必修とし、日本の「国語」と「国民性」の教育に主眼を置く公学校に準ずる形の学校として設立されることになったという。これを受けて、福州東瀛学校には、台北の公学校から日本人の校長と教師が派遣され、教育が開始されることになった［蔡蕙光　二〇一二：一四一―一三三］。

(3) 野上英一は、大正六（＝民国六＝一九一七）年から昭和四（＝民国一八＝一九二九）年までの一二年間にわたり、福州東瀛学校に赴任した。その間に収集した資料や実地調査に基づいて記された論考を、臺灣總督府熱帶産業調査會がまとめて出版したのが、『福州攷』である［野上　一九三七］。

(4) いずれの説も、水上居民を漢族であるところの閩人とはまったく別個の集団として想定するものである。この点では、閩江の水上居民を漢族とは別の蒙古種族と見なす『福建省事情』の記述や［外務省通商局編　一九二一：一〇三］、「蜑族」という一民族と見なす野上も［野上　一九三七：七〇―七二］、同様の視点をもっていた。

(5) 沈驥の特徴は、蜑戸や畲族について、自らが属す漢族と平等の権利を勝ち取る力をもたぬ「弱小民族」と捉える点であり、論文では、これらの民族の「開化」をいかに進めるべきかといった提言もなされている。たとえば、(1)近代科学への接触の機会が皆無な蜑戸と畲族のために学校を設立し、化外の民という立場から脱却させること、(2)技術をもたぬ彼らのために特別な工場を建設して労働を促し、生活を改善させること、(3)彼らの特殊な民俗を理解するために博物館を設け、不当な差別をなくすこと、(4)蜑戸・畲族と漢族の結婚を促進し、民族間の蔑視を消失するといった方法をとおして、蜑戸や畲族の地位向上を図るという対策が示されている［沈驥　一九三三：八］。

(6)「蜑民とは福建・広東・広西の三省に共通する特殊民族である」と述べる呉高梓や［呉高梓　一九三〇：一四二］、「福建の疍民はおそらく水上の道を通って来たのである。水上の道とは、広東の潮州や汕頭一帯から厦門、閩江へ至ったというのが妥当な見方だろう」とする陳序経の指摘［陳序経　一九四六：五一］も、それをよく表している。

(7)このことは、水上居民社会が生業・生活のさまざまな面で陸上社会に依存すること、同じ船に住まう人数が限られ大人数の集団労働形態をもたぬことが原因で、水上居民だけで一つの民族や大規模な氏族集団を発展させることは不可能だったとの見方を導くことにもつながっている［陳碧笙　一九五四：一二〇―一二三］。

(8)たとえば、一九八〇年代に編纂された『福建漁業史』では、福建の漁民の大多数を占めるのは漢族であるとしながら、このほかに畲民・疍戸・回族・高山族・満族といった少数民族の一部も漁民社会を構成する要素となってきたとの見方が示される。このうち、福州近辺の疍戸は蒙古族に起源をもつもので、長らく朝廷によって漢族との婚姻を禁じられてきたと説明されており［福建省水産学会『福建漁業史』編委会編　一九八八：四三六―四三七］、そこには水上居民を漢族と別個の少数民族と捉える見方、すなわち中華民国期の研究に支配的だった視点が踏襲されている。

(9)九龍江沿岸部の農村には、農閑期に河に杭を立てて定置網を仕掛け、魚を捕る農民たちもいた。これに対し、虎網漁船がおこなったのは、常に船で河や海を移動し、潮の流れを見ながら移動した先で船を固定し、そこに網を張るというもので、両者は根本的に異なる性格を有している。

(10)表1―2は、Sm漁業社区の前身であったSm漁業村で幹部を務めた経験をもつ張石成がまとめた資料集、『連家船』の記述［張石成　二〇〇九ａ：二四―三四］を参照しながら、一九二六年（＝民国一五年）当時、一〇に及ぶ漁船幇に、どのくらいの数の船が所属していたのかをまとめたものである。移動を生活の基礎とする連家船漁民と船の数を、国家や地方が把握することには、いつの時代も困難がともなう。資料集『連家船』の記載も、船の数については微妙な揺れが見られ、ここに示す統計も不完全なものといわざるを得ないが、当時の概況を知る手がかりにはなるはずである。

(11)「海覇」とは、連家船漁民の言葉によれば「われわれから魚や儲けを搾取する、まるで海賊のような者」であったという。

(12)『即将逝去的船影――九龍江上「吉普賽人」史迹』の出版には、私も関わっており、作者の一人に加えてもらうという経過をたどることになった。二〇〇七年からSm漁業社区を中心にフィールドワークを開始した私が党支部書記からはじめて紹介してもらったのが、張石成だった。私のフィールドワークが短期間で終わるものと考えていたであろう張石成は、当初、口頭で私に連家船漁民の歴史を教えてくれようとしていた。しかし、連家船漁民のことは愚か、九龍江沿岸部の地理的概況についてもまったく知識をもたず、彼の話す独特な標準中国語もなかなか聞き取ることのできなかった私は、彼の話のほとんどを理解できずにいた。双方ともに連家船漁民の壮大な歴史について話すことをあきらめ、張石成の家族と会って他愛もない話をしたり、彼に連れられて社区内の廟宇に行き、皆の行動を見たりしながら、ゆっくりとフィールドワークを進めてゆきたいという私の願いを理解してくれた張石成は、しばらくすると私にある依頼をしてきた。それは、自身が手書きで書き進めているという連家船漁民の歴史や民俗について記した資料集の原稿を、活字にしてほしいというものだった。私は何日か逡巡した後でそれを引き受け、自らパソコンで文字を打ち込んだり、印刷店の手を借りたりしながら、長い月日をかけてそれを完成させることになった。そうして、出版社を介さずに私家版の資料集として出したのが『連家船』であった。この時に、せっかくだからと私がフィールドワークのなかで撮りためていた写真や、作成した図表も使うということになった。

この作業中に、張石成を介して知り合ったのが、漳州市内に住む張亜清であった。彼は、張石成と二人で連家船漁民のかつての暮らしを記述し、正式な本として出版したいと考えていた。そこで、文章については二人が担当し、現代の暮らしを撮影した写真については私のものを用い、過去の写真の修正やレイアウトは私が担当するという役割分担のもと、出版作業が進められた。最後に、連家船漁民との出会いについて記した私のエッセイまで載せてくれるということになり、『即将逝去的船影——九龍江上「吉普賽人」史迹』が出版されたのである。この作業によって、私は連家船漁民についてより多くの知識を得ることができ、それは同時進行で進められていたフィールドワークでの参与観察や聞き取りによって得られる断片的な知識をつなぎあわせる上で、本当に大きな役割を果たしてくれることになった。さまざまな成り行きが重なってこうした運びとなったのだが、私を引き込んでくれた張亜清、張石成の両氏に、ここで改めて感謝の意を表したい。

(13) 参照されるのは、以下のような文章である。(1)「福州の閩江や九龍江一帯で発見された夏王朝（紀元前二二〇五～前一七六六年）以前の釣竿や漁網といった遺物から、その頃に人々はすでに紡錘車と動物の骨でできた針を用いて漁網を編み、漁撈に従事していたことがわかる」[福建省水産学会『福建漁業史』編委会編　一九八八：二]。(2)「古来、福建は少数民族が多く暮らす地域であった。原始社会から封建社会の初期にかけて、福建の土地で生活していたのは古代越族のなかでも主要な一派、東越族であった。彼らは農耕と漁撈、採集に従事しながら生活しており、その大多数は福建のなかでも河川に近い丘陵地であった。最も多くの人々が暮らしたのは、閩江・九龍江・汀江（＝福建省西部を流れる省内で三番目に長い河。龍岩市長汀県の山に源流をもつ）といった地域であった」[福建省水産学会『福建漁業史』編委会編　一九八八：四三二]。

(14) 参照されるのは、次のような記述である。(1)「越族は有史以前には中原の華夏族であった。有史以前、黄色人種のモンゴロイドの一派は相次いでアジアの北から南下し、インドシナ半島、マレー半島を経て南洋諸島へと至った。彼らの多くは海の近くに暮らしたために『海洋モンゴロイド』と呼ばれる。海洋モンゴロイドは次第に南へと南下をつづけたが、その途中で一所にとどまりそこに暮らす者も現れた。そのうち、中国にとどまった者の一部が越族である。越族は船を操り水上で戦うことに長けていた」[林惠祥 一九八一（一九四七）二九〇―二九一]。(2)「越族は漢代以前、福建全域を占めていたが、漢代以降になるとその一部が江淮地方へと至り、残った者が漢族と同化し、漢族に吸収されてその民族名を失った」[林惠祥 一九八一（一九四七）：二九三]。

(15) 両足の膝が外側に湾曲する、すなわち極度のO脚になるという状態は、現在でも五〇代以上の連家船漁民によく見られることである。この世代の連家船漁民は、成長期を船のなかで過ごした者がほとんどであり、それより下の世代になると湾曲した膝をもつ人はさほど多くはない。このことは、こうした身体的特徴が遺伝として現れるものなどではなく、長年の船上生活の産物であることを物語っている。

(16) こうした身体的特徴を指標とした名づけというのは、私が厦門大学留学中に知り合った厦門市の市街地や、泉州市の農村部の人たちによってまことしやかに語られる、「曲蹄仔というのは、船に住む人々で、脚の指が六本ある民族であるらしい」とか、「曲蹄仔というのは、脚の指に骨がなくてふにゃふにゃした人々であるらしい」といった話に通ずるものがある。

(17) 人によっては、生業を特定しない形で「連家船民」という言葉を使う場合もある［福建省水産学会『福建漁業史』編委会編 一九八八：四三五、海迪 二〇一〇：三など］。

第二章　土地と家屋獲得の歴史——集団化政策と陸上定居を経て

プロローグ

二〇一〇年の冬。私は、漁を休んで自宅へ戻っていた義理の父・張アーグンと、居間でテレビを観ていた。すると、アーグンが「美代子が怖がると思って、今まで話したことはなかった」と前置きし、静かに話しはじめた。「俺は昔、若い女に手を出したといって、罪人にされたことがある。俺を訴えた女は、まだ一三歳だった。俺がいたずらなんかするわけない。はめられたんだ。だが、そのせいで、看守所[1]に入れられた。『労改[2]』にも行かされた。文革が終わり、俺をはめた女に会いに行った。女は、『ごめんなさい。大人たちに、アーグンにやられたと言えと脅されて、嘘をついた』と泣いていた。俺を調査して有罪だと断じた、昔の鎮長[3]も訪ねた。俺のことを『平反[4]』してくれないかと何度も頼んだが、取り合ってはくれなかった。お前の兄ちゃんは、高校の成績もよかった。でも、高校は俺が罪人だったことを調べ上げ、あの子は大学受験さえできなかった。お前の母さんは、俺のせいで苦労しっぱなしだと言いつづけた。母さんは今も、俺のことを恨んでいる……」。

後に、アーグンはたびたびこの話に触れるようになり、人民公社時代の一九七五年頃に彼を陥れたのは、当時、アーグンと同じLh漁業生産隊に所属していた連家船漁民、阮姓グループの面々だったことがわかった。彼らと、アーグンの属する張姓漁民は事あるごとに対立しており、アーグンはこの冤罪事件を、派閥間争いに巻き込まれたものと理解していた。

この話を聞く前、私はここ一〇〇年あまりの間に連家船漁民が経験した歴史について、資料を読んで理解していたはずだった。そして、この時期を彼らがどのように過ごしてきたのか、個々人の具体的な経験について話を聞いてきたはずだった。ところが、いざ研究となると、生身の人々が私のなかですっかり影を潜め、無意識のうちに均質的な「連家船漁民」という一つの集団を想像していたのではないか。眼前にあるのは、一人一人によって生きられた歴史であるというしごく当然のことを、アーグンの話は思い知らせてくれたのだ。

また、この話は次のようなことも教えてくれた。連家船漁民を取り囲む社会の変化の様相は、これまで多くの研究が強調してきたように、いくつかの重要な政策の転換期に分けて考えることができる。だが、ただその時系列的な並びを眺めて、彼らの生活はこう変わったなどと片づけることはできるはずもない。アーグンやその妻が人民公社時代に生まれた恨みや怒りを、心の奥底では現在まで引きずりながら暮らしていることからもわかるように、一人一人の連家船漁民にとっての時間というのは、それがまっすぐであれ曲がりくねったものであれ、一続きのものとして横たわっているのだ。

家族で船に住まい、九龍江河口を移動しながら漁や漁獲物の運搬に従事してきた連家船漁民。一九四九年の中華人民共和国成立以降、彼らも各地の水上居民と同様、集団化の道を歩むことになった。それは全体として見れば、各地に分散していた連家船漁民が規模の大きな組織に組み込まれることで、現在のSm漁業社区へとつながるおよその形が完成してゆく過程でもあった。また、個々人へと目を向ければ、その後の改革開放とあわせて、土地・家屋の獲得や、陸上・水上における職業の自由選択をもたらすなど、生産や生活のさまざまな局面において、それまでのいわゆる「伝統的な」連家船漁民とは本質的に異なる変化を経験した時期でもある。

本章では、約一〇〇年の間に実に目まぐるしい変化を経験した中国社会にあって、連家船漁民の具体的な暮らしがいかに作られてきたのか、彼らの語りを積み重ねながら理解することを目指す。ここでの関心は、①それぞれの時期に、連家船漁民と、彼らを取り巻く周囲の人々との関係がいかなるものとして立ち現れていたのか、②国共内戦への参加、集団化政策、「陸上定居」政策、改革開放に代表される政策の転換がいかなる意味をもってきたのかを、国家の側の論理とは別に、基層社会にある連家船漁民の側から検討することにある。

第一節　中国社会の変化を捉える視座

(1)　中国の村落研究――基層社会の重視と発展段階論的思考の超越

大きな変化を経験した現代中国における村落社会や、そこに生きる村人たちの経験を、これまでの研究はどのように扱ってきただろうか。歴史学者のポール・コーエンは、従来のアメリカにおける中国近現代史研究に対する反省を込めて、オリエンタリズム的思考を乗り越え、中国社会を複層的に捉えるためには、①社会の変化を中国の内側から捉える「内発的変化の重視」、②中国という大きな国を小規模な地域単位に分けて捉える「地域や地方の重視」、③社会を従来のように上からではなく、下から捉えようとする「基層社会の重視」が不可欠であると指摘する［コーエン　一九八八（一九八四）］。

コーエンの示すこのような姿勢は、歴史学のみならず、社会学者による中国農村研究、さらに文化人類学者による民族誌の手法にも受け継がれてきた。本章が扱う時期に関連するものでは、コーエンの批判と同時期に著された『チェン村』［チャンら　一九八九（一九八四）］がよい例として挙げられる。この本は、華南の農村（＝通称チェン村）から香港に移住した村人へのインタビューをとおして、チェン村が一九六〇～八〇年代の激動期に経験した政治・社会・経済的秩序の変動や、そのなかで現れた利害をめぐる派閥間の対立などを生き生きと描くことに成功している。

陳姓の単一宗族から成るチェン村において、一九五〇年の土地改革以降、次々と展開される政治運動は、古くから存在していた宗族の分節内の結束力や、それを後ろ盾として村内の支配層が独占してきた権力を徹底的に打ち崩すべく進められた。階級闘争も、地主・富農といった「階級の悪い者」や、社会秩序を乱す行動をとる者であれば、たとえそれが近親者であっても徹底した批判を断行するという形でおこなわれた。村人たちは集団所有となった土地で集団労働に従事するようになった。こうして、実に短期間のうちに村内の地主／小作関係は解消され、宗族の分節ごとの伝統的な結束力も消失したという［チャンら　一九八九（一九八四）］。

しかし、それも長くはつづかなかった。毛沢東の死からわずか六年後の一九八二年には、すでに耕地は私的な土地所有へと戻り、労働力の私的雇用、消費優先の風潮、私的な商売といった生活スタイルや行為が農民たちにとってごく普通のことだった。たとえば、最貧層出身の大隊幹部で、政治運動が盛んだった時期には権力乱用と個人的利益の追求を理由に失脚した者でさえ、一九八〇年代には党支部書記になっていた。幹部に返り咲いた者はもはや公然と、自らの属する宗族の分節内の親族や友人、取り巻きたちの利益になるようなやり方ですべての事柄を進め、その見返りに自らへの追従を確保しようとしており、それについて何らの戸惑いも見せていないかのようだったという［チャンら　一九八九（一九八四）：三三七―三四三］。つまり、中華人民共和国成立後三〇年ほどの間に全国で展開された大規模な政治運動は、支配層の入れ替わりという事態こそ生み出しはしたものの、伝統的な村落のシステムを本質的に変えるまでには至らなかったということになる。

やがて一九八〇年代後半に入ると、中国国内でのインテンシヴな現地調査を基礎にした村落研究が現れるようになった。この時期、日本の社会学界では、一九四〇～四三年に華北の五つの農村を対象として実施された『中国農村慣行調査』［中国農村慣行調査刊行会　一九五五］で報告された内容を再検討する形で華北農村における現地調査をおこない、解放前の農村社会と社会主義革命を経た後の社会とでは何が変わり、何が変わらなかったのかを問う研究が出された。

路遙・佐々木衞らは、村落組織・親族組織・武術集団・民間宗教集団など、従来の社会学で社会の凝集力を生み出すものとして検討されてきた組織に注目している。彼らの指摘によれば、社会主義革命後も、これらは依然として村落内部の社会的結合を維持するための重要な役割を担っているという［路遙・佐々木ら　一九九〇］。

さらに、三谷孝らによる一連の共同研究は、複数の姓が混在する雑姓村が大多数を占める華北農村における地縁的紐帯に焦点を当てている。たとえば、中華民国期以前には村内に必ず一つは存在した廟宇が、村落内の社会的統合のシンボルとして機能していた。廟宇は中華人民共和国の成立から文化大革命時までにくり返された迷信打破運動で次々と破壊され、廟会と呼ばれる廟宇での活動も姿を消していった。しかし、改革開放によりさまざまな面で農民たちを締めつけていた統制が緩和されると、廟宇は村人たちによって自発的に再建され、廟会も盛大におこなわれるようになったという［三谷編　一九九三、三谷ら　二〇〇〇］。

三谷の関心は、「碗社」と呼ばれる村内の相互扶助組織にも注がれる。碗社とはそもそも、村内の冠婚葬祭に必要な食器を共同購入し、村人に貸し出す役割をもっていた。しかし、他方では金銭が必要な社の成員に対して社から低金利で貸し付けをおこなうという農村金融的機能をも担っていた。集団化政策期において、碗社の経営は生産大隊へと移管されたが、その後も依然として相互扶助の機能を維持したという［三谷　二〇〇〇］。

二〇〇〇年代に入ると、「社会主義市場経済」という、一見対立するかに思われる制度を組み合わせ、現代化を図る改革開放以降の中国社会で、人々が政策や政治運動にいかに対応し、主体的に生きているかを探る文化人類学者の研究が出されている［小長谷ら編　二〇一〇］。たとえば、川口幸大は、政府が許可制度の下で条件つきの「信仰の自由」を認めはじめた一九七〇年代以降、どこの農村でも見られるようになった小規模な廟宇の再建と儀礼の復興とに注目し、そこに働く政策の力学について分析している。川口によれば、廟宇再建後の人々は、信仰に関わる行為を目立たぬものに抑え、敢えて政府による公認を得ようとしない態度を貫いている。そして、このことが逆に彼らの宗教的活動を共産党による介入の埒外にとどめ、伝統的な村落で見られたのと同様の比較的自由な活動が可能になっているのだという［川口　二〇一〇］。

ここに挙げた一九八〇年代以降の中国村落研究に共通するのは、以下の点である。すなわち、①インテンシヴな現地調査や聞き取り調査を重視し、基層社会の側から現代中国の歴史を浮き彫りにする意図をもつこと。次に、②社会に起こったさまざまな変化を、「伝統から近代へ」の単方向的な発展の結果とは見なさず、近代性のなかに伝統の持続や伝統の再生といった方向性を見出すような視点をもつこと、である。まさに、こうした態度こそが中国の村落社会、ひいては中国社会全体を複層的に捉えることを可能にしており、本章もこうした姿勢を受け継ぐものとしたい。

ただし、従来の中国村落研究には、大きな弱点があるといってよい。それは、農村だけに焦点を当てるもの、農村と都市の関係に注目するもの［南　一九九九、天児・菱田ら編　二〇〇〇など］については大きな蓄積があるのに対し、漁村や水上に暮らしてきた水上居民の社会を扱ったものはほとんど見当たらないという圧倒的な偏りを見せていることである。当然ながら、漁村の人々や船に住まう人々にも、農村と同じような政策の転換期が訪れ、彼らもまたこの変化の時代を生きてきたことに変わりはない。

したがって、本章では第一の目的として、中国農村研究で培われてきた先述のような方法を用いながら、中華人民共和国成立前後から現在に至る社会の変化期において、連家船漁民の暮らしぶりがいかに変化してきたのかを問いながら、これまでほとんど注目されてこなかった水上居民の社会の現代化の過程を照射することを目指す。

(2)　水上居民社会の研究――陸上居民との関係性と各専業集団への集団化

中華民国末から中華人民共和国成立を経て、現在に至るまでの時期の水上居民社会を扱った研究は、少数ながら存在する。ここでは、江南の太湖流域で船上生活をつづけてきた漁民たちに関する太田出の研究と、広東の珠江デルタで水上人と呼ばれてきた人々に関する長沼さやかの研究について取り上げよう。

太田は、民国期に保長辧公処が戸籍を管理する際に用いた「郷鎮戸口調査表」から、当時の保甲制度のなかで漁民たちがどのように扱われていたかを分析している。そこからは、伝統的に、魚を売買する魚行を除いて、陸上の鎮民と水上の漁民の間では社会関係がほとんど共有されておらず、両者の間に何がしかの「共同性」が構築されることはなかったことがわかるという［太田　二〇〇七a］。

つづく論文のなかで太田は、一九六〇年代後半から一九七〇年代はじめにかけて太湖流域の各地で進められた「連家漁船社会主義改造」（＝通称「漁改」）に触れている。太田によれば、そもそも、太湖流域では、波浪の影響を受けやすい太湖のなかで船上生活をしながら漁に従事する漁民と、波浪の影響をほとんど受けずに、湖・漾・蕩・湾と呼ばれる太湖の内水面を小船で流動しながら漁に従事する漁民という二種類の専業漁民がいた。さらに、どちらの場合も、その内部には山東・湖北・湖南・四川省など太湖から遠く離れた地域や、江蘇省北部・上海市・浙江省など太湖流域といった出身地を異にする漁民を含んでおり、方言や民俗的慣習を同じくする漁民同士がそれぞれ社会集団を形成していた［太田　二〇〇八］。

しかし、漁民たちは、連家漁船社会主義改造のなかで、きわめて大きく重要な変化を経験することになった。第一の変化は、陸地に家屋が造られ、漁民に分配されたことで漁民の本格的な陸地定住が進み、移動を基礎としながら太湖や内水面で漁撈に従事する生活が終わりを告げたことである。第二の変化とは、広域にわたる太湖流域において、漁撈の場所や作業のタイプ、そして出身地を同じくする漁民たちから構成されていた社会集団ごとのつながりを無視し、それらを集合させたり、分断させたりする形できわめて政策的に複数の漁村が作られたことである。これによって、各地の漁民たちは江蘇省・上海市・浙江省に分かれる形で漁村に組み込まれ、太湖流域では実に七九もの漁業村が成立したという［太田　二〇〇八］。

興味深いのは、一連の集団化政策の結果として形作られた新たな漁業村というのは、太湖流域で暮らしてきた漁民たちがそれまでに築いてきた地縁的なつながりをちぐはぐな形で集合・分断するよう働いており、二〇〇〇年代に入ってもその内部に成員たちを統合していくような新たな共同性を築くまでには至っていないということである［太田　二〇〇七b］。

長沼は、中華人民共和国成立後の民族識別工作と集団化政策について、それらは蛋家・水上人と呼ばれて周辺の陸上漢族から非漢族と見なされてきた水辺の人々が、他者と均質な性格をもつ国民へと変化してゆく国民化の過程において、最も重要な政策であったと指摘する。すなわち、民族識別工作において、水上人たちは一様に漢族と認定されるに至った。一方の集団化政策では、それまでの漁業従事者は「漁民」として、水運の従事者は「船民」として集団化されていった。また、この地域では、水辺での農業に携わる流動性の高い農業従事者も、漁業や水運に携わる者たちと同じく水上人と呼ばれていたが、彼らは土地改革によって耕地と宅地を分配され、「農民」として戸籍登録されたという。つまり、集団化政策は、一括りに水上人とされていた人たちを、漁民・船民・農民という各専業に従事する者として識別していったのである。そのなかで、本来土地を必要としない生業に従事していた人々も、流通と換金のシステムをもつ組織に生計を委ねながら、次第に組織の所在地を定住の根拠地としていった［長沼　二〇一〇a：一〇九―一三八］。つまり、国家の側から見れば、移動を基礎とした生活を送っていた人々を、こうしてある特定の土地へと固定させてゆくことも、集団化の目的の一つであったといえるだろう。

太田と長沼の研究は、本章にとって大きな示唆を与えてくれる。重要なのは、①どの時期を対象とするにせよ、水上居民と陸上の人々、あるいは水上居民同士の間に築かれてきた関係性に注意を払う必要がある点。②水上居民の国民化過程は、人々を各種の専業集団として集団化し、組織に依存させることにより最終的には人々を陸上の土地へと固定化したことに留意すべきであるという点の二つである。本章では、これらの指摘を念頭に置きながら、民国期から現在に至るまでの社会変化期において、連家船漁民と周囲の人々との関係性がどのように現われてきたかを検討し、さらに、連家船漁民にとって、集団化政策や定住化政策がどのような意味をもってきたのか、国家の側の論理ではなく、基層社会の側から検討することを第二の目的とする。

第二節　国共内戦期の連家船漁民

(1)　厦門島・鼓浪嶼島解放作戦への参加

一九四九年八月に福州で国民党軍との戦いに勝利を収めた人民解放軍は、厦門や漳州に向けてさらなる南下を開始した。その結果、九月二五日までに九龍江河口に位置する龍渓県と海澄県の全域が解放され、共産党政権下に置かれることとなった［福建省龍海県地方誌編纂委員会　一九九三：七七七―七七九］。その後、一〇月になると、より河口に位置する厦門島・鼓浪嶼島に暮らす人々を解放する、通称「解放厦鼓作戦」が決行されることになった。連家船漁民のなかにも、この作戦に協力する者がいた。連家船漁民には、人民解放軍を複数組に分けて船に乗せ、厦門島と鼓浪嶼島まで運ぶという命が下された。この作戦に際して、九龍江河口の連家船漁民のうち、船体が大きく、海まで出ることのできる虎網漁船に乗る者が主な召集の対象となり、そのなかから、漁船一五七艘、一三～六〇歳までの一二八名の「支前船工」（＝前線支援船員）が選ばれ、一〇月五日の夜、人民解放軍の指揮の下、九龍江河口を出発した。最終的にはそのうち、二四名がこの作戦で犠牲となり、殉死している［張石成　二〇〇九ａ：一二、張亜清、張石成、藤川　二〇〇九：一四二―一五二］。父親がこの作戦に参加したという黄チェンフーの例を見てみよう。

《事例2―1》黄チェンフー（一九四四年生・男性・石美漁船幇出身）

父親の黄チョンホアは、石美漁船幇に所属し、今にも壊れそうな虎網漁船に乗っていた。大型の大隻一艘と小さな辺脚一艘に、父方の祖父と父母、兄と姉二人、自分、妹一人という八人で暮らしていた。金はなかったが、まじめに漁をすれば、家族で食べていけるという毎日だった。父は家族のために、同じ漁船幇の人たちとやっていた「標會仔」（*bio hue a*＝成員で定期的に金を出し合い、順番で一人ずつ貯まった金をもらうという金融上の互助組織）で金を受け取れるようにしてもらい、大隻を新造した。船が届いてから二〇日ほど経っても、父はもったいないからと言って、この新しい船を漁に出そうとはしなかった。

この時に解放軍がやって来たのだ。「『支前船工』を志願してくれる人を探している、連家船漁民の皆に解放軍を船に乗せて運んでもらい、九龍江を下って厦門と鼓浪嶼を解放したい」といって、解放軍は連家船漁民の参加を募っていた。父は、解放軍に託せば、貧しい暮らしから逃れられると信じた。父は石美漁船幇の黄姓の親戚の同世代のなかで一番年上だったので、父が支前工に行くと言えば、イトコたちも行かないわけにはいかなくなり、黄姓から十数人、父が新造したばかりの船を含む二艘の大隻で登録することにした。

この時、祖父も志願したいと申し出たが、すでに七〇歳を超えていたので、参加資格がないと拒まれたらしい。祖父は一人息子の父に、命を落としかねない危険な支前船工の仕事には参加してほしくないと考えていたのだが、父は行くと言い張った。父が船を出して支前工に行くと、残った家族には「安家費」として五〇〇斤（一斤＝〇・五キログラム）の米がもらえた。

結局、父は出て行った次の日、旧暦八月二五日（一〇月六日）に犠牲となって、あっけなく死んだ。骨がどこにあるのかもわからずじまい。ただ、厦門島のすぐそばにある小さな無人島で亡くなったことを知らせる紙切れが来ただけだった。これも本当かどうかはわからない。この時、自分は三歳だった。すぐに、残された家族のために賠償金が払われることになった。金額がいくらだったかは知らないが、現金は漁船一艘と父の命に対して払われた。漁網など他の財産に対しては五〇～六〇担（一担＝五〇キログラム）の米が支払われることになった。

大隻もなくなり、そんなに大量の米を小さな辺脚に積んではおけないので、母はいつも船を泊めていた石美の川岸に住む農家に預かってもらえるよう頼んだという。必要な時に取りに行き、船の上で炊いて食べればいいからだ。すると、父が亡くなってやがて一年が経つという旧暦八月一五日、大潮で九龍江の水位が上がり、農家の倉庫が浸水して、預けてあった米も全部水に浸かってしまった。賠償金代わりにもらった米が、食べられなくなってしまったのだ。

黄チェンフーの父・黄チョンホアがいう「長くつづく貧しさから逃れるためなら、人民解放軍に協力しよう」との理由は、解放作戦に参加した多くの連家船漁民に共通するものだった。共産党の宣伝が、連家船漁民の間でいかに進められたのかは不明であるが、こうした理由は、それまで貧困と重くのしかかる税にあえいでいた連家船漁民を動かす、大きな力になったと考えられる。より重要なのは、ひとたび共産党の考えに賛同する者が現れると、同じ作業をする父系出自集団のなかにあった年齢の序列に従って、年長者が年少者を解放作戦に巻き込んでゆくことがあったという点である。船隊を組んで漁をしたり、共通の祖先や神明を祀ったりする際に働いてきた年齢序列の論理が、解放作戦への参加という政治的決定に際しても働いたのだ。

この通称「解放厦鼓作戦」への参加は、連家船漁民の人々の暮らしを理解する上で欠かすことのできない要素であり、連家船漁民出身の知識人たちがしばしば言及する事柄でもある。それは、解放作戦への参加と多くの「烈士」の犠牲によって、自分たち連家船漁民ははじめて、社会に大きく貢献した革命同志として認められたのだという自負とも大きく関わるためである。

(2)　中華人民共和国成立直後の生活

このような基層社会の力が結集することで、一九四九年一〇月一日、中華人民共和国は誕生した。解放作戦への参加は、連家船漁民の暮らしをどう変えただろうか。再び、黄チェンフーの話に戻ろう。

《事例2―2》黄チェンフー（一九四四年生・男性・石美漁船幇出身／前出）

父が亡くなり、二九歳の母は泣く暇もなく、一家の今後を考えなければならなくなった。母は、父と同じ石美漁船幇の連家船漁民だったが、投網漁をする家庭に生まれた。母は大隻を失ったため、とても漁ができる状態ではなかった。賠償されるはずの米もなくなったので、母は私のすぐ下の妹をよそにやることにした。ただ、母は妹が心配でたまらなかったので、妹を自分の兄のもとへとやることにした。そうすれば、互いの船を横に寄せて、いつでも妹と会うことができるから。

すると今度は、父が出かける前にできた子が生まれることになった！　奇遇にも、父が解放作戦に参加して出かけた鼓浪嶼島の病院で生まれた子どもは、女の子だった。母は、生活が苦しいから、この妹を病院にいた、赤ちゃんを亡くしたばかりの人にあげようと話していた。だが、妹をもらいたがっていた人が、「革命で犠牲になった烈士の子なんだから、やはりお母さんが大切に育ててあげたほうがいい」と言う。母も内心は他人にあげたくはなかったので、この小さな妹を船に連れ帰ることにした。烈士の子女に、といって妹は病院の毛布やら服やらをもらって、船にやって来た。

一一歳だった私の兄は、同じ漁船幇にいた他家の虎網漁船へ行き、漁や船での簡単な作業を手伝いながら、飯だけは食べさせてもらうという生活を送っていたが、ある日、不注意で船から落水して亡くなった。上の姉は、ほかの船に行って食べさせてもらうぐらいなら、いっそのこと結婚しようといって、同じく解放作戦で父親を亡くした石美漁船幇の欧姓の男性のもとへ嫁いでいった。下の姉は、他家の船に呼ばれ、子守の仕事をした。こうして、母親のもとには祖父と自分、一番下の妹という四人が残ることになった。

食べるのに困り果てた母を見て、祖父の兄に当たる人が、母に石美漁船幇の連家船漁民が所有する虎網漁船へ行くよう勧めた。誰も使っていなかったボロの漁船に、一五～一六歳の若者を集めて、母を中心に漁をさせようということになった。船も網もボロボロで、捕れる魚は少なく、生活は苦しかったが、どうにかこうにか暮らしていた。

事例2—2が示すように、中華人民共和国が成立し共産党政権下の世になったからといって、それまでの貧しい生活が一変することはなかった。こうした状況下では、貧窮した家庭の者は同じ漁船幇に所属するほかの漁船に雇ってもらい、生活を営んでいくことが可能となっており、漁船幇内における連家船漁民同士のつながりというのは、さまざまな困難を乗り越える上で重要な役割を担っていたことがわかる。依然としてつづく貧しさからの脱却を、その後の集団化政策に求めた者も多かった。

第三節　連家船漁民の集団化過程

以下では、龍海市の前身であった龍海県が出した『龍海県誌』〔福建省龍海県地方誌編纂委員会　一九九三〕の内容を参照しながら、まず龍渓県・海澄県における集団化が農業従事者を対象としてどのように進められたのかをまとめる。その後、連家船漁民がこの時期をどう暮らしてきたのか、聞き取りによる資料を中心としながら、足りない部分については張石成のまとめた資料集『連家船』〔二〇〇九ａ〕の記述を参照する形で、その具体的な様相を明らかにしていくことにしたい。

(1)　龍渓県・海澄県における集団化政策の流れ

『龍海県誌』によれば、龍渓県・海澄県では、一九五〇年の夏から四つの郷において試験的に土地改革が実施された。

その後、一九五〇年一一月から一九五一年八月までを二期に分け、県内全域で土地改革がおこなわれた。一九五一年一一月の段階では、土地の所有を示す「土地証」の発行作業が完成している。この土地改革の結果、龍渓県では五万三三六五戸、海澄県では三万七三〇一人に土地が与えられ、耕作が可能となった〔福建省龍海県地方誌編纂委員会 一九九三：一〇六〕。

土地改革によって耕作地を手に入れた農民だったが、経済的な基盤が脆弱であったため、資金・家畜・農具・生産技術などの不足につながった。そのため、一九五一年には世帯を最小の単位として、いくつかを組み合わせた「互助組」が作られはじめ、互助組内で共同作業に当たるようになった。また、一九五二年一月になると、龍渓県では互助組を基礎として初級生産合作社が作られることになった。初級生産合作社では、土地や家畜、農具などは私有とされ、土地の所有率によって収入が分配された。さらに一九五四年には、初級生産合作社を基礎に高級生産合作社が作られた。高級生産合作社においては、土地や家畜、農具は合作社の共有となり、土地の所有率によって収入が分配される方式も改められて、労働日数や個人の技術などに応じて収入が決まる労働点数制となった。一九五八年になると、それまで一〇〇～二〇〇世帯から構成されていた生産合作社を合併させ、五〇〇〇～一万世帯から成る人民公社を成立させる動きが現れた。龍渓県・海澄県では合わせて二二の人民公社が設立されている。各人民公社の下位には現在の村に当たる生産大隊が置かれた。人民公社では、生産大隊の労働計画に従った集団労働と収入分配、生活の集団化が進められることになった〔福建省龍海県地方誌編纂委員会 一九九三：一〇七―一〇八〕。

以上は、当時の龍渓県・海澄県において、主に農業従事者を対象にして進められた集団化の過程を示している。ここからは、土地をもたず、船での移動生活を基礎としていた連家船漁民が集団化されていく過程について見てゆくことにしよう。『連家船』と『龍海県誌』の記述をもとに、連家船漁民が中華民国期から現在まで、どのような組織に所属してきたのかをまとめたのが表2―1である。この表を参照しながら、連家船漁民がそれぞれの時期にどのような生活を送っていたのかを、以下にまとめることにする。

(2) 互助組から人民公社へ

1 互助組への編入

中華人民共和国が成立した一九四九年一二月、石美漁船幇の投網漁民は漁民工会と呼ばれる組織を成立させた。一九五〇年一月には洲頭・中港・福河・龍海橋の各漁船幇に所属していた連家船漁民は、洲頭漁船幇の根拠港があった西良郷に、漁州村漁民工会を成立させた。同年の五月になると、それまで同じく石美漁船幇に所属しながら海澄県浮宮水上保の管轄下にあった流動定置網漁民は、海澄県を出て、龍渓県へ編入された。その後、石美漁船幇の流動定置網漁民は石美大網村を、投網漁民は石美小網村を作った［福建省龍海県地方誌編纂委員会 一九九三：二一四、張石成 二〇〇九a：二五、六四］。

一九五一年一二月、石美漁船幇の連家船漁民は、龍渓県万榕郷人民政府を自ら組織し、翌一九五二年の一月には二つの互助組を作ることになった。一方の漁州村漁民工会は、流伝・渓墘の各漁船幇に所属する連家船漁民と合併して、Sm水上郷人民政府を組織した。この年、海澄県では、ほかに陸上に家屋をもつ漁民によって、二つの互助組が作られている。こうして、一九五二～五四年までの間に龍渓県では四〇の漁民互助組が組織され、そこに三九〇世帯が組み込まれた。実に当時の漁民の八五％を占める数である。海澄県では六四の漁民互助組が組織され、そこには漁民の六五％を占める五二五世帯が参加したという。互助組では、連家船漁民の船や網、そのほかの漁具などはすべて私有によるものとされた。その一方で、収入は各人の労働に応じて分配された［福建省龍海県地方誌編纂委員会 一九九三：二一四、張石成 二〇〇九a：六四―六五］。

<table>
<tr><th>1955年</th><th>1956年</th><th>1958年</th><th>1960年</th><th>1977年</th><th>～2003年</th><th>現在</th></tr>
<tr><td>石美海光漁業
第一初級社</td><td rowspan="2">石美
海光
漁業高級社</td><td rowspan="15">Sm 漁業
生産合作社</td><td colspan="2" rowspan="7">Sm 人民公社
Sm 漁業生産大隊</td><td rowspan="7">漳州龍海市
Sm 鎮
Sm 漁業村</td><td rowspan="7">漳州龍海市
Sm 街道
Sm 漁業社区</td></tr>
<tr><td>石美海光漁業
第二初級社</td></tr>
<tr><td>Sm 海声漁業
第一初級社</td><td rowspan="13">Sm 海声
漁業高級社</td></tr>
<tr><td>Sm 海声漁業
第二初級社</td></tr>
<tr><td>Sm 海声漁業
第三初級社</td></tr>
<tr><td>Sm 江鷹漁業
第五初級社</td></tr>
<tr><td>江鷹漁業第
五初級社</td></tr>
<tr><td>Sm 江鷹漁業
第三社</td><td colspan="2" rowspan="2">Bw 人民公社
Sz 生産大隊</td><td rowspan="2"></td><td rowspan="2">漳州市 Bw 区</td></tr>
<tr><td>Sm 江鷹漁業
第四社</td></tr>
<tr><td>Sm 海声漁業
第四初級社</td><td colspan="2" rowspan="6">Sm 人民公社
Sm 漁業生産大隊</td><td rowspan="8">漳州龍海市
Sm 鎮
Sm 漁業村</td><td rowspan="8">漳州市龍海市
Sm 街道
Sm 漁業社区</td></tr>
<tr><td>Sm 海声漁業
第五初級社</td></tr>
<tr><td>Sm 江鷹漁業
第一初級社</td></tr>
<tr><td>Sm 江鷹漁業
第二初級社</td></tr>
<tr><td>Sm 江鷹漁業
第五初級社</td></tr>
<tr><td>Sm 江鷹漁業
第一初級社</td></tr>
<tr><td>—</td><td>—</td><td>—</td><td colspan="2">—</td></tr>
<tr><td>一初級社</td><td>—</td><td>海澄漁業
生産合作社</td><td>海澄人民公社
Lh 漁業生産隊</td><td>Sm 漁業
生産大隊</td></tr>
<tr><td>一初級社</td><td></td><td colspan="3">Fg 水上漁業大隊</td><td colspan="2">龍海 Fg 鎮漁業村</td></tr>
</table>

表 2-1　連家船漁民の集団化過程

<table>
<tr><th>漁船幇</th><th>作業タイプ</th><th>民国期</th><th>1949 年</th><th>1950 年</th><th>1951 年</th><th>1952 年</th><th>1953 年</th><th></th></tr>
<tr><td rowspan="9">石美</td><td rowspan="4">流動定置網漁民</td><td rowspan="4">海澄県浮宮郷水上保</td><td rowspan="4">—</td><td rowspan="4">石美大網村</td><td rowspan="9">石美万榕郷人民政府</td><td>互助組 1</td><td rowspan="9">石美万榕郷人民政府</td><td>互助組 1</td></tr>
<tr><td>互助組 2</td><td>互助組 2</td></tr>
<tr><td>互助組 3</td><td>互助組 3</td></tr>
<tr><td>互助組 4</td><td>互助組 4</td></tr>
<tr><td rowspan="5">投網漁民</td><td rowspan="5">龍渓県石美郷漫頭保</td><td rowspan="5">漁民工会</td><td rowspan="5">石美小網村</td><td>互助組 1</td><td>互助組 1</td></tr>
<tr><td>互助組 2</td><td>互助組 2</td></tr>
<tr><td>互助組 3</td><td>互助組 3</td></tr>
<tr><td>互助組 4</td><td>互助組 4</td></tr>
<tr><td>互助組 5</td><td>互助組 5</td></tr>
<tr><td rowspan="7">洲頭</td><td rowspan="5">流動定置網漁民</td><td rowspan="7">龍渓県烏礁郷漁州保</td><td rowspan="5">—</td><td rowspan="20" colspan="2">漁州村漁民協会</td><td rowspan="5">互助組 1</td><td rowspan="22">Sm 水上郷人民政府</td><td>互助組 1</td></tr>
<tr><td>互助組 2</td></tr>
<tr><td>互助組 3</td></tr>
<tr><td>互助組 4</td></tr>
<tr><td>互助組 5</td></tr>
<tr><td rowspan="2">投網漁民</td><td rowspan="2">—</td><td rowspan="2">互助組 2</td><td>互助組 1</td></tr>
<tr><td>互助組 2</td></tr>
<tr><td>中港</td><td>投網漁民</td><td>龍渓県烏礁郷漁州保</td><td>—</td><td>—</td><td>互助組 1</td></tr>
<tr><td rowspan="4">福河</td><td rowspan="4">投網漁民</td><td rowspan="4">龍渓県烏礁郷漁州保</td><td rowspan="4">—</td><td rowspan="4">—</td><td>互助組 1</td></tr>
<tr><td>互助組 2</td></tr>
<tr><td>互助組 3</td></tr>
<tr><td>互助組 4</td></tr>
<tr><td rowspan="8">龍海橋</td><td rowspan="6">流動定置網漁民</td><td rowspan="6">海澄県浮宮郷水上保</td><td rowspan="6">—</td><td rowspan="6">—</td><td>互助組 1</td></tr>
<tr><td>互助組 2</td></tr>
<tr><td>互助組 3</td></tr>
<tr><td>互助組 4</td></tr>
<tr><td>互助組 5</td></tr>
<tr><td>互助組 6</td></tr>
<tr><td rowspan="2">投網漁民</td><td rowspan="2">龍渓県烏礁郷漁州保</td><td rowspan="2">—</td><td rowspan="2">—</td><td>互助組 1</td></tr>
<tr><td>互助組 2</td></tr>
<tr><td>流伝</td><td>投網漁民</td><td>龍渓県石美郷漫頭保</td><td>—</td><td>—</td><td>—</td><td>—</td><td>互助組 1</td></tr>
<tr><td>渓墘</td><td>延縄漁民</td><td>海澄県浮宮郷水上保</td><td>—</td><td>—</td><td>—</td><td>—</td><td>互助組 1</td></tr>
<tr><td>海滄</td><td>流動定置網漁民</td><td>海澄県浮宮郷水上保</td><td>—</td><td>—</td><td>—</td><td>—</td><td>—</td><td>—</td></tr>
<tr><td rowspan="2">海澄</td><td rowspan="2">投網漁民</td><td rowspan="2">海澄県浮宮郷水上保</td><td rowspan="2">—</td><td rowspan="2">—</td><td rowspan="2">—</td><td rowspan="2">—</td><td rowspan="2">—</td><td>互助組 1</td></tr>
<tr><td>互助組 2</td></tr>
<tr><td>浮宮</td><td>流動定置網漁民</td><td>海澄県浮宮郷水上保</td><td>—</td><td>—</td><td>—</td><td>—</td><td>—</td><td>互助組</td></tr>
</table>

2　漁民船工子弟小学校の設立

一九五三年、Sm水上郷人民政府を組織していた連家船漁民は、九龍江の川岸の建物を借り、漁民船工子弟小学校を設立した［張石成　二〇〇九ａ：一〇三］。連家船漁民は、経済的な余裕のある家庭の子女（多くは男児）が根拠港のある農村で同姓の農民の家に間借りしたり、川岸の漁寮で老人に預けられたりしながら、農村の国民小学校や国民中学校へ通うというごく少数の例を除けば、ほとんどが教育を受ける機会に恵まれてこなかった。

その最大の要因は、船での移動を基礎とする連家船漁民の生活が、学校への通学に向かないというものであったが、この圧倒的な教育レベルの低さが、彼らの社会的な地位を低める原因ともなっていた。この状況を改善するために、連家船漁民は自分たちの手で、連家船漁民の子弟が通うための小学校を設立したのである。この小学校に通っていた人たちは、今でもその様子を懐かしそうに語ることがある。

《事例2―3》張アーチン（一九四六年生・男性・洲頭漁船帮出身／第一章にて前出）

父親は、洲頭漁船帮で虎網漁船に乗り、流動定置網漁をしていた。私の兄（＝父親が前妻との間にもうけた長男）が結婚して、新しい船が必要になったので、父親は虎網漁船を兄に譲ることにした。そのため、私が物心ついた頃には、父は運魚船に乗っており、私もその船で生まれ育った。七歳になった頃、九龍江の畔に漁民船工子弟小学校というのができた。自分たちは、この学校を「漁民小学」と呼んでいた。当時、連家船漁民の子どもで漁民小学へ通う資格があったとしても、そこへ通おうという子どもはほとんどいなかった。「学校へ行く時間があるなら、漁を手伝え」と考える親が多かったためだろう。

しかし、私の父親は、幼い頃の教育がいかに大切かを知っている人だった。父親は、流動定置網漁をする両親のもとで育ち、学校へ通ったことは一度もなかった。父親は、兄が結婚してから運魚船に乗って、洲頭漁船帮の虎網漁船が九龍江河口で捕った魚を水上で買い取り、九龍江沿岸部の農村へ運んで魚売りの商人に売るという仕事をするようになった。この仕事をはじめた当初、父親は字がわからず、どれだけの魚を、どれだけの値段で売ったか、書き記しておくことができなかった。また、算盤の使い方も知らず、このままでは周囲の人々に騙されると思った父親は、魚売り商人が書くメモをじっくり観察し、一つ一つ字を覚え、算盤の使い方も独学で覚えていった。父親は、教育を受けなかったことで大人になって苦労をしたので、せめて息子にはそんな思いをさせたくないと考えたのだろう、私を漁民小学へ通わせることにしたのだ。

こういういきさつで、私は漁民小学の第一期生として一年生から学校へ通うことになった。一緒に入学した同級生は、一〇人程度だった。漁民小学は、一～四年生を初等小学、五～六年生を高等小学としていたように記憶している。ここには、宿舎が併設されていて、まずかったが給食ももらうことができた。そうしないと、連家船漁民の子どもたちは学校へ通うことができなかったからである。私はまだ七歳と小さかったので、本当は父母のもとを離れたくなかった。ほかの子の両親は、投網漁や流動定置網漁をするために厦門島附近まで行ってしまうと、一～二か月は港へ戻ってこなかった。だが、うちの親は、魚を運搬する仕事をしていたから、魚がある時にはほぼ毎日洲頭のほうまで戻ってきていた。しかも、父母の船は漁民小学の前を通っていたので、毎日、休み時間になると学校の前の岸へ出て、父母の船を見つけようと必死だった。あの頃は記憶力もよくて、父母の船の模様をほかの船と区別して覚えていたものだった。船が洲頭に戻っていれば、毎週土曜日の午後、学校が終わると四角のお金を払って渡し船に乗り、洲頭まで行って父母と船の上で一晩を過ごすことができた。特に母親と一緒にいられるというので、天にも昇る気持ちだった。そうして、日曜の夕方には、また渡し船に乗って学校まで帰るのだが、また寂しい一週間がはじまると思うと悲しくてしょうがなかった。自分は、漁民小学を卒業した後に龍海一中という中学校へ一年半だけ通ったが、経済的余裕もなく、すぐに父母の運搬船に戻り、作業を手伝うようになった。

《事例2―4》楊アーパン（一九四九年生・女性・龍海橋漁船幇出身）

龍海橋漁船幇で虎網漁船に乗る家庭の長女として生まれた。八歳ぐらいになった頃だろう、皆が学校へ行くというので、私も漁民小学に入学してみることにした。父母は船で魚を追って移動していたため、漁民小学の宿舎に泊まりながら、学校へ通った。先生たちは、学校から近い市街地に家がある人ばかりだったため、夜になると子どもたちを残して帰宅してしまった。夜は子どもたちだけで大きな部屋に寝るので、それが楽しくて仕方がなかった。寂しいと思ったことは一度もなかった。

学校では、先生たちから「外へ出たら普通話（*poo tong ua* ＝標準中国語）を話せ。本地話（*bun de ua* ＝土地の言葉。ここでは、福建省南部で広く話される方言の閩南語を指す）を話すな」と言われたこともあった。街に出ると、皆がきちんと普通話を話しているかどうかを検査する人たちもいた。地元では、学校へ行ったことがなく、本地話しか話せない人ばかりだったが、検査員に見つかったとしても、特に懲罰を受けるというようなことはなかった。

私は、宿舎での生活は楽しかったが勉強が大嫌いで、授業がおもしろくなかったので、三年生の時に学校をやめ、父母のいる虎網漁船に戻って父母の手伝いをするようになった。

父母には、血のつながった子どもは私しかいなかった。父親の弟には、四男三女がいたので、後にこの弟のところから乳離れしたばかりの男の子一人と女の子一人をもらってきて、育てていた。このうち、チュングイという名の男の子は七歳になると漁民小学へ通いはじめた。しかし、父親が「チュングイがいない船はさみしい。早くチュングイに学校をやめさせて、船で一緒に暮らしたい」というので、一年生を終えたところで学校をやめることになった。母親は、「男の子なのだから、勉強をさせるべきだ」という意見だった。父母はこのことでしょっちゅう喧嘩をしていた。

事例2―3からわかるのは、漁民船工子弟小学校の設立以前、連家船漁民は農村における教育の場から排除されていたというよりも、自身が教育の必要性を感じぬことが子女たちを学校から遠ざけていたということである。いずれにせよ、陸上に学校が設けられている以上、教育の場へと接近するためには、子どもたちは家族の船を離れる必要があった。そこで、小学校には子どもたちに寝泊まりの場と食事を提供する宿舎が併設された。

しかし、事例2―4からもうかがえるように、小学校へ入学しても中途退学するか、あるいはそもそも入学を拒否するという子どもたちが依然として多かったのは事実である。中国において、子女の学校教育というのは、水上居民が陸へ上がる契機となることが多いが［長沼　二〇一〇a：二二四］、陸上に家屋を有さなかったこの時期の連家船漁民の子女は、仮に小学校を卒業したとしても、その後はやはり父母の船へ戻って仕事を手伝うということになり、学校教育を受けること自体が彼らの陸上への定着に直接影響を与えることはほとんどなかった。

3　漁業初級社・高級社の成立

一九五五年、Sm水上郷で流動定置網漁をしていた連家船漁民は、第一～五までのSm海声漁業初級社を組織した。一方の投網漁民は、第一～五までの江鷹漁業初級社を設立した。同年九月、万榕郷人民政府に所属していた流動定置網漁民は海光漁業第一初級社に、投網漁民は海光漁業第二初級社に組み込まれた。連家船漁民の乗る船や網などの漁具は相当額を支払われた上で初級社の所有とされた。また、漁民の収入は、労働と出資金の占める割合により、初級社が計算した上で分配された［福建省龍海県地方誌編纂委員会　一九九三：二二四］。

一九五六年になると、石美海光漁業第一・第二初級社は合併し、石美海光漁業高級社が成立した。同年三月、Sm海声漁業初級社と、Sm江鷹漁業初級社は合併し、Sm海声漁業高級社が組織された。二つの漁業高級社に参加した連家船漁民は、五二七世帯、二三三七人に上った。こうして、龍渓県・海澄県はすべての連家船漁民を集団化させることに成功。船などの所有と連家船漁民の収入の計算方法は、初級社の場合とほぼ同じであった［福建省龍海県地方誌編纂委員会　一九九三：二一四］。この時期には、連家船漁民が定められた投網漁・延縄漁・流動定置網漁といった作業に影響を及ぼさない程度であれば、という条件のもと、釣竿を用いた釣りなどの副業をして漁獲量を上げることが奨励されており、その売り上げのうち四〇％は個人の収入に、残りの六〇％は個人が所属する生産隊の作業組の収入となったという［張石成　二〇〇九a：一〇五］。

4　人民公社漁業生産大隊の成立

一九五八年五月、海声漁業高級社と海光漁業高級社は合併し、Sm漁業生産合作社が組織された［福建省龍海県地方誌編纂委員会　一九九三：二一四］。一九五九年になると、地方国営龍渓県漁撈大隊へと名称が改められた後［張石成　二〇〇九a：六九］、一九六〇年の五月には、Sm公社へと組み込まれ、名称はSm漁業生産大隊へと変更された。人民公社においては、現在の村や社区に当たる生産大隊が基本的な「核算単位」とされ、労働力・物資・水産物・財務のすべてがこの核算単位である生産大隊によって管理されることになった［福建省龍海県地方誌編纂委員会　一九九三：二一四］。一九六一年六月には、第一回目のSm漁業生産大隊社員代表大会が開かれている。この時点で、Sm漁業生産大隊には投網漁・延縄漁・流動定置網漁といった作業をする漁船が四〇七艘あったといい、それらで一二に及ぶ生産隊と三八の作業組が組織された［張石成　二〇〇九a：六九―七〇］。この時期は、Sm漁業生産大隊に所属する漁船が上げた収入のうち、生産大隊が一五％を公共積立金・公益金として取り、残りの八五％を生産大隊の成員で分配するという方式が採られることになった。成員たちは、労働の日数に見合うだけの工分を受け取ることができ、生産高が生産隊や作業組に課せられた分を超過した場合や、それに満たなかった場合には、超過分の七〇％を褒賞として、不足分の七〇％を生産大隊が補填する形で成員に分配していた。このほか、船で鶏を飼ったり、漁網を編んだり、釣りをしたりするといった副業も奨励されたという〔張石成　二〇〇九a：一〇六〕。

その後、一九六二年以降は、生産大隊全体が得た収入のうち、生産大隊幹部の出張費などに充てる管理費や、漁船や漁網といったものの減価償却や修理に充てる費用などとして三七％を、そして公共積立金と公益金として一二％を生産大隊が取り、残りの五一％を成員たちの食費と工分に充てるものとしていた。食費は、米を購入する費用として分配され、労働するだけの能力があるにもかかわらず労働に参加しない成員に対しては払われなかったという。成員たちの労働報酬は、それまでと同様、労働の日数に合わせて生産大隊が工分を計算していた。また、生産隊や作業組に課せられた生産高に満たない場合や、それを超過した場合は、生産大隊が不足分の七〇％を補填し、超過分はその七〇％が褒賞として成員に分配された〔張石成　二〇〇九a：一〇六―一〇七〕。この時期に、連家船漁民はどのように暮らしていただろうか。

《事例2―5》張シーチン（一九四四年生・男性・洲頭漁船帮出身／第一章にて前出）

父の張ティエンクーは、洲頭漁船帮の親戚がもつ虎網漁船に漁工として雇われることになった。九歳になっていた私も、父を手伝って流動定置網漁に参加した。父母や祖父母の代から生活は貧しく、人の船で雇われていたので、自分たち家族は「貧漁」階級に区分された。一一歳になった頃、漁民小学へ入学することになった。特に、作文を書くと、いつも先生に褒められて、とても嬉しかった。しかし、三年生の頃に父が病死してしまった。その後、洲頭漁船帮の親戚のために漁網を編んで生計を立てていた母親を助けるために、Sm漁業生産大隊に動員され、一年間だけ九龍江河口で流動定置網漁をした。しかし、学校の勉強が好きだったので、小学校に復学した。六年生で高等小学校を卒業し、近隣にあった龍海一中という中学校へ進学した。だが、母親の黄シンインが、「勉強は大切かもしれないが、勉強をつづけて誰がお前に金をくれる？　こちらが学費や給食費を払う一方じゃないか」といって反対したので、一年生の一学期が終わったところで退学することにした。

中学校を退学した後は、Sm漁業生産大隊の虎網漁船第三生産隊に入り、虎網漁船に乗って九龍江河口で漁をおこなうようになった。漁で捕れた魚は漁業生産大隊へもち帰り、生産大隊が一括管理していた。漁に参加した当初は、一か月に二・五工分しかもらえなかった。当時、一工分は二元で、一か月に何工分もらえるかは、生産大隊が各人の体力や技術を考えて計算していた。普通は、若い人だと高い工分がもらえないのだが、自分は幼い頃にも父親とともに親戚の虎網漁船で漁工として働いた経験があり、体力も魚を捕る技術もあったので、すぐに一か月当たり四工分（＝八元）がもらえるようになった。この八元は、生活費として母親に渡し、貯金はできなかった。

《事例2—6》楊アーパン（一九四九年生・女性・龍海橋漁船幇出身／前出）

漁民船工子弟小学校で三年生まで学んだ後、私は父母のいる虎網漁船に帰って漁を手伝うことにした。小学二年生で退学した弟チュングイと、小学六年生まで学んだ妹が相次いで父母の船へ戻ってきたので、Sm漁業生産大隊が組織された後は、父母と兄弟三人の合計五人で虎網漁船に寝泊まりして暮らしていた。流動定置網漁は、大隻・辺脚・舢舨をそれぞれ一艘ずつ用いておこなうのだが、家族は一番大きな大隻で生活していた。大隻には竈があったので、河を流れてきた木を竈にくべて食事を作ることができた。父母の虎網漁船では、九龍江の河口や厦門島の附近、あるいは金門島のほうまで移動しながら、ウナギの稚魚やほかの魚を捕っていた。厦門島よりも外海へ出ると急に波が高くなり、自分はすぐに船酔いをしてしまうので、船での生活はあまり快適ではなかった。

父母は、「中漁」という階級に区分されたと記憶している。家族以外の人を雇ってはいなかったからだと思う。船には、家族だけが乗っていたが、船自体は公家（*gong gE*＝組織。ここでは、Sm漁業生産大隊を指す）のものだったはずだ。この時、父親は九・五〜一〇工分、母親は六工分をもらっていたと聞いたことがある。当時、一工分当たり二元で計算されていたので、父親は一九〜二〇元、母親は一二元ほどもらっていたのだろう。自分たちは、小さな頃はどれだけ漁を手伝ったとしても工分をもらうことができなかった。一六歳頃になってやっと、工分をもらえるようになった。

母親は「自分は幹部だ」と言っていたし、時々どこかへ会議に出かけていたので、大隊の幹部だったのだと思うけれど、どのような幹部だったのかはわからない。

龍渓県・海澄県全域の農業従事者の場合、一九五一年までに土地改革が終了していたのに対し、そもそも土地を所有していなかった連家船漁民は、土地改革とは無縁であった。彼らは互助組・漁業初級社・漁業高級社・漁業合作社・人民公社漁業生産大隊へ、次々と集団化されていくなかでも、依然として家族単位で漁船や運魚船で移動生活をつづけながら、各組織に所属していたのである。だが、一九六〇年代から、状況が一変することになる。

(3) 土地の獲得と生活・生産拠点の確立

1 台風の被害と定住用地の獲得

一九五六年、海声漁業高級社は当時、この高級社を管轄していたSm鎮の同意を得て、龍海橋漁船幇の人々がその根拠港として用いていた九龍江支流の畔に、高級社の事務所を置く土地を得ることになった。同じ年の六月には、龍渓県人民政府が一万三〇〇〇元を投じて事務所の周囲に木造平屋建ての家屋を建て、連家船漁民の一七世帯、八五人をここに住まわせることになったという〔張石成　二〇〇九a：九七〕。

当初、家屋の建設は小規模に進められるものにとどまっていたが、一九六〇年になると、連家船漁民は、より広範囲にわたる居住地を手に入れることになる。その大きな契機となったのは、一九五九年八月二三日に九龍江沿岸

写真2-1　1960年代前半の集合住宅（Sm漁業社区居民委員会提供）

一帯を襲った巨大な台風だった。この台風は、当時の龍渓県内で三一九人を死亡させ、河沿い約四二キロの防波堤を破損させるほどの大きな被害を引き起こした［福建省龍海県地方誌編纂委員会：七六］。台風の進路変化が急激で、連家船漁民が長年培ってきた天気予測の技術では対応できなかったこと、彼らの多くがラジオなど通信手段をもたず、気象情報を聞くことができなかったこと、そして何よりも船に住まう彼らは、台風が来ても陸地に逃げ場をもたなかったことが大きな要因となり、当時、龍渓県漁撈大隊に所属していた連家船漁民のうち、一三二人が溺死し、漁船三二七艘が破損する大惨事となった［張石成　二〇〇九a：八二］。

これを受け、龍渓県漁撈大隊を管轄下に置いていた当時の龍渓県人民政府は、連家船漁民の居住問題に関心を向けるようになった。そして、一九六〇年になると、九龍江支流に位置していた農業を主体とするLh公社Gk生産大隊に命じて、耕作用地の一部をSm漁業生産大隊に譲渡させ、一四万元を投じて連家船漁民のために、木造の集合住宅二棟を建造することになったのである。これを契機として、一九九九年までの間に、九龍江支流を挟んだ両側に広がり、西頭・過港と呼ばれていた土地に二階建て以上の集合住宅が合計二一棟、さらに平屋建ての住宅が九棟建てられるようになっている［張石成　二〇〇九a：九七—九八］（写真2—1）。この土地が、現在Sm漁業社区の置かれている場所である。

《事例2—7》楊アーパン（一九四九年生・女性・龍海橋漁船帮出身／前出）

一九歳になって、洲頭漁船帮出身で五歳年上の男性、張シーチン（＝前出）と結婚した。当時、連家船漁民の女の人は一六～一八歳で結婚する人が多く、私は晩婚の部類だった。シーチンは、漁業生産大隊の命を受け、社会主義教育運動の「積極分子」として活動しており、陸上で働いていた。私は昔から、漁業生産大隊の根拠地だった龍海橋のあたりに船を停泊させていたので、陸上で働く彼とは顔見知りになっていたところ、ほかの人から彼を結婚相手として紹介され、結婚することになった。

一九六一年頃、シーチンの母親である黄シンインは、漁業生産大隊に新しくできた集合住宅の一部屋を与えられた。シーチンも陸上で働いていたので、私も結婚を機に姑のシンインの家に同居することにした。この集合住宅は、トイレがなく、用を足す時には外の公衆便所へ行っていた。二階建ての建物にある一階の小さな部屋だったが、家があるというのは嬉しいことだった。それから現在までの間、私は一度も漁船に乗って漁をすることはなかった。

私の父方の祖母は、漁業生産大隊のなかを流れていた九龍江支流の岸に、使わなくなった木造船を壊した時に出る木の板で簡単な小屋を造り、そのなかで同じ漁船幇の親戚に当たる老人三～四人とともに、孫たちの面倒を見ながら暮らしていた。狭くて簡素なものだったが、大勢でにぎやかに生活していて、楽しそうだった。父親は、一九七一年頃になって病気で亡くなった。その後、母親は弟と親戚の子どもと三人で虎網漁船に乗り、漁をつづけた。だから、父親は生まれてから亡くなるまで、ついぞ陸上の家に住むことはないままだった。

一九六〇年、この土地に建てられた集合住宅は、一一六戸、三四八人の連家船漁民を定住させるだけの容量をもっていた［張石成　二〇〇九a：九七］。そこで優先されたのは、夫という一家の大きな働き手を失った事例2―7の張シーチンの母親のように、漁へ出かけることが困難な老人や女性であった。水上居民の定住化は、地方政府の側が、政策として彼らを陸に固定化させてゆくものとして語られることがある［長沼　二〇一〇a：一三一―一三二］。これに対して、連家船漁民の場合、為政者側の意図がどうであったにせよ、彼ら自身の側からは、「長年もつことのできなかっ

写真 2-2　Sm 漁業生産大隊内の漁港（1970 年代）（Sm 漁業社区居民委員会提供）

た家をもらえて嬉しい、政府よ、ありがとう！」という、「家屋獲得」の記憶として語られることが多い。また、他方で、アーパンの父親のように、生まれてから亡くなるまでの間、陸地の家屋に住むことがなかった人もいたことがわかる。

集合住宅が建てられ、Sm漁業生産大隊の組織の事務所がこの一角に設けられるようになると、陸上に家屋をもたない連家船漁民も、台風や休漁の時には、この居住区のなかを流れる九龍江の支流へと帰ってきて、船を停泊させるようになっていった（写真2―2）。このことは一方で、近隣の農村に暮らす人々との間に問題を引き起こしもした。

《事例2―8》楊アーパン（一九四九年生・女性・龍海橋漁船帮出身／前出）

私の両親は、年越しや神明の誕辰になると、今のSm漁業社区のなかを流れる九龍江支流に虎網漁船を停泊させていた。昔から、ここは龍海橋漁船帮の連家船漁民が船を停めておく場所だった。集合住宅ができると、皆、漁をしない時には船をここに寄せるようになった。だが、ここに船を停泊させる漁民はほかにもいた。それが隣のGk生産大隊の漁民たちだった。この人たちは、Gk生産大隊の漁業生産隊に属していて、港口という九龍江支流の川岸に住んでいたので、自分たちは、彼らを「港口漁業隊の人」と呼んでいた。Gk生産大隊は大多数が農民で、港口漁業隊の人たちは少数派だったが、彼らは昔から男一人か二人で木の船に乗り、日帰りで九龍江へ出かけてカニを捕っていた。この人たちの乗る船には、竈や寝泊まりできる船室はなかった。彼らは漁民だったが、自分たちが住むための家と、農地をもっていた。

船に乗る者は皆、九龍江本流へ出やすいところなど、条件のよい場所を選んで船を停泊させようとする。もちろん、港口漁業隊の人たちも同じことを考えていた。そもそも、港口の人は、農民であれ漁民であれ、自分たち連家船漁民にとってはとても怖い存在だった。小さい頃から自分たちが陸へ上がると、「早く船に戻れ」と意地悪をいうのは、決まって港口の人たちだった。船を停泊させる場所に関しても、港口の漁民たちは「ここは俺たちの港だ。船を停めるなら、あっちに停めろ」と言ったり、「船を停めるなら金を払え」と言って金銭を巻き上げたりしていた。

一九六〇年にSm漁業生産大隊に対して与えられた土地というのは、Lh公社に所属していたGk生産大隊のうち、港口という地域の一部で、過港と呼ばれていた耕作地と、さらに九龍江の支流を挟んで向い側にあった西頭と呼ばれる地域の耕作地であった。当然ながらこれらは、連家船漁民が正式な手続きを経て手に入れた土地である。しかし、集合住宅を建てた後でも、以前から土地をもっていた周辺の農民や漁民と、連家船漁民の間には、大きな隔たりがあったということになる。

事例2―8からは、とりわけLh公社Gk漁業生産隊に所属していた漁民たちが、連家船漁民に対して高圧的な姿勢をとっていたことがわかる。Gk漁業生産隊の漁民たちは、基本的には日帰りで九龍江へ出かけ、カニなどを捕っていた。家族を陸上に残して、寝泊まりや煮炊きするための設備のない漁船に乗り、男性のみで漁をするという点に、連家船漁民との大きな差異がある。

龍海橋漁船幇に所属し、投網漁と流動定置網漁に従事していた連家船漁民は、この九龍江支流附近を根拠港としていたため、古くからGk漁業生産隊の漁民たちと港を共用していた。その頃から、Gk漁業生産隊の漁民たちは、その周囲の土地を所有しているということを根拠に、港も自分たちのものであると主張しており、連家船漁民にとって彼らは、ひときわ怖い存在であったことがうかがえる。

両者を隔てるこうした構造というのは、各地に分散していた連家船漁民がここの港に根拠を移してからも、基本的にそのまま保たれており、両者の間ではしばしば対立が起こっていた。このことは、同じ漁撈を生業とする者同士であっても、土地をもちつづけてきた漁民と、船に暮らしつづけてきた連家船漁民との間には、互いに越えられぬ境界があったということを示すよい例である。

2　陸上での工場設立

居住用の土地を確保したことを契機として、一九六〇年になるとSm漁業生産大隊は集合住宅のそばに造船工場や機械修理工場・紡績工場・麻袋工場・縄打ち作業場・編網作業場・水産品加工工場などを次々と造っていった（写真2―3～2―6を参照）。これらの工場労働には、それまで漁業に従事していた二五〇人ほどの連家船漁民が当たることになった［張石成　二〇〇九a：七八］。

《事例2―9》楊アーパン（一九四九年生・女性・龍海橋漁船幇出身／前出）

姑の黄シンインは、陸上に造られた編網作業場へ行って漁網を編んでいた。それでも、もらえるお金は一か月に二～三元だけだった。結婚から一年後の一九六九年、長男の張チンユェが誕生。当時、夫のシーチンは社会主義教育運動の積極分子として働いており、一か月一二工分（＝二四元）が支給されていた。夫は食事を職場で摂るため、給料のうち一か月一〇・五元が食事代として控除されていた。残りの金は、シーチン自身で使っていたのだろう。シーチンの仕事は、いろいろな地域をまわるものだったので、自宅にはほとんど戻ることがなかった。

長男の出産から間もなく、私は漁業生産大隊に造られた麻袋工場での労働に参加することになった。この時は、毎日が大変だった。朝の三時に起きてチンユェの布おむつを洗い、七時には工場でおこなわれる朝の体操に参加し

写真 2-3　機械修理工場での作業（Sm 漁業社区居民委員会提供）

写真 2-4　作業場にて縄を打つ老人たち（Sm 漁業社区居民委員会提供）

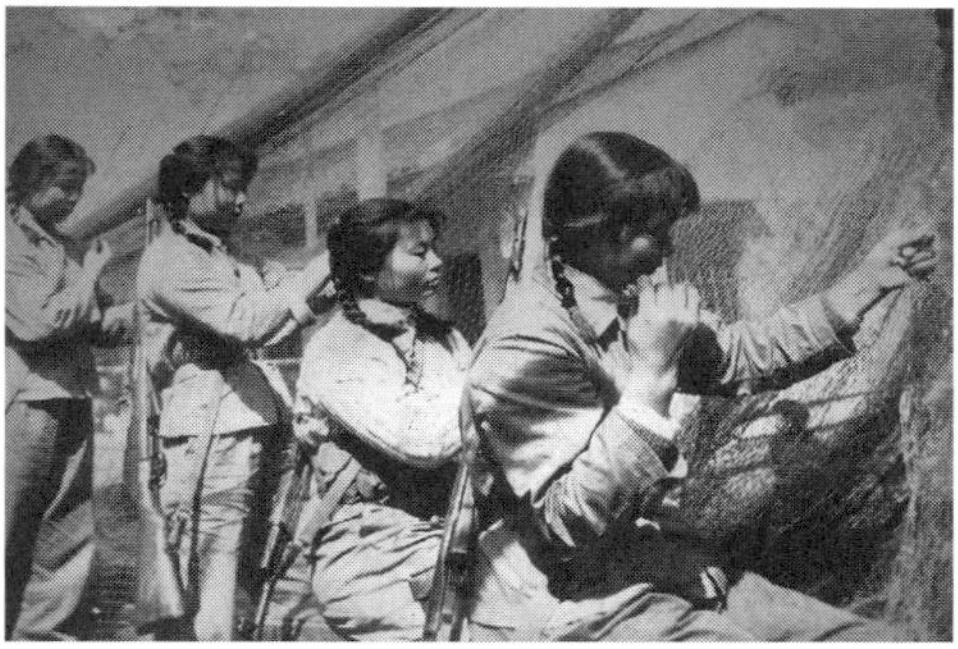

写真 2-5　共同で漁網を編む女性（Sm 漁業社区居民委員会提供）

写真 2-6　漁網を編む年配の女性たち（Sm 漁業社区居民委員会提供）

ていた。これに遅刻すると、工分を減らされるという話もあったので、朝早く起きるほかなかった。工場での労働は夕方の五時まで。五時に仕事を終えると、姑と長男チンユェの待つ家へ帰り、夕飯をこしらえて食べさせ、夜の八時になるとまた工場へ戻って、夜の見まわりなどをした。そして、「晩会報」（＝夜の報告会）と称して、一日の行動の反省などを皆で報告し合った。すべて終えて家に帰れるのは、夜の九時か一〇時だったと思う。

　この頃の給料は、四・五工分だったので、一か月に九元ほどもらえていた。当時、毎月一日になると半月分の給料、すなわち四・五元が支給された。一五日になると、残りの四・五元が支給されるのだ。一九七一年に長女のアーメイが生まれると、姑のシンインは病に倒れ、シーチンは家へ戻ることがあまりなかったので、私の働いた金で姑のシンインと長男チンユェ、長女アーメイの面倒を見ていた。特に姑には薬のほか、栄養をつけさせるために羊の乳などを買って飲ませていたので、お金がかかってしょうがなかった。当時、米を買うための「米票」が三か月に一度、麻袋工場の給料とともに支給されていた。米屋は漁業生産大隊から少し離れた市街地のほうにあったが、この米票がなければ、いくらお金をもっていても米を売ってはくれなかった。この米票で、姑と自分はそれぞれ二四斤分、長男は一九斤分、長女は七斤分の米を買うことができた。米には当時一斤当たり一・二一～一・三角の値がつけられていた。そのほかに、薪なども買っていたので、半月ごとにもらえる給料も、七角ほどしか残らなかった。この七角で、やっと家族が食べるだけの野菜を買い、おかずをこしらえていた。米票のほかにも、「肉票」・「油票」・「糖票」・「布票」といったものがあって、街の市場へ行ってこれらを使って品物を買った。

麻袋工場の仕事は、四～五年はつづけただろう。その後、一九七三年になって次男の張チンチュエンが誕生し、自分は、編網作業場へ異動させられることになった。ここで働く人は、いろいろな港から集まった連家船漁民で、皆、女性だった。ここでも、麻袋工場で働いていた時と同様、四・五工分が支給された。この頃、漁業生産大隊には、託児所や幼稚園があったので、子どもたちをそこへ預けて働くことができた。

その後、「魚圓」（*hi uan* ＝つみれ）を作ったり、魚を切り身にしたりする漁業生産大隊の水産品加工工場へ異動した。この時は、五工分（＝一・五元）がもらえた。編網作業場や水産品加工工場で働いている時でも、大隊が何か建物を建てるということになると、ほかの同志たちとともにその現場へ呼ばれ、レンガを運ぶこともあった。こうした仕事に対しては、編網作業場や水産品加工工場の工分に従った額が支払われていた。

水産品加工工場の後は、漁業生産大隊の人たちが河や海で捕ってきた魚を一か所に集めて管理する、「売魚収貨站」で働くことになった。ここでは、流動定置網漁船などが捕ってきた魚を開いて天日に干したり、冷凍工場で冷凍させたりする仕事をした。魚をこうして保存しておいて、漁業生産大隊以外の人が必要だという時に、倉庫から出してきて売っていた。この時は、四・五〜五工分をもらっていたと思う。

楊アーパンのように、陸地に建てられた工場や作業場で働いた人たちは、「后勤」（＝後方勤務）と呼ばれ、河や海で漁をする人々の漁業生産を支える役割を務めていた。誰がどの労働に就くかは、すべてSm漁業生産大隊の組織によって一括管理されており、そこでは、どこの漁船幇出身であるかなどはまったく考慮されなかった。

事例2―9からは、工場や作業場での勤務は、朝の体操からはじまり、各人の行動が一日ごとに厳しく定められていたことや、子どもを出産したばかりの女性であっても、勤務に就くことが義務づけられていたことがわかる。また、労働単位が不規則に変更されるように、造船など重要かつ技術を要する任務を除けば、陸上での後方勤務は多くの場合、個々人を専業化させることよりも、その時々に漁業生産大隊が必要とする労働を優先させるという性格をもっていた。

さらに、連家船漁民の食生活に目を向けると、彼らには米票・肉票・油票が配られ、それをもって市街地の米屋、あるいは街に出てきていた肉売りや油売りのもとへ赴いて、食材を入手する必要があった。このことは、周囲の農民たちとはまったく異なる経験として記憶されている。つまり、生産大隊の敷地内に農産物を作るための土地を有さなかった連家船漁民は、米・野菜・肉・油といった基本的な食材を生産隊内で自給することができない。そのため、街の店や市場で配給券と交換するか、もしくは現金を用いて購入しなければならなかったのだ。この点において、連家船漁民の生活は、市街地で国営工場などの労働に従事する都市労働者のものに似通っていたと、彼ら自身は考えているようである。

すなわち、連家船漁民の所属していたSm漁業生産大隊は、第一次産業を主とするという意味では農民たちと同様の性格をもつ者として分類されながら、生活の細部においては、都市住民と同じように位置づけられていたと見ることができるだろう。

(4)　機帆船の登場と外海漁場の発展

1　機帆船の登場

造船工場の建設から一年後の一九六一年、当時のSm人民公社漁業生産大隊は、初の発動機つき帆船を完成させた〔宋祝平ら　一九七八：三〕。これにより、台湾海峡や浙江省・広東省近辺の外海まで出漁することができるようになった。それまでは九龍江の内部や河口附近で投網漁や流動定置網漁に従事していた連家船漁民のうち、青年男女の多くがこの発動機つき帆船に乗って外海まで赴き、単艘底引き網漁や二艘底引き網漁でタチウオなどを捕るようになった（写真2―7）。外海での大規模な漁は次第に、漁業生産大隊全体の経済を支える存在となっていった。

《事例2―10》黄ジンボー（一九五一年生・男性・石美漁船幇出身）

投網漁をする両親のもとで生まれた。自分を合わせて兄弟姉妹が一〇人もいたので、金がなく、小学校にも通わせてもらえなかった。とても貧乏だったので、「貧漁」として階級区分された。一七歳まで、父母の手伝いをして手網漁船に乗っていた。一六歳ぐらいまで、工分はもらえなかったと思う。手網漁船で捕れた魚は、すべて大隊へもって行き、大隊が回収して人民公社の「水産収購站」に集められていた（写真2―8）。「漁業生産大隊に機帆船ができた。貧乏で背景[5]のいい人なら行ける！」と聞いて、自分もそこに行くことにした。自分がいた時、機帆船は一艘に

写真 2-7　外海でイシモチ漁をする機帆船（Sm 漁業社区居民委員会提供）

写真 2-8　水産収購站に集められたタチウオ（Sm 漁業社区居民委員会提供）

二一～二三人が乗り、二艘で四四～四六人が一組となって浙江省や福建省北部まで行き、二艘で網を引いて主にタチウオを捕っていた。機帆船の工分は、手網漁船の時とは違って、「平分」で、機帆船の乗組み員全体で一か月に上げることのできた利益を、各自の技術や立場に合わせた比率で割った分の工分をもらっていた。自分が労働に参加したばかりの頃は、一分が二元ほどで、普通の水手（＝船員）だったので、一か月に三・五分ほどをもらっていたと記憶している。それとは別に、一人で一か月に四八斤（一斤＝〇・五キログラム）の米と〇・五斤の油が支給された。船の上でごはんを炊き、皆で食事を摂ったものだ。

大隊には、「三八婦女船」[6]と呼ばれる機帆船が二艘あった。船長も水手も機関士も、女性……と、表向きはそういうことにしていた。でも、女の人だけの力で網を引いて魚を捕れるわけがない。普通は一艘に五～六人の男性が乗っていて、漁を手伝った。実際には、機関士も技術員も、男がやっていたのだ。上の人たちが調査に来る時だけは、男の人たちは一番下の船室に隠れて姿を見せないように息を殺していた。婦女船と自分たちの乗った機帆船は、同じ海域で漁をすることが多かった。その時に、洲頭漁船幇の出身だった女の人と出会い、恋愛して結婚することになった。

《事例２―11》張シゥチュン（一九四三年生・男性・洲頭漁船幇出身）

洲頭漁船幇に所属し、虎網漁船に乗って、流動定置網漁をする家庭に生まれた。父の兄は、民国期に甲長をしていて、学があったし、周りからの人望も厚かった。父は虎網漁船の定置網漁には人手が必要だからと、同じ漁船幇内の人を雇って作業をしていた。だが、階級闘争がはじまると途端に、親族に甲長がいる上に、家族が人を雇っていたからと非難の対象になった。裕福だったので、階級は「富漁」に区分され、父も、父の兄も、「批闘」[7]されて大変な思いをした。

自分の時代は、まだ漁民小学（＝漁民船工子弟小学校）がなかったので、洲頭の農村にあった小学校と中学校に通っていた。その後で、Sm漁業生産大隊のほうに機帆船ができたと聞いてそこに参加したいと願ったが、自分たちのように階級が悪い者とか、背景がよくない者は、機帆船には乗せられないという噂だったので、あきらめて両親の虎網漁船に乗ることにした。それ以来、九龍江河口に大隻と辺脚で虎網を張り、そこでウナギの稚魚などを捕っていた。

《事例2―12》張シーチン（一九四四年生・男性・洲頭漁船幇出身／前出）

Sm漁業生産大隊に機帆船ができた頃、それまで社会主義教育運動の積極分子として各地を飛びまわっていた自分は大隊に戻るように言われ、大隊の仕事をすることになった。外海の漁場を開発しなければ、大隊全体の生産力が上がらないということだったのだ。機帆船が外海に行く前には、必ず龍海県水産局の幹部とSm漁業生産大隊の副大隊長、会計などが先に行って、準備を整える必要があった。自分も、浙江省の舟山諸島や福建省の福州・泉州、広東省にまで出かけることがあった。行った先では、地元の水産局の幹部の家に間借りして住み込んだり、旅館に宿を取ったりして、機帆船のために漁網などの物資を用意したり、水手が病などに倒れた時のために病院を探したり、急用で大隊に帰る水手のために列車の切符を買ったりする準備をした。こうして自分の属する大隊の外へ出る時には、全省・全国の米屋で米を購入するための特別な米票を、大隊をとおして人民公社に申請し、発行してもらった。

そうしなければ、行った先で米を買うことはできなかったのだ。

よい漁場だと見定めると、大隊の機帆船を呼んで漁の指揮を執った。船長とは常に連絡が取れるようにして、機帆船の位置や漁場の様子、足りないものの有無を尋ねて、陸上から機帆船を助けていた。魚が捕れず、漁場がよくないと判断すると、またすぐに次の場所を探しに行った。もちろん、行った先の漁場には地元の漁業生産隊の漁船がいて、漁をしているのだが、互いに漁の技術があり、自分たちの存在が相手の漁の出来を左右することもなかったので、文句を言われることなどはなかった。

大きな漁場の近くには、福建省水産公司の「収購船」（＝魚を買い付ける船）が待機していて、機帆船は魚が捕れると福建省の収購船を探し、船を近づけて魚を回収してもらえばよかった。改革開放より前は、魚を回収しても、回収を証明する紙切れをもらえるだけで、金と交換してくれるわけではなかった。魚も国のものだったので、ほぼすべて国家に渡していたのだ。外海では、タチウオやフウセイなどの豊漁がつづき、Sm漁業生産大隊の名前は、福建全省に知られることになった。


機帆船での労働配置も他の労働と同様、生産大隊が一括管理していた。したがって、どの漁船幇出身か、どのような作業をする漁船の出身かを問わず、適任であると認められた青年男女が機帆船に乗り組んだ。若者が中心だったため、機帆船の労働で出会い、恋愛期間を経て結婚する男女も多かったという。その一方で、機帆船での労働資格は厳格で、自ら志願する者でも、かつての国民党協力者や「富漁」階級が家族や親族にいるなど、出身の悪い者は選択の埒外に置かれたことがわかる。

外海ではタチウオやフウセイといった魚が豊漁を極め、機帆船による漁撈はSm漁業生産大隊の生産力を支えるものとなり、大隊は福建省全土で名を馳せるようになる。事例2―12からは、こうした外海での漁の成功が、陸上で指揮に当たる大隊幹部たちの働きに依っていたことがうかがえる。

2　外海漁業と近海漁業をめぐる対立と協力

機帆船に乗り外海へ出向いておこなわれる大規模な漁が軌道に乗りはじめるまでの間、手網漁船や虎網漁船に乗り、九龍江の内部や近海において家族単位で漁をしていた連家船漁民は、外海漁業を発展させることに強く反対していたという。その原因は、一九六一年にはじめて機帆船が出航してから数年間は、四〇人を超える連家船漁民が共同で大型の網を用いて魚を捕るというかつてない方法にコツがつかめず、きわめて低い生産高がつづいたことにあった。

こうした状況のもとでは、課せられた生産高を達成できぬ機帆船隊の不足分を、すべてSm漁業生産大隊が補塡することになり、その補塡分はいきおい、九龍江内部や近海で小規模な漁業に従事する連家船漁民が支えるということになった。このため、多くの連家船漁民が「費用がかさむわりに捕れ高の少ない外海漁業など、近海漁業に就く者の負担を増やしてまで発展させるべきものではない」と考えたのである［張石成　二〇〇九a：九〇］。

ところが、記録によれば一九六九年の時点で外海漁業の生産高は一九六一年の実に四〇倍までに増え、福建省でも一位、二位を争う生産高を誇るようになっていった。他方で、近海漁業に従事していた手網漁船や虎網漁船も船体を大型化し、安定を増すために船首を尖らせ、漁網を強度の高いナイロン製に変更し、さらに一艘に数種類の漁網を備えて対応できる魚種を増やすなどしながら、徐々に出漁先を厦門島附近の海域まで広げていった。こうして、一九六一年から一九七〇年の間に、実に七三五人が近海漁業を離れ、外海漁業や陸上の工場、新規開拓された農場や貝類養殖場など（＝後述）へと労働の場の変更を余儀なくされたにもかかわらず、近海漁業全体の生産高は増産に向かうという状況を生んだ［張石成　二〇〇九a：九三―九四］。

こうして、機帆船の完成当初は対立がつづいていた外海漁業従事者と近海漁業従事者の間には、相互にSm漁業生産大隊全体の生産を支え合う関係が生まれていったということになる。

3 海上での国防

連家船漁民が活動した九龍江河口から台湾海峡にかけての海域は、中華人民共和国と中華民国の「国境」に当たる空間であり、彼らは常に国防の最前線に立たせられてもきた。彼ら自身の船もすべて登録番号がつけられて厳格な管理の対象となり、出港時には入出港許可証・航行簿を携帯することが義務づけられた。また、一五〇馬力以上の漁船には船長・安全員・管理員・観察員が置かれて、中華民国側への密航者を見つければ拿捕するという役割も担うことになった。とりわけ、多くの虎網漁船や手網漁船が漁をしていた金門島・大担島の附近では、国境に近いことから、飛行機や気球を使って中華民国側が心理作戦を含めた宣伝活動のために、ビラや干し肉・クッキー類・茶葉・煙草・酒・腕時計といったものをばら撒いたという［張石成　二〇〇九b：七〇―七一］。

こうした国防には、連家船漁民が長年培ってきた海況に対する観察力がよく活かされていた。たとえば、一九六三年夏のある日、夜中一時過ぎに厦門島附近の海域で漁をしていた連家船漁民は、二人の男が船首を金門島の方に向けて、小さな舢舨を漕ぐ姿を見つけた。「蝦を運ぶ船にしては変だし、こんな形の船が金門附近で漁をするはずがない。水の流れも、向かう方角もおかしい。敵国に逃亡する奴らに違いない」と判断した彼らが、厦門の関係機関に向けて信号を出したところ、折よく巡回してきた厦門港の公安艇によって二人の男は身柄を拘束されたという［張石成　二〇〇九b：七二］。中華民国へと密航する者のなかには、四川省や江西省といった内陸部から陸路で厦門附近へやって来て、泳いで金門島へと渡る者さえいたといい、そうした異様な人影を見つけ出す役割が、国境付近で作業をする連家船漁民に任せられていたということになる。

写真2-9　荒地の開墾（Sm漁業社区居民委員会提供）

4　農場開拓と貝類の養殖場開拓

一九六六年二月、Sm漁業生産大隊は二四世帯、一三五人の連家船漁民による「耕山隊」を組織して、九龍江の対岸に位置するJm鎮の山に農場を開く作業へと当たらせ、生産大隊全体の生産量を向上させる試みをはじめた。これにより、それまで漁撈や水上運搬しか経験のなかった連家船漁民は、新たに畑を耕すことになったのである。こうした初の試みに対して、連家船漁民の間では「漁民は網で魚を捕るのが仕事で、易々と農業などはじめても成功するはずはない。蛙の子は蛙なのだ」、あるいは「漁業に比べて、農業は必要な労力が大きいのに得られる収入は少なく、割に合わない」とする反対意見が大半を占めた。しかし、当時の党支部書記の鶴の一声でこの計画がはじめられた。多くの困難を経て、一九六七年には一六〇ムーの荒れ地を開拓し、稲・サツマイモ・桐・竹・茶の栽培に成功したという[張石成二〇〇九a：八五]。

これを皮切りとして、敷地内に田畑を所有していなかったSm漁業生産大隊は、人民公社からの命を受ける形で次々と他の農業生産隊が抱える土地の一部を譲り受け、そこを新たな生産の場としていった（写真2—9）。一九七八年までの間に、実に四か所の農場が連家船漁民の手によって開かれ、それらの場所には作業に当たる者が寝泊まりするための小屋や食堂が設けられた。ほかにも、多くの青年が派遣された農場では、小規模な軍事訓練もおこなわれたといい、その行動は徹底した管理のもとに置かれた。こうした農場では、サトウキビの栽培もおこなわれ、自分たちでサトウキビを搾る製糖の工程までこなしたほか、牛・ニワトリ・カモ・豚などの飼育も進められたという[張

石成　二〇〇九a：八五―八八〕。

農業以外でSm漁業生産大隊が力を入れたものに、マテガイなどの貝類や海苔の養殖場の開拓があった。これは、九龍江の河沿いの農業生産隊に代わって、岸に漁船で海底や川底の泥を運び、そこにマテガイや海苔の種をつけるという作業だった（写真2―10）。一九六六年〜七一年の間に、Sm漁業生産大隊で手網漁船や虎網漁船に乗っていた連家船漁民が、潮の流れがよくない時期や漁獲量が見込めない時期などに、こうした作業に当たった。また、より多くの人手を要する時期には、後方勤務に就いていた女性たちも小さな舢舨で泥を運ぶ手伝いをしたという〔張石成　二〇〇九a：八八〕。

写真 2-10　海苔の養殖場（Sm 漁業社区居民委員会提供）

こうしたSm漁業生産大隊の敷地外へと生産の場を拡大するように実施されていった農場や養殖場の開拓は、作業に参加する連家船漁民の女性が、訪れた先の農業生産隊で知り合った男性のもとへと嫁ぐという状況を生み出すことにもつながった。しかし、改革開放後の一九八〇年代前半、これらの土地はすべて元の農業生産隊へと返還されることになった。その結果として、この時期に一度は農業や養殖業といった作業を経験した多くの連家船漁民も、後にこうした作業に関わる者はほとんど皆無という状態になった。

(5)　大寨に学べ

1　水上の漁船と陸上の工場

一九六九年になると、山西省昔陽県の農村を集団経営のモデルとし、「農業学大寨」（＝農業は大寨に学べ）をスローガンに掲げることで全国的に展開された大寨式の経営体制が、Sm漁業生産大隊でも採られることになった。ここで目指されたのは、生産大隊が労働報酬や労働力の配置を統一管理し、生産品はすべて国家が買い上げるというものであった。労働報酬は、予め作業ごとに標準となる工分が定められ、それに個々人の体力・技術・労働態度などを考慮して計算されるようになり、たとえ生産隊や作業組に課せられた生産高を超過したとしても、それに対して褒賞が分配されることはなくなった。さらに、食糧は配給制を採り、医療は公費で受けられるようになり、小中学生は学費が免除され、家屋への入居にも賃料は不要という、いわゆる「大鍋飯制度」が実施されるようになったのである［張石成　二〇〇九ａ：一〇九］。

《事例２―13》張アーグン（一九四四年生・男性・海澄漁船幇出身／第一章にて前出）

一九七〇年代、自分のいたLh公社Lh漁業生産隊では、自分たちと親族関係のある張姓の漁民と、阮姓の漁民とが事あるごとに対立していた。一九七五年頃だったと思う。突然、阮姓の連家船漁民だったある少女が、自分を訴えたらしいことがわかった。二年も前の一九七三年に、自分が一三歳のその少女を凌辱したというのだ。まったく身に覚えのないことだったが、罪を被ることになった。一九七五年、「学習班」(8)に連れて行かれた。そこで罪を認めなかったため、厦門島の高崎にあった看守所に二年間入れられた。その後、今の龍岩市（＝漳州市に隣接する市）にあった農場で労働改造させられた。今から思えば、小さな漁業生産隊の成員でしかいられないLh公社を離れ、Sm人民公社が管轄する大規模なSm漁業生産大隊へ籍を移したいと願った張姓の下っ端の連家船漁民と、それを拒もうとした上層部に近い阮姓の人々との対立に巻き込まれ、阮姓の漁民たちに陥れられたのだろう。

結果的には、自分が労働改造に行って漁船を離れていた一九七七年、Lh漁業生産隊の成員全員が、Sm公社のSm漁業生産大隊に移管されることになった。自分の家族や兄弟たちは、ほかの連家船漁民とともに、漁船をSm漁業生産大隊の漁港に移して、そこに停泊させるようになった。農場での労働改造に行っていたので、自分はこの移管と家族の移動について、まったく知らなかった。当時のSm漁業生産大隊では、子と孫がいることを条件として、老人たちに優先的に集合住宅の一室を分配することになっていた。自分の父母はまだ五〇代と若かったが、すでに子も孫もいたため、集合住宅に暮らすことができた。この家に、両親、まだ幼かった弟三人と妹一人、それに自分の妻と長男・次男を加えた九人が暮らすことになった。この集合住宅には、二部屋しかなく、九人で暮らすには狭かったので、客間と天上の間に自分たちで板をつけて、二階として使っていた。

刑期を終えると、自分の無罪を信じてくれていたSm漁業生産大隊大隊長の計らいで、生産大隊の水産品加工場に船長の職を得ることができた。内容は、若い男性たち七～八人を引き連れて大隊の収購船を操縦することだった。収購船では、九龍江内部や厦門島近海で漁をするSm漁業生産大隊の漁船がいる場所まで行き、彼らの捕った魚を受け取って船に積み、それを工場まで運んでいた。収購船は一日に一～二回、漁場と加工場の間を往復した。

妻の黄アーギムは、生産大隊の編網場で漁網を編む仕事に就いた。彼女は、朝から夕方まで作業場へ出かけてほかの女性たちとともに網を編み、夜は自分の両親たちが待つ集合住宅へ帰り、食事の世話などをしていた。収購船の船長を二年ほどつづけた後、自分は生産大隊の機帆船に乗ることになった。福州や浙江省・広東省の海域まで出かけて、機帆船二艘で引き網を使って漁をした。四年ほど後、今度は生産大隊の「灯光船」(*ding guiN zun*)に乗ることになった。これは、台湾海峡まで行き、電球の光を利用して網でマルアジやサワラ、スルメイカなどを捕るものだった。この仕事も、四年ほどつづけた。

連家船漁民のなかには、生産大隊の命令に応じて労働の場を水上から陸上へ、陸上から水上へと変える者も多かった。九龍江内部で投網漁や流動定置網漁をつづける人の多くは依然として家族単位で漁をつづけていたが、そのほかは、家族の間でも労働の場が異なるということが頻繁に見られたのである。

写真2-11　定住用根拠地の小学校（張亜清氏提供）

事例2—13からもわかるように、Sm漁業生産大隊ではこの時期までに、水上の漁で捕れた魚を、陸上に集めて回収し、統一管理して人民公社や省の水産収購站に集中させ、最終的にはそれが都市部や農村などへと分配されていくという体制が完成していった。こうして、集合住宅や工場のある陸上の定住用根拠地は、連家船漁民にとって、船を停泊させるだけの空間ではなく、次第に生活・生産を支える重要な拠点となっていったのである。

(6)　定住用根拠地の小学校

定住用根拠地が連家船漁民の生活や生産にとって不可欠なものとなりはじめたことを受けて、一九七六年になると、「漁民小学」として親しまれていた漁民船工子弟学校が、それまでの九龍江本流の畔から、定住用根拠地へと移され、新たに「Sm漁業大隊漁業小学」と名を改めることになった（写真2—11）。これは、龍海県教育局とSm漁業生産大隊が一〇万元を投じて建てたもので、三階建てで一五の教室があったという［張石成　二〇〇九a：一〇三］。

《事例2—14》張アーグン（一九四四年生・男性・海澄漁船幇出身／前出）

自分の家族がSm漁業生産大隊へ移ってきた頃、もともと九龍江の本流に面したところにあった漁民小学は、生産大隊の事務所の近くに場所を移していた。妻は陸上で漁網を編む仕事をしていたが、集合住宅の一室をもらうことができなかった。そのため、息子の張ゴッギャンと張ジーギャンは、自分の両親が暮らす集合住宅から学校に通い、妻もそこで寝泊まりしていた。この頃、教育費は不要な上、給食も出たので、二人が小学校へ通ったからといって、家計に負担がかかることはなかった。

この頃、両親が暮らす集合住宅の一室では、自分の弟や妹、そして息子のゴッギャンとジーギャンという多数の人が暮らしていた。特に、自分の六人いる弟のうち、下の二人は息子と年齢もほとんど変わらず、一緒に暮らすと喧嘩が絶えず、弟が息子をいじめることもあったので、ゴッギャンとジーギャンは中学生になると、妻の母親に分配されていた集合住宅へ移り、そこから龍海市内の中学校へ通うようになった。

《事例2—15》張チンユェ（一九六九年生・男性・Sm漁業生産大隊出身）

前出の張シーチンと楊アーパンの間に生まれた長男である。一九七六年になって、Sm漁業生産大隊の敷地内に新たに建てられた小学校に通った。この小学校は、母が当時、工場で働いていた同志と一緒にレンガを積んで造ったものだと聞いたことがある。一年生の後期で落第したので、二年生には上がることができなかった。留年して、一年生として三期ほど学校に通ったが、何度試験を受けても合格できないので、勉強には向いていないと思い、一〇歳になった時、学校をやめた。家の収入の助けになればと、近くの農業生産隊へ行き、家を建てるためのレンガ運びを手伝う仕事をした。一日七角だけもらっていた。一二歳になったところで、Sm漁業生産大隊の機帆船に乗った。一六歳になっていなかったので、工分はもらえなかったが、一か月二一斤ほどの米は船の上で支給されたし、仕事が覚えられるので、家にいるよりはよかった。

一九七六年に定住用根拠地へと移された小学校では、それまであった宿舎を廃していた。これは、すでに生活・生産の拠点を陸上へと移し、家屋を得ていた家庭では、工場・作業場で働く父母が自宅で子女の食事の世話をしながら、昼間は小学校へ通わせるということが可能となっていたためである。さらに、事例2—14からもわかるように、成員のすべて、あるいは一部が依然として船に暮らしながら漁や水上運搬に従事する家庭や、集合住宅を得ることが叶わなかった家庭では、労働から退いた祖父母の得た集合住宅、あるいは親族の家屋などに子女を住まわせて、小学校へ通学させるということも多く見られたという。

また、この時期には集合住宅を得る連家船漁民が増加していったことで、両親が陸上での労働に従事するか否かにかかわらず、子女は小学校を卒業した後になっても自宅から中学校、高校へと通うことができるようになり、このことが後に、子女たちの労働の場を陸上へと定着させる要因ともなっていった。小学校の学費は免除され、どんな家庭の子女であっても小学校での教育が容易に受けられるようになったことは事実だが、事例2―15からもうかがえるように、通学をつづけるか否かは、それまでと同様、各人や各家庭に任されていたということになる。

第四節　改革開放から現在まで

全国で計画経済が立ちゆかなくなり、一九七八年になって、鄧小平による改革開放路線が展開されはじめると、これにより、各地の人民公社は廃止され、生産や販売が個人に任せられる生産責任制（＝聯産承包責任制）へと移行した。こうして、龍海県内の農業生産隊では、耕作地は各世帯に分配され、各世帯はその土地に関して経営使用権をもつが、売買や転借をしてはならないということになった。さらに、作業をどのようにおこなうかは各世帯に任せられ、収穫時には定められた分を国家に売り、公共積立金・公益金・管理費といったものを支払った後に残った農産物は各世帯が自由に市場へ出せるようになった［福建省龍海県地方誌編纂委員会　一九九三：一〇九］。

一九七八年の改革開放から七年後の一九八三～八五年には、Sm漁業生産大隊でも体制改革がおこなわれ、生産責任制へと移行した。さらに、一九八五年六月になると、それまで生産大隊による集体所有であった漁船や漁網、陸上に建てられた集合住宅の居室や作業場も、個人に払い下げられることになった。ただし、しばらくの間、機械修理工場・造船工場・養殖場・診療所は、組織の所有としたまま経営されることになった〔張石成　二〇〇九a：一一一―一一二〕。

Sm漁業生産大隊は、一九八〇年にSm漁業大隊管理委員会へと名称を改めた後、一九八四年にはSm漁業村民委員会、さらに二〇〇三年にはSm漁業社区居民委員会となって現在へと至っている〔張石成　二〇〇九a：七二〕。なお、現在までに養殖場や造船工場はSm漁業社区の管理下には置かれなくなっており、機械修理工場や診療所も後に個人へと払い下げられている。

こうした体制の変化を経て、現在までの間に、連家船漁民の暮らしはどのようなものとなってきたのだろうか。ここでは、彼らの新たな職業選択と家屋の獲得、婚姻関係といったものに焦点を当てながら見てゆきたい。

(1)　職業の選択

改革開放路線の展開を受け、生産責任制へと漁業生産大隊の体制が変化したことで、連家船漁民には、漁船・漁網が払い下げられ、どのような作業を展開するかは各家庭に任せられるようになった。また、Sm漁業生産大隊から現在のSm漁業社区につながる組織の外へ出て、漁業以外の分野に自分の活路を見出すことも可能となっていった。

1　水上にとどまる

《事例2―16》黄ジンボー（一九五一年生・男性・石美漁船幇出身／前出）

一九八八年頃だっただろうか。それまで大隊の機帆船に乗っていたが、自分で船を造ってよいことになったと聞いて、機帆船を下りることにした。この時、子どもが二人いた。

かなり昔から、九龍江の河口にあるHm島に住んでいた漁民たちは、網を引いて蝦を捕っていた。その人たちは、家も土地ももっていた。彼らは集団化されても、組織のなかで蝦を捕りつづけていた。自分は幼い頃からそれを知っていて、どうやって捕るのだろうかと気になっていた。自分たち連家船漁民は、網にたまたま蝦がかかればそれを捕るという程度で、蝦だけを専門に捕ることはしていなかったから。どうやら、蝦引き網漁は金になるらしいと聞いたので、自分でHm島まで行って、技術を少しだけ教えてくれないかと頼み込んだ。その後で、当時の五万元を信用社から借りて、木造の「拖蝦船」（*to hE zun* ＝蝦引き網漁をする船）を新造した。九龍江の対岸にあるZn鎮の造船所がよいと聞いて、そこで造ったのだ。その時から今まで、連家船漁民のなかには蝦引きをするようになったり、やめたりする人が出たが、自分たち家族は今でもつづけている。娘は同じSm漁業生産大隊の人の息子と結婚して、陸へ上がった。息子は結婚した後も、妻と子を陸上に残して、自分たち夫婦と一緒に蝦を捕っている。

《事例2—17》張アーグン（一九四四年生・男性・海澄漁船幇出身／前出）

一九八九年、灯光船の仕事をやめて、信用社から借金をして木造の拖蝦船を購入した。この漁は、通常三～四人の労働力を必要とする。そこで、妻の黄アーギムと、高校を卒業したばかりの長男・張ゴッギャンと専門学校を卒業したばかりの次男・張ジーギャンの三人もすべてこの拖蝦船に乗り込むことになった。当時、蝦は誰が捕っても大漁だといわれたほどで、見よう見まねで漁をした自分の船も大漁がつづいた。

しかし、一九九〇年代後半になると、蝦がほとんど捕れなくなり、移動に使う燃料代すら稼げなくなってしまった。それで、二〇〇〇年頃、拖蝦船の所有権を有したまま、自前の船をもっていなかったSm漁業村の連家船漁民に貸すことにした。自分たち夫婦は、中古の小型木造船を購入して、夏は主に延縄漁を、それ以外は主に刺し網漁をすることにしたのだ。どちらも、厦門島附近の海まで出て漁をしている。波の荒い外海までは行くことができない。妻は、この木造船を買うまでの間に、朝の市場で手作りのチマキを売ったりして、金を準備してくれたものだった。この船で、今でも漁をつづけている。

現在、Sm漁業社区に暮らす連家船漁民のうち、最も多くを占めるのが、依然として漁船や運魚船に乗りながら漁や漁獲物の運搬をつづける人々である。しかし、そうした人々の多くは、事例2―16、2―17が示すように、自分の両親や祖父母の世代がおこなっていたという作業とも、集団化政策のなかで従事した経験のある作業ともまったく異なる、新たなタイプの作業を選択している。なかでも、事例2―16の黄ジンボーのように、連家船漁民が伝統的にはおこなうことのなかった、すなわち、よその漁民たちの漁法であると考えられていたものを、ほかの島にいた漁民たちから学ぶことによって自分たちのものとすることがあったというのは、興味深い[9]。ジンボーが導入に成功した蝦引き網漁は、連家船漁民の間で次々と伝えられ、大流行を生む結果となった。一九九〇年代後半の不漁を経ながら、現在でも中型・小型の船を合わせて一〇八艘がこの蝦引き網漁をしている[10]。

2　水上から陸上へ

《事例2―18》張シゥチュン（一九四三年生・男性・洲頭漁船幇出身／前出）

Sm漁業生産大隊の時に家族で乗っていた虎網漁船を、生産責任制になった時に買い取り、作業をつづけた。夏は九龍江河口でマナガツオ・イシモチ・エツ・ヤエヤマアイノコイワシ・フグ・ムツゴロウ・チワラスボなどを捕って、船の上で茹でたり天日に干したりしてから、運魚船に買い取ってもらっていた。冬は、九龍江の内部でウナギの稚魚を捕るなどした。普通の魚は一斤当たりいくら、というように計算するが、ウナギの稚魚は高価なので、一尾当たりで計算して買い取ってもらえる。高い時には、一尾当たり二〇元ほどで売れたこともあった。

虎網漁船での作業も儲かったのだが、しばらくして、自分で四川まで出かけて機械に使う歯車などを購入し、それをもち帰って工場などに売る仕事をしたこともあった。こうして稼いだお金で、厦門市で最大の市場、第八市場の一角にあった土地の使用権を購入し、そこで氷を作って市場の魚屋や肉屋に売る製氷場を営むことにした。厦門島内は物価が高いし、第八市場は人の出入りが多いので、とても儲かるのだ。

長男は、Sm漁業社区内に家をもち、そこに妻と娘を残して厦門市や龍海市内の工場などを転々としながら仕事をしている。自分は階級闘争の時には「中華民国期の甲長の親戚だから」、「裕福で人を雇っていた漁民だったから」というので批判の対象にされたが、後に平反されて、名誉が回復した。このために、次男は厦門市内の公安局で働くことができている。公安局に入る時には、厳しい身辺調査を受けたのだが、最終的には父親である自分の経歴が問題となることはなかったという。三男は、同じSm漁業社区内に暮らす連家船漁民の女性と結婚し、二人の娘を妻の実家に預けて、自分の造った第八市場の製氷場を継いでいる。製氷場の商売はとてもうまくいっているので、自分と妻はSm漁業社区のそばに購入した小さな二階建ての家屋で隠居暮らしをしている。

《事例2―19》張チンチュエン（一九七三年生・男性・Sm漁業生産大隊出身）

自分は張シーチンと楊アーパンの間に生まれた次男で、張チンユェの弟である。父も母も自分が生まれた時にはすでに陸上での仕事に就いていたので、自分は陸上で育った。Sm漁業大隊漁業小学を卒業した後で、龍海市内の中学校へ通った。そこを卒業した後は、母の父方のイトコたちがオーナーを勤める大型底引き網漁船に、兄のチンユェとともに乗って台湾海峡のあたりまで行って漁をしていた。

父親の張シーチンは、一九九〇年代後半までSm漁業生産大隊やSm漁業村居民委員会で会計をしたり、幹部をしたりしていたのだが、当時の書記が起こした汚職事件に巻き込まれて仕事を失うことになった。そのせいで退職金ももらえず、同じ村の人からは汚職に関わった奴だと後ろ指を指された。「シーチンは、村の中を歩きまわって皆の行動を調べ、それを鎮や県の幹部に告げ口して小銭を稼いでいる」と噂を立てられたこともあった。父はその後、近くで家を建てたり公園を整備したりする工事があると、現場で、昼夜、物資が盗まれないように見張る仕事をしたり、裕福な人たちが暮らすマンションの門に建てられた小屋で、母と寝泊まりしながら門番をしたりして生計を立てている。ただ、月給は三〇〇～六〇〇元ほどにしかならないし、病気で仕事ができない時もあるので、貧しい暮らしをしている。

三〇歳になった頃、自分は同じSm漁業社区に住む連家船漁民の家庭出身の女性と結婚することになった。その前に、集合住宅の一室を四万元ほどで購入した。貯金もなかったので、多額の借金をしなければならなかった。そこで、父の張シーチンのイトコ、張シュチュン（洲頭漁船幇出身・前出）の三男・張チンホイから、借金をすることにした。当時、張チンホイはすでに厦門市第八市場の製氷場を譲り受けていたので、経済的に余裕があった。自分と張チンホイは、もともと同じSm漁業生産大隊で一緒に育っていたし、父親たちは実際には血のつながりはないものの、イトコ同士だったので、よい友人だった。さらによいことには、張チンホイの妻と、自分の妻が姉妹だったので、ほかの人に頼るよりは、気軽に借金することができたのだ。

底引き網漁船に乗っているだけではあまり稼げず、借金を返すこともできないので、張チンホイが第八市場の製氷場で一緒に働かないか、と勧めてくれた。給料も四〇〇〇元ほどくれるし、食事は張チンホイ夫妻が用意してくれるものを食べればよいから食費も必要ない、給料から毎月少しずつお金を返済してくれればよいと言ってくれたので、それからはずっと第八市場の製氷場で働いている。張チンホイは自分のことをとても頼りにしてくれて、時には店の切り盛りを任されることもある。

連家船漁民のなかには、水上から陸上へと労働の場を移してきた者も存在する。しかし、事例2―18からは、改革開放政策実施後の体制改革によって職業の選択が自由になっても、それがすぐに労働の場の変更につながるわけではなかったことがわかる。彼らの多くは、ひとまず、自分たちに馴染みのある方法で水上での漁業や漁獲物の運搬に従事し、その後で新たに陸上での労働をはじめるという状況にあったのである。また、事例2―19は、連家船漁民が定住用根拠地を獲得した一九六〇年代以降に生まれ、就学期間が終了するまでの間は陸上で育ったことしかない若い世代であっても、さしあたっての職業として水上での漁業を選択することは、さほど抵抗なくなされていたことを示している。より重要なのは、機帆船での漁業にせよ、市場での製氷業にせよ、事例2―19の張チンチュエンは、両親や祖父母の世代が同じ漁船幇に所属していた近い血縁関係にある連家船漁民を頼る形で新たな労働の場を選択しているということである。ここからは、連家船漁民にとって、かつて漁船幇を同じくしていたという関係性や、親同士が同姓親族であるという関係性が依然として大きな影響力をもつことがわかるからである。

3　水上・陸上を往来する

《事例2―20》張チンユェ（一九六九年生・男性・Sm漁業生産大隊出身／前出）

自分が一六歳の時から乗っていた単艘底引き網漁の大型船は、もともとSm漁業生産大隊のものだった。生産責任制になると、その底引き網漁船は、皆から漁が上手だと思われて慕われていた自分の母の父方イトコに払い下げられた。彼が中心となって、信用社から借金をし、購入することになったのだ。しかし、一人では機帆船を購入することができないので、この時に、この人と同じ龍海橋漁船幇に属していた彼の兄弟や父方イトコたち一〇人ほどがお金を出し合って、この底引き網漁船の株主となり、船を共同経営することになった。株主たちは、出したお金の額に割合に応じて、儲けのなかから取り分をもらうことができる。底引き網漁船には、一艘につき二〇人以上が雇われて作業をしており、雇われたのは皆、Sm漁業生産大隊の人だった。自分も引きつづき、この底引き網漁船に乗って台湾海峡まで行き、漁をつづけた。給料は、毎回の漁獲高に、株主や乗組員の勤務年数や技術の高低によって予め定められた比率をかけて計算されていた。

しばらくすると、株主同士の関係が悪くなりはじめたので、この底引き網漁船を下りて、Sm漁業生産大隊の別の人が購入した底引き網漁船に乗ることにした。これは、新造した鉄製の底引き網漁船で、やはり台湾近海まで行って漁をしていた。

底引き網漁船ではあまりよいお金がもらえなかったので、二〇〇四年ぐらいになって、父の紹介でSm漁業生産大隊の人が香港人と経費を出し合って経営していた水産品冷凍工場へ行くことにした。休日がなくて大変ではあったが、そこでかなり長い間働いた。しかし、二〇一〇年ぐらいになってから、工場は経営がうまくいかなくなって、閉鎖となったので、考えあぐねて、また底引き網漁船に戻ることにした。自分は、小学校でも一年生の勉強しかしていないから、字もほとんど書けないし、頭もよくない。だから、陸にいてもあまりいい職業に就くことができないし、経験のある底引き網漁船が結局のところ、一番お金がもらえるのだ。

だが、同じSm漁業社区の人たちが街で三輪車をこいで客を載せているのを見て、どうやら儲かりそうだと思ったので、借金をして三輪車を買った。今は三輪車をこいでいる。工場での仕事とはちがって、自分の好きな時に街に出て三輪車をこげばよいので、気分は楽だ。ただ、思ったより金が稼げないのがつらい。借金を返せるようになるまではつづけようと思うが、あまりにも収入が低いままだったら、またSm漁業社区の人がもっている漁船にでも乗りにいけばいいと思っている。

《事例2―21》張ゴッギャン（一九七三年生・男性・Sm漁業生産大隊出身）

張アーグン（＝前出）と黄アーギムの間に生まれた長男である。Sm漁業大隊漁業小学から龍海市内の中学校・高校を卒業した後、成績がよかったので大学へ行くつもりだった。ところが、高校三年生の時に、大学進学希望者に対して、大学受験資格があるかどうかを調べる身辺調査が秘かにおこなわれていたらしい。自分の父は、一九七〇年代に罪人として逮捕された経歴があり、まだ名誉回復もされていないから、自分は大学受験することさえ許されないということになった。悔しかったが、逆らうこともできないので、父と母、弟とともに、拖蝦船に乗り、蝦引き網漁を手伝うことにした。この時、船の操縦技術は父から見よう見まねで学び、講習会に参加した後で簡単な試験を受け、操船免許も取った。父の世代は、漁船の操縦を幼い頃からつづけていたので、試験なしで、ある時期になって操船免許をもらうことができたそうだ。しばらくしてから、厦門市内にある水産学校（＝現・海洋職業技術学院）で短期間の講義を受けて、大型船舶の免許も取得した。

一九九五年、中学時代の同級生で市街地に暮らしていた王ビージェンと結婚した。一九九七年にに息子の張イーチーが生まれてしばらくすると、拖蝦船での蝦引き網漁が下向きになったので、拖蝦船を下りて陸へ上がり、台湾資本の靴工場で働きはじめた。妻のビージェンは、高校を卒業した後で龍海市内の縫製工場で働いていたが、自分と時期を同じくして彼女も、この靴工場で働きはじめた。自分はその後、龍海市内にある工場を転々としたが、妻は今でも靴工場の仕事をつづけている。

二〇〇三年頃になって、自分にはやはり水上の仕事が向いていると思い、今度は、「砂船」（*sua zun*）の仕事に就くことにした。これは、龍海市内の農村出身者がオーナーを務める鉄製の大型船で、福建省各地や広西チワン族自治区などの海や河へ行き、海底や川底の砂を掘削してそれを運搬する船だ。自分は大型船舶の免許をもっているので、砂船の副船長として雇われたのだ。長ければ半年、短くても三か月ほどは妻子と会うことができないが、一か月に九、〇〇〇～一万元と破格の給料がもらえるので、現在も砂船の副船長をつづけている。

事例2—20、事例2—21で取り上げたのは、連家船漁民が現在のSm漁業社区に定住用根拠地を獲得した後の、一九七〇年前後に生まれた比較的若い世代の例である。これらの世代は、両親が早くに陸上へと生活の拠点を移した場合でも、はたまた両親が長く水上での労働に従事してきた場合でも、自らは水上と陸上の境界をいとも簡単に乗り越えて、生活を営もうとしていることがわかる。つまり、陸上に家屋を構え、そこが生活・生産・消費の上で依存せざるを得ない根拠地へと変化しても、水上というのは、依然として連家船漁民の多くにとって生活・生産の場所でありつづけているのである。

(2)　一家庭・一家屋の時代へ

すでに確認したように、連家船漁民は、一九六〇年以降から徐々にその土地を拡大しながら定住の拠点となる用地を獲得し、現在までに計二一棟に及ぶ二階建て以上の集合住宅と、九棟の平屋建て住宅を建設してきた。集団化政策のなかでは老人たちに優先的に分配され、時期によっては安い賃料を課したり、賃料を無料としたりしながら連家船漁民の陸上での生活を支えてきた集合住宅は、改革開放後、当時住んでいた人を主な対象として、個人へと払い下げられることになった。

《事例2—22》張チンユェ（一九六九年生・男性・Sm漁業生産大隊出身／前出）

一九八〇年代後半頃だっただろうか。自分が生まれた頃にSm漁業生産大隊から分配されて祖母と暮らしていた集合住宅の一室が払い下げられることになり、母がそれを安い値段で購入し、家族で住んでいた。「お前が結婚した時の家にしろ」と母は言ってくれた。

一九九三年頃になって、九龍江河口で虎網漁船に乗っていた連家船漁民の女性を紹介されて、結婚することになった。妻の家族は、集団化のなかでFg人民公社のFg漁業生産大隊に所属していた。その後、Fg鎮を流れる九龍江支流のそばに集合住宅が建てられ、妻もそこで育ったのだ。すでに、妻の姉や、親戚の女性の多くがSm漁業生産大隊に嫁いでいたので、妻は寂しい思いをしなくてすんだ。すぐに息子の張ビンジンが生まれた。妻は、嫁いできてから今まで、龍海市Hc鎮の水産品冷凍工場に毎日通って、魚の腹を出す仕事をしている。

妻と結婚してから、母が購入してくれた家には、自分と妻、息子のビンジンと三人で暮らしている。父と母は、弟のために購入した家にも住んでいない。二人は、すぐ隣のGk村の農民たちがもつ三合院の一室を一か月二〇〇元ほどで借りたり、マンションの門番をするために小屋に住んだりと、安い部屋を転々としながら暮らしていた。それが、二〇一一年になって、Sm街道のはずれに建てられた「廉租房」と呼ばれる低家賃住宅に家をもらうことができるようになった。これは、市が低所得者のために建てた集合住宅で、父と母は一番小さな部屋で暮らしている。ここは、Sm漁業社区からは少し離れているが、Sm漁業社区の人も多く住んでいるので、父と母は毎日、昔からの顔馴染みの人たちの家を訪れ、一緒にお茶を飲んだり、ポーカーをしたりすることができている。父と母は死ぬまでずっとこの廉租房に暮らす権利があると聞いたので、安心している。

《事例2—23》張アーグン（一九四四年生・男性・海澄漁船幇出身／前出）

蝦引き網漁で手に入れた金を使って、一九九四年、Sm漁業村（＝現在のSm漁業社区）から少し離れた九龍江本流の畔にできたばかりの分譲アパートの一室を購入することにした。この家は、公的な集合住宅ではなかったので、二〇万元した。蝦引き網漁で貯めた金では足りなかったので、友人や魚を売る商人などから借金をしてようやく購入することができた。家は客間と台所、洗面台とシャワーのついたトイレ、三つの寝室を備えており、全体で一二〇平方メートルと広かった。家がなくては長男も次男も結婚ができないと考え、購入したのだ。よい家だったので、自分の妹家族にも同じアパートへ入るように勧めた。結局、妹家族と、Sm漁業村に属していたほかの連家船漁民が数家族、このアパートに入ることになった。

自分の家を購入したすぐ後で、父親の張アーロンと母親の蔡フーホアがSm漁業生産大隊から分配されていた集合住宅の一室が、そこに住んでいる人に優先的に安価で払い下げられるということになった。父母は四〇代にもならない頃に早々と自主的に退職して、何の仕事もしなくなっており、自由になるお金もなかった。そこで、漁業生産大隊の人が、長男である自分にこの家を購入しないか、と勧めてきたのだ。外で家を購入するのに比べたら、集合住宅の部屋は四二〇〇元と破格だった。内部のリフォーム代をあわせても、一万元だったので、名義を自分の名前にして、妻と二人で購入し、そこに父母を住まわせることにした。

自分の六番目の弟は結婚した後も、まだ自前の家をもっておらず、同じSm漁業生産大隊の連家船漁民だった妻の両親が得た家に間借りしている。この弟夫妻は、自分が購入して現在は父母が住む集合住宅を狙っている。名義は自分であるが、この家は父母のためのものだから、父母が生きている間だけは、誰も父母を追い出したりすることは許さないと弟に言い聞かせている。ただ、父母も高齢なので、亡くなったりすることがあれば、弟に取られてしまうことになるかもしれないと覚悟はしている。

現在のSm漁業社区に次々と建てられた集合住宅は、四〇〇〇人を超える人数を収容するだけの容量をもたなかった。そこで、集合住宅を購入することができなかった連家船漁民の家庭は、Sm漁業社区以外の土地に分譲マンションを購入したり、部屋を賃借したりするようになっている。そうまでして、陸上に生活の拠点となる家屋を獲得するよう連家船漁民をつき動かしている大きな要素とは、子女の結婚である。すなわち、事例2―22、2―23からもわかるように、多くの連家船漁民にとって、家屋というのは、息子の結婚に必要なものと見なされており、多額の借金をして購入した家屋を、やすやすと息子家族に譲るという場合すらあるのである。こうして、事例2―22にある低所得者用の低家賃住宅の獲得も含めれば、「一家庭につき、一家屋」という状況は、一九六〇年代に進められた集合住宅の建設から実に四〇〜五〇年という月日を費やしながら、着々と実現に向かいつつある。

(3)　婚姻をめぐる新たなネットワーク

改革開放後の連家船漁民は、職業の選択や家屋の獲得をはじめとした生活のさまざまな面で、大きな変化を経験してきた。そうしたなか、第一章で見たような、連家船漁民をめぐるきわめて閉鎖的な婚姻関係にも、変化が現れるようになってきた。

1　市街地・農村から連家船漁民のもとへ嫁ぐ

《事例2―24》王ビージェン（一九七三年生・女性・Sm街道市街地出身）

父親がSm鎮全体に電力を供給する電力会社で働いていたため、自分は農村ではなく現在のSm街道の市街地にある電力会社の社宅で育った。龍海市内の中学校に通っていたのだが、二年生の時、Sm漁業村の出身だという張ゴッギャンと同じクラスになった。一年間、同じ机を使って勉強する「同卓」の関係だった。机に線を引いて、「お前、ここから出るなよ」などとよくふざけ合ったものだった。別の高校に通ったのだが、高校二年生ぐらいの時に、ゴッギャンが友だちと連れだって私の家を訪ねてきて、「つき合ってほしい」と言われた。驚いたが、性格もよくわかっていたので、交際することにした。

ゴッギャンは高校を卒業すると、父母や弟とともに拖蝦漁船に乗って漁に出かけた。私は、高校を卒業してすぐに、龍海市内の縫製工場で働きはじめた。だから、デートといってもゴッギャンがSm漁業村にある母方の祖母の家へ帰ってきた時に、私がそこへ遊びに行ったり、街に出かけたりするというようなものだった。

しばらくすると、ゴッギャンの弟の張ジーギャンが、Fg鎮に暮らしていた張シュウディンという女性と交際をはじめた。シュウディンは、両親が虎網漁船に乗っていた連家船漁民で、Fg人民公社Fg漁業生産大隊の集合住宅で育った女性だった。シュウディンは、小学校に通わず、幼い頃から両親の虎網漁船で漁の手伝いなどをしており、船での生活にも慣れていた。シュウディンとジーギャンが乗る拖蝦船は、厦門島のあたりまで漁へ行くと、シュウディンの姉とその夫が乗っていた虎網漁船の隣に船を停泊させることがあった。姉夫妻を手伝うために時々、その虎網漁船に乗っていたシュウディンとジーギャンは、顔見知りでもあった。ジーギャンの母親の黄アーギムは、若いのに船での生活や作業のやり方を知っていたシュウディンを気に入って、いつか息子のジーギャンと結婚してくれたらと考えていたらしい。二人とも二〇歳を超えて、そろそろ結婚を考えてもよいのでは、ということになり、結局そのまま結婚を前提に交際することになったという。

私もゴッギャンとの結婚を考えはじめた頃、ゴッギャンの母方オジが金門島へ魚を捕りに行き、金門の人に捕まって殴られ、大けがをしてSm街道の病院に入院した。それを聞いて、ゴッギャンとともに病院へお見舞いに行った時、はじめてジーギャンの彼女だったシュウディンと顔を合わせた。私は、ゴッギャンに「俺たちの拖蝦船に遊びにおいで」と誘われても、「船での生活はつらそうだから嫌だ」とずっと断っていたのだが、病院でシュウディンと出会った時、シュウディンとゴッギャンの母親のアーギムがとても仲良さそうに話しているのを見て、「やっぱり、お義母さんは船で暮らすことに慣れている女の子が大好きなんだ……私のように街で育った女のことは、口では好きだといってくれても、本当はあまり快く思っていないんだ」と落ち込んだ。これがきっかけとなって、その後、何度かゴッギャンの船に遊びに行くこともあった。

一九九五年になって、ゴッギャンと結婚したのだが、船に乗ること自体に慣れていなかった私は、停泊中の船に乗っても船酔いすることがわかったので、ゴッギャンたち家族が新しく購入したアパートの一室に住みながら、靴工場で働くことにした。一九九七年になると、息子の張イーチーが生まれた。さらに、一九九九年になって、ジーギャンとシュウディンが結婚し、シュウディンも私と息子と一緒に暮らすようになった。翌年の二〇〇〇年、ジーギャン夫妻に息子の張ウェイチーが生まれた。

いざ結婚してみると、ゴッギャンの母のアーギムは、私にもシュウディンとほとんど変わらぬ態度で接してくれて、とてもよくしてくれている。船で暮らす連家船漁民のゴッギャンと結婚したことを、後悔したことはほとんどない。

《事例2―25》柯カーホン（一九八七年生・女性・Bs鎮Kk村出身）

Sm鎮のすぐ隣に位置するBs鎮のKk村という農村で生まれ育った。父母は、畑で茘枝や野菜を作り、それを露店の市場へ運んで販売しながら生計を立てている。私は、この農村で小学校と中学校を出た後、龍海市内にある工場を転々としながら働いていた。台湾資本の靴工場で働いていた時に、同僚の王ビージェンと仲良くなった。年はかなり離れているが、ビージェンは気さくで気取らない人だったので、私と同じ年頃の女の子は皆、彼女を慕っていた。

仲良くなった頃、ビージェンの夫の張ゴッギャンは砂船に乗って遠くへ行っていたし、ゴッギャンの両親は小さな船で刺し網漁をしに厦門島のあたりまで出かけていた。さらに、ゴッギャンの弟の張ジーギャン夫妻は、「交通船」(gao tong zun＝渡し船)の仕事をしていた。そのため、日頃、家ではビージェンと息子の張イーチーだけが暮らしていた。だから、ビージェンの家は、私たち同僚が誰にも気兼ねなく集まっておしゃべりのできる場所となっていた。いつも、仕事が終わった後や、休日になると、ビージェンの家に集まって、一緒にテレビを観たり、お菓子をつまんだりして過ごしたものだった。私はその後、靴工場を離れたが、それでもビージェンとの友情はつづき、仕事のある日でも休日でも、暇さえあればビージェンの家を訪れていた。たまに家へ帰ってくるビージェンの夫の父母ともすぐに仲良くなった。

二四歳ぐらいになって、周りの友人も結婚しはじめたので、私も誰かと交際でもしてみようかと思った。でも、自分で誰かを好きになったことはなかったので、ビージェンに「そろそろ結婚したい」と相談してみた。すると、ビージェンは、「おしゃべり好きの義母・黄アーギムなら、いろんな人と顔見知りで情報網が広いから、アーギムに紹介してもらおう」と言う。アーギムは、すぐに動いてくれた。それで、Sm漁業社区の連家船漁民で、両親とともに拖蝦船に乗っていた阮インソンという男の人と会ってみることになった。自分より二歳年上で、Sm漁業社区の隣のQk社区に分譲マンションを購入して、漁から戻ると両親とそこに住んでいた。はじめて会う時は、心配なのでビージェンにもついてきてもらった。

インソンが自分よりも背がちょっとだけ低いことが不満だったので、ビージェンに「あの人は性格はよさそうだけど、背が低いから嫌だ」と伝えた。すると、「あなたが一七〇センチもあるだけで、インソンは普通の人に比べても背が低いわけじゃないし、そんなことはすぐに慣れてしまうから気にするな」と諭された。ほかにも、「連家船漁民のもとに嫁げば、あまり夫のそばにいられないのは少し寂しく思うかもしれないけど、普段は夫の父も母も家にはいない。こんなに気楽なことはないよ。自分一人で生活するのだから、少しぐらい家事をさぼっても問題ない。いつ実家に帰って寝泊まりしても、夫の父母から文句を言われることもない。結婚しても、これまでどおり、普通に自由に暮らすことができるんだよ。それに、昔は連家船漁民といえば貧乏でかわいそうだと思われていたけど、今では漁で生活に困らないだけの稼ぎを得ることができるし、インソンの両親はすでに分譲マンションまで買っていて、今後それほどお金を使う必要もない。インソンが稼ぐお金は、自分たちの自由に使えるのだから、農村の男の人に嫁ぐよりよっぽど気が楽だと思う。インソンは高校も出ていて、ちゃんと教育も受けているから、安心だ」と、ビージェンは事あるごとにインソンとの結婚を勧めてきた。実際に、市街地から連家船漁民の家庭に嫁いできたビージェンがこう勧めてくれるのだから、かなり説得力があった。

こうして、インソンが漁から戻ってくるたびに会ううちに、恥ずかしがり屋な人柄も好きになり、インソンの両親も「ぜひ、インソンと結婚して、うちにおいで」といってくれたので、結婚することにした。結婚してからも、ビージェンの家には毎日のように遊びに行けるので、やはり気が楽でよかった。

一九六〇年代以降は、近隣の農村や市街地に生まれ育った女性たちが連家船漁民の家庭へと嫁いでくることが少しずつ増えている。それは、事例2―24のように、市街地の中学校・高校での出会いが契機となった結婚など、多くの場合、個々人同士の接触の経験に左右されてきた。しかし、事例2―25が示すとおり、近年ではSm漁業社区の外から連家船漁民のもとに嫁いだ女性の勧めが、社区外のほかの女性と連家船漁民との見合い結婚の成功に結びつくというように、女性同士のつながりが結婚の連鎖を生むとの状況も現れていることがわかる。

2　連家船漁民の家庭から市街地や農村へ嫁ぐ

《事例2―26》張アーメイ（一九七一年生・女性・Sm漁業生産大隊出身）

張シーチンと楊アーパンの間に生まれた長女で、張チンユェの妹、張チンチュエン（＝前出）の姉に当たる。Sm漁業大隊漁業小学を卒業して、龍海市内の中学校・高校に通った後、工場の事務員として働いていた。その時に、Sm街道の市街地出身の王ソンシンと出会い、恋愛の末、結婚することになった。しばらくの間は、市街地の安いアパートの一室を借りて、そこで夫と娘と一緒に暮らしていた。しかし、Sm街道にいるよりも、外に出たほうが稼ぎがよいと考え、今は上海の郊外に夫と娘とともに移り、日本向けにプラスチックのおもちゃを作る工場に勤めている。

《事例2―27》阮リエンフォン（一九八五年生・女性・Sm漁業村出身）

刺し網漁をする連家船漁民の家庭で生まれ、Sm漁業村の集合住宅で育った。私は、Sm漁業大隊漁業小学から「Sm漁業小学」と名称を変えていた定住根拠地内の小学校を卒業した後、龍海市内の中学校に通った。その後、龍海市内の工場で働いたり、牛乳のセールスをする仕事をしたりしていた。二三歳になった頃、知り合いをとおして、九龍江本流の対岸に位置するZn鎮の農村に暮らす男性を紹介してもらった。特に相手に対する希望もなかったので、勧められるままに結婚した。今は、一人息子を生み、家庭の主婦として夫の家で暮らしている。同じZn鎮へ嫁いだ父方のイトコたちが近くに住んでおり、会って一緒に子どもたちを遊ばせたりできるのでよかった。

事例2―26、事例2―27が示すように、近年では、連家船漁民の家庭で育った女性がSm漁業社区の外に暮らす男性のもとへと嫁ぐ例も多く見受けられる。それは、恋愛結婚の場合も、紹介による見合い結婚の場合もあるのだが、これらの例からは、集団化政策や改革開放政策を経て、連家船漁民と周辺の農村や市街地に暮らす人々との関係性が変化しつづけていることがわかる。

第五節　まとめ――集団化政策と陸上定居が連家船漁民にもたらしたもの

(1)　経済生活における漁船幇の喪失と社会生活における漁船幇の継続

根拠港を同じくし、複数の父系出自集団から構成される漁船幇。地縁的・血縁的な関係性によって連家船漁民を結びつけていた漁船幇は、同じ空間に船を泊め、共通の神明を祀ったり、時に船隊を組んで漁をおこなったりするだけの集団ではなかった。たとえば、他の漁船幇との間で漁場をめぐって争いが起きれば、各漁船幇内部の結束力は途端に強化された。あるいは、漁船幇内部、そして漁船幇間のネットワークは、船に住まう者同士の婚姻を好む一方で、ごく近親の同姓集団内の婚姻を著しく嫌う連家船漁民にとって、なくてはならぬものだった。さらに、多くの殉死者を出しながら、連家船漁民の間では中華人民共和国建国の一翼を担った名誉の歴史として語られる、一九四九年一〇月の厦鼓解放作戦（＝人民解放軍を船に乗せ、厦門島・鼓浪嶼島を共産党政権下に置くことを目的とした作戦）への参加も、その基部では、神明祭祀の際などに働く漁船幇内部の世代間の序列によって支えられていたのだ。

だが、いや、だからこそだろう、一九五〇年代以降の集団化政策は、漁船幇による連家船漁民同士の紐帯を解体するように展開していった。ごく初期の頃から、集団化政策は、漁船幇ではなく、その下位の作業タイプを同じくする集団を単位として進められた。互助組、生産合作社、Sm公社Sm漁業生産大隊といった組織に分かれ、各組織の成員として集団化されていった連家船漁民は、経済的には各組織に依存していたが、ある時期までは基本的には、家族で船に住まいながら、九龍江河口に分散して漁や水上運搬をつづけていた。この形態に大きな質的変化をもたらしたのが、一九六〇年代から拡大する定住用根拠地の獲得であった。まず、家屋未獲得の連家船漁民もこの定住用地に造られた漁港に集まり、そこに船を停泊させるようになった。つづいて、定住用根拠地に造船工場・機械工場・編網作業場・編綱作業場・麻袋工場・水産品加工場などが建てられ、水上の漁撈とそれを支える陸上の工場（・作業場）労働という二本柱の生産体制が整えられていった。機帆船に乗り組んで外海でおこなわれる青年層の集団漁撈や、工場での労働は、Sm漁業生産大隊幹部による一括管理のもとに決定され、それまでどの漁船幇の、どの父系親族集団に所属し、どのような形態の漁に従事していたかが考慮されることはなかった。そこでは、共産党政権下で新たに登場した、階級や政治的背景といった要素による区別はありこそすれ、組織（あるいは国家）に対して忠誠を誓うべき存在として、基本的には個々の連家船漁民が同等の責務を担うものとして扱われたからだ。このことは結果的に、漁船幇内部にあった世代の深浅による序列や、利害をめぐる漁船幇間の対立といったものを消滅させてゆくことになった。

それればかりではない。集団化政策下の集合住宅や改革開放後の分譲アパートに代表される家屋の分配・購入・賃借の動きも、個々の家庭ごとに展開していった。こうして生まれたのが、新たな「隔壁」（*keh piah* ＝お隣さん）は、親族でも、同じ漁船幇の出身者でもなく、組織による配置や連家船漁民自身の自由選択の結果として、いわば偶然に、隣り合わせることになった者という状況である。そう、同じ（あるいは近接する）農村の出身で、何世代にもわたって同じ根拠港に船を停泊させてきたとの長い歴史を共有する地縁・血縁の綯い交ぜになった漁船幇の姿は、もはや同じ空間に共住するという形では見ることができなくなったのだ。

こうして、集団化政策や定住用家屋の獲得といった、一九五〇年代以降の政治的な動きは、表面的には、漁船幇や漁船幇内部の父系出自集団が経済生活の上でもってきた共働・共住の機能を削ぎ取るべく作用してきたように見える。代わって、連家船漁民を結びつける機能を担うようになったのは、一〇あまりの漁船幇を分断したりつなぎ合わせたりすることによって誕生した、Sm漁業生産大隊から現在のSm漁業社区へとつながる人口四〇〇〇以上の巨大な行政組織のほうである。

しかし、個々人の日常に眼を向けると、少し違った光景が見えてくる。たとえば、現在でも、連家船漁民が結婚相手を探す際には、相手がSm漁業社区や別の行政単位（＝漳州市・龍海市Fg鎮・廈門市など）に集団化された連家船漁民であれば、かつて各漁船幇間で育まれていたネットワークが仲介において重要な役割を果たしている。また、高価な鉄製の大型漁船を購入し、数十名の乗組員を雇って台湾海峡まで出漁するという底引き網漁船の経営に当たっては、かつての漁船幇内部にあった父系出自集団の成員が出資し合い、株主として共同で責任を負うことも見られる。

つまり、表面的には結合力を失ったかに見える漁船幇やその下位集団であるところの父系出自集団の紐帯は、現在でも社会生活の根深いところで、連家船漁民の生活を支えているのである。

(2)　連家船漁民にとっての陸上定居政策

中国の水上居民にとって、中華人民共和国成立後の一連の集団化政策は、各地でさまざまに名づけられ、蔑視の対象となっていた人々を、漁民・船民という専業集団として集団化し、農民・牧民・工人といった他の集団と同等の権利を与えられた国民へと作り変えるものだったといえる。そこで重要な役割を果たしたのが、互助組・生産合作社・（人民公社内の）生産大隊といった組織に経済・教育・医療・政治といった機能を一極集中させ、人々を一定の土地と組織に依存させてゆくというシステムである。九龍江河口の連家船漁民もまた、こうした動きのなかに絡めとられていった。最終的には、船や漁網などの生産手段は公のものとなり、捕った魚は自分たちが食べるごく少量を除いてすべて人民公社や省の水産収購站へと納められ、代わりに、各人は体力・技術をもとに組織が算出した労働点数によって得られる食糧（＝米・肉・油など）の配給券や現金で生活するという体制が完成した。

そんな連家船漁民にとって、定住用根拠地の獲得は、きわめて大きな意味をもつ出来事であった。生産面では、そこは、九龍江の内水域や河口、外海での小規模・大規模な漁を支える空間として整備され、船・漁網・縄・発動機といった必需品の供給や、捕れた魚の加工・出荷を一手に担う生産拠点として機能するようになった。また、この根拠地には、託児所・幼稚園・小学校・赤脚医生（＝医師免許や看護師免許を有さぬが、ごく初歩的な医療行為を許された者）の常駐する診療所・商店が設けられ、そこは文字通り、連家船漁民が生活する上で依存せざるを得ない根拠地へと作り上げられていったのである。

ただし、連家船漁民の間で「陸上定居（＝陸上での定住）実現の端緒」として語られる、定住用根拠地の割譲と集合住宅の建設・分配に関わる政策は、行政主導のもと用意周到な計画を経て進められたとはいい難いものであった。それは、一九五九年夏に襲来した大型台風によって一三二名の連家船漁民が溺死するという、いわば偶発的な出来事を契機としていたからである。だが、それを偶然の産物と片づけてしまうのは性急すぎることもたしかである。なぜなら、台風による溺死者の大量発生は、（台風自体の威力、急激な発達・進路変更などの理由を考慮しても）基本的には非常時も陸上に逃げ場をもたず、せいぜい船ごと風波の弱い空間へと移動して、人は船に身を潜めるしかないという、連家船漁民の住まい方そのものに起因しており、それは連家船漁民にとっては以前からの懸案事項だったに違いないからである。つまり、中華民国あるいはそれより前の王朝の時代にも、台風の被害に遭う連家船漁民など数多くいたはずなのに、そこに注意を向け、彼らに土地と家屋を与えることで根本的な住まい方の変革を図らせようとする為政者は、共産党政権下における集団化政策期まで登場しなかったという点を押さえることが肝要である。おそらく、これこそが、連家船漁民の陸上定居をめぐって生じている、二つの相反する印象を紐解く鍵なのだから。

相反する印象の一つは、陸上定居と定住用根拠地の開発が、それまで分散的な生活を送っていた四〇〇〇人超の連家船漁民を一つの土地と組織に依存させることにつながり、それがひいては、人民公社や地方政府、国家による連家船漁民の管理を容易なものにしており、陸上定居政策とは為政者にとって連家船漁民の統治を簡便にする道具の一つだったというものである。社会の周縁に位置してきた人々をも一様に国民化し、国家の重要な労働力の一翼を担わせることを企図する国家にとって、連家船漁民のように移動的な人々に固定した住所と労働の場を与えることは、彼らから労働の収益を効率よく回収し、再分配するのに適した制度であっただろう。まさに、折よく、こうした為政者の利と合致したからこそ、集団化政策が実施されるまさにそのただなかに、連家船漁民の陸上定居が実現したのである。それも、別の農業生産大隊に、貴重な耕作地の一部を割譲させるという強制的措置まで講じて、である（想像するに、この時期に巨大台風が襲来しなかったとすれば、別の事柄が彼らの陸上定居政策実施の契機となったはずである）。

だが、「(やむを得ぬ事情があったにせよ)遠い祖先は農村から追い出されたのだ」との伝承を語り継ぎ、「土地や家屋がないから農民とは結婚できない」などと考えながら、小さな船に住まい、落水・遭難事故や台風・高波といった自然現象の犠牲になる危険と隣り合わせの生活を送ってきた連家船漁民から見れば、集合住宅の分配は、そうした苦渋に満ちた生活からの脱却を可能にするものと映っていた。社会主義体制のもとでは、分配された集合住宅の一室や購入した分譲アパートの一室を個人所有の土地や家屋だと主張することはできぬものの、それでも、自分たちだけで独占的に使用することのできる空間を陸上に獲得したことに変わりはない。それに、たとえ、家屋が分配されず、労働の場が船上のままであったとしても、定住用根拠地がある限り、非常時には頼れる親族や友人の家屋に身を寄せて危険が過ぎるのを待つことができるし、学齢期の子を陸上の親族に預けてさえおけば、我が子を落水の危機から守ることもできるのである。だからこそ、陸上定居の過程は、連家船漁民にとっては、「長年の夢だった家をもらえて嬉しい。政府よ、毛主席よ、ありがとう!」との喜びをともなう、土地・家屋獲得の輝かしい記憶として刻まれているのだ。そう、それまでの為政者と違って、共産党だけが連家船漁民の苦しい境遇を気にかけ、真の意味で救済の手を差し伸べてくれたというのが、連家船漁民の陸上定居をめぐる二つの印象のうち、もう一つのものである。

おそらく、二つの印象はどちらも正しい。そもそも、連家船漁民は、自然の脅威から身を守るためにも、陸上定住者から容赦なく向けられる侮蔑的なまなざしをはね返すためにも、土地や家屋の獲得を悲願としてきた。一方、建国前から、財や権力をもたざる者たちのよき理解者であらねばならぬとの宿命を負いつづけてきた共産党政権にとって、連家船漁民のような人々に土地を割譲し、集合住宅を建設・分配する行為は、もたざる者の救済という自らの責務を体現してみせる上で、恰好の材料だったはずである。こうして、連家船漁民の悲願は着実に実現へと向かい、国家はそれによって彼らを自らの管理や統治の下に置くことが可能になるというように、相反するようにも見える二つの要素は、あざなえる縄のごとく、分かち難く結びついているのである。

(3) 連家船漁民と陸上定住者との関係

集団化政策と陸上定居の動きは、連家船漁民と周囲の陸上定住者との関係性に、いかなる変化をもたらしてきただろうか。それを確認するのに、最も際立つ指標が、婚姻関係である。改革開放後のある時期まで、農村の女子を親から安価で譲ってもらったり、捨てられた子どもを連れ帰ったりして船で育てるという例を除けば、連家船漁民が農民と結婚することはほとんどなく、基本的には連家船漁民の内部で婚姻関係が結ばれていた。そこには、「土地も家もない」という農民に対する引け目が連家船漁民の側にあったこと、さらに、操船技術や漁や運搬の技術を会得していない陸上定住者との婚姻は、船での生活を営む上で困難を招くと考えられたことなどが関係していた。

連家船漁民と陸上定住者の間に見られるこうした大きな隔たりというのは、一九六〇年代に連家船漁民が定住用根拠地を手に入れた後も、存在していた。その関係は、共用する漁港をめぐり、連家船漁民と隣接地域の漁民との間でくり広げられる場所争いにも如実に表れていた。連家船漁民の記憶によれば、出漁するのに便利な条件のよい空間は、常に漁民たちによって牛耳られ、連家船漁民は金銭を渡さなければそうした場所に船を停泊させることはできなかったからである。連家船漁民に対する漁民の優位性は、何ら法的正統性をもたず、古くからの慣習のみに支えられていたわけだが、船で漁撈をするという意味で同様の生業に従事する者同士であっても、以前から陸上に土地・家屋を所有してきた者と船に住まいつづけてきた者の間には、容易には越えられぬ、歴然たる境界が存在してきたということになる。

一方で、一九六〇年代以降、とりわけ改革開放以降は、近隣農村に暮らす農民や市街地の女性が連家船漁民の家庭へと嫁いだり、反対に、連家船漁民の女性が近隣の農村や市街地へ嫁いだりすることが増えている。連家船漁民と陸上定住者の婚姻増加は、連家船漁民が船での移動を根本とした生活から一定の距離を置き、生活・生業の基盤を陸上に移す機会を得たことと深く関わっている。なぜなら、そうした婚姻の多くは、市街地の中学校・高校での就学、集団化過程における農業労働、工場での就労などによる出会いを契機としており、それらは連家船漁民が陸上空間へと接近することではじめて可能となったからである。その意味で、彼らの定住用根拠地獲得は、非常に大きな意味をもっている。古くから連家船漁民に共有されてきた「息子には、新造船で結婚生活を送らせてやりたい」との理想は、一九六〇年代以降、「息子の結婚までには、家屋を購入してあげたい」へと変わり、実際に子女（特に息子）の婚姻は多くの家庭において、家屋の購入・賃借を目指す際の大きな原動力となってきた。

家屋の獲得は結果として、連家船漁民の家庭へと婚入する女性の心理的負担を、かなりの程度まで軽減させたはずである。もはや、「連家船漁民との結婚＝船上生活への参入」との必然性は消え、夫やその両親が船での移動生活を送るとしても、自らはそれまでどおり、陸上空間に依拠した生活を維持することができるし、将来、本人が望みさえすれば我が子に陸上で生きる道を用意してやることもできるからだ。これは、連家船漁民にとって、購入・賃借の別を問わず、陸上に使用可能な家屋（＝定住用の集合住宅・アパート・農家の一室・公営の低家賃住宅など）を手に入れることは、周辺の陸上定住者と変わらぬ生活や未来を獲得することと同義であり、そのことを、陸上定住者の側も認めはじめているということにほかならない。むろん、心象的には、床面積や内装・設備の豪奢さといった面で、平均的な連家船漁民の家庭が陸上定住者の家庭を凌ぐことはほとんどないというように、両者の間には差異が存在してはいるのだが……。とにもかくにも、こうして、連家船漁民と、彼らが山頂人と呼ぶところの陸上定住者とは、もはや歴然とした境界で隔てられてはおらず、互いに受容し合う関係へと変化しているといえるだろう。

(4)　隔たりを弱める水／陸の境界性

一連の集団化政策と陸上定居の動きは、連家船漁民の生きる道を、水上と陸上という二つの空間へと拓いていった。陸上定居はまず、連家船漁民の教育水準を格段に向上させた。集合住宅の分配と、工場や農場への労働転換は、すべての連家船漁民が経験したものではなかったが、誰にとっても、(父系・母系を問わず) 親族のうち、必ず数家族は陸上に依拠した生活を送るという状況を生み出し、そのことが子女の義務教育への接近を容易なものにしたからだ。陸上で労働する者は、船に住まいながら漁撈をつづける兄弟姉妹・イトコの子や孫たちの寝食の面倒を一手に引き受け、陸上に生活の場を確保した子どもたちは定住用根拠地内の小学校卒業後も、希望すれば市内の中学校や高校へ通うことが可能になったというわけである。こうして、ほとんどの連家船漁民が文盲であるとの状況は断ち切られ、後には高等教育を受ける者も誕生することになった (むろん、「自分には勉強は向いていない」と小学校の入学を拒んだり、低学年のうちに自主退学したりする子は、現在でも一定数いるのだが、彼らとて、教育を受けるに足る条件を具えていることには変わりない)。

このことは、改革開放後には、連家船漁民の職業選択の幅を一段と拡大させていった。もはや、学歴がないことを理由に官公庁・企業・工場・商店などでの求職を躊躇する必要はなく、農民や市街地の住民と同様に、陸上で展開されるさまざまな職種に参入することが可能となったからだ。そればかりか、漁撈で得た金を元手に海鮮レストラン・製氷場・洋品店などを経営したり、個人に払い下げられた漁業生産大隊の機械工場を拡大し、龍海市内で多くの雇用を生み出す機械部品工場の経営に奔走したりする連家船漁民も出現している。

このような状況と、過去に陸上定住者と連家船漁民の間で生じていた差別／被差別の関係性とを一瞥するならば、連家船漁民にとって陸上こそが魅力的な空間であり、集団化政策・陸上定居を経て改革開放へと至る一連の政治的動きは、彼らを慨然たる水上から解放し、魅惑の陸上へと引き上げる役割を担ったものとの速断を生むことになろう。だが、この速断は、他方で起こっている別の現象に対する等閑視を招き、事実を見誤ることにつながるはずである。

別の現象とは、職業選択が自由になった改革開放以降も、船での移動を基礎としながら水上労働に従事する連家船漁民が多く存在しており、それは「過去の船上生活の残存」あるいは「船上生活からの脱出失敗の結果」と呼ぶにはおよそふさわしくない数にまで及んでいるというものである。その証拠に、統計のある二〇〇六年の時点で、Sm漁業社区に籍を置く連家船漁民の全労働力人口のうち、実に七七・三%が水上での労働に従事しているのだ。そのなかには、陸上定居後に生まれ、幼少期のほとんどを陸上で過ごした若年層も含まれている。両親の漁を手伝ううちに後を継ぐことになった、あるいは数種の職を転々とするうちに底引き網漁船で働くようになったなど、契機はさまざまだが、若年層にとっても、水上は活路を見出すに値する空間のようである。

そう、陸上が生活・生産の上で依存せざるを得ない空間へと変化した後も、水上は連家船漁民にとって、記憶の彼方へと忘却すべき（したい）空間などではないのだ。たとえば、陸上の家屋は、彼らが陸上空間へ接近するのを助けただけではなかった。それは、家族を陸上に残して単身、省や国を跨ぎ航行する船へと新たな労働の場を求めることを可能にしたからだ。つまり、連家船漁民の労働や住まい方をめぐって展開されてきた集団化・陸上定居・改革開放といった一連の動きは、結果的に、水上にも、新たな生活・生業の可能性を切り拓くことになったのである。さらに、このことは、連家船漁民の眼前に、かつては容易に越えられぬもののように存していた水上と陸上の境界を、往来可能なものへと作り変えていった。水上と陸上を自由に往来しながら、二つの空間で生きようとする連家船漁民の姿が、まさにそのことを物語っている。

註

（1）「看守所」とは、留置場を指す。張アーグンはこの後、九龍江河口に位置する厦門島まで連行され、裁判にかけられて有罪となった。

（2）「労改」は、「労働改造」の略称。強制労働を通じて自己改造を目的とする刑の執行制度であった。罪の重い受刑者は監獄で、罪の軽い受刑者は労働改造所で執行された。一九九四年の「監獄法」施行後は、有期懲役以上の受刑者に対する刑罰執行機関は監獄のみとなった。

（3）ここでの「鎮長」とは、現在の鎮長職に当たる人物を指しており、当時、張アーグンらを含む海澄漁船幇の連家船漁民が所属していたLh漁業生産隊の上にあったHc人民公社の社長を指すものである。

（4）「平反」には、①冤罪を被った者を再審理して無罪にする、②階級区分の誤りや右派・反革命派として扱われた者の名誉を回復する、という二通りの意味がある。張アーグンの場合、この文脈では前者の意味合いととることができる。ただし、アーグンは当時、自分が対立する阮姓の連家船漁民のグループから、共産党青年団員を辞めるのではないかという疑いをかけられ、そのことも冤罪を引き起こす原因となっただろうと語る。したがって、アーグンの求める「平反」には①と②の両方の意味が込められていると解釈できる。

（5）「背景」とは、本来は「後ろ盾」を意味する言葉であるが、こうした場合には経歴やバックグラウンドというニュアンスで用いられることが多い。

（6）三八婦女船とは、三月八日が国際婦人デーに当たることから、女性の乗組み員ばかりで構成される機帆船に対してつけられた呼称である。

（7）「批闘」とは、批判闘争の略。

（8）「学習班」とは、思想改造をするために設けられた学習の場を指す。

（9）私は、黄ジンボーが連家船漁民の間にはじめて蝦引き網漁を導入した人物であることを知らなかった。ジンボーと私は、廟宇での活動をとおして顔見知りになっていた。最初の出会いから四年ほど経ったある日、年越しのためにSm漁業社区へ戻っていたジンボーと偶然出くわしておしゃべりをはじめた時に、蝦引き網漁を導入した当時の話に至ったのである。ただし、この時、私がこの新技術の導入に関わる話がもつ重要性をまったく理解できていなかったために、細部まで詳しく尋ねる作業を怠ってしまった。このことを、今でもとても後悔している。

（10）ここに挙げた蝦引き網漁船の数は、二〇一〇年七月の時点で、龍海市政府に正式登記されていたものである。中国が近年導入している漁業補償政策の一つに、登記船を対象として、国家が定める休漁制度を遵守するなどいくつかの条件を満たした船の船主に一定の石油代を補償するというものがある。この制度から利を得るために、連家船漁民のなかには、船を登記するが、実際には操業しないという者もまま見られる。したがって、登記上数は必ずしも実際に操業する船の数ではないことを付言しておきたい。

第Ⅱ部　陸上の世界に自らを位置づける

第三章　祭祀活動に見る連家船漁民の集団意識
――共存する「宗族」・「角頭」・「大隊」

プロローグ

二〇〇九年、旧暦五月一日のことだった。私は水仙王の廟宇で、年老いた連家船漁民たちが端午節の祈祷をするさまを見ていた。彼らは太鼓を叩き、ぶつぶつと唱えごとを口にしながら、素焼きの香炉に入れられた木炭に火を点けようとしていた。この香炉は、すぐ後に龍船競争に出る若い男たちが跨ぐために使う道具だった。しばらくすると、祈祷をしていた老人の一人が突然、ある男の襟元をつかみ、すさまじい勢いでこう声を荒げた。「ここを離れろ！　二度と近づくな！」。そして、この男とその一人息子は、この年の端午節におこなわれる一切の儀礼への参加を許されなかったのである。私には、この老人が怒っていることは手にとるようにわかった。しかし、何について怒っているのかは、露ほどもわからなかった……。

真相は次のようなものだった。端午節の龍船競争は、神明の力を借りて河を清め、Sm漁業社区に所属する連家船漁民の一年の豊漁と安全を祈願する意味をもつ。そのため、この龍船に触れたり、乗ったり、漕いだりできるのは、祈祷後の木炭を跨いで身体を清い状態にした男性に限られていた。

私が廟宇にいた時、木炭を清める作業をしていた老人は、男が勝手に木炭に手を触れるのを見たのだ。そして、怒った。「この青二才！　神明のこともわからんのに、なんで香炉に触った？　俺たち漁民にとって龍船を漕ぐのがどれだけ大事か、お前も知らんはずはない。俺たち年寄りは、村の漁民たち全員の大漁と安全に責任がある。それで、この香炉を準備している。それなのに、ちきしょう、お前みたいなケツの青いくそガキが！　香炉の火をめちゃくちゃにしやがって。

今年一年間、漁民が事故に遭ったりしてみろ、全部お前の責任だ！」と。さらにこの老人を怒らせたのは、この男の父親が死去してからまだ間もないことだった。近親の者が亡くなって一年の間、生者は著しいケガレの状態にある。そんな彼とその息子が儀礼に関与すれば、連家船漁民を丸一年の間、危険な状態に陥れることになると、老人は判断したのだった。

これほどまでに注意深く、危険因子を避けながら実施される端午節の儀礼。それは、集団化の最終段階で登場した四〇〇〇人超の大規模な組織に由来する、Sm漁業社区という範疇の人々を守護するためにおこなわれている――。五〇年あまりの間に、連家船漁民は着実に、新たな形の紐帯を生み出しているのだ。

一連の集団化政策と陸上定居を経験した後の現在。連家船漁民は、農民や市街地住民のものとして広がってきた陸上の世界に自らを位置づけ、そこを自らの空間として受容しようと模索しつづけている。本章では、祖先祭祀や神明祭祀といった民俗的な方法をとおして、連家船漁民が、①かつて根拠港のあった農村の宗族組織、②集団化により結合力を失ったかに見える、漁船幇内の父系出自集団、③集団化の結果として新たに形作られた行政組織（＝Sm漁業社区）という、三種類の異なる性質をもつ集団のなかに、自らを位置づける姿に注目する。

ここからは、自らの正確な来歴を証明する記録を失う、あるいは、従来の地縁的・血縁的紐帯が分断されるという経験をものともせず、自分たちなりの方法で、地域社会に自らのあるべき位置を見出そうとする連家船漁民の姿が浮き彫りになるはずである。

第一節　宗族組織と水上居民社会

東南中国では伝統的に、宗族組織を中心とする在地の社会組織が、社会の安定に大きく寄与してきたといわれる。それればかりか、父系出自集団であるところの宗族組織は、それらを分断するように働いたはずの社会主義革命後も、個人が社会関係を構築し、地域社会や歴史のなかに自己を位置づける際に、依然として重要な役割を担いつづけてきた［潘宏立　二〇〇二、瀬川　二〇〇四、郭志超、林瑤棋　二〇〇八など］。宗族による紐帯が強固に働く東南中国は、水上居民が多く存在する地域でもある。そのことから、研究者も宗族組織と水上居民の関係について、しばしば言及してきた。

(1)　宗族とは何か――機能モデルと系譜モデル

モーリス・フリードマンが注目したのは、東南中国で発達してきた宗族組織が、一見すると相反するような二つの傾向をもつことだった。宗族は、一方では政治・社会的威厳を示すために、父系出自の原理によって成員を連合し、拡大を図る。だが、他方で、宗族は政治・経済・社会な成功を果たすと、すぐにその内部に分節を作り出していくからだ。祠堂を設立するだけの土地・財産が用意できると、新たな分節が生まれるというように、宗族組織の内部分節化の進み方は、共有財産の多寡によって決まる。したがって、フリードマンによれば、その結果として、内部に富裕者や有力者を含まない弱小の宗族組織では、分節化が均等に進み、反対に富裕かつ社会的権力を有する大規模な宗族組織では、分節化が不均等に進むということになる。こうして、経済的な豊かさと社会的な力をもち合わせた宗族組織は、内部での分節化をくり返すことで集団の凝集力を確固たるものにしながら、地域社会と国家とを仲介する重要な役割を果たしてきたという［フリードマン　一九八七（一九六六）、一九九一（一九五八）］。

財産の共有や共同生活といった機能面に注目しながら、中国の家族・親族を family（家族、世帯）や lineage（宗族）という分析用語によって定義しようとしてきたフリードマンら欧米の人類学者たちの視点を、痛烈に批判したのが陳其南であった。台湾出身の陳其南は、中国人の家族・親族構造にとって重要なのは、父系出自に基づく純粋な系譜関係であると主張する。陳其南によれば、family／lineage 間の区分は、中国語の文脈では連続的かつ不明確であり、それよりも「家族」―「房」の間にある相対的な区別に注目することが何よりも重要であるという。父親と同一の父親から生まれた息子たちから成る「家族」全体のなかで、個々の息子たちは父親に対して房と呼ばれる下位区分を構成する。この父系の系譜関係に基づいた家族（全体）―房（部分）の関係性は、生活をともにする世帯における父親／息子という関係から、祖先／同一祖先の男性子孫とその妻たちを含む父系集団という関係にまで、世代深度の深浅を問わず連続的に見られる構造原理である。

陳其南の議論で重要なのは、中国人の理解において、宗族やその下位集団であるところの房とは、同居・同財・同竈といった実際の社会生活上の機能的なまとまりがあるか否かにかかわらず、純粋な父系出自による系譜関係に基づく所与のものとして、観念の上に存在するとした点である［陳其南　二〇〇六（一九八五）］。中国人の家族・親族構造をイーミックな視点から理解しようとした陳其南の議論は、従来の欧米人人研究者による個別事例の分析から導き出された帰納的結論とは対照的な結論をもつものであり、現代社会で復興や再興のただなかにある宗族を捉える上でも、未だ有効性を失ってはいない。

(2)　宗族組織の欠落した水上居民社会

高度に発達した宗族組織の存在が、経済・社会的秩序の要として、地域社会にきわめて大きな影響を及ぼしてきたとされる東南中国。ここは、水上居民が広く分布する地域でもある。宗族組織を拡大し、内部の団結力を強固に維持することが、富や権力に接近し、それらを独占するための近道であるような社会にあって、水上居民はしばしば、宗族組織を著しく欠いた（あるいは、宗族組織から排除された）存在として言及されてきた。なぜなら、陸上漢族の場合、祠堂に安置される族譜や位牌、墓地を集団結合のシンボルとしながら、祖先の故郷や源郷を記憶していくことが、宗族組織維持のために重要であるのに対し、水上居民は長年の船上生活が桎梏となり、それらの大部分をもたず、祖先の原籍地や船内に祀る祖先の関係性、祖先の墓の所在地を記憶しつづけることは、不可能に等しいからである［渡邊　一九九〇：一二六―一二八］。祠堂・族譜・位牌・墓地（の墓碑）など、宗族の歴史を語るためのツールの欠如は、結果として、宗族成員共同の祭祀活動の欠如という事態を招くことになる。したがって、水上居民は、陸上漢族と対照的に、宗族組織を発達させるための素地さえもたず、祖先祭祀をはじめとする祭祀活動のすべてを、個々の家族を中心としたごく狭い範囲で実施せざるを得ない人々であるというのが、多くの研究者に共通する、水上居民社会についての理解である［可児　一九七〇：一五〇、長沼　二〇一〇a：一七六―一八〇、一九二、一九五など］。

ここで気づくのは、水上居民社会と宗族組織の関係を分析するこれらの議論が、祖先祭祀の儀礼を指標として、家族と宗族の区別を論じたフリードマンの視点を、基本的に踏襲しているという点である。それは、祖先祭祀が家族成員のみにより各家庭でおこなわれるならば、それは家族集団であり、反対に、家族を超えた範囲の成員によって祠堂でおこなわれるならば、それは宗族集団である、との見方である。この視点に立てば、陸上空間に祠堂をもたず、ほとんどの祖先祭祀を各家庭でおこなうよりほかない水上居民は、宗族組織をまったく欠いた存在であるとの結論を導くのは容易いことである。反対に、現代中国の社会的文脈で族譜の保管を開始し、直系の祖先に当たらぬことが明白な祖先の墓を訪れて、「これはわれわれ遠祖の墓である」と主張する水上居民の姿に、今後、新たな形で宗族組織が創出される可能性を見て取ることもまた、容易いことである［長沼　二〇一〇b、二〇一三］。

しかし、宗族組織とは本来、表面上の現象の如何にかかわらず、純粋な父系出自に基づく系譜関係によってその成員の範囲が決められるはずのものであるとの陳其南の議論に立ち返るならば、たとえ水上居民たちが祠堂・族譜・位牌をもたず、家族を超える範囲での祖先祭祀を欠いているとしても、そのことが直接的に、宗族組織の欠如を示すわけではないとの解を導くことも可能である。重要なのは、水上居民は宗族組織を発達させてこなかったと論じることではない。

より重要なのは、水上居民を、宗族組織の著しく未発達な集団として見せかけているさまざまな現象が、現実の社会でいかなる意味をもつのかを考えることのほうである。たとえば、一連の国民化政策を経て、陸上での定住を開始し、陸上漢族と変わらぬ生活を送るかに見える広東の水上居民に注目する長沼さやかの議論は、きわめて示唆的である。なぜなら、それは、すでに元・水上居民となったはずの彼らが、宗族活動をおこなうための経済力のみならず、宗族活動をとおして構築されるべき自らの「歴史」自体を欠いているという、まさにそのことによって、依然として陸上漢族から異質な存在と見なされているとの状況を描き出すからである〔長沼　二〇一〇a〕

水上居民もまた、エリート官僚の権力と広大な土地所有を背景に、政治・経済的な影響力を顕示しつづけてきた強大な宗族組織の成員から発せられる、地域社会の支配的イデオロギーからは自由ではあり得ない。長沼の研究は、研究者の側も、その事実から目を逸らすべきではないことを教えてくれる。

(3)　本章の問題意識――ないない尽くしの水上居民像を越えて

宗族組織を発達させる陸上漢族と、それを発達させるだけの素地をもたぬ水上居民。これまでの研究は、族譜・位牌・墓碑の有無、宗族成員により大規模に実施される祭祀活動の有無などを指標としながら、陸上漢族の社会との対比によって、水上居民社会の特徴を描き出してきた。とりわけ印象的なのは、そこでは水上居民が、あたかも普通の陸上漢族であれば当然もつべき、さまざまな要素を欠いた、「ないない尽くし」の者として登場することである。

だが、それらの要素をもたないとするならば、水上居民は、彼らなりの別のやり方で、地域社会のなかに自らのあるべき位置を見出していると考えることはできないだろうか。本章では、従来の研究において、あるいは、地域社会の支配的イデオロギーのもとで自明視されつづけてきた、「水上居民の社会＝宗族組織の発達させられぬ社会」との構図から距離を置き、現代を生きる連家船漁民が、こうした指標だけではかれぬ原理に基づきながら、自らを歴史や地域社会のなかに位置づけている可能性について検討する。

第三節では、何世代にもわたって船で生活しつづけてきたことを自認する連家船漁民が、もう一方では、集団化以前に根拠地としていた港のある農村の農民との間にある宗族関係をたどり、「そもそも、自分たちは農村の出身である」と主張する姿に焦点を当てる。つづく第四節では、集団化の過程で、表面的にはその結合力を失ったかに見える漁船帮内の父系出自集団の神明祭祀に注目する。ここでは、族譜・位牌をもたず、農村で再編される族譜にも自らとつながる祖先の名が記されない連家船漁民が、それらの文字記録に頼らずとも、宗族組織に占める自らの位置を不断に確認することが可能であるとの状況が浮き彫りになる。

第二節　水上居民社会を形作る地縁的紐帯

中華人民共和国建国後の一連の社会主義革命は、まさに宗族組織に代表されるような血縁的紐帯や、中華民国以前の伝統的な村落組織をはじめとする地縁的紐帯を分断するべく、展開されてきた。数段階にわたる集団化政策の結果として現れたのは、過去の血縁的・地縁的紐帯をちぐはぐに結びつけた形の行政組織である。各地の水上居民も、自らの意志とは無関係に、いわば強制的に、このような組織の成員として組み込まれてきた。現在的な文脈において、人々が社会関係を構築し、地域社会に自らを位置づけようとする時、こうして新たに登場した社会組織は、いかなる意味をもつだろうか。

(1)　社会主義革命後の新たな地縁的紐帯

江蘇省・上海市・浙江省に跨る太湖流域で船上生活を送ってきた漁民たちに注目するなかで、太田出は、一連の集団化政策がもたらした重要な変化を明らかにしている。太田によれば、きわめて広域にわたる太湖流域において、一連の集団化政策は、漁場や出身地を同じくする漁民により形成されていた社会集団ごとのまとまりを無視し、それらをちぐはぐに分断・集合させることで、複数の漁業村を作り出していった。さらに、この漁業村は、現在になっても、その内部に成員たちを統合していくような、新たな共同性を築くには至っておらず、人々にとって、一つの意味ある単位としては機能していないのだという［太田　二〇〇七b、二〇〇八］。

集団化政策により、かつての地縁的紐帯の分断・集合がくり返されたというのなら、それ以前には、太湖流域の漁民の間にも、何がしかの共同性があったと想定できるだろう。太田は別の論文において、信仰の側面からこの問題を検討している。そもそも、太湖や内水面の各地域に分散して、船に住まいながら、各世帯で漁撈活動に従事していた漁民たちは、中華民国期には、それぞれが附近の市鎮に結びつけられる形で保甲に編入されていた。しかし、漁民たちの記憶によれば、この保甲は意味ある有機的な組織とは見なされていなかった。彼らにとっては、諸経費を共同負担しながら、ともに各地の廟宇へ赴いて焼香し、神明を祭祀する「社」・「会」と呼ばれる自律的な組織が、共同性を有する唯一の集団であったという。興味深いのは、社・会とは、血縁的紐帯というより、地縁的紐帯によって成立していたという点である。すなわち、社・会というのは、彼らが祖先の故郷に当たる蘇北から太湖流域へ移住してきたという記憶を共有する漁民たちの地縁的紐帯から成る組織であり、集団化政策を経た後でも、漁業村には村廟が建設されることはなく、依然としてこの社・会を媒介とした共同性が重視されているという［太田　二〇〇七b］。太田は、漁村での暮らしが長くなるにつれ、今後は漁民の間でも新たに、漁業村を媒介とした新たな共同性が生成・獲得される可能性についても言及しており、この視点は本章にとっても示唆に富むものである。

(2)　本章の問題意識——新たな地縁的紐帯への注目

九龍江河口の連家船漁民も、血縁的・地縁的紐帯の両者を含むものとして成り立っていた漁船幇が複雑に分断される形で集団化されてきた。代わって登場したのは、四〇〇〇人を優に超える巨大な組織、Sm漁業生産大隊（＝現・Sm漁業社区）である。彼らの場合、（偶然の結果かもしれぬが）集団化政策は陸上定居の動きとともに展開され、組織の範囲と、居住空間の範囲が一致するという状況を生むことになった。つまり、集団化の結果として現れた大規模な組織は、それまで各地に分散して生活していた連家船漁民を一か所に居住させることにより、成員同士を顔の見える関係で結びつけることになったのである。本章では、この多分に政治的意図を含んだ組織が、連家船漁民の間に新たな共同性を生み出していることに注目する。

第五節で取り上げるのは、定住用根拠地を獲得し、改革開放を経た一九九〇年代に、現在のSm漁業社区全体を庇護する神明が登場し、同時に、新たな村落祭祀が創出されてゆく過程である。ここからは、一連の集団化政策と陸上定居を経ることで、連家船漁民が、根拠港を同じくする複数の父系出自集団から成る漁船幇のつながりを超え、より規模の大きな範囲で、新たに親密な社会関係を築いてきたことが明らかになる。さらに、この村落祭祀は、連家船漁民が、定住用根拠地と周囲の水域を自らの空間として認識・確認し、それを受容するために大きな役割を果たしていることが浮き彫りになる。

第三節　農村出身者であることの証明――「家廟」における祖先祭祀への参加

祖先の来歴を詳細かつ確実に記録する術をもたぬ連家船漁民は、一方では、約二〇世代というきわめて長い時間、船で生活しつづけてきたことを漠然と認めながら、他方では、自らを農村出身の具体的な祖先へと結びつけ、根拠港のあった農村の同姓農民と同じ宗族の範疇にあるとの認識を明確に保持してきた。連家船漁民の来歴をめぐり立ち現れる、あいまい性と明確性の二つの側面。これを、私たちはいかに理解したらよいだろうか。この節では、農村の祠堂でおこなわれる宗族共同の祖先祭祀に参加することで、文字記録には描かれぬ自らの出自を不断に確認しようと試みる連家船漁民の姿に注目する。

(1)　連家船漁民と農村の宗族組織

1　長い船上での生活と農村とのつながり

中国各地の水上居民と同様、九龍江河口の連家船漁民も、自らの歴史を証明し、語るためのツールをほとんどもたない。よって、その歴史は、きわめてあいまいなものである。たとえば、連家船漁民出身の作家、張亜清は、自らの祖先が経てきた歴史の不確実性を、次のように表現する。「九龍江の連家船漁民は、一体どれだけの時間を、漂泊しつづけてきたのだろう。船上には族譜がなく、それゆえに正確な見解は一つとしてない。ある者は、すでに二四世代もの月日を経たと言い、またある者はそれほど長いはずがないと言い、どれも信憑性に欠けている」［張亜清　一九九八：五九］と。また、郷土史家の張石成は、「家族を連れて船で生活を送るようになった連家船漁民は、現在までに二六世代にわたって存在しつづけており、すでに六〇〇年〜七〇〇年もの歴史を有している」［張石成　二〇〇九ａ：六］と記している。

文字記録に頼れぬとの不確実性に加え、船上生活を開始する経緯（＝誰が、どの時点で、いかなる経緯で船上生活をはじめたか）が個々に異なることが、連家船漁民全体の歴史を語ることを著しく困難なものにさせている。とはいうものの、連家船漁民の間では、詳細は不明ながら、「どうやら、われわれは二〇世代ほど前の祖先の時には船に住まっていたようだ」との漠とした認識が共有されているのも事実である。

一方、連家船漁民は、「自分たちの祖先は、九龍江沿岸の農村で農業に従事していた。祖先は、旱魃や飢饉に見舞われて貧窮したために、農地を離れて九龍江へと下り、漁撈や水上運搬を暮らしの糧とするようになった。さらに長い年月を経るうちに、家族とともに船を住まいとし、九龍江河口を移動しながら生活を営む連家船漁民となったのだ」として、自らの出自を農民に結びつける説を語り継いでいる。彼らのいう農村出身の祖先とは、ただ漠然と想像される「農民」などではない。その多くが、具体的な名をもつ農民を、自らの祖先として認識することができているからである。それでは、連家船漁民は一体、誰のことを農村出身の祖先と見なしているのか。

それは、かつて、父系出自でつながる連家船漁民同士で船を停泊させていた根拠港のある農村の、農民である。九龍江河口各地に分散して生活していた連家船漁民は、その大部分を張・欧・阮・黄・楊姓が占めるが、彼ら自身は、自らが用いる根拠港が存する農村の同姓農民との間に、共通の祖先から連なる父系の血縁関係を有すると考えていた。たとえば、洲頭漁船幇の虎網漁船や運魚船に乗る連家船漁民（＝張姓）であれば、「われわれは、根拠港のあるZt村の張姓農民と同様、漳州Pk村から分支してZt村を開いた始祖の子孫である」と認識するというように。

いずれにしても、連家船漁民は、文字記録（＝族譜・位牌・墓碑）を有さず、自らの祖先にかかわる詳細な来歴を記憶することができぬ一方で、自らを農村出身者であると明確に主張することが可能であるという点に注意する必要がある。

2　伝統的な農村の宗族組織

ここで、福建南部の伝統的な農村に見られる宗族組織について、その一般的な性格を確認しておこう。福建南部の農村は、全体の三分の二以上を単姓村（＝同姓の男性と婚入女性で構成される村）が占めてきた。このような村落において、父系出自集団たる宗族組織は、村落内外の秩序をも規定する力をもってきた。なぜなら、宗族とは単に族譜・位牌を保管し、祖先や村の保護神を祭祀するだけの役割を担うのではないからだ。たとえば、大規模宗族では、族長がしばしば絶大な権力を有し、村落の法律に相当する「村規族約」のもとに村民の行為を規制することが可能であった。あるいは、私塾を設立して子弟に教育を施したり、宗族間の紛争や械闘（＝暴力をともなう争い）に備えて武装組織を設けたりする場合があった。これらの活動を支え、地域社会での宗族の地位を高めるためには、族産（＝宗族の共有財産）を蓄える必要すらあったのである［潘宏立　二〇〇二：三三―三四］。

宗族の下位分節が「房」であり、村落には通常、複数の房が存在する。房を構成する集団は「房族」であり、房族成員は「祖厝」（＝近祖の位牌を管理する場）で年に数回、祖先祭祀を共催する。房族はより近しい血縁関係で結ばれるため、宗族に比して、より緊密な協力関係が維持されるものである。さらに、房の下位には、ごく近しい祖先を共有するいくつかの家族から成る「柱」が、その下位には宗族のうち最小単位であるところの「家族」が位置するというように、宗族組織の内部とは、理念的にはさまざまなレベルで分節する可能性をもっていた［潘宏立　二〇〇二：三四―三五］。

したがって、各家族は血縁関係により他の家族・柱・房との間に親疎の距離を測りながら、社会生活のなかでは場面に応じたふさわしい行動を取るよう期待されるほか、家族は宗族・房族・柱に従属するためにそれぞれからある程度の支配を受けざるを得ないというような構造があり［潘宏立　二〇〇二：三五］、このような宗族組織の構造が、伝統的な農村内の社会的安定を維持することを可能にしていた、というのが研究者による一般的な解釈である。

(2)　農村の「家廟」における祖先祭祀

以下では、九龍江河口の連家船漁民が、根拠港としていた農村を離れ、Sm漁業生産大隊（＝後のSm漁業村、Sm漁業社区）に生産・生活の根拠を移した後の、きわめて現在的な文脈で見せる、具体的な実践へと目を向けることにしよう。ここでは、かつて、石美漁船帮で投網漁に従事していた黄姓の連家船漁民が、農村で開催される祖先祭祀へと参加する姿に注目し、彼らが農村の宗族組織との間に、いかなる関係を築いてきたのかを検討する。

1　祖先の来歴

（1）Nm村の始祖・黄均信にまつわる物語

石美漁船幇で投網漁に従事していた黄姓の連家船漁民は、現・龍海市Jm鎮のほぼ隣接しあう農村（＝Nm村・Xb村）に根拠港をもつ二つの集団から構成されていた。それぞれが、根拠港がある農村の同姓農民と同じ宗族組織に属するとの意識をもっていた。つまり、同じ石美漁船幇の黄姓・投網漁民でも、その内部は、「Xb村黄氏の一員」と考える集団と、「Nm村黄氏の一員」と考える集団に分かれていた。以下では、このうち、後者の事例を取り上げる。

Jm鎮の南部、九龍江本流の畔に位置するNm村は、人口の八〇％以上を黄姓が占める農村である。Nm村の黄姓は、南宋寧宗年間の一二〇五年に浙江省杭州に生まれた黄天従という人物に由来すると考えられている。黄天従にまつわる物語は、以下のとおりである。

祥興年間の一二七九年に元が南宋に攻め入り、杭州が陥落すると、黄天従は長男の黄材を連れ、南宋の皇室とともに杭州を離れて南下し、まず、広東省新会崖山港へとたどりついた。黄天従と黄材は、皇太后から皇族である趙若和を守るようにとの命を受け、崖山港で一〇〇〇艘余りの船を集めて元に抵抗しようと試みたが、元軍もまた兵力を結集して崖山港を包囲し、両者の戦いは連日つづいた。その途中で台風に遭い、南宋側の一二艘は沈んだが、辛くも沈まず残ったのが、趙若和を乗せた船と黄天従親子の船であった。黄天従親子と趙若和の船はともに福建省厦門島の南側にあるWy島のそばまで流されたところで、立ち行かなくなり、現・龍海市Gw鎮の浦東から陸へと上がった。黄天従親子は宋の皇室の血筋を守るために、趙若和に趙という姓を隠すよう進言し、自分たちとともに生活させることにした。こうして、黄天従親子は、浦東の片隅で暮らすようになった。それから一〇〇年余りを経た明代の洪武一八（一三八五）年、趙若和の後裔たちは再び趙姓を名乗るようになったという。黄天従の子孫たちは、浦東から西の方向へと山地を開拓したため、黄天従がはじめて居を定めた土地は、浦西と呼ばれるようになった［福建省江夏黄氏源流研究会　二〇〇六：四一七―四一八］。

この黄天従から数えて第六世代目に当たる子孫の黄均信という人物が、少なくとも明代初頭のある時期までに（正確な年代は不明）、妻の陳何某とともに現・龍海市Jm鎮へとやって来て、Nm村を開いたのである[1]［福建省江夏黄氏源流研究会　二〇〇六：四二〇］。したがって、この夫妻がNm村黄氏の始祖である。後に、この夫妻を祀るための祠堂が建てられ、その祭壇には夫妻の「神主」（*sin zi* ＝位牌）が安置されるようになった。始祖であるところの黄均信翁・陳何某夫妻を、Nm村の黄姓の人々は「大祖」（*dua zoo*）と呼び、大祖を祀る祠堂のことを「家廟」（*gE bvio*）・「宗祠」（*zong su*）と称している。この「黄氏家廟」は、明代にはすでに建てられており、その後、修復が重ねられてきたという。

（2）黄均信の五人の息子

物語は、さらにつづく。さて、Nm村黄氏の大祖には、五人の息子がいた。長男は、Nm村を出て現・漳州市Xq村へ行き、そこに根を下ろした。大祖の長男を共通の祖先とする黄姓の子孫たちは、「長房」（*dioN bang*）と呼ばれ、Xq村にこの長男を始祖とする家廟を建てて、その神主を安置している。

大祖の次男は、Nm村に残って大祖の耕作地を守った。次男を共通の祖先とする子孫たちは「二房」（*zvi bang*）であり、後に大祖の神主が安置される家廟のすぐ左隣に「祠堂」（*su dng*）を建てて、そこに次男夫妻の神主を安置するようになった。

大祖の三男は、木船を造り、九龍江で漁撈をはじめた。この三男を共通の祖先とする子孫たちは「三房」（*saN bang*）と呼ばれ、この三房の子孫たちこそが、後に連家船漁民となって漁撈に従事するようになった人々である。

図 3-1　Nm 村黄氏の大祖と長房から五房までの子孫の居住地

三房の連家船漁民は、Nm村の港を根拠港としていたが、どこにも大祖の三男とそれ以下の子孫を祀る祠堂を建てることはなかった。

大祖の四男は、Nm村に隣接するDt村へと出て農業をはじめ、そこに住みつくようになった。このDt村もNm村と同様、人口の八〇%以上を黄姓が占めており、Dt村黄氏にとっては、この大祖の四男が始祖である。この四男を共通の祖先とする子孫たちは「四房」（*si bang*）と呼ばれ、Dt村に村の始祖であるところの四男を祀る家廟を建て、ここに夫妻の神主を安置している。

最後の五男は、Nm村に残って農業に従事したという。五男を共通の祖先とする子孫たちは「五房」（*gvoo bang*）と呼ばれて、Nm村に五男夫妻の神主を安置する祠堂を建てていた。しかし、五男の子孫たちはいつしか途絶え、その祠堂もどこにあったのか、いつまであったのか、すっかり忘れ去られてしまっている（図3―1）。

（3）家廟・祠堂の使用中断と再建

Nm村大祖を祀る家廟と二房の祠堂（＝いずれも、Nm村）、長房の家廟（＝Xq村）、そして，四房の家廟（＝Dt村）は、いずれも修復を重ねながら、子孫が一堂に会しての祖先祭祀がつづけられていた。しかし、文化大革命期になると、どの家廟・祠堂も建物は人民公社農業生産隊の倉庫に転用され（＝米・雑穀・犂・臼などを保管）、祖先たちの神主はすべて燃やされてしまったという。改革

写真 3-1　Nm 村黄氏大祖の家廟

写真 3-2　Nm 村黄氏大祖の家廟（近景）

開放後、生産責任制へと移行すると、家廟・祠堂は倉庫として無作為に農民へ払い下げられることになった。だが、そこが祖先を祀る家廟・祠堂であったことを知っていた黄姓の農民たちが、後に建物を買い戻したのだという。

一九八〇年代後半、真っ先に建て直すことが決まったのは、Nm村の大祖の家廟であった。長房・二房・三房・四房の子孫から寄付を募り、一九九〇年に新たな家廟が完成した（写真3―1、3―2）。一九九三年には二房の祠堂が、二〇〇〇年には四房の家廟が、二〇〇一年には長房の家廟が、それぞれ再建を終えている。これらの家廟・祠堂では、再建を機に、祖先の位牌も作り直され、安置されるようになっている。

なお、大祖の長男・四男は、移住先の始祖となったため、それ以下の子孫の神主は（改革開放後に復元できたものに限り）すべて、長房・四房の家廟に安置されている。また、Nm村にとどまった二房については、Nm村の祠堂に安置される神主は大祖の次男夫妻のものだけで、それ以下の子孫の神主（ただし、復元できた三～五世代目までの神主のみ）は、いずれも大祖の家廟に保管されている。

（4）文字記録の不在と祖先にまつわる知識の共有

ところで、Nm村黄氏の子孫は、始祖である黄均信夫妻以下の名と世代・出生年・居住地などが記された族譜を有していない。本当は『Nm村十六均祖族譜』と題された族譜がどこかに保管されているはずなのだが、誰もそれを目にしたことがないという。伝えられるところでは、その編纂は清代の半ばまでに頓挫しており〔江玉平　二〇一一：二五四〕、見つかったとしても、それ以降の子孫の名は、記されていないとのことである。漳州市・龍海市内の他村落に暮らす黄姓の人々は、福建省各地の黄姓の人々とともに二〇〇〇年代に入ってから福建省江夏黄氏源流研究会を立ち上げ、『福建黄氏世譜・人物編』（二〇〇四）、『福建黄氏世譜・宗祠編』（二〇〇五）、『福建黄氏世譜・源流世系編』（二〇〇六）といった研究の成果を出版しつづけている。こうした流れと並行するように、二〇〇〇年代以降は、各村落出身の知識人たちを中心として、各村に伝わる黄氏の族譜再編もはじめられている。Nm村黄氏大祖・黄均信夫妻の子孫も、族譜の再編へ向けて努力を重ねているのだが、その作業は困難をきわめている。

また、Nm村大祖・黄均信夫妻を祀る家廟に置かれる石碑にも、黄氏子孫に伝わる詩、祖先祭祀を必ずおこないつづけるべしとの文言、この家廟がすでに明代に建てられていたと述べる簡単な説明文、あるいは一九九〇年の再建に貢献した人物の氏名などが書かれているに過ぎない。したがって、黄均信が、福建省へと流れ着いた黄天従から数えて第六世代目の子孫に当たること、明代のいつ頃かにNm村を開いたといった出版物から読み取ることのできるごく簡単な状況説明を除けば、ここまでに見てきた黄均信夫妻の五人の息子に関する物語は、すべてNm村の黄姓農民と三房の子孫であるところの連家船漁民に語りに頼らざるを得なかった。

だが、裏を返せば、このことは、私たちにきわめて重要なことを教えてくれる。すなわち、先に見たような黄均信の息子たちに関わる知識は、族譜や、家廟にある石碑といった文字記録を媒介せずとも、Nm村の黄姓の農民たちや、連家船漁民の間では、ごく当然のものとして共有されているということである。

（5）歴史を語るツールをもたぬ連家船漁民

Nm村の始祖・黄均信夫妻の三男につながるとされる黄姓の連家船漁民に目を向けてみよう。彼らは、始祖の三男が逝去した時（＝おそらく、明代）から現在までの間、一度たりとも、三房の祖先を祀るための家廟・祠堂を有することはなかった。家廟・祠堂がない以上、祖先の神主は、家庭ごとに船に安置されてきたはずだが、長年にわたる船上生活のために、それも行方不明である。さらに、清代に編纂が頓挫したという族譜が仮に発見されたとしても、そこに現在の連家船漁民につながる系譜を再現するのは、どう考えても無理な話である。そもそも、彼らは、族譜の空白を埋めるための記録（たとえば、神主の記載）自体をもたないのだから。

つまり、黄姓の連家船漁民は、自らの祖先や来歴を証明し、その知識を子孫へ語り継ぐためのツールを何一つ、もっていない。にもかかわらず、明代の祖先について、「われわれは、Nm村黄氏大祖の三房の子孫である」との知識を代々伝えつづけており、ほかの長房・二房・四房の成員たちからも、そのことを認められつづけてきたのである。彼らは一体、いかにしてその知識を共有してきたのだろうか。

2　宗族成員による祖先祭祀

（1）家廟・祠堂における「供祖」

Nm村黄氏の始祖・黄均信夫妻からはじまる長房・二房・三房・四房は、現在までに、実に二五～二六世代にわたって、その子孫を絶やすことなく存続してきた。この子孫たちは、大祖の家廟と、各房の開祖を祀る家廟・祠堂でおこなわれる集団的な「供祖」（*ging zoo*＝祖先祭祀）を、（可能な限り）怠ることなくつづけてきた。

大祖の家廟では、年に二回、すなわち、「正月半」（*ziaN gueh buaN*＝元宵節＝陰暦一月一五日）と「冬節」（*dang zeh*＝冬至）、供祖が実施される。毎回、すべての房から代表者を出して、ここでの祭祀に参加することが望ましいとされる。

資料 3-1　Nm 村黄氏大祖家廟における供祖の収支状況（2010 年冬節）

収入		支出	
2010 年正月十五繰り越し	3,971 元	菓子類	540 元
冬節収入		ミカン・龍眼	263 元
長房	5,600 元	豚の腸	360 元
二房添丁	1,160 元	海鮮	513 元
食事参加者（57 人）	570 元	草魚	140 元
三房（7 人）	35 元	牡蠣	360 元
四房（22 人）	220 元	豚肉・豚足	242 元
		三牲	119 元
		鶏 1 羽	360 元
		腸詰	200 元
		野菜	126 元
		太鼓・喇叭の演奏	200 元
		レストランの器具貸出・コック出張料	1,210 元
		掃除	230 元
		金紙・銀紙・爆竹・線香	96 元
		その他	150 元
小計	11,556 元	小計	5,109 元
収支剰余	6,447 元	収支不足	0 元

大祖の供祖は、次のような過程を含む。①祭祀当日の午前中、各房を代表する男性（＝よりふさわしいのは、孫か曾孫をもち、一年以内に近親に死者を出さなかった者）は大祖の家廟を訪れ、予め用意された豚の頭・鶏・魚や菓子類を大祖の神主の前に供え、世代が上の者から順に神主に拝礼して、線香を手向ける。②各房の代表者すべての焼香が終わったところで、紙銭を燃やして祖先に捧げる。③祭祀の終了後、家廟の敷地内で、各房の代表者が食事をともにする。

さらに、各房の家廟・祠堂においては、正月半と冬節のほかに、「五月節」（*gvoo gnueh zeh*＝端午節）・「七月半」（*cit gnueh buaN*＝中元節）・「八月半」（*beh eh buaN*＝中秋節）など伝統的な節句になると、男性を中心とした房の成員たちが集まって、共同の供祖がおこなわれてきた。

以上のようなNm村黄氏の大祖に由来をもつ黄姓の子孫たちが家廟・祠堂において集団でおこなう供祖は、文化大革命期に禁じられて途絶えた後、一九九〇年に大祖の家廟が再建された時を境に、徐々に再開されてきたという。

（2）大祖の供祖に参加する連家船漁民

写真 3-3　大祖の家廟で焼香する三房の代表者

写真 3-4　大祖の家廟で食事する三房の代表者

ここで、三房の子孫である黄姓の連家船漁民に目を転じてみよう。三房は、どこにも三房の祖先を祀ることに特化した家廟・祠堂を有していないため、三房のみで集団的におこなう供祖は見られない。しかし、文化大革命期にすべての祖先祭祀が禁止されるまでの間、Nm村にある大祖の家廟には、毎年、正月半と冬節の際に代表者を五～六人出して、大祖の供祖に参加していたという。

さらに、一九九〇年に大祖の家廟が再建されて、各房の子孫が集まっての供祖が再開された際、当時はすでにNm村から約一一キロ離れたSm漁業村（＝現在のSm漁業社区）へと生活の拠点を移していた三房の連家船漁民にも連絡が入った。これにより、再び代表者を出してNm村大祖の家廟へと赴き、供祖に参加する運びとなり、それは現在までもつづけられている（写真3―3、3―4）。

私は二〇一二年正月半に、三房の代表者たちとともにNm村黄氏大祖の家廟でおこなわれた供祖に参加することができた。この時、三房からは、大祖から数えて一九世代目に当たる男性三人、二一世代目に当たる男性二人、二三世代目に当たる男性一人の合計六人が供祖に参加した。その際は漳州市Xq村の長房の代表者たちは参加しておらず、Nm村の二房の成員たちが中心となって供物や食事の準備をし、そこにSm漁業社区の三房、Dt村の四房の代表者たちが参加するという形で祭祀が進められていた。理想的には正月半・冬節の年に二回、すべての房の代表者たちが大

資料 3-2　Nm 村黄氏大祖家廟における供祖の収支状況（2011 年正月半）

収入		支出	
2010 年度繰り越し	6,447 元	龍魚	25 元
正月半収入		豚の腸	270 元
Nm 村二房（31 人）	465 元	鶏のヒヨコ入りゆで卵	110 元
漁業三房（6 人）	60 元	タチウオ	132 元
Dt 村四房（18 人）	270 元	辣油・うま味調味料・小麦粉・湯葉	162 元
		葛粉・野菜	80 元
		豚の尾	29 元
		豚の頭	75 元
		春雨・ラップ・発粿	24.5 元
		野菜・塩・爆竹・落花生入り牛乳	305 元
		竜眼・ミカン	223 元
		菓子類	255 元
		牡蠣	120 元
		スズキ	370.5 元
		鶏 1 羽	260 元
		アヒルの卵・豚の腸詰	145 元
		ガス・酒	366 元
		コックへの支払い	210 元
小計	7,242 元	小計	3,162 元
収支剰余	4,080 元	収支不足	0 元

祖の供祖に参加すべきとされているものの、現実には、各房の代表者が揃うのは冬節のみで、正月半には長房を除く二房・三房・四房の代表者によって供祖がおこなわれていることがわかる（資料3―1、3―2を参照）。

(3)　連家船漁民と農民との間で共有される「宗族」の一員としての意識

1　農村での日常的なつき合いが生む宗族の帰属意識

ここまで、実に一九〜二二世代にわたって船で生活しつづけてきたことを自認する連家船漁民が、一方では、自らが集団化以前に根拠としていた港の存する農村の同姓農民との間に宗族関係をたどり、「そもそも自分たちは、農村の出身である」と主張することが可能である状況に焦点を当ててきた。

連家船漁民は、（おそらく、四〇〇年以上にわたる）

長い船上生活のために、自らとつながるはずの祖先との具体的な関係性を示す神主を失い、それを共同で管理し、同じ房の子孫が一堂に会して祖先祭祀をおこなう場でもある家廟・祠堂を所有してこなかった。にもかかわらず、自らは明代に農村を開いた大祖の三房の子孫であるとの具体的かつ明確な知識を現在まで伝えつづけており、その知識は、他の房の成員からも承認を得ることが可能となってきた。この、連家船漁民と農村の農民たちとの間に見られる、「自分たちは同じ黄氏の一員である」との集団意識は、漠とした認識の次元だけにとどまるものではない。なぜなら、それは、大祖の家廟でおこなわれる供祖という儀礼への参加という具体的な行為として表出するからである。むしろ、神主・族譜・祠堂を欠いてきた連家船漁民にとっては、大祖の家廟で毎年実施される供祖に代表者を参加させることこそが、農民から構成される別の房の成員たちとの間に、共通の集団意識を生み出し、祖先に関するより細かな知識（＝自分は大祖から数えて何世代目に当たるのかなど）を伝えることを可能としてきたというほうが、適当であるかもしれない。

当然ながら、大祖の家廟において、各房の代表者により集団的におこなわれる供祖の儀礼が、その家廟が建てられたとされる明代から現在まで、脈々とつづいてきたなどと断じることは不可能である。ごく近年の例を見ても、文化大革命期には家廟・祠堂における一切の祭祀が禁じられ、儀礼の実施が中断されてきたことは明らかである。より長い歴史のなかでは、さまざまな要因によって供祖の儀礼が幾度となく中断の憂き目に見舞われたであろうことは、容易に想像がつく。したがって、ここでの目的は、供祖が明代から現在まで途切れることなくおこなわれてきたなどと論じることではない。より重要なのは、長い時期を経て、幾度も中断や変更を余儀なくされてきたであろう供祖への参加や、日常生活における口伝といった、きわめて不確実性の高い方法をとおしてでも、連家船漁民は農村に暮らす農民たちとの間に、「同じ宗族の一員である」という集団意識を築き上げ、それを上の世代から下の世代へと伝えることを可能にしてきたという事実である。

こうして見ると、農村の同姓農民との間に父系出自でつながる系譜関係を主張する連家船漁民にとって、「彼ら農民と、自分たち連家船漁民とは、同一の○○氏の成員である」という意識を、いわば目に見える形で支えていたのは、その農村の港を根拠港として用いることそれ自体であったと理解することができる。船の製造や修理、食糧・日用品・漁具の調達、魚の売り買い、就学児童の寄宿といったことをとおして農村のなかでくり広げられていた、農民と連家船漁民の間の日常的な交流。これらは、大祖の家廟での供祖と並んで、双方の間に、「私とあなたはいかなる関係にあるのか」という知識を共有させる上で、重要な役割を果たしていたと解釈することが可能なのである。

一九四九年に中華人民共和国が誕生した後、一連の集団化政策のなかで農民と連家船漁民は、別々の形で集団化を経験した。連家船漁民は一九六〇年代に入ると、次々と根拠港のあった農村を離れ、当時のSm漁業生産大隊の所在地へと生活の拠点を移すことになった。その結果、農村に暮らしつづけた農民と、根拠港を離れた連家船漁民の間には、生産や生活の上での紐帯などが残ることは、ほとんどなかった。だが、それでも、一九九〇年代に家廟が再建されると、供祖も再開され、そこでは再び、農民と連家船漁民が「同じ○○氏の一員である」との認識のもと、同じ儀礼へと参加するようになっている。

このような姿は、Nm村出身の黄姓の連家船漁民に限ったものではない。九龍江河口の連家船漁民の多くは、自らの祖先は農村の出身であるとの語りをもっており、現在でも正月半や冬節といった時期になると、かつての根拠港があった農村や、その農村を開いた始祖よりもさらに上の世代の祖先が暮らしていた農村へと代表者を派遣し、家廟でおこなわれる集団的な供祖に参加しているのである。

2　来歴を証明する記録の欠如と共有される集団意識

まとめよう。水上居民は、陸上世界に広がる宗族組織から排除される存在でありつづけてきたとの理解を導いてきた広東社会とは異なり、九龍江河口においては、船に住まう連家船漁民の側も、農村に暮らす農民の側も、「同じ宗族の一員である」との集団意識をもっており、両者は供祖をはじめとする儀礼上の関係を保ちつづけてきた。

広東社会の水上居民と同様、連家船漁民もまた、自らと根拠港に暮らす同姓農民とを具体的に関係づけるような、明確な族譜上の記録や位牌を有してはこなかった。それにもかかわらず、連家船漁民と農民たちとの間に、「同じ○○氏の一員である」という集団意識が共有されてきたという事実。これは、祠堂・族譜・位牌といった表面上の目につきやすい指標のみに注目し、それらが著しく欠落した水上居民の社会には、当然の帰結として、宗族組織など発達してこなかったに違いないと断じてきた従来の研究者の視点からは、とうてい理解不能であるように思われる。それは、一見すれば、水上居民社会をその内側から見つめているかに思われる研究者たちの眼差しが、知らず知らずのうちに、農村で絶大な影響力をもってきた大宗族に注目することで導き出されてきた支配的イデオロギー（＝「文字により記録する媒体がなければ、宗族の複雑な歴史が長い時間をかけて下の世代へ伝えられていくことは不可能である。したがって、その媒体をもたぬ者は、宗族組織を発達させる力をもたないはずである」）の内部に取り込まれてしまっているからにほかならない。

私たちは、宗族組織の発達した東南中国において、研究者をも取り込む力をもつ支配的イデオロギーから一旦離れて、視点をもう一度、連家船漁民の実践へと転じてみる必要があるだろう。そこでは、自らと農民との間の関係性を明確に表すことのできる文字記録や、自らと直接つながる祖先を祀ることに特化した祠堂の有無は、さほど大きな意味をもっていない。それどころか、そうした文字記録になど頼らずとも、連家船漁民は、長い時期を経て幾度も中断や変更を余儀なくされてきたはずの祖先祭祀への参加や、日常生活の営みのなかでくり返される口伝といった、きわめて不確実性の高い方法をとおして、祖先に関する具体的な知識を上の世代から下の世代へと伝えることが可能になってきた。

ここでは、こうしたきわめて不確実性の高い方法によって伝えられてきた宗族の歴史が、史実として正統性をもつか否かは問題ではない。多くの研究が物語るように、史実を正確に映し出す記録であるかに見える族譜でさえ、その編集は遡及的かつ解釈的におこなわれ、そこに反映されるのは、族譜が再編された時点で人々が正統であると考え、能動的に取捨選択しようとした「歴史」なのであり、そこには多かれ少なかれ、史実とのズレが認められるものである［瀬川　一九九一など］。重要なのは、二〇世代あまりにわたって船上に住まいつづけてきたと自認する連家船漁民と、それよりも長い年月を農村で暮らしてきたと自認する農民にとって、共通の祖先に対する儀礼の実践や祖先の来歴についての知識の口伝は、そこで伝えられる歴史が史実として正確か否かという次元を超えて、互いの間に「同じ宗族の一員である」という共通の集団意識を築く上で、大きな意味をもちつづけてきたことである。

第四節　儀礼的つながりとしての「角頭」――「角頭厓」祭祀

もはや、一九六〇年代以降に生まれた世代が、Sm漁業社区の人口の半数以上を占める現在。彼らは、九龍江河口の各地に広がっていた根拠港の農村をほとんど知らず、漁船幇・父系出自集団の成員とともに船隊を組んで魚を捕るといった具体的な協力関係を体験したことがない世代である。以下では、このような若い世代が、日常生活の上ではすでに意味をもたないことが明白な父系出自集団という集団のなかに、自らを位置づけようと試みる姿に焦点を当てることにしよう。取り上げるのは、かつて洲頭漁船幇に所属し、虎網漁船に住まいながら流動定置網漁に従事していた張姓の連家船漁民が、現在おこなう神明の祭祀活動である。ここでの主要な目的は、祭祀の実施が、参加者にとって、いかなる意味をもつのかを検討することにある。

(1)　個人厓・角頭厓・幇頭厓

1　厓公とは

中国各地の水上居民は、陸上に暮らす農民に比して、多くの危険に曝されることから、おしなべて厚い信仰心をもつという［羽原　一九六三：一九六―一九七、可児　一九七〇：一二九―一三六］。九龍江河口の連家船漁民も例外ではなく、実にさまざまな「厓公」(2)（*ang gong* ＝神明）を祀ってきた。

資料集『連家船』によれば、連家船漁民が船上で祀ってきた厓公には、主なものだけでも水仙王（*Zui sian ong*）・媽祖（*Ma zoo*）・佛祖（*Hut zoo* ＝仏陀・観音菩薩）・上帝公（*Siang de gong* ＝玄天上帝）・太子爺公（*Tai zu ia gong*）・関帝公（*Guan de gong* ＝関帝）・保生大帝（*Bo sing dai de*）・三媽夫人（*Sam ma hu lang*）・虎将公（*Hoo ziang gong*）・安茶公（*An dE gong*）・浮嶼王爺（*Pu su ong ia*）・刺魚仔王（*Ci hi a ong*）・漁仙王（*Hi sian ong*）・虎爺（*Hoo ia*）・馬爺（*BvE ia*）・牛爺（*Gvu ia*）といった種類があったという(3)［張石成　二〇〇九ａ：一四〇］。

ところで、漢民族の霊魂観については、神明（gods）・鬼魂（ghosts）・祖先（ancestors）という三位モデル［Wolf 1974］がよく知られる。これらは、神明が天上界に、生きた人間が地上界に、そして鬼魂および祖先が地下界に、というように宗教的宇宙に棲み分けする形で存在する。これらの分析概念を用いるならば、連家船漁民が厓公と呼ぶものは、いずれも「天上界に存在する神明」［渡邊　一九九一］として理解可能である。すなわち、厓公とは、人間が加護を求めればあらゆるプラスの価値を人間に与えてくれるが、人間が求めなければ何もしてはくれぬ存在である。したがって、人々が生活の安寧を求め、予期せぬ災禍や危害から身を守るためには、厓公に対する日常的な祭祀が不可欠ということになる。

2　個人尪・角頭・幇頭尪

連家船漁民は船に住まいながら、いかに尪公を祭祀してきたのだろうか。彼らの祀る尪公は、祭祀する集団の規模によって、三種類に分けることができる。

（1）「個人尪」（*go lang ang*）：一艘の船で生活をともにする家族が毎日の祭祀義務を担う尪公。尪公は家族成員の庇護を引き受ける。どの船もたいていの場合、甲板下の船艙部分に、一～三体ほどの尪公の神像と香炉が安置された（写真3―5、3―6）。毎朝、起床後に沸かしたての白湯を供え、朝夕二回焼香する。また、陰暦の一日と一五日には、「寿金」[4]（*siu gim*＝紙銭の一種）四〇〇枚を燃やして尪公に捧げ、二日と一六日には数種類の料理を作って尪公とその臣下に供えるなどし、家族の豊漁と庇護を願う。各尪公の誕辰には、線香・紙銭・多種の料理と「紅亀」[5]（*ang gu*＝餅の一種）一二個を、尪公に捧げる必要もある。

写真 3-5　大型漁船に安置される尪公

写真 3-6　小型漁船に安置される尪公

（2）「角頭尪」（*gak tao ang*）：角頭（*gak tao*＝ある世代の祖先を同じくする父系出自集団）によって祀られる尪公。尪公は、角頭成員の庇護に責任をもつ。通常、各角頭では、成員間で一～数種類の尪公が共有され、それを共同で祭祀した。

（3）「幇頭尪」（*bang tau ang*）：同一の漁船幇に所属する連家船漁民が共有し、共同で祭祀する尪公。尪公は、漁船幇成員の庇護を担う。

（1）個人厓は、各家庭が神像・香炉をもつ。一方、（2）角頭厓と（3）幇頭厓のように、普段は各船に分かれて生活する複数の家庭を含む集団が共同で祭祀する厓公は、神像・香炉は各集団に一つしかない。そのため、神像・香炉はクジで選ばれた家庭の船に安置され、日々の祭祀はこの家庭が担う。毎年、厓公の誕辰には各集団の成員が神像の安置された家庭の船の周囲に集合し、盛大な祭祀をおこなって、クジで次の年に厓公を引き取る成員を選出するのである。

とりわけ、幇頭厓の誕辰は、魚がよく捕れる「網位」（*bvang ui* ＝漁場）をめぐり、漁船幇内でしばしば起きる対立を仲裁する場ともなっていた。漁船幇の人々が一堂に会すこの誕辰を利用して、争いの当事者たる船長たちに厓公の前で「尚杯」[6]（*sioN bue* ＝占いの道具）を投げさせ、各船がその後の一年間、どの網位で優先的に漁をおこなうかを厓公の意のもとに決定していたというのである［張亜清　一九九八：七七―七九、一八九―一九〇］。

3　厓公を祭祀する最大の集団＝漁船幇

ところで、連家船漁民の間には、「一条連家船　一座神仙廟（一艘の連家船は、すなわち一つの廟宇である）」という言葉がある。これは、「船で生活をともにする家庭ごとに厓公の神像を安置するほど、信仰心の厚い連家船漁民」を表す言葉である。だが、私には、連家船漁民が船ごとにしか厓公を祭祀する場所をもたず、共同で祀る厓公は神像を安置しておくための廟宇をもたぬことを示す言葉に思えてならない。実際、連家船漁民は陸上に厓公を安置し、共同で管理・祭祀する場としての廟宇を建立することはなかった。また、厓公を安置することに特化した船を水上に構えることもなかった。これは、九龍江河口の農村や、土地・家屋を有する漁民から成る漁村に、村落成員で厓公を祭祀するための村廟が一か所以上は存在していたのと対照的である。

ここで改めて、厓公を祀る集団の単位について確認しておこう。個人厓・角頭厓・幇頭厓という区別からもわかるように、伝統的に、連家船漁民が共同で庭公を祭祀する集団の最大の単位は、各漁船幇であった。すなわち、複数の漁船幇が合同で共通の庭公を祀るということはなかった。

九龍江河口に散在するいくつもの港は、同じ農村出身で、互いに血縁関係にあると考えている父系出自集団（＝角頭）の成員が船を停泊させる根拠港となってきた。そして、隣接した根拠港に停泊する複数の角頭が集合することで形成される、より上位の集団が漁船幇である。すなわち、一つの漁船幇には複数の姓を名乗る角頭が含まれていた。九龍江河口には、このような漁船幇が一〇あったという。漁船幇は、漁法を同じくする連家船漁民同士が船隊を組んで共同で漁をおこなったり、他の漁船幇と争いごとが起きれば、それを集団で解決したりする単位ともなってきた。

第二章で見たように、中華人民共和国建国後のたび重なる集団化と陸上定居の動きは、次第に、漁船幇という地縁的血縁的紐帯が果たす機能を失わせていった。だが、それから五〇年以上が経過した現在でも、一九六〇年代後半よりも前に生まれた世代であれば、たとえ誕生した時、すでに両親がSm漁業生産大隊（＝現・Sm漁業社区）の漁港に船を泊め、ここを根拠港としていた者でも、「私は石美漁船幇だ」、「俺は、洲頭の〇〇村の出身だ」などと、自らの出自を漁船幇と結びつけて答えることが可能である。

つまり、実際の生活の上で人々を結びつけてきた漁船幇という単位は、表面的にはその機能を失ったように見えながら、長らくの間、連家船漁民がその内部で自らを位置づけようとする際に働く、最も大きな集団の単位となってきたのである。これに呼応するように、庭公を共同で祀る集団に関しても、その最大の単位は漁船幇でありつづけてきた。

(2)　父系出自集団「角頭」と「角頭庭」

父系出自集団による庭公の祭祀活動について理解する前に、漁船幇がどのような成員から構成されていたのかをふり返っておこう。各漁船幇は、たとえば張・欧・黄姓の連家船漁民が所属するなど、複数の同姓集団から構成されていた。そのなかには、同じ張姓を名乗る連家船漁民であっても、「われわれは○○村から出た張姓である」、「こちらは△△村の三房から出た張姓である」というように、異なる農村の出身、あるいは異なる祖先をもつと考える場合があった。

そのなかで、同じ漁船幇に所属し、同姓であり、なおかつ、ある世代の祖先を同じくすると考えられている集団が、角頭と呼ばれてきた[7]。これは、陳其南［二〇〇六（一九七四）］がその重要性を指摘した分析概念としての「房」に相当するものと考えることが可能である。連家船漁民の間で、角頭とは、①より世代深度の深い同一の祖先（たとえば、農村の始祖）を基点として、その男性子孫と妻すべてを含む成員を指す場合と、②世代深度のより浅い生者（＝たとえば、父）を基点として、個々の息子たちとその妻を指す場合とがある。すなわち、角頭とは、境界を画定しながら、ある限定された範囲の成員を指す語ではなく、場面によって内包する範囲を拡大・縮小させながら、徹底した父系出自の原理に基づいて、誰がその成員であるかを決定していくような、きわめて関係論的性格をもつものと理解できる。

このような集団としての角頭は、成員の間で一種類もしくは数種類の厓公を共有し、それを共同で祭祀するのが常であった。これが角頭厓である。

(3)「角頭厓」祭祀

1　洲頭漁船幇・張姓連家船漁民の由来

洲頭漁船幇には、虎網漁船で流動定置網漁に従事する張姓・欧姓の連家船漁民と、手網漁船で投網漁をする黄姓の連家船漁民が所属し、いずれも現・龍海市Zn鎮Xl村の港を根拠港としていた。以下では、このうち、虎網漁船に乗る張姓の連家船漁民がおこなう角頭厓祭祀を取り上げよう。彼らは自らを、現・漳州市Lw区Pk村という農村出身と考えてきた。

張姓の連家船漁民に伝えられるところによれば、漳州市Pk村は、明・成化年間（一四六四～一四八七年）から万暦年間（一五七二～一六二〇年）の間に、張岳華によって開かれた。張岳華は、河南省松江府清河県張家堡から出た人々の子孫で、南京で県令を務めていた時に、罪を犯して九龍江沿岸にたどりついたという。張岳華はPk村で二番目の妻との間に、五人の息子をもうけた。

長男・張ユンレンは、九龍江沿岸一帯は田畑が狭く、農業では家族を養うことができぬと考え、九龍江に船を出して、漁撈に従事することにした。後に、張ユンレンの子孫・張ツォンジャーが、Zn鎮Xl村の土地へやって来て、村を開いたという。張ツォンジャーの息子たちはXl村で田畑を耕作した。しかし、次男の子孫（＝二房）の一部は、耕作地が足りず、船に住まいながら九龍江で漁撈をはじめた。この二房の流れを汲むのが、洲頭漁船幇に属する張姓の連家船漁民である。

彼らの記憶によれば、少なくとも中華民国の後期には、漳州市Pk村の始祖・張岳華夫妻の家廟でおこなわれる年に二回の供祖に、張姓の連家船漁民も代表者を出して参加していた。この供祖には、同じく張岳華の長房の子孫に当たるXl村の張姓の農民も、参加していたという。

張姓の連家船漁民は、一九六〇年代に根拠港のあったXl村を離れ、現・Sm漁業社区へ生活の拠点を移した。それでも、改革開放後、Pk村の家廟で始祖の供祖が開始された後は、毎年、可能な限り代表者となる男性たちを集めて、小型バスをチャーターし、一五キロほど離れたPk村へと赴くようになっており、それは現在でもつづけられている。

すなわち、虎網漁船に乗る張姓の連家船漁民は、Pk村の始祖・張岳華の長男（＝張ユンレン）を共通の祖先とする、あるいはXl村の始祖であった張ツォンジャーの次男を共通の祖先とする、父系出自集団であるといえる。どちらのレベルに関連づけて考えるにせよ、Pk村の始祖を基点として見る時、それはいずれも宗族組織全体の下位レベルに属する角頭として位置づけることが可能である。

2　張姓・連家船漁民が祀る角頭庇

洲頭漁船幇に属する張姓の連家船漁民は、全体で水仙王と呼ばれる庇公の神像一体を共有し、船のなかで祀ってきた。水仙王とは、研究者の間では、大禹・伍子胥・屈原・李白・王勃という五位の水神が合祀されたものとも、大禹・伍子胥・屈原・項羽・魯公輸子という水神が合祀されたものともいわれ[8]、東南中国沿海部や台湾の多くの地域で、漁民や海運業を営む者などによって祀られてきた〔王栄国　二〇〇三：四六、林国平　二〇〇三：一六七―一六八〕。

張姓の連家船漁民は、一年ごとに全世帯からクジ引きで一世帯を選び、その家庭の船に水仙王の神像を安置して、その家庭の成員が毎日の祭祀に責任をもつというように、水仙王を祀っていた。さらに、水仙王の誕辰（＝陰暦一〇月一〇日）には、張姓の連家船漁民全員がそれぞれの船で根拠港に戻ってそこに船を並べ、皆で供物をもち寄り、共同で祭祀をしていたという。このように祀られる水仙王は、張姓の連家船漁民全体を庇護し、漁の安全と豊漁を保障する役割を担ってきた。

その後、文化大革命期になると、水仙王の神像は自主的に燃やされ、祭祀活動も一切おこなわれなくなった。ところが、こうした運動のほとぼりが冷めた一九九〇年代後半、当時すでに現・Sm漁業社区に居を移していた張姓の連家船漁民の一部が、街の彫師に頼んで、新たに水仙王の神像を制作してもらうことに決め、この神像を従来のように洲頭漁船幇に所属していた張姓の間で祀ろうではないかともちかけたのだという。

ところで、洲頭漁船幇の張姓連家船漁民は、集団化政策のなかで、Sm漁業生産大隊の会計や、Sm漁業村の共産党支部書記といった組織の幹部を相次いで輩出してきていた。そうした幹部は、張姓のうち、一人の男性を父方の祖父としてもつ「隔腹兄弟」（*gEh bak hiaN di* ＝父方の男性イトコ）から出ていた。彼らと近しい張姓の漁民は、「共産党が認めない宗教的な行為をするのは怖い」と主張して、新たに造った水仙王を祭祀することに賛同しようとはしなかった。

そのため、張姓の連家船漁民のうち、一八九〇年代に生まれた男性を共通の祖父としてもつ隔腹兄弟（＝父方の男性イトコ）とその子孫という、ごく限られた一部の者だけが、水仙王の祭祀を再開することになった。彼らは、漳州市の農村、Pk村の始祖を中心とした宗族組織全体から見れば、きわめて下位レベルの角頭の成員と見なすことができる。

3　水仙王を祀る角頭の範囲

洲頭漁船帮に所属していた張姓連家船漁民のうち、一九九〇年代後半になって新たに造られた水仙王を共同で祀るのは、具体的にどのような範囲の人々だろうか。私が知り得る情報をもとに、その成員を示したのが、図3―2である。とりわけ、第一六世より下の子孫についての情報が不完全であり、その全貌を明らかにできていないことが悔やまれるが、おおよその状況を読み取ることは可能である。なお、図中の参加者・死者の数などは、私が最後に水仙王誕辰に参加することができた二〇〇九年一一月二六日（＝陰暦一〇月一〇日）の情報に基づくものである。

図3―2からは、現在、水仙王の神像を共同で祭祀する人とは、漳州市内のPk村の始祖・張岳華を第一世として数えた時、その第一三世の子孫に当たる男性とその妻を共通の祖先として、父系出自の原理によってつながる角頭の成員であることがわかる。なお、図3―2では、便宜上、男性を中心とした成員のみを示しているが、実際には、男性成員の家庭に婚入した妻たちも、角頭の成員と見なされている。

すなわち、張姓の連家船漁民の角頭厝・水仙王は、現在のところ、第一三世の夫妻の子孫から成る角頭を庇護する役割を担っているということになる。さらに、第一三世の夫妻の間に生まれた六人の息子たち（＝第一四世に相当）の各子孫は、上から順に長房・二房・三房・四房・五房・六房と呼ばれる下位レベルの角頭を構成しており、これ

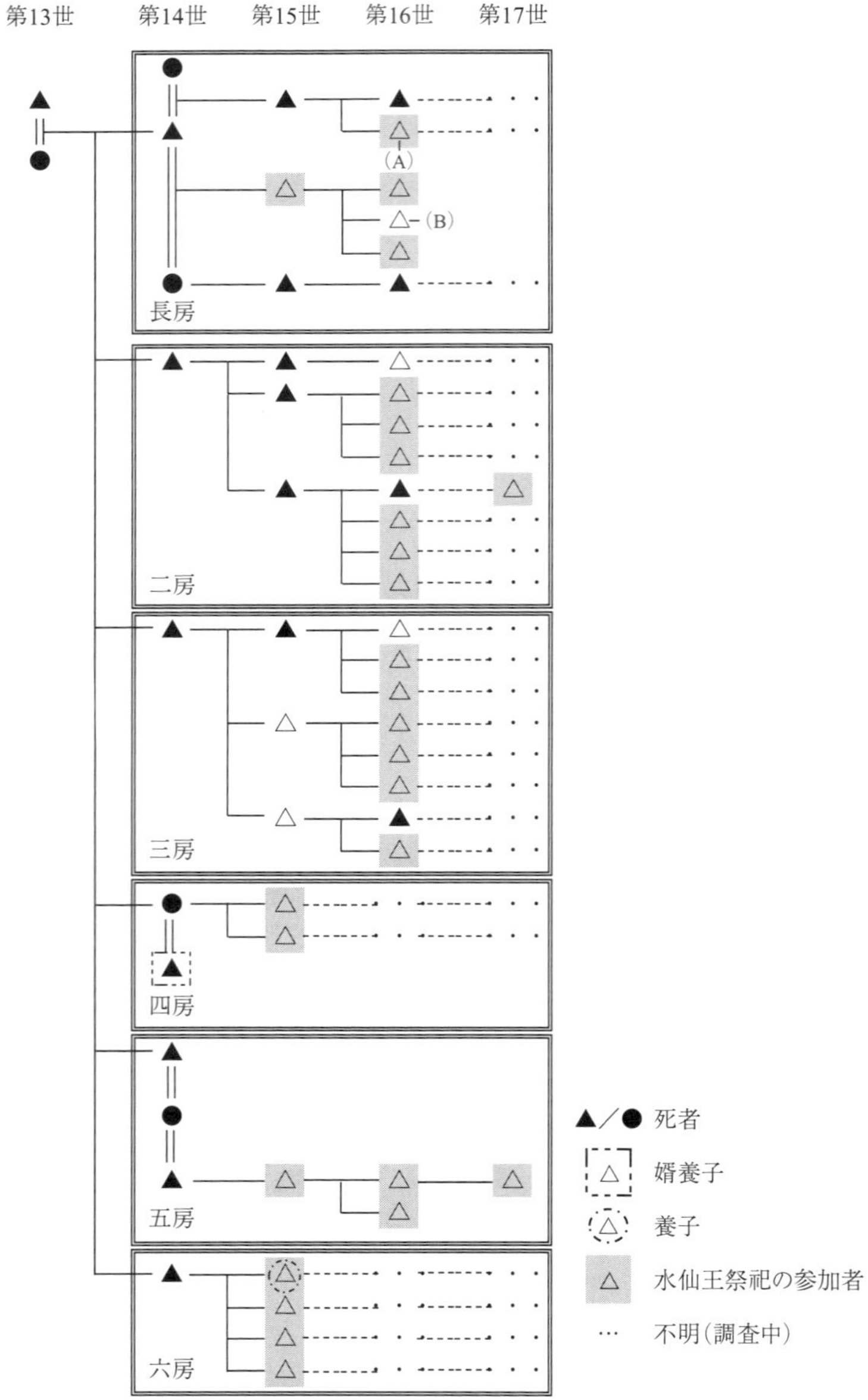

図 3-2　角頭厝の水仙王を祭祀する洲頭漁船幇の張姓連家船漁民（系譜図）

らも、成員同士が互いを認識する際の重要な指標となっている。

4　角頭厓としての水仙王祭祀

二〇〇八年陰暦一〇月一〇日から二〇〇九年陰暦一〇月九日までの一年間、長房の子孫である第一六世の男性（A）が水仙王の神像を預かり、夫妻で乗る蝦引き網漁船の船室に安置して、毎日の祭祀を担当してきた。彼らは、二〇〇九年の陰暦一〇月一〇日、Sm漁業社区の近くを流れる九龍江本流へと戻り、角頭の成員を集めて、水仙王の誕辰を祝う祭祀をおこなうことになった。この日のために、この角頭の男性成員は、祭祀に参加するか否かにかかわらず、全員が一人当たり六〇元を出して、祭祀の供物などを準備する資金に充てている。

（1）供物

誕辰の当日、（A）の蝦引き網漁船には、船首側に「天公」（*TiN gong*＝玉皇上帝）を祀るための香炉と、砂糖で作られた天公の神像が安置された。(9) さらに、その前には天公のために用意された蠟燭・果物・菓子・「甜麺線」（*diN mi suaN*＝細い麺を黒糖で煮詰めたもの）・「四果茶」（*su go dE*＝竜眼・ナツメ・干し柿・蓮の実を入れた茶）・茶・白酒・冬瓜の砂糖漬け・氷砂糖・紅亀・「三牲」（*sam sing*＝三種から成る供物。この日は、豚の三枚肉・インスタントラーメン・豚の腸詰）

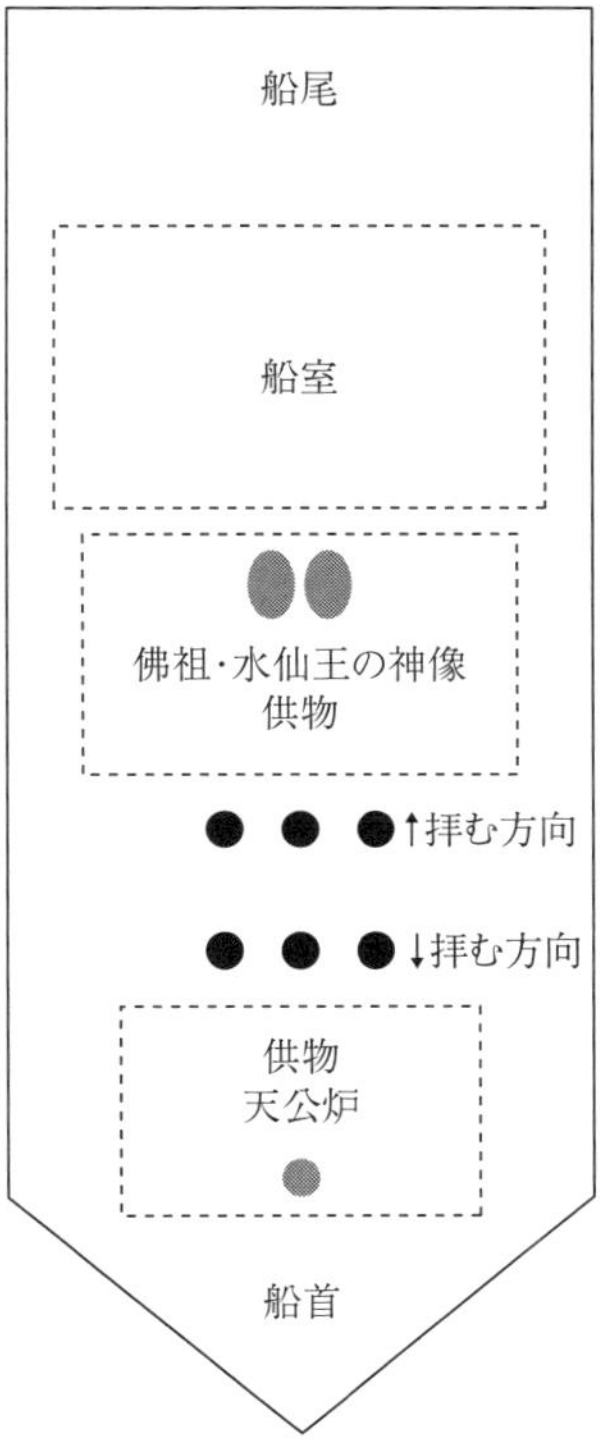

図3-3　角頭厓の水仙王誕辰を祝う船

写真3-7　船室前に安置された水仙王・佛祖

などが供えられた。

船室のすぐ傍らには、角頭厝である水仙王と、（A）の夫妻が個人厝として祀っている佛祖の神像と、それぞれの香炉が並べられる。その前には、蠟燭・果物・菓子・甜麵線・四果湯・茶・白酒・「紅圓」[10]（*ang iN*）、「米糕」[11]（*bvi go*）、「五牲」（*gvoo sing*＝五種の供物から成るもの。この日は、豚の顔・アヒル・鶏・豚の内臓・スルメ）といった、水仙王の供物が置かれた（図3―3、写真3―7）。

（2）道士による祭祀

午前中、（A）の船には、漁や仕事を休んだ角頭の成員たちが次々と集まってくる。そして、龍海市内の道観から招いた道士三人と楽隊に、天公と水仙王のための祈祷をしてもらう。この祈祷の最中、集まった角頭の成員たちは、世代が上の者から順に、天公や水仙王の香炉に線香を捧げたり、跪いて供物を成員たち全員の間でまわしたりする行為をつづける（写真3―8、3―9）。その後、道士たちは、柄杓に寿紙と呼ばれる紙銭と木炭、香を入れて火を点けたものを用意し、船の縁を歩いてまわり、口に含んだ油をそこに吹きつけて火を大きくする「噴油」（*pun iu*＝写真3―10）をおこなう。これには、水仙王を一年間守りつづけてきてくれた（A）の船を清めること、そして角頭の成員全体の今後一年間の安全・豊漁と危険の回避を願う意味が込められる。

昼頃になると、レストランに予め注文しておいた一二種類の料理を水仙王と佛祖の前に並べ、再び世代の上の者から順に整列して、線香を手向ける。さらに、その脇の甲板にも水仙王と佛祖に捧げたものとまったく同じ一二種類の料理が並べられ、角頭の成員たちはその前でも世代順に列を作って線香に火を点ける。甲板の上に直接並べられる料理は、「将爺」（*Ziang ia*）と呼ばれる尫公の臣下たちに供えるもので、非常な大食漢である将爺への供物を怠ると、角頭成員に危険がもたらされたり、豊漁が阻止されたりすると考えられている。

しばらくすると、角頭の成員のなかでも最も上の世代に当たる張姓連家船漁民の妻が、成員全員を代表して尚杯（＝占いの道具）を三回投げ、水仙王と佛祖に満腹になったかを尋ねる。この時は、数回試した後で、満腹になったとの答えが得られたため、船の縁で天公と水仙王・佛祖・それぞれの将爺のために紙銭が燃やされた。最後に、水中にいると考えられている「門口公」[12]（*Mui kao gong* ＝悪鬼）のために四種類の料理と三牲（豚の三枚肉・スルメ・インスタントラーメン）が供えられた後、今度は紙銭を船の外で燃やして、門口公へと捧げた。

写真 3-8　世代順に並び焼香する角頭成員

写真 3-9　世代順に供物をまわす角頭成員

写真 3-10　噴油をする道士

写真 3-11　水仙王を祀る家庭を選ぶクジ引き

（3）共食

水仙王・佛祖・将爺・門口公などに供えられた料理は、その後、（A）の船に集まった角頭の成員全員で分けて食される。陰暦一〇月一〇日が週末・祝日と重なる年でない限り、陸上の工場で働く人や学生は、水仙王の祭祀に朝から参加することは不可能である。しかし、遠方に出稼ぎに出ているといった特別な場合を除いて、水仙王の誕辰には、短時間でもよいから、可能な限り参加したほうがよいとされている。そのため、昼になると、工場や学校の昼休みを利用して、角頭成員の多くが（A）の船を訪れる。この時ばかりは、両親や祖父母に連れられた保育園の園児や、厳密な意味での父系出自集団には含まれることのない婚出前の女子たちも、（A）の船へとやって来て、まず天公や水仙王、佛祖などに線香を手向けた後で、皆とともに食事を摂るのである。

（5）祭祀担当の決定

食事が終盤に差しかかると、角頭の男性成員の間でクジがまわされ、向こう一年間、誰の家庭で水仙王を祀るのかを決定する。皆、水仙王の神像を一度でよいから自分の家庭で預かりたいと望んでおり、この時が最も大きな盛り上がりを見せる（写真3—11）。二〇〇九年に、見事クジを引き当てたのは、図3—2に示した長房の（B）という男性であった。（B）は、Sm漁業社区から離れた厦門市の公安局で働いており、この日も祭祀活動には参加することができなかった。そのため、弟が（B）の代わりにクジを引いたところ、見事、大役が当たったというわけだった。弟は早速、存命の者のなかでは最も上の世代に当たる自分の父親と相談をして、「角頭成員が多く暮らすSm漁業社区を出て、（B）の働く厦門市まで水仙王を連れていくのは忍びないので、今後の一年間は、Sm漁業社区の集合住宅に暮らす（B）の兄の家で水仙王の神像を預かろう」ということになった。角頭のほかの成員たちもこれに納得し、（B）にも了解を取りつけた上で、そのように決定されたのである。

（6）映画の上映

この日の夜は、（A）の船に横づけされた別の船の上で、水仙王をはじめとする厎公たちを喜ばせるために映画が放映され、集まった角頭の若い成員たちは酒を飲みつづけていた。こうして、水仙王の誕辰に関わるすべての祭祀は終了する。

(4)　継続する角頭の集団意識と宗族における世代確認の場としての「角頭厎」祭祀

1　継続する角頭の集団意識

事例として取り上げた、洲頭漁船幇に属する張姓の連家船漁民は、漳州市のPk村という農村の始祖を中心として広がる宗族組織のなかで、①始祖の長男を共通の祖先としてもつ角頭、④根拠港としていたXl村という農村の始祖の次男を共通の祖先としてもつ角頭、③Pk村の始祖から数えて第一三世の子孫に当たる男性を共通の祖先としてもつ角頭といった、さまざまなレベルの角頭のなかに自己を位置づけている。

角頭自体がきわめて関係論的性格をもつために、洲頭漁船幇に所属していた張姓の連家船漁民が全体でおこなっていた水仙王祭祀が文化大革命の煽りを受けて中断に追い込まれ、一九九〇年代後半になって復活した際には、ごく限定された一部の成員だけが祭祀活動に関わることになったという角頭の分裂ともいえる経緯の一方で、この水仙王は、その時々で異なる範囲の成員たちから構成される角頭全体の庇護に対して全責任を担う角頭厎として、その性格を維持することが可能となってきた。

集団化政策と陸上定居を経た後の、きわめて現在的な状況において、先に見たような角頭の全体像とは、もはや、角頭whose祭祀の際にだけ、姿を現すような、いわば形骸化したものである。こうした状況でおこなわれる角頭whose祭祀は、whose公に対して、成員全体の水上・陸上での安全や豊漁を願い、危険の回避を祈る場としての本来的な意味を失ってはいない。だが、そこには、もう一つの大きな意味が付与されていることにも、注意を払う必要がある。

それは、若い世代の人々にとっては、祭祀に参加することそれ自体が、角頭という集団の成員同士の間にある具体的な関係性を理解してゆく上で、重要な結節点となっているということである。すなわち、保育園児や小中学生というきわめて幼い段階から、毎年おこなわれる角頭whose祭祀の場に可能な限り参加するということをとおして、連家船漁民は、日頃の生活においても身近な存在である近親者（たとえば、父母・父方の祖父母・父の兄夫妻・父の弟夫妻・父方のイトコなど）以外の角頭成員と、自分との関係性を把握するようになっていくのである。

このように、祭祀の場で確認される角頭成員同士の関係性は、今や、その場を離れて日常生活の場へと戻った後、労働上や生活上の大きな協力関係を生み出すことにつながりはしない。しかし、それは、日常のさまざまな場面で顔を合わせた時に、互いをいかに呼べばよいのかとの呼称の選択などに密接に関わっており、祭祀の場で確認される相互の関係性というのは、個々人の間では、日常生活のなかでも不断に再確認されつづける可能性をもっている。

2　宗族における世代確認の場としての「角頭whose」祭祀

角頭whose祭祀の場において顕著なのは、whose公に線香を手向け、供物を捧げるという儀礼の節目において、それらが必ず、角頭成員のうち、世代が上の者から順に整列してなされるという点である。また、whose公やその臣下、さらには悪鬼たちに対して、供物の量が足りているか否かを尋ねる役割や、角頭whoseの神像を預かる者の決定をめぐって問題が起きた時にそれを解決する役割は、すべて、成員のなかでも最も上の世代に当たる者が担っている。

年齢が上の者が必ずしも上の世代に当たるとは限らず、同じ年齢でも世代が異なることがあるというのは、いかなるレベルの父系出自集団でも発生する、重要な問題である。この、一見すれば複雑きわまりない成員同士の関係性は、角頭厝祭祀のなかで、くり返し立ち現れてくるものでもある。

とりわけ、角頭成員のうち、世代の上の者というのは、年に一～二回、農村の始祖の家廟を訪れ、宗族組織全体でおこなわれる供祖に参加する資格をもっており、なかには、実際に供祖へ参加した経験をもつ者もいる。すなわち、彼らは、世代が下の者に比して、農村を中心に各地に広がる宗族組織の全体像を、より明確に理解している人々であるといえる。さらに、上の世代に当たる人（のなかでも、年配者）たちは、中華人民共和国建国後の集団化政策や一九六〇年代以降の陸上定居といった、連家船漁民全体が歩んできた過程を自ら経験しているという者が多い。つまり、彼らは漁や漁獲物の運搬・販売といった作業のさまざまな面で互いの協力関係を保っていた角頭のつながりについて、身を以て体験してきた人々でもあり、総じて、角頭成員同士の具体的な関係性を把握しているという特徴をもっている。

したがって、祭祀のなかで幾度となく登場する世代間の上下関係の強調というのは、張姓の連家船漁民にとっては、漳州市のPk村の始祖を中心として広がる宗族組織全体のなかで、自らが何世代目に当たるのかについて、成員たちが不断に確認する場を提供しているともいえる。すなわち、角頭厝祭祀の場というのは、角頭よりも上位のレベルに位置する宗族組織全体において、自分たちがいかなる地位にあるのかといった知識を、上の世代（＝多くは年長者）から下の世代（＝多くは年少者）へと伝える場となっているのである。

もう一度、確認しておこう。自らと農民との間の関係性を明確に表すことのできる族譜や神主（＝位牌）などの文字記録や、自らと直接つながる祖先を祀ることに特化した祠堂をもたない連家船漁民にとって、宗族全体の歴史を物語る文字記録は、さほど重要性を有してはいないかのようである。角頭庇の祭祀からうかがえるのは、連家船漁民にとって、自分たちが知り得る範囲の宗族の部分的な歴史を、祭祀活動のなかで上の世代から下の世代へと伝えてゆくことのほうが、大きな意味をもってきたということなのである。そして、このことは、集団化政策や家屋の獲得といった動きを経た後の現在、共有財産をもつわけでもなく、生活上の協力関係を見せるわけでもないというように、角頭のつながりが日常生活の上ではほとんどその結合力を失っているかに見える状況のなかにありながらも、その重要性を保ちつづけていることが理解できるのである。

第五節　他者の土地を自らの土地として読み替える——五月節の「巡社」

一九六〇年代に、九龍江河口の各地から、現在のSm漁業社区の土地へとやって来た連家船漁民。彼らは、実に五〇年以上の時を、ここで過ごしてきた。宗族組織・漁船幇・角頭といった従来の社会的紐帯を断ち切るかのようにもたらされた共働・共住の経験は、連家船漁民の社会に何らかの変化を与えただろうか。以下では、改革開放後の一九九〇年代に、現在のSm漁業社区全体を庇護する神明が登場し、新たな儀礼が創出されていく過程に目を向ける。ここからは、集団化政策のなかで半ば強制的に形作られたはずの集団が、連家船漁民にとっては自己を認識する上で欠かせぬ存在となっていることがわかるだろう。

1　廟宇建立の経緯

(1)　Sm漁業社区全体を庇護する庇公の登場

中華民国期の保甲制度、中華人民共和国建国後の一連の集団化政策と陸上定居を経て、連家船漁民は、さまざまな規模の組織へと組み込まれてきた。だが、これらの変化を経ても、一つ（あるいは複数）の庇公を共有し、共同で祭祀する集団のなかで最も大きな単位が漁船幇であるという状況は、基本的には変化しなかった。とりわけ、一九六六年にはじまる文化大革命における「破除迷信、解放思想（迷信を打破し、思想を解放しよう）」のスローガンのもとでは、連家船漁民も神像・香炉の処分を余儀なくされ、庇公の祭祀活動自体が影を潜めることになった。[13]

だが、改革開放後の一九七〇年代後半に起こった政策転換は、その後の連家船漁民に大きな影響をもたらした。宗教・信仰の自由が公認されたのだ。公認の対象は、中国共産党によって体系的な教義や組織を具えていると判断された世界宗教に限られ、宗教的行為も政府が認可した施設内でのみ許されるという、きわめて限定的な措置であった。これは、政府が定めるところの「宗教」からこぼれ落ちた「宗教的なるもの」（＝民間信仰の類）を、「迷信」と分類したが、それを一括して排撃するようなものではなかった。なぜなら、迷信は社会の進歩にともない消滅するとの唯物史観的宗教観のもと、生活習慣に密着した有害性の低いものは、黙認されることになったからである［川口　二〇一〇：四］。これを受けて、文化大革命期に破壊・転用された各地の廟宇は、一九八〇年代以降、「宗教」として公認を得るか否かにかかわらず、次第に再建の道を歩み、そこでの宗教的実践も復活していった。

この時期、外海・内海・陸上の三本柱で展開してきた連家船漁民の生産も、大幅な向上を見た。一九八五年、Sm漁業生産大隊に所属する大型の底引き網漁船は五八艘にまで増加し、台湾海峡での漁による漁獲高は、福建省内で一～二位を争うほどになったのである［張石成　二〇〇九ａ：七七］。

宗教的なるものに対する規制の緩和とSm漁業生産大隊の生産力向上を受け、連家船漁民の間では、定住用根拠地に廟宇を建設し、そこに庇公を安置したいとの意見が上がるようになった。一九八八年、当時、Sm漁業生産大隊の機帆船で船長を務めていた張ユートゥという男性を中心に、廟宇建設に向けた資金集めが開始された。張ユートゥは、福河漁船幇の投網漁船出身の連家船漁民で[14]、漁の才覚に優れ、人望も厚い彼は、生産大隊のなかで「頭家」（*tao gE*＝リーダー）格と目される人物だった。どんなことでも、張ユートゥが働きかけさえすれば皆、言うことを聞くというほどの信頼を集めており、新たにもち上がった廟宇の建設計画も、彼の呼びかけで多くの賛同を得ることができた。

　張ユートゥの打診を受け、当時、「総合工場」（＝Sm漁業生産大隊の造船工場・機械工場・麻袋工場・水産品冷凍工場・水産品加工工場から成る組織）の長を務めていた張アーガンを中心に、生産大隊の成員に広く資金を募ることとなった。張アーガンの兄もまた、生産大隊の党支部書記として張ユートゥに匹敵する影響力を有していたが、彼を巻き込んで計画が大ごとになれば、当局に漏れ伝わり、封建的迷信と判断されて計画中断を余儀なくされるかもしれぬと睨んだ面々は、資金をすべて民間で調達することにした[15]。厓公に関わることであれば、皆、進んで金を出したがったといい、六〇〇〇元ほどがすぐに集まり、一九八九年一〇月から、九龍江支流の畔に廟宇の建立が開始される運びとなった。

2　廟宇内に安置される厓公

　やがて、一九九〇年に完成した廟宇は、Zd宮と名づけられ、そのなかには水仙王・媽祖・「土地公」（*Too di gong*＝福徳正神）の神像が、外には天公（＝玉皇上帝）の香炉が安置されることになった（写真3―12～3―15）。このほか、水仙王の傍らには、太子爺公や「法子公」[16]（*Huat zu gong*）が、媽祖の傍らには彼女につき従う「千里眼」（*Can li gvian*）と「順風耳」[17]（*Sun hong hi*）が、土地公の傍らには虎爺[18]が、それぞれ安置された。いずれも、Zd宮の建立を機に、神像を新たに作り、Zd宮へ「お越しいただいた」ものである。

　Zd宮の主神として選ばれた水仙王と媽祖は、連家船漁民が個人厓・角頭厓・幇頭厓として祀ってきたお馴染みの厓公であった。水仙王は、水にまつわる複数の歴史上の人物が水神として合祀されたもので、総合工場長・書記

写真 3-12　Zd 宮

を輩出した洲頭漁船幇の張姓漁民と、Zd宮の建立に尽力した張ユートゥの福河漁船幇の張姓漁民の間で角頭庇として祀られてきた。一方の媽祖は、宋代に福建莆田の湄州島に生まれ、数々の船を水難事故から救ったことで知られる林黙娘が、死後に女神として転化したものである［林国平、彭文宇　一九九三：一四六―一六一、王栄国　二〇〇三：四三―四四］。媽祖は、連家船漁民の多くが個人庇として船で祀ったり、個人的に各地の媽祖廟を訪れたりして信奉する庇公であった。水仙王・媽祖はいずれも、航海・漁業の安全を司る水神であり、それがSm漁業生産大隊の成員全体を庇護する庇公として選ばれる理由となった。

一方、土地公の選出は、連家船漁民の生活に起こった変化を如実に示していた。土地公は本来、五穀豊穣を司る神だが、土地を守る神と解釈されて中国全土で広く祀られている[19]［林国平　二〇〇三：七一―七二］。九龍江沿岸一帯でも、各家庭

写真 3-13　水仙王

写真 3-14　媽祖

写真 3-15　土地公

の家屋や田畑の片隅、村境などで土地公が祀られるほか、さまざまな廟宇で安置が必須のものとされていた。ただ、船に住まう連家船漁民にとって、土地公はまったく無縁の庇公であった。なぜなら、連家船漁民は田畑や家屋とも、そして廟宇とも切り離された空間で暮らしてきたからだ。だが、定住用根拠地に建てられた集合住宅への入居を果たした連家船漁民は、祭祀活動に対する規制が弱まった後、順次、家屋の祭壇に土地公の神像を安置しはじめていた[20]。これを受け、協議の結果、Zd宮にも土地公と、その臣下であるところの虎爺を安置することが決定された。連家船漁民がSm漁業生産大隊全体を庇護する庇公として、水上の安全を司る水仙王・媽祖と、陸上の平穏を担う土地公という、性格の異なる神を選択したことは、この時すでに、彼らにとって、水上と陸上の空間に跨る生活が定着していたことを象徴するものである。

3　廟宇の管理と祭祀活動

ここで、Zd宮に関わる一切の決定権を有する重役会（＝通称「董事会」）と理事会の存在に目を向けてみよう。Zd宮重役会は現在、形式上はSm漁業社区共産党支部の管理部門「老人協会」（＝主に老人福祉に関わることを指導・管理する組織）の下位に置かれている。すべての活動は、老人協会の指導のもと、重役会が理事会を管理するという形で実施される。二〇〇七年の時点では、党支部委員を退職した男性が老人協会会長を務め、Zd宮重役会は会長一名、副会長二名、委員四名、その下位組織である理事会は会長一名、副会長二名、委員一〇～一一名から、それぞれ構成されていた。重役会・理事会はSm漁業社区の住民から構成され、その多くが年配の男性である。会長・委員は、二年に一度、Zd

宮の水仙王の眼前で尚杯（＝占いの道具）を投げ、厓公の同意を得た立候補者が選出される。

Zd宮理事会は廟宇建立後、数年にわたって龍海市民族・宗教事務局に対して「宮廟管理登記証」なるものの発行を申請しているが、すべて失敗に終わっている。登記証とは、市によって廟宇の存在とそこでの活動が公認されたことを示すものである。廟宇の理事会から、廟宇と祀られる神明の歴史や由来、祭祀活動の必要性・重要性の記された文書が提出されると、市は内容を精査し、その廟宇が民間信仰の活動を実施する場所として適切であると認めた場合に登記証を発行する仕組みである。川口幸大が指摘するとおり、中国ではこうした登記証を受領することは、当該施設での全活動が当局の管理下に置かれることを示している［川口 二〇一〇］。したがって、Zd宮は、公認を得られないことが逆接的に当局の管理を免れ、（比較的）自由な活動の実施が担保されていると見ることもできよう。ただし、Zd宮の一切を仕切る重役会・理事会が形式的ではあっても党支部の管理部門の下位に置かれること自体、廟宇での活動が共産党による管理から完全に自由ではないことを物語っている。

Zd宮での日常的な祭祀活動は、理事会を中心として、そこに厓公の祭祀事情に精通した年配の男性が数名加わる形で、おこなわれる。たとえば、毎月陰暦の一日と一五日の早朝、彼らはZd宮の厓公に線香と紙銭を捧げる。また、毎月陰暦二日と一六日には、Zd宮の前で肉・魚・野菜を煮炊きして約一二種類のおかずやスープをこしらえ、厓公とその臣下たちに供える（＝「做牙 *zo gvE*」）。いずれも、Sm漁業社区の全成員の庇護を願うための重要な任務である。つまり、Zd重役会ならびに理事会は、Sm漁業社区の成員の安全と平穏を厓公に祈る一切の責任を負っているのである。

これらの日常的活動は、Sm漁業社区の連家船漁民が個々にZd宮を訪れる際に、厓公へ捧げる「添油」（*tiam iu* ＝賽銭）や、経済的余裕のある連家船漁民からの寄付金によって賄われている。さらに、添油・寄付金から報酬を出す形で、一組の老夫婦に毎日朝から夕方までZd宮に常駐してもらい、廟宇の管理・清掃を担当してもらっている。

このほか、水仙王の誕辰（＝陰暦五月五日と一〇月一〇日）と、媽祖の誕辰（＝陰暦三月二三日）には、Sm漁業社区の連家船漁民の各世帯で金を出し合い、道士や劇団を招いて盛大な儀礼を実施している。

4　Sm漁業大隊全体を庇護する氹公の登場

一九八〇年代後半にはじまるZd建立と氹公選出の動きは、連家船漁民がはじめて、漁船幇を超えた範囲で共同に祀る氹公をもつに至ったことを示している。この範囲こそ、集団化政策の最終段階で登場した人口四〇〇〇人超の組織、Sm漁業生産大隊（＝後のSm漁業村・Sm漁業社区）である。つまり、新たに登場した水仙王・媽祖・土地公とその臣下は、Sm漁業生産大隊の成員全体に対する安寧の保障と災難の回避を一手に担うことになったのである。

この一連の動きは、連家船漁民の身に起こった、生産体制と住空間の重要な変化を、よく表している。というのも、中華人民共和国建国後以降の集団化政策と陸上定居は、角頭や漁船幇という血縁的・地縁的紐帯を中心に営まれてきた生産（＝漁撈・運搬などでの協力）と居住（と停泊拠点の共有）の体制を、分断・集合させるように働いてきたからである。連家船漁民は陸上の工場・農場（・養殖場）での労働や、機帆船での大規模な漁業に従事し、陸上の集合住宅に住まう権利を獲得していった。彼らはこれらの角頭・漁船幇とはまったく無関係に展開される共働・共住関係のなかで、新たに親密な社会関係を築き上げてきた。狭隘な定住用根拠地と停泊拠点で日常的に立ち現れる、顔の見える関係、まさにこれこそが、Zd宮建立とSm漁業生産大隊全体を庇護する氹公の登場を可能としたのである。

(2)　五月節の儀礼

以下では、毎年陰暦四月二九日から五月六日の間にZd宮（と周辺）でおこなわれる五月節（＝端午節）の儀礼について取り上げる。ここでの狙いは、一連の儀礼を、連家船漁民がいかなる解釈のもとに実施しているかを明らかにすることにある。というのも、中国の「大伝統」としての端午節と、連家船漁民の考える五月節とは、表面的な儀礼実践の形態はかなり似通ったものであるにもかかわらず、そこに込められる意味に、きわめて大きな乖離が見られるからである。

五月節は九龍江河口一帯において、端午節を指す言葉として広く用いられる。周知のように、陰暦五月五日の端午節とは、川に身投げした中国の愛国詩人・屈原を偲ぶ日であり、各地で龍船競争が催される。その知識は、連家船漁民の間でも共有されてはいる。だが、連家船漁民にとってこの日は、Zd宮の主神・水仙王の誕辰の一つでもあり、一連の儀礼は彼の誕辰を祝うためにおこなわれるものと認識されている。さらに、特徴的なのは、連家船漁民が五月節の儀礼に、「水上労働（＝漁撈・運搬・砂の掘削など）に従事するSm漁業社区の全成員のために、一年間の豊漁と安全とを祈願する」との意味を込めており、そこに水仙王以外の王公をも登場させることである。

なお、以下で描かれる儀礼の概要は、二〇〇八年と二〇〇九年の状況をもとにしている。

1　龍船の清浄と龍船の進水（陰暦四月二九日午前）

Sm漁業社区は現在、五月節に用いるための「龍船」（*liong zun*）を二艘所有している。龍船は、舳先の両側に龍の眼が描かれた、きわめてシンプルな細長い木造船で、一艘に四〇～五〇人まで乗ることができるものである。陰暦四月二九日午前中、社区を流れる九龍江支流に潮が満ちはじめる時刻になると、年配の連家船漁民が「浄炉」（*zing loo*＝清浄な状態にした炉）を手に、龍船の周囲をまわり、清めの儀礼をおこなう。この時、龍船の眼と舳先には、悪いものを追い払う力をもつ紅い布と紙銭が打ちつけられる（写真3―16を参照）。

龍船の格納庫（＝九龍江支流の畔に位置）前では、供物を捧げての土地公祭祀もなされる。いわく、格納庫は土地公の管理下にあり、土地公の許可なしに龍船をもち出すことはできないからである。その後、青壮年の男性が龍船を格納庫から出し、九龍江支流に浮かべてゆく。これで、五月節に用いる龍船の準備は完了である。

清めの儀礼を経た後、龍船には「清気」（*cing ki*＝清い、清潔の意）な者のみ、触れることが許される。反対に、「癩疴」（*tai go*）・「無清気」（*bvo cing ki*）の状態にある者の接触は注意深く避けられる。いずれも汚らわしい・穢れているとの意味だが、五月節の文脈では次の人々を指し、彼らがこの期間に龍船と接触すれば、Sm漁業社区成員全体の一年間の豊漁・安全が脅かされる。

（1）女性全般：「女性は毎月、血を流すから」。連家船漁民は家族で船に住まうことから、一般の漁船で女性は排除されぬが、[21] 龍船は女性の接触を徹底的に排除する。ほかに、河を龍船が通るのを、橋の上に立って見学することも禁止される。「神聖な龍船が、癩疴な女性の下、ましてや股の下をくぐり抜けるなど、とんでもないこと」であるため。

写真 3-16　龍船の眼に打ちつけられた紅布

（2）近親者の死後一年未満の男性：死が癩疴・無清気の状態を引き起こし、それが死者儀礼で死者と多く接触する近親者に広まるため。

（3）妻が女子を出産後一か月未満の男性：妻が男子出産直後の男性がめでたいものと見なされ、龍船の漕ぎ手として好まれることと対照的である。したがって、癩疴・無清気の状態を生み出すのは妻の出産という行為ではなく、女児が生まれ出るという出来事のほうである。[22]

2　過火（陰暦五月一日午前）

旧暦五月一日の早朝、Zd宮に年配の男性（＝「庭公に精通する者」。Zd宮理事会とは別に存在）約一〇人が集まり、庭公祭祀をおこなう[23]。太鼓・銅鑼・拍子木を叩き、経を唱えるものである。同時に、素焼きの炉に点火した木炭・札を入れ、厓公と通ずる能力をもつと目される男性が口で生米・水を炉に吹きかけて炉の火を大きくしていく（写真3—17、3—18）。この炉は、特別な力をもつものとされ、厓公に精通した数名の老人以外、誰も直接手を触れてはならない。

潮の満ちる時刻になると、Zd宮から水仙王と媽祖の神像を輿に座らせてZd宮の外に出し、輿に線香を立て、身体に香水をかけて外出の準備をする。その後、太鼓・拍子木を手にした老人たちを先頭に、輿を担いだ青年、龍船の漕ぎ手一〇〇名前後が炉を飛び越え（＝「過火 *gue hue*」）、龍船の浮かぶ地点へと向かう。龍船の漕ぎ手は癩疴・無清気でない男性に限られるが、彼らもまた、厓公に精通した老人によって清められた炉の火を越え、真の清気な状態へと転じる必要があるのである（写真3—19）。

写真 3-17　Zd 前で厓公祭祀をする老人

写真 3-18　札・生米を入れて炉の火を大きくする

写真 3-19　過火

写真 3-20　龍船から紙銭を撒く

3　請江

二艘の龍船には、水仙王・媽祖の輿と、供物（豚の頭・アヒル一羽・ニワトリ一羽・生魚一尾・インスタントラーメン一袋・「香餅[24] *hioN biaN* ＝菓子の一種」）が載せられる。船尾には「龍船旗」（*liong zun gi*）をもった壮年が、尫公に精通した老人が舳先に、そして漕ぎ手たちが左右に分かれて座る。出発前に、船上の全員の頭上で小さな浄炉をまわし、念を入れて身体を清気な状態にする。

潮が満潮に向かう頃、龍船中央に立つ壮年の叩く銅鑼に合わせ、龍船を九龍江の本流まで漕ぎ出し、下流に向かって進む[25]。この間、舳先の老人たちは、ひっきりなしに線香に点火し、寿金（＝紙銭の一種）を河に撒いて拝みつづける（写真3―20）。

龍船は、九龍江河口の鶏嶼島という無人島が望める地点で一旦、停止する。老人は新たに線香に点火し、船の外に向かって拝みはじめる。対象は、海に存在する尫公、「江王」（*Gang ong*）である。その後、花瓶に河の水をすくって龍船に載せ、Sm漁業社区へ戻る。これにはSm漁業社区の主神である水仙王・媽祖が海へ出向き、江王に請うて龍船の上、ひいてはSm漁業社区までお越しいただくことを示す。この行為は「請江」（*ciaN gang*）と呼ばれ、江王はこの時から陰暦五月五日まで、Sm漁業社区にとどまるものとされる。

4　洗江

満潮になると、龍船はSm漁業社区内の九龍江支流を三往復する（写真3―21）。「洗江」（*se gang* ＝河を洗い清めること）

と呼ばれる。支流にはこの日に合わせて漁から戻った小型漁船がひしめくように停泊し、両岸の集合住宅や橋の上でも、連家船漁民が群れを成して洗江の様子を見守る。見守る者は寿金・点火した爆竹を龍船に向かって投げつける。これには、廟宇や外海を離れ、自分たち生活空間である九龍江支流まで足を運んでくれた水仙王・媽祖・江王を皆で歓迎し、水上労働に従事するSm漁業社区の成員がこれからの一年間、安全であるように、豊漁であるように願う意味が込められる。

ところで、Sm漁業社区の連家船漁民が洗江をはじめたのには、一つのきっかけがあった。一九六〇～八〇年代、この支流は規模の大きな漁港として機能し、それまで複数の根拠港に分散していた連家船漁民も、大小の漁船を停泊させるようになっていた。ところが、一九七〇～八〇年代にかけて、この漁港では不慮の事故が多発。幼い子や成人が、船上で遊んだり洗濯したりする際に足を踏み外して落水し、死亡する事態が相次いだのである。連家船漁民はこれを河にうごめく「水鬼」[26]（*Zui gui*＝水中にいる邪悪なもの）の仕業と考えた。いわく、「水鬼が生きた人間を水中に引きずり込もうとして、落水事故が起こる。これを防ぐためには、河（＝漁港）を清気な状態にすることが必要だが、人間の力では叶わない。ぜひとも、尪公の力を借りようではないか」と。

写真 3-21　尪公による洗江

このような思いがあって、Zd宮の完成後、水仙王・媽祖・海から招いた江王の力を借り、彼らを龍船に乗せてこの河を往復することで、内部を清気な状態に維持する試みがはじまったのである。同時にこれは、Sm漁業社区の成員、とりわけ水上労働従事者の安全と豊漁を保障する役割をも担うことになった。

写真 3-22　尪公による巡社

写真 3-23　通りを往復する尪公

5　尪公による巡社（陰暦五月一日午後）

午後、土地公を除くすべての尪公をZd宮の外に出し、輿に座らせる。また、江王・水仙王・媽祖に見立てた紙製の小さな神像も輿に載せられる。Zd宮の前では、尪公に精通した老人たちが太鼓・銅鑼を叩きながら、現役の漁民の身体に尪公が憑依するのを待つ。彼のような能力をもつ人は「跳童」[27]（*dio dang*）と呼ばれる。跳童は、上半身は裸に紅色の腹掛け、下半身はズボンの上から白の巻きスカートを穿き、太鼓・銅鑼のリズムに合わせて体を上下にくねらせながら、次第に尪公を身体に降ろしていく。

その後、跳童を先頭に、輿・「尪公旗」（*ang gong gi* ＝尪公の名が記された旗）をもつ青壮年たち（＝多くが龍船の漕ぎ手）は過火をし、Sm漁業社区内の集合住宅群へ向かう。跳童と尪公はこの後、時間をかけてSm漁業社区の敷地を隈なく歩きつづける。

集合住宅に面した道路で、男性たちは尪公を乗せた輿を一斉に前後左右に揺らし、開け放たれた戸口に輿をぶつけるような動作をくり返す（写真3—22）。これは、尪公の訪問を意味する。連家船漁民は戸口の外に、自らの家庭で祀る尪公の香炉・チマキ[28]（＝「肉粽 *bvah zang*」・「鹼粽 *gvi zang*」）、果物・菓子・「紅包」（*ang bao* ＝紅い紙に包んだ金。尪公に対する謝礼）を並べ、尪公の来訪を迎える。また、社区内を貫く幅の広い複数の通りに来ると、男性たちは尪公を激しく揺らしながら走り、通りを端から端まで三往復する（写真3—23）。集合住宅の上階やSm漁業社区外に家屋を購入・賃借した連家船漁民も社区内の通りに集まり、尫公に向けて寿金・点火した爆竹を投げて尫公の到来を喜ぶ(29)。

尫公がSm漁業社区の敷地内をまわることは、「巡社」（*sun sia*）と呼ばれる。年に一度、尫公は普段鎮座している廟宇を離れ、村を巡回して人々の生活を見てまわるのであり、これにより、生活空間すべての平安を保つことが可能とされる。

尫公による巡社の傍らで、跳童もまた、Sm漁業社区を歩き、要望がある家庭へ赴いて戸口から内部に向かって剣をふりかざす。尫公の力で家屋を清気な状態にすることにより、家族の病気の治りを早めたり、家族の一年の安寧を維持したりすることができるという。

6　歌仔戯（陰暦五月一日夜～六日夜）

五月一～六日の六晩にわたり、Sm漁業社区内の通りの仮設舞台で「歌仔戯(30)」（*Gua a hi*）が上演される。舞台の前には連日、大勢の連家船漁民（＝多くが老人）が集まり、三～四時間ほどを費やして観劇する。

歌仔戯は尫公に観てもらうためのもので、福建南部の多くの村では廟宇の前に舞台が常設される。ただ、Zd宮は附近に十分な土地をもたないため、舞台は集合住宅群に仮設するより術がない。そこで、観客席の後方にテントを立て、Zd宮で祀られる尫公の名を書いた紙（＝神像の代わり）・香炉・供物を並べて尫公が観劇する空間を作り出す。こうして、尫公も連家船漁民とともに歌仔戯を観劇するのである。

7　水仙王の誕辰を祝う祭祀（陰暦五月四日午前）

五月四日の午前、Zd宮では水仙王の誕辰を祝う祭祀がおこなわれる。天公・水仙王・媽祖のために火をとおした五牲（豚の顔・ガチョウ・アヒル・魚・インスタントラーメン）と火をとおしていない五牲が、土地公のために火をとおした三牲（豚足・「五香[31] *goo hioN*」・魚）が、虎爺のために火をとおしていない三牲（豚の三枚肉・魚・インスタントラーメン）が準備される。さらに、翌日誕辰を迎える水仙王のために鶏卵四個・甜麺線四杯・紅圓・紅亀一二個・「発粿[32]」（*huat gue*）・大量の香餅・白酒・果物が供えられる。尫公に精通した老人たちが太鼓・拍子木を叩いて水仙王の誕辰を祝う言葉を唱え、大量の寿金を焼いて水仙王に届ける。

その後は、天公・水仙王・媽祖・土地公・「好兄弟[33]」（*Ho hiaN di*＝悪鬼の一種）に捧げるおかずやスープを、それぞれに一二皿分供え、線香を手向ける。

毎月陰暦二日と一六日にZd宮でおこなわれる日常的な祭祀活動において、尫公と臣下に捧げる料理は主にZd宮の理事会成員と尫公に精通した男性によって作られる。これに対し、水仙王の誕辰前日の供物は、女性も参加して準備される。作らねばならぬ料理の種類と量が格段に多く、人手が必要というのが第一の理由である。一方で、女性たちは「日頃は夫と船で漁に出ており、Zd宮の祭祀活動に参加できないから、せめて水仙王の誕辰は手伝いたい」「夫が肝臓癌に罹ったので、少しでも尫公に奉仕して、癌を治してもらいたい」、「息子の妻が流産してしまった。初孫をこの手に抱きたいので、尫公のおかず作りを手伝いに来た」など、個々の想いを胸に供物作りに参加している[34]。

8　洗江（陰暦五月五日午前）

五月節当日の早朝、Zd宮では尫公に精通する老人が尫公祭祀をし、過火のための炉を用意する。この時、跳童も、老人の奏でる太鼓・拍子木の音と節をつけた経の声色に合わせ、尫公を憑依させる（写真3―24）。跳童は、自分の舌を噛んで出した血を筆に取り、Zd宮に用意された「王船」（*ong zun*＝紙製の船。後述）の側面に塗りつけたり、王船の舳先と目玉に寿金・紅い糸を斧で打ちつけたりする（写真3―25）。潮が満ちはじめると、尫公を載せた輿・龍船旗・

写真 3-24　洋服を被り尪公を降ろす跳童

写真 3-25　王船に紙銭をつける跳童

写真 3-26　尪公を迎える中型漁船

龍船の櫂を手にした男性たちが過火をし、自らの身体を清気な状態にしてから龍船へと向かう。

水仙王・媽祖・紙製の尪公（＝水仙王・媽祖・江王）は尪公に精通した老人たちとともに、それぞれ三艘の中型漁船に分かれて座る。尪公を乗せる漁船は一年間、大漁がつづくとされ希望者が殺到するため、予めクジで決定しておく。クジに当たった船長は供物を準備し、喜びとともに尪公を迎える（写真3―26）。男性たちは二艘の龍船に乗り込み、九龍江本流へ漕ぎ出していく。[35]

尪公を乗せた漁船と龍船は、九龍江本流に停泊するSm漁業社区の連家船漁民の大小さまざまな漁船の間を隈なくまわり、尪公に漁船を見てもらう。尪公の到来を待ち受ける漁船の船長や家族は、寿金と点火した爆竹を船上から尪公や龍船に投げつけて歓迎と謝意を示す（写真3―27、3―28）。これも、尪公の力を借りて船の停泊拠点を清気な状態にし、向こう一年間、漁船が安全に作業をおこなえるように、また豊漁であるようにと願う意味が込められる。

写真 3-27　九龍江本流での洗江

写真 3-28　尪公を歓迎する大型漁船

連家船漁民にとってこの願いは切実で、尪公と龍船が来なければ、携帯電話で連絡を取り、「こっちにも早く来てくれ！」と催促するほどである。

その後、尪公は三艘の小型漁船に乗り換えて龍船とともにSm漁業社区内の九龍江支流に入り、内部を三往復する。九龍江本流と支流を尪公と龍船がまわることは、一日と同様、洗江と呼ばれる。

9　送王船（陰暦五月五日午後）

ところで、Sm漁業社区では三年に一度、五月節の期間に紙製の王船（＝全長四メートル、幅一・八メートル）を準備する。舳先には龍王（*Liong ong* ＝水神の一種）の顔が描かれ、形はかつて連家船漁民が乗っていた運搬船を模している。船には操舵室・帆・錨・舵・水桶・歩み板（＝岸へ上がる時に用いる板）が備えつけられるほか、船長と船員一八人が乗り、それぞれ櫓を片手に方向を確認したり、錨を下ろしたりする姿が模される。紙の加工に優れた近隣の葬儀用品店に製作を依頼するものである。

王船は、五月一日の朝に迎えた江王が乗るための船である。五月五日の午後、Zd宮に据えられた王船の前には、五牲（豚の頭・アヒル一羽・ニワトリ一羽・生魚一尾・インスタントラーメン）・果物が江王のために並べられる。潮が退きはじめる頃、男性たちが王船に線香を手向ける。

二〇〇九年は、王船が準備される年に当たり、私も現場に居合わせることができた。この時、五月節の期間中、祭祀活動に直接関わることのなかったSm漁業社区共産党総支部の幹部や、社区居民委員会の幹部ら男性陣が王船の前へとやって来て、「漁業大隊（＝Sm漁業社区の意味。後に詳述）の住民が一年間、安全に過ごせますように」と唱えながら線香を手向けたのが、きわめて印象的であった。ここにも、五月節の期間にZd宮を中心としておこなわれる尪公の祭祀儀礼が、Sm漁業社区全体を代表するような性格をもつことが如実に表れている。

潮が退く時刻になると、男性たちが王船を担ぎ、九龍江本流の岸辺へと運ぶ（写真3―29）。王船の上には、Sm漁業社区の連家船漁民がもち寄った供物（＝紅い布に詰めた生米・一二本の木でこしらえた小さな薪・寿金・銀紙・門口紙）と瓶に入った油・壷入りのキュウリの漬物・マッチ箱などを載せる。紙製の水仙王・媽祖・江王も、王船に乗せられる。

写真 3-29　九龍江本流へ運ばれる王船

写真 3-30　燃やされる王船

準備が整うと、尪公に精通した老人たちが線香を手に、江王に「海へお帰りください」と唱え、王船は一気に燃やされる（写真3―30）。この様子を、Zd宮の水仙王・媽祖・虎爺の神像は輿に乗って、岸部で見守る。これは、「送王船」（*sang ong zun*）と呼ばれる。

江王を海に帰すと、五月六日夜まで上演される歌仔戯を残して、五月節の儀礼は終了となる。

（3）　新たな集団意識の登場と境界を民俗的に受け容れる手段としての洗江・巡社

1　漁業大隊全体の庇護を願う五月節の儀礼と新たな集団意識

五月節の一連の儀礼は、Zd宮の建立を契機に開始されている。儀礼の諸場面から立ち現れるのは、水仙王・媽祖を中心としたZd宮の乩公が、Sm漁業社区成員の陸上と水上での危険の回避、安全（と、漁撈を生業とする人々の豊漁）の保障に全責任を負うという、そのことである。

ところで、私はここまで、五月節の儀礼に関わる人を「Sm漁業社区の連家船漁民」と表してきた。Sm漁業社区は二〇〇三年以降、実在する行政単位であり、この表現はある意味では正確である。だが、やや便宜的に過ぎる表現であることも確かである。というのも、「Sm漁業社区」の語は、現実の生活でまったく定着していないからである。実際のところ、Sm漁業社区という行政単位により管轄される人々を指す語として用いられるのは、「漁業大隊」（*Hi giap dua dui*）、あるいは略式の「大隊」（*Dua dui*）といったものである。たとえば、近隣の農村や市街地の人と対峙する時、連家船漁民は自らを「私は、『漁業大隊的』（*Hi giap dua dui e*＝漁業大隊の者）だ」と紹介するというように。なお、この語は、農民・市街地住民が連家船漁民を呼ぶ際に用いる他称としても成立可能である。

これは明らかに、集団化政策のごく最終段階として一九六〇年に登場した「Sm人民公社Sm漁業生産大隊」に由来するものである。そもそも、数段階にわたる集団化政策と陸上定居の動きは、漁船幇ごとに九龍江河口に分散し、互いの間に婚姻をはじめとする有機的な関係を結んでいた連家船漁民を、計五か所（＝より上流は現・漳州市Bw区、中流は龍海市Fg鎮・Sm街道、より河口は廈門市Sm区・鼓浪嶼島）に分断し、集団化した先の土地に定着させていった。それは、連家船漁民から見れば、自身の意志が及ばぬ政治的決定の結果としてもたらされた、いわばお仕着せの集団でしかなかった。しかし、Sm漁業生産大隊に所属することになった連家船漁民は、与えられた定住用根拠地で生産・生活

資料 3-3　五月節に関する Zd 宮からの通知

廟からのお知らせ

漁村 Zd 宮水仙尊王の陰暦五月五日の誕生日について

1. 理事拡大会議にて話し合いの上、薌劇を五幕献上することを決定した。
2. 今年の龍船の活動について、陰暦四月三〇日午前一〇時に集合して龍船を港より外へと出すこと。陰暦五月一日は早朝六時半に Zd 宮へ集合し、準備を整えた後、九時に港を出て（江王を）「請江」し、九龍江を漕ぐ。
3. 陰暦五月一日の午後三時から、神明は巡幸に出て村を視察してまわられる。Zd 宮での準備に参加してほしい。
4. 各家庭の家長、信者たちに求む。敬虔な心をもって廟を訪れ、神明たちによる加護に感謝の意を示し、寄付してほしい。神明たちが、陸上のあらゆる職種·工場にとって商売の発展と仕事の順調さをもたらしてくれることを祈ろう。また、神明たちが、全村大小各種漁船の出漁の安全と、魚や蝦の豊漁、そして村内の安寧をもたらしてくれることを祈ろう。

以上のことを、連絡を取り合い村内に伝えてくれるよう願う。

以上、Zd 宮理事拡大会議による。

二〇〇八年陰暦四月二〇日

をともにする経験を三〇年以上積み重ねるなかで、この集団に対する帰属意識を、着実に生み出している。「漁業大隊の者」との新たな名の登場は、まさにそのことを体現するものである。

今一度、確認しておこう。五月節の儀礼は、その担い手にきわめて厳格な条件を課し、癩疴・無清気な状態にあるすべての者を排除するというように、限定的な成員しか関与できぬ制度を用いている。だが、それは、五月節の一連の儀礼が、限られた成員のためだけに実施されることを意味しない。むしろ、それは、儀礼の担い手を注意深く選別しながら、漁業大隊に属するすべての連家船漁民を危険から守り、作業の安全・豊漁・商売繁盛を呼び込むことを目指しておこなわれるのだ。

「漁業大隊の成員のために」との意味づけは、五月前に Zd 宮に掲示される「廟からのお知らせ」の記述（資料 3－3）や、五月五月の送王船出発前の儀礼における、Sm 漁業社区共産党支部幹部および社区居民委員会の幹部（＝通称「村長」）の参加にも示される。

これに対し、漁業大隊の成員もまた、一連の儀礼を支

資料 3-4　2007 年 Zd 宮五月節収支状況

収入		支出	
2006 年端午節繰り越し	6,822 元	蝋燭	108 元
媽祖誕辰寄付繰り越し	1,088 元	廟宇管理人給料（4-5 月分）	400 元
添油	410 元	端午節紙銭	670 元
五月節期間の添油	2,070 元	薌劇 6 幕	12,900 元
参拝者からの紅包	1,500 元	参加者への紅包	596 元
ランニングシャツ代寄付	2,200 元	ランニングシャツ	2,200 元
寄付金	32,964 元	帆布	800 元
		龍船修理費	700 元
		その他（タバコ・爆竹・紙銭・紅包などを含む）	9,594 元
		その他	1,237 元
小計	47,054 元	小計	29,205 元
収支剰余	17,849 元	収支不足	0 元

えようと、金銭や労働力を積極的に提供する。五月節の儀礼にかかる費用は、漁業大隊に属する各世帯・船長（・漁業大隊の連家船漁民とつき合いのある近隣の魚問屋など）からの寄付によって賄われるが（資料3—4）、各世帯はよほどのことがない限り、出せる範囲で金銭を供出する。また、普段は漁船・砂船・貨物船などに乗って九龍江内外に出ている連家船漁民はこの期間、可能な限り、船で漁業大隊へ戻るし、近隣で働く連家船漁民は、主要な儀礼の実施される日だけでもと休暇を取る[36]。こうして、皆、儀礼の担い手として祭祀活動に参与しようとするのである。

そう、五月節の儀礼は、（たとえば、行政主催の公的行事などとは異なり、）一切の強制力なしに、漁業大隊に庇護を保障してくれる厓公に謝意と祈念を示すという、その一点において、漁業大隊の成員の財・力を集結させることができるのである。単なるお仕着せに過ぎなかったはずの漁業大隊という集団は、今や、その成員の間に、有機的な連関を作り上げるようになっている。生産の上で協力しなければならぬ時代など、三〇年ほど前に終わりを告げ、漁業大隊の土地を離れて住まう空間を求める者が増えたにもかかわらず。

２　漁業大隊の五月節に現れる大伝統と小伝統

連家船漁民のおこなう五月節の儀礼は、「大伝統」／「小伝統」として区別できそうな、相反する要素に彩られている。たとえば、五月節に登場する龍船やチマキ。これらは決して、連家船漁民の間だけで見られるものではない。むしろ、いずれも、中国の大伝統としての端午節（＝陰暦五月五日）では、お馴染みの要素といってよい。

中国全土で見られる端午節の龍船は、一般に次のように理解されている。すなわち、楚の懐王に疎んじられ、国の将来に絶望して汨羅江に身を投じた政治家（・愛国詩人）の屈原を偲び、人々がその遺体を船で探しはじめたことに由来するのだ、と。屈原の遺体が食べられてしまわないように、この日はチマキを作って河の魚や水鬼に食べさせるといった話は、福建南部でもよく聞かれるものであり、漁業大隊の連家船漁民も、このような一般的解釈を熟知している。

当然、九龍江河口の農村でも龍船を漕ぐ行為は広く見られる（＝多くは、速さを競う形式）。中華人民共和国建国以前は、連家船漁民も別の漁船幇との間で、あるいは根拠港のある農村の村人との間で、龍船競争をしていたという［張亜清　一九九八：八七］。その後も、改革開放の数年後から二〇〇二年までの間、漁業大隊を含む龍海市内のいくつかの村から龍船を出し、村落対抗の龍船競争がおこなわれていた(37)。このほか、ヨモギ・菖蒲・ガジュマルの葉を束ねたものを家の戸口に貼って邪気を祓うのも、連家船漁民と周辺の農村・市街地の人々が共通しておこなう事柄の一つである。

つまり、ごく表面に立ち現れる要素だけを見れば、漁業大隊の連家船漁民がおこなう五月節の一連の儀礼は、近隣の農村、ひいては中国各地の漢族の間で一般に流布してきた、大伝統と呼ぶべき性格を具えている。だが、連家船漁民が儀礼に付与する意味は、大伝統とはほど遠いものである。Zd宮理事会の公式見解をはじめとして、漁業大隊の連家船漁民のほとんどは、「五月節とは、水仙王の誕辰（の一つ）を祝うためにおこなわれるもの」と理解している。また、端午節の代名詞ともいえる龍船は、連家船漁民にとって、Zd宮と海に存する尫公の力を借りて、漁船が出入りする空間（＝河・漁港）を清気な状態に保つことを目的としたものである。

さらに、三年に一度おこなわれる送王船の儀礼も、大伝統とはまったく文脈において登場する。というのも、福建において、王船とは、王爺（＝複数の瘟神の総称）の儀礼（＝王醮）に用いられる船で、端午節とは無関係のものであるからだ。人々は、王船を河・海に流したり、水辺で燃やしたりすることで、疾病・災いを村落の外へ排出できるものと考えている［林国平　二〇〇三：一三二―一四五］。これに対し、漁業大隊の五月節の王船に乗せられるのは、陰暦五月一日に海から招かれた、姿形のわからぬ江王である。王船は、江王に海へと帰ってもらうために準備され、その江王にも、漁業大隊の成員全体を庇護する役割が託されている。

このように、漁業大隊で見られる五月節の儀礼は、表層では、大伝統たる端午節との相同性を見せるが、行為の目的という点では、連家船漁民ならではの事情が錯綜しており、その意味で小伝統とも呼べる性格をもつ[38]。なぜなら、五月節の一連の儀礼は、過去に河・漁港で落水事故が多発したとの記憶や、現在も労働力人口の七七％以上を水上労働従事者が占めるとの状況、すなわち、Sm漁業大隊に所属する連家船漁民が抱えてきた、ごく限定的な事情に即した意味を付与されているからである。興味深いのは、これらの解釈が、一九九〇年のZd宮建立後から現在というきわめて短い時間のなかで作り上げられ、連家船漁民の間で共有され、実践されているという事実である。

3　水上と陸上の境界を民俗的に受け容れる手段としての洗江と巡社

最後に、五月節の儀礼のなかで、漁業大隊の範囲を示す空間と境界に関わる二つの事象に注目したい。一つは、五月一日と五日の午前中にSm漁業社区内を流れる九龍江支流と、九龍江本流において、龍船と尪公を乗せた船によりおこなわれる洗江。もう一つは、五月一日の午後に、社区内でおこなわれる尪公の巡社である。

いずれも、普段はZd宮に鎮座する尪公と、海から迎えた江王を、廟宇から外へと連れ出すことによって可能となる儀礼である。前者の洗江は、連家船漁民の停泊地点に多く潜むとされ、一九七〇～八〇年代にかけて、不慮の水死事故を多発させてきた水鬼を鎮圧し、船の出入りする空間を清気な状態に転化することを主な目的としており（それが、漁業大隊で水上労働に従事する人々の安全・豊漁と危険回避の祈念につながるのだが）、それは、水仙王・媽祖・江王が水上を巡回することで達成される。後者の巡社は、Zd宮の土地公を除くすべての尪公と江王が、Sm漁業社区の区画を隈なく巡覧することで、陸上の生産・居住空間を平安に保つことを目指している。

ここで改めて、洗江がおこなわれる九龍江支流・本流の範囲（図3―4）と、巡社で尪公が訪れるSm漁業社区の範囲（図3―5）を確認してみよう。図3―4からは、龍船と尪公による洗江が、五月節のために帰港した漁業大隊の漁船の停泊する範囲に限定されること、一方で、その範囲内では、大小各漁船の間を隈なくまわって船を漕ぎ進める必要があることがわかる（万一、船を見逃した場合には、船主による強い抗議を受けるのだから……）。すなわち、洗江は、福建省西南部（龍岩市）の山から台湾海峡へと注ぎ込む、きわめて長い九龍江本流と、Sm街道のなかを縫

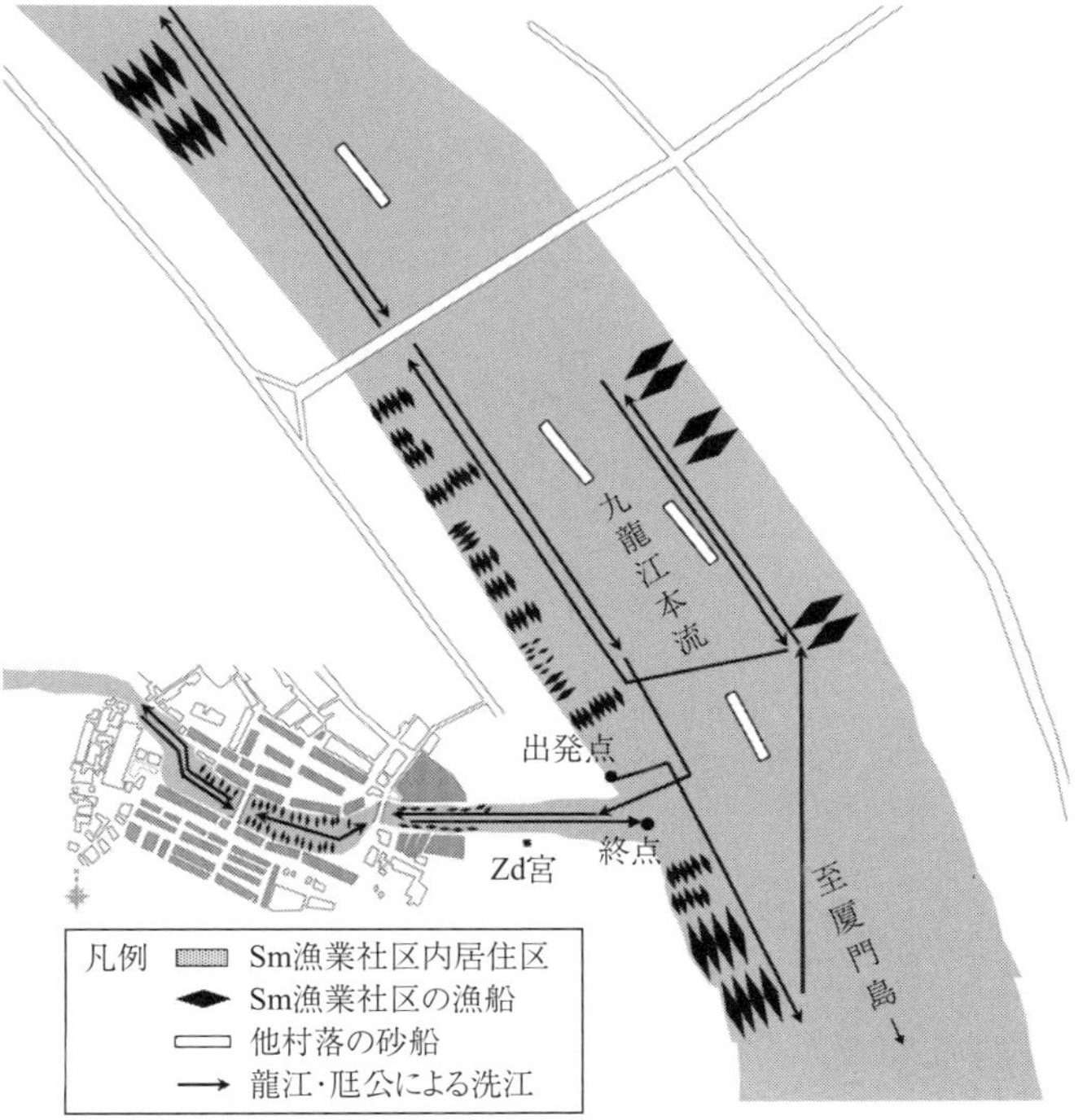

図3-4　龍船・尪公による洗江の範囲

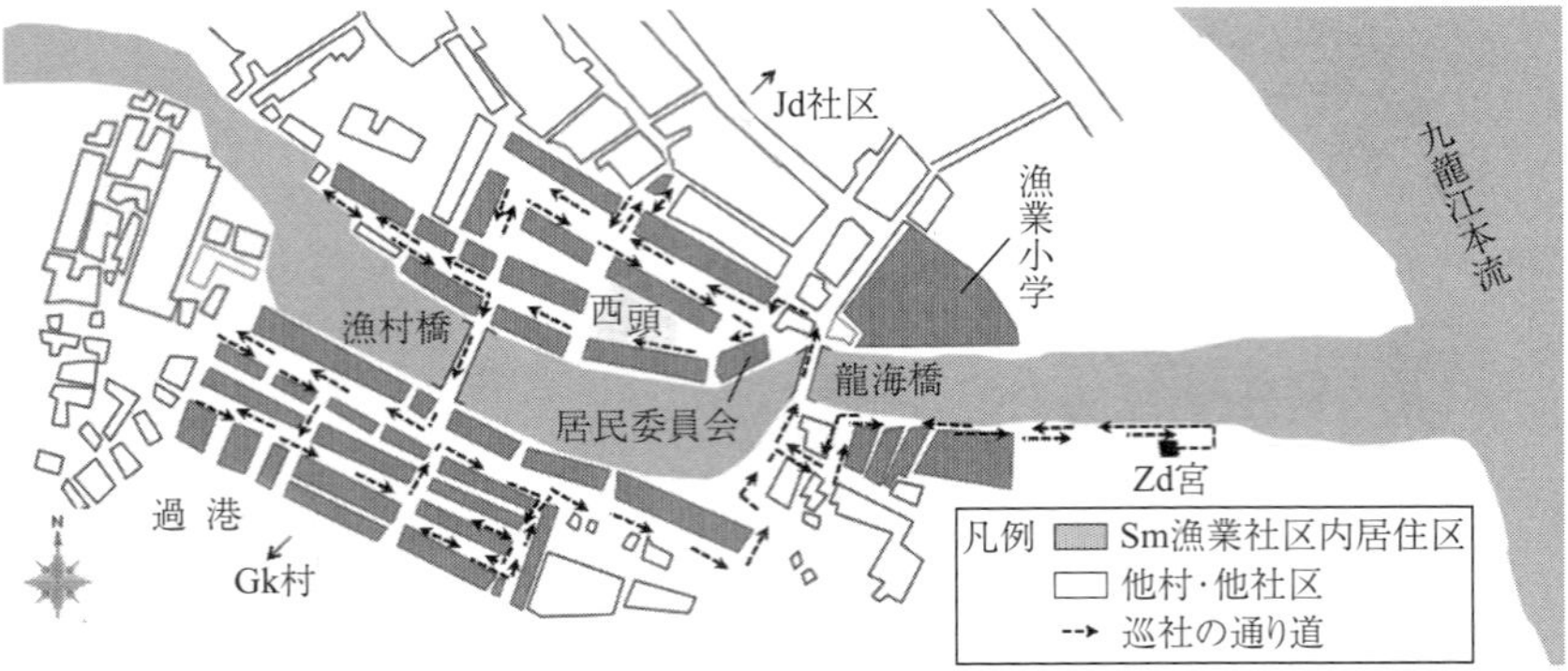

図3-5　巡社の道順

うように流れる九龍江支流のうち、漁業大隊に所属する連家船漁民が利用可能な範囲を画定していくかのように、進められるのである。

対する図3―5からは、尪公の巡社の範囲が、九龍江支流の両側に建てられた集合住宅（・社区居民委員会・商店・レストラン・診療所）の立ち並ぶSm漁業社区の居住区域に限定されるものの、その内側では住宅群の間を細かく練り歩くように設定されていることがわかる。この巡社の範囲は、Sm漁業社区居民委員会が戸籍を管理する者の住まう範囲をすべて網羅するものではない。序章で概観したように、連家船漁民は、一部がSm漁業社区の居住区内に家屋を有するのみで、大部分は狭隘な敷地を離れ、近隣社区・農村に家屋を購入・賃借し、基本的には各地域に生活の基礎を置いている。したがって、尪公の巡社から浮かび上がるのは、連家船漁民が生活を営む土地の範囲というより、彼らの所属するSm漁業社区という行政単位が正式に居住区として有する土地の範囲のほうである。すなわち、巡社は、後者の範囲を画定し、前者の範囲として読み替えた上で、その内部の平安を保つことにより、Sm漁業社区に所属する成員全体に陸上での安全と平和をもたらすことが可能なものとして、おこなわれるのである。

ここで、陸上の土地に対する連家船漁民の独特な感覚を示すものとして、巡社が開始された経緯を見てみよう。洗江は、水鬼による不慮の水死事故が多発した時期から約二〇年が経過した一九九〇年（＝Zd宮建立の年）に、五月節の儀礼開始とともに実施されるようになった。一方、巡社は、Zd宮の落成から実に一七年後の二〇〇七年にはじめて開始されている。[39] そもそも、村落の神明が誕辰などに廟宇を離れて村を巡回する巡社は、福建南部でごく普通におこなわれるものである。連家船漁民も根拠港のある農村で目にしており、巡社の存在を知っていたという。彼らは陸上定居を遂げた後も、近隣の農村で毎年のように尫公が巡回する様子を目にしていた。そして、Zd宮が完成し、漁業大隊全体を庇護する尫公を有してからは、自分たちも尫公を集合住宅群へと導き、巡回してもらいたいと願うようになった。

ところが、である。Zd宮完成から巡社の実現まで、彼らは実に一七年の月日を要したのだ。このことは、一体、何を意味するだろうか。老人たちの言葉が、それを考える手がかりを与えてくれるだろう。漁業大隊の老人たちによれば、尫公による巡社など、長らく「不敢做（*m gaN zo*）」、すなわち「勇気がなくてすることができなかった」のだ。それは、漁業大隊の土地が、「別人的」（*bat lang e* ＝他人のもの）であるとの考えが、頭から離れなかったためだという。そう、陸上定居のための用地を得た後、実に約五〇年もの間、漁業大隊の連家船漁民は自らの暮らす土地について、近隣の農村からの借りものと考えつづけてきたのだ。現実には、そこは、一九六〇年、当時の龍海県政府が二つの農業生産大隊に対し、耕作地の一部をSm漁業生産合作社に無償で譲渡するよう命じており、行政上の手続きを経て正式に連家船漁民の手に渡った土地である。だが、Sm漁業大隊の連家船漁民は、制度の上では自分たちが使用権を有する土地であることを知りながら、気持ちの上では、きわめて長い間、それは自分たちの土地ではないとの思いを拭いきれぬまま生活してきたということになる。

最終的に、連家船漁民の間でZd宮の尫公に自分たちの生活を巡覧してもらいたいとの声が高まり、理事会で何度も話し合いがおこなわれた結果、二〇〇七年になって、手探りのなか、尫公による巡社が開始された。特に最初の年は、細い入り組んだ道の多い居住区をいかに効率的に隅々までまわるか、（私が研究用に作成していた）地図を片手に、総指揮を執る壮年男性と輿の担ぎ手の間で入念な相談がおこなわれたのが印象的であった。つまり、五月節における巡社の開始とは、定住用根拠地獲得からおよそ五〇年の月日を経て、漁業大隊の連家船漁民がようやく、Sm漁業社区の土地を自らのものと認識するに至ったことを表している。

このような背景を念頭に置いた上で、改めて、洗江・巡社がもつ意味について考えてみよう。前者は、漁業大隊の連家船漁民が船を停泊させる水上の空間を、後者はSm漁業社区が有する陸上の空間を自らのものと読み替え、利用可能な空間として受け容れるためにおこなわれる。いずれにせよ、儀礼の開始を望んでから実施が実現するまでには、二〇～五〇年という長い年月を要しており、連家船漁民は現実の生活でそれらの空間を共用する経験を積み重ねることによって、漁業大隊の成員という「われわれ」の空間として受け容れることが可能になったといえる。つまり、五月節の洗江と巡社の実践は、漁業大隊の人々が、本来はどこまでも果てしなく広がる水上と陸上の空間から、自分たちの空間を選び出し、その境界を画定しながら、自らの内に受容していくための民俗的な方法として機能しているのである。

第六節　まとめ――共存する「宗族」・「角頭」・「漁業大隊」の集団意識

(1)　地域社会の歴史に自らを位置づける試み

本章の第三節と第四節では、これまで、あたかも、陸上漢族であれば当然もつはずの、さまざまな要素を欠いた「ないない尽くし」の者として描かれてきた各地の水上居民像から距離を置き、連家船漁民が彼らなりの別の方法で、地域社会の歴史のなかに、自らのあるべき位置を見出している可能性について検討した。

第三節では、二〇世代あまりという、とてつもなく長い時間にわたって船で生活しつづけてきたことを自認する連家船漁民が、その一方では、集団化以前に根拠港が存した農村の同姓農民との間に宗族関係をたどり、そもそも自分たちは農村の出身であると主張する姿に注目した。その主張を担保してきたのは、族譜・位牌・墓碑といった文字記録などではなかった。宗族の来歴や互いの関係性についての知識は、長い時期を経て幾度も中断や変更を余儀なくされてきたはずの、各房共同の祖先祭祀への参加と、農村での日常的な営みのなかでくり返される口伝など、一見すれば不確実性の高い手段をとおして、連家船漁民と農民の間に共有されてきたからである。

この、農村の始祖を中心として各地に広がる宗族組織の全体像をより詳しく把握するのは、連家船漁民のなかでも、農村の家廟を訪れ、宗族全体で実施される祖先祭祀に参加する資格をもつ、世代が上のごく少数の者に限られている。その彼らが、宗族に関わる知識をいかにして下の世代へと伝えるのかに注目したのが、第四節である。ここでは、比較的深度の浅い祖先を中心とした父系出自集団によっておこなわれる角頭庛祭祀が、宗族全体のなかで自分が何世代目に当たるのかといった知識を、成員に不断に確認させる場を提供していることを確認した。つまり、角頭という父系出自集団は、個々の家庭ごとに分散的な生活を送る連家船漁民と、父系出自の原理によってきわめて広範な人々を結びつける農村の宗族組織との間を架橋するように働いてきたと考えることが可能である。

農民と連家船漁民を、はたまた連家船漁民同士を結びつける血縁的紐帯は、もはや、現実の生産や生活の上では、大きな機能を果たしてはいない。それでも、連家船漁民は、祖先祭祀や角頭庛祭祀をつづけ、そこに参加するのである。それは、彼らが、地域社会の歴史のなかに自らを位置づけようと願うからにほかならない。このような連家船漁民の姿に目を向ける時、これまでの研究史で自明視されてきた、「祠堂・族譜・位牌・墓碑など、宗族の歴史を語るためのツールと、それらによって語るべき自らの歴史自体をもたない水上居民には、宗族組織を発達させることなど、無理である」との見方から、距離を置く必要性に気づく。自らを宗族組織のなかに位置づけようと試みる連家船漁民にとって、宗族や自らについての、詳細で確からしい歴史を表す文字記録をもたぬことは、大した問題ではないようだからである。

連家船漁民が伝える宗族の歴史は、史実として正確である必要もなければ、一人の始祖からはじまり、宗族全体の知識を網羅するような歴史である必要もない。そう、角頭厝祭祀の場でくり返される行為からは、連家船漁民にとっては、宗族について自分たちが知り得る範囲のきわめて部分的な歴史を、上の世代から下の世代へと伝えてゆくことこそが、重要な意味をもってきたことが了解されるのである。

(2)　宗族組織への同化と角頭内部の結合力強化を志向する角頭厝祭祀

水上居民を、農村の宗族組織から排除される存在として描いてきた広東社会の研究。また、魚問屋を除けば、水上居民と陸上に暮らす人々との間に何がしかの「共同性」を見出すことはできないと結論してきた太湖流域社会の研究。これらの社会と同様、九龍江河口の連家船漁民も、農村から排除されてきたことを示す例には事欠かない（＝「土地も家屋もないから、農民とは結婚できぬ」との語り、農民から投げかけられる「水鴨仔」・「曲蹄仔」の蔑称、陸上の人々からの不当な搾取など）。

土地・家屋を有さずに水上を漂うという特殊な生活形態、船に住まうことから派生する身体的特徴などから生じる被差別的状況の経験と、宗族組織が高度に発達した社会にありながら、宗族組織に接近するための証拠（＝自らの来歴が記された族譜・位牌・墓碑）をもたぬとの顕著な特徴だけを見るならば、連家船漁民もまた、他地域の水上居民と同様、農村の宗族組織から排除されてきたのだと結論することは可能である。

だが、第三節と第四節から導かれるのは、少なくとも儀礼への参加という点においては、彼らが農村に広がる宗族組織から排除されることなど、一度もなかったとの結論である。それどころか、連家船漁民が船上生活を維持する上で最低限必要なこと（＝たとえば、船の製造・修理、食糧・日用品・漁具の調達、魚の売り買い、就学児童の寄宿など）は、どれも陸上の社会に依存することでしか解決できず、基本的にはそれらを、根拠港の農村に頼るほかなかった。つまり、連家船漁民は、自らと「同じ宗族の一員である」との集団意識を共有する人々から構成される農村との密接な関係性を保つことではじめて、その生活を維持することが可能となってきたのである。

このような前提のもとに、連家船漁民がつづけてきた角頭尪祭祀について考える時、そこからは、先に検討したような、農村の宗族組織と連家船漁民の個々人を橋渡しするような機能ばかりが目立って見えてくるかもしれない。たとえば、生産や生活のさまざまな面において、陸上の農村に依存せざるを得なかった連家船漁民は、広範な人々を強固に結びつけていた宗族組織のなかに自らを同化させていくことでしか、その生活を維持することができず、それを可能にしていたのが、角頭尪祭祀の場で宗族に関する知識を成員に伝えることであった、と。

しかし、農村に広がる巨大な組織のなかへ自らを同化させる志向性をもつかに見える角頭尪祭祀は、一方で、ごく限られた連家船漁民だけで構成される角頭内部の関係性を強固なものにし、尪公に対して成員全体の庇護を願う場としての役割も、もちつづけてきた。日頃は個々の家庭ごとに分かれて船に乗り、分散して生産活動（＝漁撈、漁獲物の売買・運搬など）に従事してきた連家船漁民（とりわけ年齢の若い者）は、年に一度おこなわれる角頭尪祭祀のなかでだけ、角頭成員の全体像を確認し、そこで自らと他の成員との具体的な関係性を把握することが可能だったのであり、それは、日常生活の場へ戻っても、不断に確認されつづける可能性をもっていた。角頭尪祭祀が担う、このような役割は、集団化と陸上定居を経て、角頭がほとんど結合力を失った後でも、その意味を変えていない。

ここでは、角頭尪祭祀の本来的な機能を論じることは主眼ではない。尪公に対して、角頭成員全体の安全や豊漁を願い、危険の回避を祈る場としての基本的な性格をもつ角頭尪祭祀は、一方では個々の連家船漁民を宗族組織全体のなかへと位置づけるために必要な宗族の歴史を伝達する場ともなっていたし、一方ではまた、角頭内部の結びつきを強固にする場ともなっていたということが確認できるのみである。すなわち、角頭という同姓集団は、農村の宗族組織というより大きな組織へ向かう志向性と、連家船漁民のみから成る集団の内部へと向かう志向性という二つの方向性を同時にもちながら、水上と陸上の空間を架橋するような役割を担ってきたのである。

(3)「漁業大隊」という新たな集団意識の登場

根拠港のある農村社会との密接なつながりを保ちながら、基本的には家族で一艘の船に乗り、九龍江河口に分散して漁撈や漁獲物運搬などに従事していた連家船漁民。農村の宗族組織という巨大な組織を除けば、彼らが自らを位置づけることのできる集団のうち、最も大きな単位は、近接する港を根拠とする複数の父系出自集団から構成される、漁船幇であった。そのような連家船漁民が、一九四九年の中華人民共和国建国後、さまざまな形で進められる集団化政策と一九六〇年代から本格化する陸上定居の動きを経た後の新たな文脈で、いかに自らを地域社会のなかに位置づけているのかに注目したのが、第五節である。

一九九〇年になって、漁業生産大隊全体を庇護する庇公が登場し、それを機に新たな形で創出されることになった五月節の一連の儀礼は、連家船漁民が今や、角頭や漁船幇という血縁的・地縁的紐帯によるつながりをはるかに凌駕する、人口四〇〇〇超の大規模な集団のなかで「われわれ意識」を築き上げるまでになったことを示している。だからこそ、五月節の儀礼には、漁業大隊の成員全体の危険回避と、作業の安全・豊漁・商売繁盛を庇公に祈念するとの性格が、くり返し立ち現れるのである。

「漁業大隊的」（＝漁業大隊の者）との新たな名乗りからもわかるとおり、このわれわれ意識は、集団化政策の最終段階に出現したSm漁業生産大隊に由来するものである。漁業生産大隊が登場した一九六〇年代以降に起こった重要な変化とは、それまで各地に分散して生産・生活していた九龍江河口の連家船漁民が、半強制的に一つの土地・漁港へと集合し、否が応でも顔をつき合わせなければならなくなったことである。陸上の工場・農場・養殖場での労働、大人数による外海での機帆船操業、集合住宅の分配……。そのどれもが、かつて個人がどの角頭・漁船幇に所属していたかを一切考慮することなく、組織によって決定され、その配置も頻繁に変えられていった。生産・生活の両面において突如として現れた新たな形の共同性、これが「同じ漁業大隊の者である」とのわれわれ意識を生み出したことは、疑いない。

だが、この集団意識の登場は、すべてを政策の転換よって理解できるほど、単純なものではない。それは、①宗教や信仰の（制限つきの）自由が改めて公認され、各地で廟宇が再建された一九七〇年代後半から、一〇年以上の時が経過してはじめて、漁業大隊全体を庇護する尫公が登場したこと、②漁港で不慮の死亡事故が多発してから約二〇年が経ってはじめて龍船による洗江がおこなわれたこと、③定住用根拠地を得てから約五〇年が経過した後に、尫公による巡社が開始されたことからも明らかである。そう、連家船漁民は、新たに得た集団と土地・漁港のなかで、長らく逡巡していたのだ。

すなわち、一九六〇年にSm漁業生産大隊が成立して、一九七七年の統合により現在のSm漁業社区の住民へとつながるおおよその形が完成した後も、連家船漁民は日常のなかで顔をつき合わせて生産・生活に勤しみ、対立しながらもそこにいるという経験と、九龍江の停泊地点や定住用根拠地を共用するといった経験を積み重ねることで、漁業大隊という巨大な集団のなかに自らを位置づけ、さらには新たに手に入れた空間を「漁業大隊のもの」として受け容れてゆくことが可能となったといえる。

(4)　共存する「宗族」・「角頭」・「漁業大隊」の集団意識

本章では、①農村の始祖を基点に、中心とした父系出自の原理によって広範囲の人々を結びつける宗族組織、②比較的深度の浅い祖先を基点に、父系出自により連家船漁民を結びつける角頭、③漁船幇や角頭の範囲を超えて、新たに出現した漁業大隊という、連家船漁民を取り囲む、三種類の社会的紐帯に注目してきた。連家船漁民は、祖先祭祀や神明祭祀という民俗的な方法をとおして、これらの集団の内部に自らの位置を確認しようとしてきた。それは、陸上に広がってきた歴史や空間のなかに、自らを位置づけようとする試みであるようにも見える。

本章の事例からわかるのは、ここに挙げた①~③のそれぞれ異なる種類の方向性をもつ社会的紐帯への志向が、現在を生きる連家船漁民のなかに共存しているということである。太湖流域の水上居民について胡艶紅が指摘するような、「かつて、水上居民の生産様式や信仰的な活動は、父系出自集団を中心とした社会関係のなかで成り立っていたが、一連の集団化政策と定住化政策が水上居民を父系出自集団から引き離し、結果的にその生産様式や居住形態、そして信仰に関わる活動は、陸上の社会へと融合していくことになった」［胡艶紅　二〇一二］といった一見、明快ではあるものの、その実きわめて単純な枠組みによって、先に挙げたような連家船漁民の姿を捉えることは困難である。

重要なのは、集団化政策や陸上定居の動きが、かつて連家船漁民を地縁的・血縁的に結びつけていた漁船帮や角頭の結合力を失わせ、それに代わって「同じ漁業大隊の一員である」との新たな集団意識が登場したなどと、彼らの集団意識の変化について、もっともらしく時系列的に並べたてて論じることではない。私たちに必要なのは、それらの政治的・社会的背景が、連家船漁民の間に新たな集団意識を生み出す契機になったことを認めながら、それでもなお、農村の家廟でおこなわれる祖先祭祀に出かけたり、角頭厓祭祀を執りおこなったりする連家船漁民の姿に目を配ることである。

注目すべきは、先に挙げた①~③のように、異なる方向性をもった集団への帰属意識が、連家船漁民のなかで対立することなく、重層的・同時代的なものとして存在するということである。つまり、「自分の祖先は農村である○○村の出身であり、○○村の始祖から数えて何代目である」ということ、「自分は△△漁船帮に由来する××姓の成員である」ということ、そして、「自分は漁業大隊の成員である」という帰属意識が、政治的・社会的変化のただなかにありながら、次から次へと塗り替えられてきたというわけではなく、現在を生きる連家船漁民一人一人のなかに、同時代的に存在しているのである。

註

（1）Nm村の始祖である大祖、黄均信夫妻が明代初頭のいつ頃、このNm村へとやって来たのかは、どの資料からも明らかではない［福建省江夏黄氏源流研究会　二〇〇六：四一七―四二一、江玉平　二〇一一：二五四］。しかし、黄均信夫妻の長男である黄国賢が明代の洪武元年（一三六八年）に漳州市Lw区Xq村へと移住したと伝えられていることから［江玉平　二〇一一：二四九］、それ以前であると推測することは可能である。

（2）閩南語では、神明を指す総称として「尫」（*ang*）という語を用いるのが一般的である。連家船漁民は、さらにこの語の後ろに、年齢の高い男性に対する尊称の一つである「公」（*gong*）を加え、「尫公」（*ang gong*）という語で神明一般を呼び表わしている。なお、『閩南話漳腔辞典』の「尫」の項目では、「尫」という語の対訳のとして、「神、菩薩」という標準中国語が挙げられている［陳正統　二〇〇七：一一］。ちなみに、尫公には媽祖をはじめとする女性の神明も含まれる。

（3）宋代、現在の福建省莆田市湄州島に生まれた女性で、後に海上・航海を司る女神となった媽祖。三国時代の蜀の武将であった関羽が神格化した関帝。また、出生地については諸説あるものの、宋代に現在の福建省厦門市同安の白礁に生まれ、医者として活躍した後、神明として祀られるようになった保生大帝など、中国全土もしくは福建省南部や台湾などで、一般的に祭祀の対象とされる尫公については、その由来や性格が研究され、明らかにされているものも多い。しかし、連家船漁民が祀る尫公には、神像もなく、由来もあいまいなものが多く含まれる。祀る本人たちも、その由来を知らぬ尫公がほとんどである。

（4）この地域で各種の祭祀に用いられる紙銭は、大きく金紙（*gim zua*）と銀紙（*gvin zua*）の二種類に分けられる。前者は、尫公に捧げるもので、後者は祖先など死者に捧げるものとされる。金紙のうち、代表的なものがこの寿金と呼ばれるものであり、一般に、紙の上に朱色で「福」や「寿」の文字や蓮の花の絵などを刷り、さらにその上から金箔を重ね塗りしたものを指す。大きさは大小さまざまで、一文字分もしくは一つの絵柄分を一枚の黄金として数える。商店や市場でこれを購入する際には、一〇〇枚を単位として数えることが多い。

（5）うるち米の粉と水を混ぜて練った皮に落花生や白砂糖で作った餡を包み、亀の甲羅を模した木型に入れて成形した後、蒸籠で蒸して作るもの。尫公に供える紅亀の多くは、赤色の皮をしており、店でも赤いビニル袋入りで売られている。

（6）尚杯とは、バナナを縦に半分に割ったような形をした木製・竹製の占いの道具を指す。二つで一組となっており、尫公に尋ねたいこと（＝供えた料理で満腹になったか否か、引っ越しをこの日にしてもよいか否か、冠婚葬祭をこの日に執りおこなってもよいか否か、尫公の祭祀を今からはじめてよいか否かなど）を口に出して唱えた後、二つの尚杯を同時に床に投げる（尚杯を投げることは、「跋杯 *buah bue*」と呼ばれる）。平らな面と膨らんだ面が一つずつ出た場合には、「聖杯」（*siaN bue*）といい、尫公がそれに同意したことを示す。二つとも平らな面が出た場合には、「笑杯」（*cio bue*）といい、尫公が同意するかどうかを決めかねているため、尋ねたい内容に関する詳しい状況をもう一度口に出して唱えてから、尚杯を投げて尫公の意向を確かめる必要がある。また、二つとも膨らんだ面が出た場合には、「陰杯」（*im bue*）といい、尫公はそれに不満を抱き、賛同していないことを示す。陰杯が出ると、内容を改めてから、もう一度尚杯を投げ、尫公に伺いを立てることができる。

（7）福建省南部、現在の石獅市にある容卿という伝統的な農村社会において、宗族組織の性格を分析した潘宏立によれば、容卿村では、この村に入植した始祖の三人の息子を共通の始祖とする房を、それぞれ長房小宗・二房小宗・三房小宗と呼んでいる。各小宗の内部は、さらに小さな房に分かれており、この比較的小規模な房のほうは、この地域の方言である閩南語で「角落」・「角頭」・「房頭」と呼ばれているという［潘宏立　二〇〇二：五五］。

（8）水仙王として合祀されているといわれる数種類の水神は、過去に実在した人物が転化したものである。大禹は夏の帝王で、洪水を治めたことで知られる。伍子胥は、春秋時代の呉の政治家で、呉王であった夫差の逆鱗に触れて自決を迫られた後、その身は銭塘江に投じられたという。屈原は、戦国時代の楚の政治家・詩人で、楚王に対する提言が聞き入れられず、楚の行く末を案じたままその身を汨羅江に投じた。李白は、唐の詩人で、伝説では長江で船に乗っていた時に落水して溺死したとされる。王勃は唐の詩人で、父を訪ねようと南海を渡る船に乗っていたところ、船から転落して溺死したという。さらに、秦末期の楚の武将であった項羽は、漢の劉邦との戦いに敗れ、自ら首を落として死亡したが、その魂はしばしば戦いのあった烏江に現れるという。公輸子は、春秋時代の魯の名高き木匠で、船大工の開祖とされる。すなわち、いずれも水との関わりをもつために、後の人々によって水神として祀られるようになったのだと考えられる［王栄国　二〇〇三：四六］。

（9）天公と呼ばれる玉皇上帝は、道教の最高神とされる尫公であるが、通常は香炉があるのみで、その神像の姿を見ることはほとんどない。しかし、連家船漁民の間では、ほかの尫公の誕辰など特別な日になると、砂糖で天公を象ったものが用意され、香炉とともに安置されることがある。

（10）糯米の粉に黒糖を混ぜて小さく丸め、バナナの皮の上にピラミッド状になるように五個ほど載せ、蒸したもの。尫公の誕辰など祝い事に多く用いられる。

（11）米糕とは、少量の油を入れ、塩や砂糖で味つけをして炊いた糯米を指す。尫公に捧げる供物として用いられるのは、その多くが黒糖で味をつけた甘いものである。

(12) 門口公については、註33を参照のこと。

(13) 各家庭の神像や村落の廟宇などを破壊し、一切の宗教的活動を禁止しようとする共産党主導の政策が、当時、人民公社の下位に位置していた末端の生産隊レベルにおいて、いつ頃から徹底されていったのか、またそうした動きに対して、連家船漁民が実際にはどのように対応していたのか、細かい点についてはわからないことが多い。たとえば、フィールドワークのなかでは、「すべての位牌を没収して焼却するように命じられても、父親の位牌はこっそり隠しもっていたのだ」と話す男性が、実際に父親の位牌を見せてくれることがある。その一方で、「文化大革命の時期に父親を亡くしたが、その時はごはんの一杯も供えてあげられなかったし、線香の一本も焚いてあげることができなかった。そのことが今でも悔やまれる」といった話が聞かれることもある。

(14) 張ユートゥが所属していた福河漁船帮で投網漁に従事していた連家船漁民の多くは、一九六〇年になると九龍江河口から少し上流へ上ったところにあったBw人民公社のSz生産大隊へと移管され、停泊拠点もそちらへ移すことになった。彼らの多くは現在、漳州市Bw区に家屋を得て、漁業をつづけている。張ユートゥは、一九六〇年の移管に際してBw人民公社への移動をせず、Sm漁業生産大隊に残ったものと思われ、その息子や孫たちは現在でも、Sm漁業社区の住民として暮らしている。

(15) 張アーガンは、一九九七年になって、兄の後を引き継ぐようにSm漁業村の書記となり、漁業村がSm漁業社区へと名称を変えた後も、書記の地位に就いていた。私が廟宇建立の経緯について尋ねた時も、張アーガンは書記を務めていたのだが、「兄たち当局側に知られると、うまくいくはずの廟宇建立計画も封建的迷信と見なされて、台無しになってしまうかもしれなかったから、自分たちが資金調達に走りまわったのだ」と誇らしげに語る様子が、今でも鮮明に私の心に残っている。

張アーガンは、自宅の客庁において、毛沢東の像の隣に佛祖の神像を安置し、毛沢東の前に香炉を置いて毎日、線香を捧げている。また、台所には「東奥王爺」(*Dong oo ong ia*) と呼ばれる尪公や「竈君公」(*Zao gun gong*) の香炉が置かれており、毎月陰暦の二日と一六日になると妻とともに料理をこしらえて、これらの尪公に供えることをしている。その一方で、張アーガンは書記になってから、個人的にZd宮を訪れて尪公を拝むことはしないなど、家の外では可能な限り、尪公祭祀に関わらないという態度を貫いている。

張アーガンのこうした態度には、共産党の「宗教的なもの」に対する「反対もせず、奨励もせず」というどっちつかずの政策と、上の世代からつづけられてきた尪公の祭祀という日常的な実践の間で揺れる彼の姿が如実に現れているといえよう。

(16) この尪公は、Sm漁業社区においては、「法子公」と書かれることが一般的なのだが、福建省南部では「法主公」と呼ばれる尪公が祀られることが多く、「子」も「主」も閩南語においては同じ (*zu*) という発音をもつことから、これは法主公と同じものと考えてよいだろう。法主公とは、名を張聖君といい、道教の閭山派の道士であったという。北宋の時代に、現在の福建省南部泉州市徳化県に実在した人物とされる。ある時、張聖君が徳化の山で道教の修行を積んでいたところ、彼方の石牛山に魑魅と呼ばれる山の怪が出て人々を襲う様子が見えた。そこで、法力を用いてこれを倒し、石壺洞と呼ばれる洞穴の前で薪を用いて七日間これを燃やしつづけた。そのために、法主公の神像は黒い顔をしているという。また、蕭明と章敏という道士二人とともに、剣で毒蛇の怪物を倒したことから、法主公の神像は多く、手に剣と蛇をもつといわれる［連心豪、鄭志明　二〇〇八：八四―八五］。

(17) 千里眼と順風耳は、ほとんどの場合、媽祖とともに祀られる神明である。そもそも、千里眼と順風耳は媽祖の生まれ育った現在の福建省莆田市湄州島の西と北に出る悪神であり、村にたびたび出没しては人々に祟って悪さをしていた。困った村人たちが媽祖に相談したところ、媽祖は法術を施して千里眼と順風耳を降服させ、それ以後、千里眼と順風耳は媽祖につき従うことになったという。千里眼は千里向こうの物を見通すことができ、順風耳のほうは千里向こうの音を聞くことができるといい、媽祖の目となり耳となっている。後に、千里眼と順風耳の二人は将軍に封ぜられることとなった［王栄国　二〇〇三：四三―四四］。

(18) 虎爺とは、土地公の脚となるもので、すべての事柄について土地公に服従し、土地公の許しがなければ人を傷つけることもないといわれる。福建省や台湾では、多くの場合、土地公が安置された神桌（＝神像を安置する机）の下に安置される［林国平　二〇〇三：七三］。

(19) 土地公は、国時代の呉の蔣子文という人が神格化したものともいわれる。蔣子文は現在の江蘇省南京に当たる秣陵で尉という職位に就いていた時、盗賊を捕えようと鐘山までたどりついたところで、盗賊に額を斬りつけられ、その傷がもとで亡くなってしまった。その後、呉の孫権が帝位に就くと、孫権の枕元に蔣子文が現れて、「俺をここの土地神にするべきだ。俺ならば民のために福を与えてやることができる。このことを民に広く知らしめて、俺のために廟宇を建てろ。さもなくば、大変な災難が訪れることになるぞ」と告げた。そこで、孫権は使者を派遣して蔣子文を土地公として封じたのだという［林国平　二〇〇三：七一―七二］。

(20) かつて船上生活をしていた漁民が土地公を祭祀しはじめるようになったという例は、広東省珠江デルタの水上居民を研究する長沼さやかによっても報告されている。長沼によれば、この地域の漁民たちは船上生活をしていた時には宅地をもっておらず、土地公を拝む必要はなかったのだが、陸上に小屋をもつようになった後で、農民をはじめとする陸上居住者のやり方を模倣して祀るようになったという［長沼　二〇一〇ａ：一六七］。

(21) ただし、出産時と出産直後の女性は著しい癩疴の状態にあると見なされる。その女性が乗る船には、夫や家族など、必要最低限の者しか近寄らない。

(22) 端午節の際、龍船に乗る者に、こうした禁忌が課せられるのは、香港新界の長洲島で暮らす水上居民も同様である。渡邊欣雄によれば、長洲島においても、神聖な状態に置かれた龍船には、女性、妊娠した妻をもつ男性、近親に死者を出した男性という三種類の不浄な人間は触れることすら許されないという［渡邊　一九九一：二五九―二六〇］。

(23) 理事会と、爬公に精通する年配男性たちとの区別は、五月節期間におこなわれる儀礼への関わり方からもわかる。理事会の成員は、Sm漁業社区の各家庭や、漁船の船長、また周辺の地域に住む魚や蝦の仲買人などからもたらされる寄付金を集めてそれらをすべて記録し、儀礼で用いられる供物などの購入に充てる作業を任される。これに対し、爬公に精通する男性たちは、爬公祭祀すべての中心におり、儀礼の進行を任される。

(24) 小麦粉の皮で、麦芽糖などを包んで焼いた菓子。

(25) 私がはじめてSm漁業社区の端午節を見る機会に恵まれたのは、二〇〇七年のことであった。二〇〇七・二〇〇八年は、Sm漁業社区を流れる九龍江の小さな支流に龍船を準備し、そこから九龍江の本流に漕ぎ出すという方法を採っていた。しかし、二〇〇八年から進められた市の事業により、Sm漁業社区内の支流から九龍江本流に出る河口には堰が造られた。まだ本格的な堰き止めをすることはないのだが、背の高い船は堰の下を通過することができなくなった。また、小型の船であっても干潮時には水が少なくなりすぎて通れず、反対に満潮時には水かさが増しすぎて通れないという不都合が起こるようになっている。龍船も堰の影響を受け、二〇〇九年には龍船を予め九龍江本流に安置しておき、そこまで爬公を運んでから漕ぎ出すという方法へと変わっている。

(26) 水鬼とは、水中にいる邪悪なもので、常に自分の身代わりになってくれる人を探しており、誰彼かまわず水中に引きずり込んで溺死させる性格をもつものと考えられている。

(27) こうして、爬公を自らの身体に降ろして神明とコミュニケーションをすることのできる人々の呼称として、研究者の間で馴染みがあるのは、「童乩」(*dang gi*) という言葉かもしれない。連家船漁民にとって、童乩とは、少なからず侮蔑的な意味の込められた言葉であると考えられているようで、人々はこの言葉を用いることを注意深く避けている。

(28) 肉粽とは、糯米と豚肉・しいたけ・干しエビ・栗・蓮の実・味つけしたアヒルの卵などを竹の葉で包み、蒸したものを指す。また、鹼粽とは、やはり糯米を竹の葉で包んで蒸したものであるが、炭酸ナトリウムや苛性ソーダといったものを用いたり、稲を燃やした灰から作られる灰汁を用いたりして作られる。いずれにせよ、強いアルカリ性を示すものを用いて作られ、蒸し上がった鹼粽は黄色をしており、独特の香りを醸し出す。鹼粽は普通、餡がなく、食べる時には白砂糖をつける。肉粽も鹼粽も、Sm漁業社区周辺の地域では日常的に販売されているが、とりわけ、五月節の時期になると市場に多く出回る。中国の一般的な端午節と同様、Sm漁業社区の人々も、五月節には肉粽もしくは鹼粽を準備し、家の爬公に供えるのである。

(29) 空中を寿金や火のついた爆竹が飛び交う様子は、激戦地を彷彿とさせるものである。爬公が巡社をするという時には、私はいつも集合住宅の二階などから顔をつき出すようにして爬公の到来を待つのだが、上の階の人が火を点けた爆竹や寿金が次から次へと落ちて来るのには、ついぞ慣れることはなかった。尪公の輿を担ぐ青年たちも、たびたび火の点いた爆竹に足をとられ、「痛い！　痛い！　やめろ！」と叫ぶほどである。

ところで、Sm漁業社区を管轄する龍海市では、最近になって、爆竹による出火を懸念して、爆竹の使用を禁止した。そのため、二〇〇七・二〇〇八年に比べて二〇〇九年の五月節期間に見られる爆竹の量は格段に減っていた。しかし、相変わらず、多くの人は爆竹を買ってきて火を点けていたし、爆竹に似せたおもちゃの爆竹を買ってきて、線を電源につなぎ、バンバンバンバンという安っぽい爆竹の音色を再現するなどしていた。爆竹がないと、せっかく社区までいらしてくれた尪公に申し訳が立たないという思いがあるようだ。

(30)漳州市から招いた劇団によるもの。歌仔戯は「薌劇」(*Hiang giak*)とも呼ばれ、福建南部や台湾、また福建南部から東南アジアへ渡った華僑の間に広がる地方戯曲を指す。劇団員は周や清の服を模した衣装を身に着け、楽隊の奏でる音楽に合わせて歌や台詞を歌い上げる。演出はすべて閩南語でおこなわれる。

(31)Sm街道の名物ともいわれる食べ物。豚肉を小さく切ったものと細かく刻んだタマネギ、五香粉と呼ばれる調味料を合わせて具とし、それを湯葉で包んで揚げたものを指す。

(32)水に浸したうるち米を挽き砕いて液体にしたものに、黒糖とソーダを混ぜ、ふっくらと蒸し上げたもので、その直径は、しばしば四〇センチを超える。尪公の誕辰などに多く用いられる。

(33)好兄弟とは、そもそもこの地域では水に漂う水死体を指すものとして用いられるが［陳正統　二〇〇七：三〇四］、連家船漁民の間では、その延長線上の、悪鬼のようなものとして想像されているようである。具体的にどのような姿をしているかはわからぬが、連家船漁民は、船上でも家庭でも、そして廟宇においても、尪公を祀る際には必ず、好兄弟を手厚く祀り、特別に用意するかどうかは別として好兄弟にも食事を食べてもらおうとするのである。こうして手厚く祀れば、好兄弟は決して恐れるべき存在などではなく、きちんと連家船漁民を危険から守ってくれ、時には大漁をもたらしてくれるものと考えられている。どんな場合でも、好兄弟に対する供物は、尪公やその臣下たちに対して捧げる供物とは向きを少しずらして用意されるのが特徴的である。

この好兄弟は、具体的な言葉としてはさほど連家船漁民の口に上ることはない。それよりも日常的に用いられるのが、「門口」(*Mui kao*)あるいは「門口公」(*Mui kao gong*)という言葉のほうである。門口とは、本来は家の門やドアを指すもので、この地域では一般的にそうした場所には「門口尪」(*Mui kao ang*)と呼ばれる門神がいると考えられており、毎月決められた日になると人々は門口尪を祀るという［陳正統　二〇〇七：四一九］。一方、連家船漁民の間では、門口あるいは門口公と呼ばれるものは、好兄弟と同義語のように用いられており、それは門口尪とはまったく関係をもたぬものに見える。たとえば、連家船漁民は、門やドアのない船の上であっても、「これは門口にあげるもの」といって、Ⓨ公やその家臣たちへの供物とは向きを少しだけずらして供物を用意し、線香を手向けるのである。また、Ⓨ公を祀る際に用いられる紙銭が寿金を中心としたものであるのに対し、好兄弟や門口を祀る時には、「門口紙」(*mui kao zua*) と呼ばれるものが用いられるのも特徴的である。なお、門口紙とは、赤色や水色、黄色、ピンク色の紙に洋服や冷蔵庫、テレビ、鍋、油、時計などの絵が刷られたものを指す。

(34) 二〇〇九年に水仙王の誕辰を祝う食事作りのためにZd宮を訪れていた女性は、夫が肝臓癌に冒されていることを決して口にはしなかった。しかし、それから半年ほど経って夫が亡くなった後で、「五月節の時は、夫の癌を治してもらいたくて廟宇に行ったんだ」と教えてくれたのである。この夫妻は、私を漁船に乗せてくれたり、食事に呼んだりしてくれており、フィールドワークをはじめた当初からやさしく接してくれた。この夫の早すぎる死去の知らせは、私にとっても本当に悲しいものであった。そして、この時にはじめて、水仙王の誕辰を手伝いにZd宮へ来る女性たちは、きわめて個人的で切実に過ぎるほどの願いを込めてやって来ることを、私自身も心の底から理解することができた。また、息子の妻が初めての子を流産したことに悩んでいた別の女性は、仏教寺院へ赴いたり、自宅のⓎ公に必死に願ったりすることをつづけ、ついに二〇一一年、待望の初孫を授かることができた。

(35) 社区内を流れる九龍江の支流が本流へと注ぎ込む場所に堰が造られたために、二〇〇九年はⓎ公を乗せた中型漁船も龍船も、陰暦五月一日と同様、最初から九龍江本流に準備されており、そこからの出発となった。

(36) 二〇〇八年になって、中国国務院は「全国年節及紀念日放暇辦法」(全国節句・記念日休日に関わる規則) の改正に乗り出し、陰暦の五月五日を国民の休日と定めた。そのため、基本的には龍海市内の工場などもこれに従って五月節当日を休暇としており、そこで働く人たちは五月節の一連の儀礼への参加が容易になっている。ただし、工場などが休日になるか否かにかかわらず、漁業大隊の若者たち、とりわけ一連の儀礼への参加が期待されている青壮年の男性たちは、陰暦四月二九日、五月一日、五日の計三日間は自ら休暇を取るというのが一般的である。

なお、端午節と同じく国民の休日とされているものは、以下のとおりである。西暦の元旦 (休日は一月一日当日)、春節 (休日は、陰暦一二月二九日か三〇日の大みそか、陰暦一月一～二日の計三日間)、清明節 (休日は、冬至から数えて一〇八日目の清明節当日)、労働節 (＝メーデー。休日は西暦五月一日当日)、端午節、中秋節 (休日は陰暦八月一五日当日)、国慶節 (休日は、西暦一〇月一～三日の計三日間)。

(37) 龍海市内の複数の村が参加して、速さを競う龍船競争は、改革開放後のいつ頃からはじめられたのか定かではない。これは、二〇〇二年一一月に中国全土を震撼させたSARSの流行を契機に、おこなわれなくなっている。

(38) 渡邊欣雄は、香港新界の長洲島で生活する水上居民たちがおこなう端午節の「竜舟祭」について、それが全国的に知られる屈原の故事と結びつけて語られるようになったのは、一九三〇～四〇年代頃にかけてのことであると指摘している。渡邊は、そもそもは「北帝」の誕辰である陰暦三月三日を中心とした時期に行われていた竜舟祭について、それは、「神を招くことによって共同体の人々は神の加護を獲得し、福を得るとともに、その御利益が共同体全体に分配されるよう儀礼的に配慮する」という漢族にとってきわめて普遍的かつ伝統的な儀礼表現の一つの型をもっており、それゆえに端午節をはじめとするほかの祭礼と容易に結合することが可能であると分析する［渡邊　一九九一：二四七―二七一］。

(39)　私がはじめて五月節の儀礼を見ることができたのは、二〇〇七年のことであった。その年も、Zd宮の尫公は陰暦五月一日の午後になると社区の集合住宅群に赴いて巡社をしていた。そのため、私は五月節の儀礼がはじめられた当初から、巡社もその一部に組み込まれていたものと、早合点していた。ところが、二〇〇九年になって、ある老人と話していた時に、巡社が二〇〇七年にはじめて実施されたことがわかったのである。フィールドワークでは、あらゆる思い込みを捨てよとの教訓を得たわけだが、この時に受けた衝撃が、第四節を考えるきっかけとなったともいえる。今になって思い起こせば、巡社の日の朝、私が偶然もっていた自作のSm漁業社区居住区地を見た壮年男性がそれを求め、皆で「ここからまわろう」、「いや、こっちからがいい」などと相談しながら、順路を地図に書き込んでいたのは、はじめて実施する巡社を成功裏に終えようとの意気込みからだったのだ。

洗江や巡社の責任を負うこの壮年男性は、二〇〇八年と二〇〇九年の巡社についても、それが滞りなく、うまく実施されるかどうかを気にかけており、いつも「美代子、巡社の時に撮った写真は、後で必ずちょうだいね」と言うのである。写真を渡すと、毎回、「今年は、去年よりもにぎやかだったよね？　去年よりもよかったよね？」と自慢げな様子になるのが印象に残っている。

第四章　連家船漁民の眼に映る陸上の人々との差異
――葬送儀礼と「祖公」をめぐる理解

プロローグ

二〇〇八年秋に張アーグン夫妻の義理の娘として、総勢八人家族に加えてもらった私は、父を「爸」、母を「媽」、兄たちを「哥」と標準語で呼んでみることにした。長兄の奥さんのことは「大嫂」、次兄の奥さんのことは「二嫂」と呼びなさいと、母が教えてくれた。そこから、標準語の話せない母と、閩南語のヘタクソな私の、奇妙な関係がはじまった。

母と顔の似た人が家に遊びに来ると、母は閩南語で「この人は、あんたの阿姨（＝母の姉妹）だ」、「こっちは、あんたの阿舅（＝母の兄弟）だ」と私に言って聞かせた。外を歩けば、道端に座り込んでほかのおばあさんと花札のような賭け事に興じる、父とそっくりな顔をした女の人をふり向かせて、母は「これはあんたの阿嬷（父方の祖母）だよ」と言う。そのうちに、私の「嬸婆（＝父方祖父の弟の妻）だ」という人が現れたり、それまでただの友人だった女の子が「私は、美代子の父さんの契老母（＝義理の母）の孫だから、美代子は私の阿姐（＝姉。年上の女性のイトコに対しても用いる呼称）だよ」と言ったりするようになった。もう、何が何だかわけがわからなかった。四〇〇〇人を優に超えるSm漁業社区の連家船漁民が、ほとんどすべて、私の「親戚（＝親族）」なのではないかという気さえしていた。

こうして、フィールドワークをはじめたばかりの頃、連家船漁民に聞いてまわって作った親族名称の対照表が、次第に自分をegoとした具体的な人間関係として、私の眼前に姿を現すようになっていった。祖先祭祀にも、この家族の娘として参加するうちに、父を取り囲む親族関係が少しばかり複雑であること、彼が「祖公」（＝祖先）と見なす死者が実に多岐に渡ることなどが少しずつわかってきた。そうして、この複雑な関係性を考えるヒントとして、彼ら自身や彼らの上の世代が経験してきた、船に住まうという営みへと思いをめぐらすようになったのだ。

一九六〇年代に定住用根拠地を得た連家船漁民は、次第に生活の拠点を水上から陸上の漁村へと移してきた。教育・福祉をはじめとする公共サービスも陸上で提供され、彼らにとって陸上は、もはや生活に欠かすことのできない空間へと変化している。連家船漁民が手に入れた集合住宅や分譲マンションには、船上で祀ることのなかった「陸の神」と表現し得るような神明も安置されるようになった。住まう環境をめぐる大きな変化を経験した後の現在にあって、かつて連家船漁民と陸上に暮らす農民や市街地の人々を隔てていた数々の文化的差異というのは、実際のところ、その姿を消すことになったのだろうか。

本章が取り上げるのは、連家船漁民の葬送儀礼と祖先祭祀に現れる、少しばかり奇妙な行動や観念の数々である。儀礼のいかなる行為を「孝」と見なすのか、膨大な数の死者のなかから誰を祖先と認めるのかをめぐって浮き彫りになる、陸上定住者と連家船漁民の間の決定的な差異。これらの差異は何を表し、連家船漁民はそれをいかに理解しているのかを検討することが、ここでの目的である。それを考えることは、「物言わぬ弱きマイノリティ」という漠とした水上居民像からの訣別を意味することになるだろう。

第一節　水上居民の自己意識と中国の葬送儀礼

――中国社会の多様性と画一性の理解へ向けて

数々の文化的・民俗的事象の異質さを理由に、ある（マイノリティに属する）人々が、社会のなかで特異な存在と見なされるというのは、ごく身近な生活世界において私たちが経験することであり、社会科学の分野においては、今さら取り立てて論じるほどのことではない。だが、中国研究においては、きわめて広範囲にわたる地域・民族・階層を取り込みながら、比類なく長い歴史を歩んできた巨大な社会が、一方では文化的多様性を見せ、その内部ではさまざまに異なる人々が互いを文化的他者として排除し合う姿が確認できるにもかかわらず、社会全体としては、顕著な文化的画一性（あるいは均質性）を維持することが可能となってきたという事実に、多くの関心が向けられてきた。それはつまり、これほどまでに多様で異なるように見える文化の担い手たちが、なぜ自身も皆と同じ「中国人」であると考えることができているのか、という問題と表裏一体の関係にある。

(1)　水上居民の意識モデル

この問題に対して、水上居民が見せる「中国人」としての自己意識に注目することで一つの答えを与えようとしたのが、バーバラ・ウォードである。ウォードによれば、香港新界に暮らす水上居民は、「漁船に暮らし、場合によっては男性ではなく女性が船長を務めることもある。肌が黒く、肩が発達しているのに下肢の筋肉が著しく未発達である」といった、特異な生業・生活形態や生理学的特徴のために、周囲に暮らす陸上の人々からは「本当の中国人ではない」と見なされ、漢族社会では最も周縁に位置づけられてきた。これに対して、水上居民の側は、自分たちと陸上の人々との間に大きな文化的相違があることを知りながらも、「自らは中国人である」との明確な自己意識をもっている［Ward 1985（2006）］。

文化的に、そして時には人種的にも特異な存在と見なされ、漢族社会から排除されていることは明らかにもかかわらず、水上居民たちが、なおも自らを中国文化の内側に位置づけようとするのは、いかなるメカニズムによるのか。ウォードは、水上居民の「意識モデル」を分析することで、理解を試みている。ウォードが用いる、概念としての意識モデルとは、人々の行動様式について、研究者をはじめとする他者が、外部から観察することによって作り上げるようなモデルではない。それは、当事者自身の意識のなかにあり、常に行動の選択や決定、あるいは行動の正当化や批判のための参照点となるモデルである。

ウォードによれば、水上居民には、社会的行為をめぐる次のような三種類の意識モデルが存在する。①「直接モデル」（immediate model ＝自家製モデル home-made model）と呼ぶべきもの。これは、水上居民たちが、おおよその合意をもって「自分たちはこうするものである」と認識している、自身の生活や行動の様式を指す。②人々が「真の中国人・漢族であれば、こうするのが正しいはずだ」と信じているところの理想の行動様式。「理想モデル」（ideological model ＝主観的伝統モデル believed-in traditional model）と呼ぶことができる。これには、儒教的規範に基づく道徳をもち、祖先を祭祀するといった、伝統的な文人たちの間で受け継がれてきたものとして人々によって信じられている行動が含まれる。③「内部観察者モデル」（internal observer's models）。これは、同じ地域に暮らす自分たち以外のほかの中国人サブ・グループ（＝諸々の職業・経済階層に属する陸上の広東人・客家など）の行為について、水上居民たちが観察をとおして「彼らは、こうしているのだ」と考えるところの行動様式を指す［Ward 1985 (2006) : 50］。

船での移動を基礎とする生活環境や、伝統的な文人の規範へと近づく契機となるはずの教育を受ける機会がないといったことにより、水上居民の生活様式や行動様式は、理想モデルとはかけ離れたものになり得る可能性を秘めている。だが、相対的に見て、理想モデルによる束縛が強く現れやすい領域というのが存在する。ウォードによれば、水上居民の場合、それは家族構造である。すなわち、水上居民の多くが、明確な父系原理に基づく父方居住をとっており、この点においては、理想モデルとほぼ一致しているばかりか、中国のほかのサブ・グループとの相違もほとんど見られない。一方、同じ家族に関わる領域でも、水上居民の間では寡婦の再婚に制限が見られず、一般的な中国人の理想モデルにおいて、寡婦の再婚が厳しく禁じられていること自体、水上居民には認識されていない［Ward 1985 (2006) : 41-48］。

ウォードの主張で重要なのは、水上居民が「自分は中国人である」という場合、彼らは自身の生活様式・行動様式がいかに理想モデルと近似しているかを問題にするわけではないという点である。というのも、水上居民は、自らの生活様式・行動様式が実際には理想モデルから大きく外れていることを自覚している。それどころか、自分たちは真の中国人ならば目指すべき行動様式の内容について、ほとんど無知だと主張するほどである。しかし、ウォードによれば、水上居民たちは、無知ながらも、自分たちが心のなかに思い描くことのできる範囲内で、「真に中国的」であると信じる行動様式を理想とし、それを希求するというそのことによって、「自らは中国人である」という明確な自己意識をもつことが可能となっている［Ward 1965 : 48-51］。

第三者たる研究者が、ある文化的・民俗的要素について、いかに中国的（あるいは非中国的）であるかを外側から判断するのとはまったく異なり、地域社会に暮らす人々が自身や他者を、中国文化の内側・外側へと位置づけ合うメカニズムを描くウォードの論。これは、地域社会の文化的マジョリティにより、一方的に周縁へと追いやられるかのごとくまなざされてきた水上居民について、彼ら自身の主張を導き出すことに成功している。

とりわけ、人々がさまざまな他者と接触し、交渉を重ねるなかで、他者の社会的・文化的行為を観察し、内部観察者モデルを構築するという理解は、きわめて大きな意味をもつ。なぜなら、ウォードも指摘するように、内部観察者モデルがあればこそ、自らが帰属するのとは別の集団の行動様式に合わせて動くことが可能だし、自らの集団帰属を変えたい時には、観察をとおして知り得た別の集団の行動様式を自らの内に取り込み、そのようにふるまうことすらできるためである［Ward 1985 (2006) : 50-51］。すなわち、水上居民の場合、その帰属を変えたいと考えるならば、水上での生活をやめて、陸上の人々と同じような生活様式や行動様式を採用し、新たな意味で真の中国人的な様式（＝理想モデル）と自らの行動との距離を測りながら暮らしていくことで、それが可能となるということでもある。

(2)　葬送儀礼の多様性と画一性

ウォードの「中国の伝統的様式を理想とすることが、すなわち真の中国人である」という議論から一歩進んで、より具体的な行動様式の遂行こそが、「中国人である」ということを自他ともに認めさせる上で重要な要素となると論じたのが、ジェイムズ・ワトソンである。ワトソンは、中国という巨大で複雑な構造をもつ社会が、その文化的画一性を維持する背景には、儀礼、とりわけ葬送に関わる一連の儀礼の規格化・画一化の存在があると指摘する。すなわち、真の中国人であるということは、儀礼をおこなうための正しい方法があることを理解し、それを受け容れることと同義であると。さらに、儀礼を定められた手順で正しく実施することは、多くの場合、国家権威の強制によることなく、人々により自発的になされてきたという［ワトソン　一九九四a（一九八八）：一七―一八］。

ワトソンによれば、一七五〇～一九二〇年という帝政後期の長い期間において、中国全体で実施されていた葬送儀礼の行為からは、ある一定の構造が見出せる。それは、①哭や、他の嘆きの儀礼的表現による死の公告、②白を基本とした喪服の着用、③遺体の儀礼的な沐浴、④生者から死者への食物・金・物品の贈送、⑤死者の位牌の準備と設置、⑥儀礼的専門職への金銭の支払い、⑦遺体にともない魂を鎮める音楽、⑧遺骸の密閉納棺、⑨棺の共同体外への排除といった要素へとまとめることができる［ワトソン　一九九四a（一九八八）：二六―二八］。

中国において特徴的なのは、こうした基本的行為が是認された順序でおこなわれる限り、その表現には多様化の余地が無限に残されていたことである。これこそが、全体としては画一的に見える儀礼の構造に突如として現われる、地域的・民族的・階層的な多様性の正体である。たとえば、封印された棺が許容された形で共同体の外へと移される限り、服喪者は遺体をどのように処理しようと自由であった。重要なのは、こうした規範化が信仰の内容にまでは及ばず、儀礼の形式のみにとどまっていたという点である。すなわち、儀礼が定められた手順で正しく実施されさえすれば、人々がこうした儀礼の効果をどう考えているかなど、問題となることはなかった。ワトソンは、この包容力の高さこそが、多くの異なった民族・地域に由来し、多様な信仰と態度をもつ人々を「中国」と呼び得る一つの社会に組み入れる上で重要な鍵となってきたと指摘する〔ワトソン　一九九四a（一九八八）〕。

(3) 本章の問題意識――弱者たる水上居民の主体的解釈への注目

ウォードとワトソンの議論は、水上居民のような社会的マイノリティについて、彼ら自身が、マジョリティとの間にある文化的・民俗的事象の差異をいかに捉えているのか、その主体的な解釈に焦点を当てることを可能にする。ただし、両者の論は、中国社会が見せる文化的多様性・画一性の正体の理解に主眼が置かれることから、いきおい、そのなかでは、自己や他者の行動様式を「いかに中国的であるか」という基準によって評価する人々の姿が描かれることになる。

これをそのまま、各地の水上居民すべてに敷衍して考えることは困難である。第一章でも検討したとおり、九龍江河口の連家船漁民のように、その生業・生活形態や身体的特徴といったものが見せる異質さは明らかであるにもかかわらず、地域社会においてはそれが必ずしも「非中国的である」「非漢族的である」などと、中国的なものへと結びつけて語られるとは限らず、より緩やかな形で「異質なもの」として想像される場合があるためである。

本章の第二節では、連家船漁民がおこなう葬送儀礼の内容に注目することで、儀礼の行為のなかに現れる陸上の人々との差異を、連家船漁民の側がどのように理解しているのかを明らかにする。ここでは、「異質な人々」という社会的マジョリティからの一方的なまなざしに屈するのではなく、マイノリティの側も彼らなりの論理でそれに対抗するという状況が描かれる。

第二節　祖先祭祀に見る水上居民社会の特徴

各地に暮らす水上居民と陸上定住者の間にある生活様式や行動様式の差異を、非中国人・非漢族／中国人・漢族といったエスニシティに由来する差として捉えるのか、それとも、漁業従事者／農業従事者といった生業の違いに由来する差として捉えるのか、はたまた別の要素に由来する差として捉えるのか――。水上居民の位置づけをめぐって異なる立場をとる研究者たちも、その多くが共通して、水上居民たちの祖先祭祀の方法へと関心を向けてきた。祖先祭祀の方法に現れる陸上の人々との差異こそが、水上居民の社会構造や行動様式の特徴を理解する上で際立った性格をもつと考えられてきたためである。とりわけ興味深いのは、各地の水上居民たちのおこなう祖先祭祀について、立場の異なる研究者たちが導き出す特徴が、まるで判で押したかのようにほとんど似通ったものであるということである。

(1)　宗族組織から排除される水上居民

その特徴については、第三章で触れたものと重複する部分もあるが、重要な点であるため、以下に書き出してみることにしよう。すなわち、父系出自を重視し、結婚した後に夫方居住をとる、さらに財産相続に当たっては兄弟間の均分相続を守るという点では、水上居民も陸上定住者と同様の社会原則をもつ。しかし、陸上定住者の場合、族譜・位牌・墓地を父系出自集団内部の結合のシンボルとしながら、自らの祖先の故郷を記憶することが重要なのに対し、水上居民のほうはその多くをもたない。そのために、祖先の原籍地や船内で祀る祖先と自らの関係性、祖先の墓の所在地などを永続的かつ明確に記憶してゆくことは不可能である。当然の帰結として、祖先認識の世代深度はきわめて浅く、それは自己を中心として認識できる範囲（通常は三～四世代上）の父系出自関係にとどまる。すなわち、宗族の歴史を語るツールとしての族譜・位牌をもたず、それらを保管し、宗族成員共同で祖先祭祀をおこなう場としての祠堂ももたぬ水上居民にとって、祖先祭祀とは、個々の船において、家族を単位としながら、その近祖に対しておこなわれるものである。彼らは墓参もそれほど重視しておらず、家庭ごとに知り得る範囲の祖先の墳墓をまわって祭祀がおこなわれるに過ぎない［可児　一九七〇：一五〇、渡邊　一九九〇：一二六―一二八、張壽祺　一九九一：一八八、長沼　二〇一〇a：一七六―一八〇、一九二、一九五など］。以上が、水上居民の祖先祭祀をめぐって研究者の間で共有される一般的な理解である。

第三章で強調したように、水上居民の祖先祭祀が見せるこれらの特徴はしばしば、水上居民の社会構造の特徴を映し出すものと捉えられてきた。多くの研究者が、「水上居民社会には、宗族組織がない」との結論を導き出してきたのである。とりわけ、長沼さやかはこの点にきわめて大きな意味を見出しながら、論を展開している。

長沼は、宗族組織の発達した広東省珠江デルタでは、船上で暮らす人々を指すかに見える水上人という語が、場合によっては農業従事者をも含むことに注目する。この地域では、船に住まう人ばかりか、岸辺の小屋に住む人さえも、家族を単位に各地を移動し、耕地での季節労働に従事するという流動性の高い生活のために、陸上定住者から水上人と呼ばれてきた。そこには、住まい方の差異だけでは推しはかれぬ排除の論理が存在する。それは、陸上定住者とは、この地で政治・経済的な権力をもちつづけてきた宗族組織の成員であることと同義であるからだ。つまり、宗族組織から排除された人々こそが、水上人ということになる［長沼　二〇一〇a］。

長沼によれば、この構造は、中華人民共和国成立後の土地改革により水上人たちが定住を開始して、移動生活を脱した後も、変化してはいない。なぜなら、水上人たちは依然として、族譜や祠堂をもたぬからであり、つき詰めれば、水上人はそれらによって語られるべき「宗族の歴史自体を欠いている」というそのことのために、真の陸上定住者になることができないでいるのだ［長沼　二〇一〇a］。

長沼の論は、香港で水上居民たちが依然として船上生活を送っていた時期に、ウォードや可児弘明が考えていたこと、すなわち、「彼らは、水上生活をやめて陸上へと生活や生業の場を移せば、そこで陸上の人々と同じ生活様式や行動様式をとることもできる。こうして水上居民たちは、次第に水上居民らしさを失い、陸上の人々と同化していくことになるだろう」［Ward 1985 (2006) : 254-255、可児　一九七〇：一六四―一七五］との想定が、現実の社会においては容易に実現可能なものではなかったことを示している。

つまり、社会的・文化的マイノリティである水上居民の側が生活や生業の形態を変えて、陸上定住者との間にある境界を乗り越えようといくら試みても、陸上定住者のほうは、そうした文脈の変化などものともせず、別の指標を見つけ出し、水上居民たちを異質な存在として位置づけ直すというわけである。なるほど、社会的・文化的マジョリティである陸上定住者の前では、水上居民たちとは常に弱きマイノリティでありつづけるほかないのだ。

(2)　祖先祭祀をめぐる二つのレベル

私たちはこうした論理のなかに再び、第三章において確かめたような、普通の陸上漢族であればもつはずのさまざまな要素を欠いた「ないない尽くし」の者としての水上居民の姿を見出せることに気づく。先に見た水上居民の祖先祭祀の特徴すべてを、「水上居民には宗族組織がない」という結論に帰結させる時、その論理は地域社会における社会的・文化的マジョリティである陸上の人々の側に立った、きわめて表面的な理解へと傾いているとはいえまいか。

ただし、だからといって、第三章で見たような連家船漁民の姿、すなわち、彼らは文字記録になど頼らずとも、農村での祖先祭祀や角頭庄祭祀への参加、あるいは日常的にくり返される口伝によって、自らの知り得る部分的な宗族の歴史を理解し、成員に伝えることで、宗族組織の内部に自らを位置づけることが可能となってきたのだと過度に強調することもまた、大きな危険性を孕んでいる。なぜならば、各地の水上居民についての報告が示すのと同様、連家船漁民もまた、自らに直接つながるとされる祖先の名を記した族譜や位牌、それらを保管する祠堂を欠いた存在であることに変わりはなく、やはり具体的に記憶することができるのは、実際のところ、せいぜい三～四世代上の祖先までに限られているというのが現実だからである。

すなわち、儀礼の参加や口伝によって宗族全体の歴史を伝えることができる、あるいはそのなかに自らとつながる祖先の存在を認めることができるということと、宗族の始祖から自分まで脈々とつづいてきた祖先の氏名や属性を理解し、すべての祖先に対して永続的に祭祀をおこなうこととというのは、イコールでつながることなどではまったくなく、両者の間には、歴然とした大きな隔たりがあるのだ。

だが、このことは、大規模な宗族組織について一般的に知られている次のようなことと、ほとんど同じ性質をもつように見受けられる。それはすなわち、宗族レベルにおいては、すべての祖先のなかから、始祖や科挙に及第した者といった宗族の集団結合にとって重要であると見なされるごく一部の祖先のみが選択され、祠堂で宗族成員共同の祭祀がおこなわれる。これに対して、実際に人々の間で具体的な関係性が理解され、愛着をともなった存在として見なされる祖先というのは世代深度の浅い祖先に限られており、そうした近祖は、いかに祠堂でおこなわれる祖先祭祀から排除されようとも、家庭レベルにおいて追慕のための祭祀を受けることができる、というものである［フリードマン　一九九一：一一九―一二五］。

とにもかくにも、まず、連家船漁民のおこなう祖先祭祀にも、宗族レベルと家庭レベルという性格を異にする二つがあり、代表として宗族全体の祖先祭祀に参加するごく限られた一部の男性を除けば、前者に接する機会はほとんどないのだということを念頭に入れておく必要がある。

したがって、自らに直接つながるとされる祖先の名を記した族譜・位牌、祖先の位牌を管理するための祠堂がほとんど見られないこと、三〜四世代上までの祖先しか記憶できていないこと、そうした近祖に対しては、各家庭で祖先祭祀がおこなわれることという、どうやら各地の水上居民に共通するらしい特徴を目の前にした時、私たちは「だから、連家船漁民の社会には宗族組織が発達していない」とか、「いや、農村でおこなわれる宗族の祖先祭祀にも出ているのだから、連家船漁民の社会にも宗族組織が発達している」などと過度に強調する態度を、保留にしておく必要がある。どちらも、きわめて短絡的な結論であることに変わりはないからである。

こうした短絡的な結論から離れることができれば、渡邊欣雄が明らかにするように、水上居民の社会に宗族組織が発達していないという特徴のなかに、それは彼らが絶えず現在形の社会関係を重視しながら、流動的かつ動態的な社会を構成しているためだとの積極的な結論を見出すことも可能なはずである［渡邊　一九九〇：一二八］。

(3)　本章の問題意識――祖先観に表れる生活の記憶を掘り起こす

本章では、私たちの眼前に現れる連家船漁民がおこなう祖先祭祀の事例から、「せいぜい三〜四世代上の祖先までしか記憶できない」という時の「祖先」のなかに、具体的にはどのような死者が含まれるのかを丁寧に紐解くことからはじめてみたい。こう述べるのは、より微視的で具体的な事例のなかにこそ、移動を基礎としながら船に暮らしてきた連家船漁民ならではの意味ある特徴を見出すことができると考えるからである。

第四節では、ある連家船漁民の家族を例に、彼らが考える祖先のなかに、具体的には彼らとどのような関係をもつ死者が含まれるのかを検討する。そして、そこに彼らの上の世代がつづけてきた、長い船上生活の歴史が刻み込まれていることを明らかにする。

第三節　他者による価値づけへの対抗——葬送儀礼の変容と「孝」をめぐる理解

(1)　葬送儀礼を理解するための背景

1　伝統的な葬送儀礼と共産党の政策下における葬送儀礼

中国の葬送儀礼を考える際、相対的に伝統的な要素と現代的な要素とを区別しておく必要があることは、これまでも強調されてきた［ホワイト　一九九四（一九八八）、川口　二〇〇四など］。先に挙げたワトソンは、多様な表現のあり方を許されながらも一定の構造を保ってきた中国各地の葬送儀礼から、ある共通した概念を導き出している。それは、死を穢れと見なす概念である。ワトソンが報告する広東社会において、死の穢れは「殺気」という言葉で表される。殺気とは、目には見えぬが死の瞬間に遺体から解き放たれる気のようなもので、それは近くにあるすべての物や人を汚染する。この殺気は、遺体への直接接触や二次接触により、人間に移されるという。そのために、たいていの広東人は死に対して恐怖心を抱いており、葬儀に参列することは、できれば避けたいものと考えていた［ワトソン　一九九四b（一九八八）：一二八］。

殺気が発散される死の直後の時期は、死者が危険な死骸から安定した祖先へと変容する過渡的状態であると見なされる［ワトソン　一九九四b（一九八八）：一四五］。死者を祖先へと変化させるためには、死の穢れを処理し、決められた手順に沿って儀礼を実施することが肝要である。こうした死の穢れの処理や儀礼の実施はほとんど、道士・喇叭吹き・遺体処理人といった葬儀専門職に金銭を支払うことで可能となる。ワトソンによれば、この葬送儀礼における専門職への全面的な依存が、中国各地の葬送儀礼に共通するもう一つの要素である［ワトソン　一九九四b（一九八八）：一四八］。

長い期間、一定の画一性を見せながら他方で多様性を保持してきた各地の葬送儀礼だが、中華人民共和国が成立する一九四九年前後を境に、その状況は変わりはじめる。その大きな転換点となったのが、共産党が葬送儀礼を対象に実施した「葬儀改革」と呼ばれる一連の政策であった。マーティン・ホワイトは、葬儀改革がもっていた方向性を経済的側面と思想的側面とに大きく二分する。共産党にとって葬送儀礼に用いられるものはすべて無駄であり、耕作に適した広大な土地が墓地として利用されることは、農地不足を悪化させるものでしかなかった［ホワイト　一九九四（一九八八）：三〇九―三一一］。さらに、「祭られ、儀礼によって鎮められる必要のある（祖先や他の）霊魂や幽霊が存在し、そうした儀礼行為の実践が個人の運命に影響を与えるという考え」そのものが、超自然界や来世は存在しないと考える党にとっては打倒の標的足るものであった［ホワイト　一九九四（一九八八）：三一〇］。

このように社会的・経済的・思想的に害をもたらす伝統的な葬送儀礼の代案として考えられたのが、火葬と簡素化された告別式や追悼式の実施であった。とりわけ、大躍進期の建設計画においては、墓地が取り壊され、大都市には火葬場も造られて埋葬は基本的に禁止されることになった。さらに、祖先の位牌は取り去られ、その代わりに毛沢東の肖像画が置かれ［ホワイト　一九九四（一九八八）：三一五―三一六］、つづく文化大革命期、とりわけ一九六六年秋の「四旧打倒」運動以降は、儀礼専門職による関与もすべて禁止という状態になった［ホワイト　一九九四（一九八八）：三一六―三一七］。

こうした性格をもつ葬儀改革は、実際のところ、各地でおこなわれる葬儀をどれほど変容させたのだろうか。川口幸大は近年になって広東省珠江デルタの農村において得られた事例から、次のように指摘する。すなわち、葬送儀礼を全体として見ると、帝政後期に確立していたとされる形式は今日においてもほぼそのまま踏襲されている。その一方で、エリート層の人々は、位牌の作成を放棄したり、儀礼の伝統的な手続きに否定的な態度を示したりすることもある。つまり、文化大革命期をピークとして既存の文化・慣習・信仰を排撃してきた共産党の政策は、村落の党幹部やエリートたちに関していえば、彼らの宗教や信仰への態度を伝統から切り離すことに成功している。しかし、それ以外の村落社会の一般住民にとって、共産党の政策は死を克服するための観念的・物質的なオルタナティブを提供するものにはなり得なかったのだという〔川口　二〇〇四〕。この川口の論考は、一地域において比較的短い期間に起こった葬送儀礼の変容を捉えるためにも、変化の現れ方を表面的な側面と構造的な側面とに区別して考える必要があることを教えてくれる。

2　葬送儀礼を支える諸要素

以下に挙げる事例のなかでは、連家船漁民が現在のSm漁業社区へと移動する以前におこなわれていた葬送儀礼についても取り上げることになるのだが、ここではひとまず、葬送儀礼を支える諸要素について、Sm漁業社区の状況を概観しておくことにしよう。Sm漁業社区内には、仏教寺院や道教の道観、キリスト教会などの宗教的施設も、僧侶や道士、神父や牧師といった宗教的職能者も存在しない。また、棺やその他の葬儀用品を扱う葬儀社や、葬儀場のような葬儀をおこなうことに特化した専用の場所、さらには火葬場も置かれてはいない。これに加え、遺体の処理をしたり墓穴を掘ったりする、ワトソンのいう「葬儀専門職」の範疇に含まれるような人々も社区内にはいない。その上、Sm漁業社区はどちらかといえば市街地に近接した地域にあり、山林などからは遠く離れているため、墳墓を造る土地も、一九九〇年代以降、地方政府指定の場所に造られはじめた「公墓」と呼ばれる公共墓地も、社区内にはない。

したがって、Sm漁業社区に暮らす連家船漁民が葬送儀礼をおこなう際には、かなりの部分を社区外の施設や専門職に依存せざるを得ない状況にある。

(2)　一九九〇年代以前における葬送儀礼

九龍江河口に暮らしてきた連家船漁民も、当然ながら、先に概観したような一連の葬儀改革と無縁ではなかった。以下では、大多数の連家船漁民が陸上に家屋を有していなかった一九六〇年代前半頃までにおこなわれていた葬送儀礼について、①船上での移動生活を基礎としていた時期、そして②葬儀改革政策が実施されていた時期とに大きく区別しながら、その具体的な内容を記述していくことにしたい。なお、現在の聞き取りから伺える内容には制限があり、ここでは中華人民共和国成立前後の時期までに限って遡ることにする。

1　船上生活を基礎としていた時期における葬送儀礼

他地域の水上居民と同様、連家船漁民も、昔の状況に話が及べば、「解放前（＝中華人民共和国成立以前）は貧しかった」と口を揃えるものである。病気に罹ったとしても、病院で治療を受けられる者は少なく、その大多数は船で天命を待つよりほかなかった。死に至れば、遺体を甲板の上に安置した。その際、頭は船尾に、脚は船首に向けられた。これは、「亡くなった人が船首から自分で歩いて岸へ上がり、葬列に加われるようにしてやるため」だという。船上に通信設備はなく、人が亡くなると、附近の連家船漁民が船で各港や漁場を巡り、親族を探し当て、その死と葬儀をおこなう場所・日時を知らせてまわったという。死者と親族関係にある者は、死者の家族が停泊拠点とする港へと集まり、水上で儀礼をおこなった。道士や僧侶は呼ばず、自分たちで食事を用意して死者に供え、香炉を準備して線香を立てるという簡素なものだったという。

経済的に余裕のある連家船漁民は、死者のために既成の「棺柴」（*guaN ca*＝棺）を購入することが可能だったが、大多数は、安価な木の板を購入して自分たちで細長い箱をこしらえ、そこに死者の遺体を納めていた。さらに、貧窮して木の板を買うこともできない場合は、筵などで遺体をくるみ、それを棺柴の代わりにしたことさえあったという。納棺された遺体を載せた死者の船と親族の船には白い旗が立てられ、一列に並んで船隊を組み、葬列とした。

船で岸まで運ばれた遺体は、そのほとんどが岸辺の誰も通らない場所に穴を掘って埋められたり、無人島の荒れ地に埋められたりした。裕福な家庭では、農村にある山の土地を購入し、死者の遺体を埋葬することもあった。このような埋葬地は、基本的には根拠港の農村の近辺だったというが、実際にその場所が現在まで伝えられていることはほとんどなく、あくまでも原則的にはそうであったというほかない。死者の家族は親族のなかから若い男性を集め、死者の遺体を納めた棺柴を山の上まで担いでもらった。親族たちは予め、「土工仔」(*too gong a*)と呼ばれる男性に連絡して、墓穴を掘ってもらっておく。連家船漁民によれば、土工仔は普段は農村に住んでおり、人が亡くなると死者の家へ呼ばれて死者の遺体を拭いたり、納棺・埋葬を請け負ったりする役割を果たしていた。死者の家族は、豚の頭など一二種類のおかずを用意して山の上へ運び、死者の棺柴に向かってそれらを並べ、線香に火を点け拝んだ後、土工仔に頼んで棺柴を埋めるのを手伝ってもらったという。遺体が埋められた場所に、目印となるような墓碑の類が立てられることはなかった。「自分たちの『祖公』(*zoo gong* ＝祖先)が今まで墓碑を立ててこなかったのだから、自分たちだけ立てるわけにはいかない」のだという。

華南の他地域と同様、福建南部においても、ごく最近まで二次葬(＝閩南語で、「拾骨頭 *kioh gut tao*」・「拾骨 *kioh gut*」・「拾金 *kioh gim*」)がおこなわれていた。龍海市の農村部においても、かつては埋葬から数年以内に風水が悪いといわれたり、家に不都合なことが連続して発生したりする場合に、紙で遺骨を拭く洗骨をともなう二次葬がおこなわれていた[蔡　二〇〇四：一五八―一五九]。可児によれば、香港の水上居民の間でも、陸上漢族と同様の二次葬がおこなわれていた。この地域では遺骨を尊重する観念が強く、埋葬した骨を拾い上げ、洗骨してはじめて死者の霊魂は安定した状態に入り、この世の子孫を守護したり恩沢を及ぼしたりすることが可能になると考えられているという[可児

写真 4-1　祖先の香炉と氏名・命日を記した紅紙（船艙内）

一九七〇：一五〇―一五七]。

これに対し、九龍江河口の連家船漁民の間で二次葬がおこなわれることはほとんどなかった。これには、彼らが川岸や荒れ地に墓碑も立てず遺体を埋葬し、その場所が不明となる事態が頻繁に発生したことや、二次葬にかかる経費の捻出が困難との経済的背景が大きく関係していた。死者の遺体を埋葬し終えると、家族は死者の生前の名前を記した木製の「木主」（bvok zu ＝位牌）を用意し、死者個人のために用意された香炉とともに船の甲板の下に安置した（写真4―1）。

2　葬儀改革政策下の葬送儀礼

一九四九年の中華人民共和国建国前後から進められた国家政策としての葬儀改革は、当然のことながら、連家船漁民の葬送儀礼にも影響をもたらした。その影響は、文化大革命がはじまる一九六〇年代後半から改革開放後の一九八〇年代後半までに最も強く現れたようである。

この時期、死者を祀る行為そのものが「封建的迷信」として厳しく禁止され、死者の衣服・線香・香炉・紙銭・木主など葬送儀礼に関わるものは、どれも販売されなくなった。人が亡くなると、Sm漁業生産大隊内の造船所で働く人に頼んで急ごしらえの棺柴を作ってもらい、死者の家族は自分の手で死者の遺体を納めた。その後、生産大隊の敷地内の道路に棺柴を移し、死者の親族と知人を集めて、死者に哀悼の意を示す簡単な告別式を執りおこなった。宗教職能者（＝道士・僧侶など）・楽隊を呼んだり、死者に線香を手向けたり、紙銭を燃やしたり、米飯やおかずを供えたりすることは許されなかったという。

死から三日目になると、葬列は作らず、死者の男性親族数人のみが棺柴を担いで、近隣の山の上へ運んでいった。しかし、墓穴を掘って棺柴を埋める作業だけは、生産大隊の外部から呼んだ土工仔に頼んでいたという。死者の名を記した木主を作ることはできず、それどころか、船の甲板下に安置してきた祖先の木主すらも、燃やしてしまうことがあった。

火葬推進という全国的な流れのなかで、一九七七年、龍海県（現・龍海市）にも、火葬場が建設された［福建省龍海県地方志編纂委員会　一九九三：一〇〇七］。連家船漁民、とりわけ老人たちは、自分の体が火で燃やされることに抵抗を示したというが、次第に火葬は受け容れられていくことになった。火葬は、現在でも連家船漁民が遺体を処理する主要な方法である。

(3)　一九九〇年代以降の葬送儀礼

葬送儀礼が極端に簡素化され、死者を祀ること自体が禁じられるという状況も、改革開放後の一九九〇年代に入ると緩やかなものとなり、次第に手厚い儀礼がおこなわれるようになっていった。以下では、連家船漁民の多くが陸上の家屋を獲得（＝購入・賃借）した後の、一九九〇年代から現在までおこなわれている葬送儀礼について、死の直前から約二か月を経るまでの間に実施される項目を中心に見ていこう。

1　搬鋪

連家船漁民の生活も安定し、病院に入院するなどして病気の治療を受けられるようになった。しかし、治る見込みがないと判断されると退院させ、自宅に連れて帰る。連家船漁民の多くが、人生の最期ぐらいは自分の家屋で迎えさせてやりたいと考えているためである。息を引き取ると、「後生」（*hao sEN* ＝息子＝ *S*）・「查某囡仔」（*za bvoo gin a*

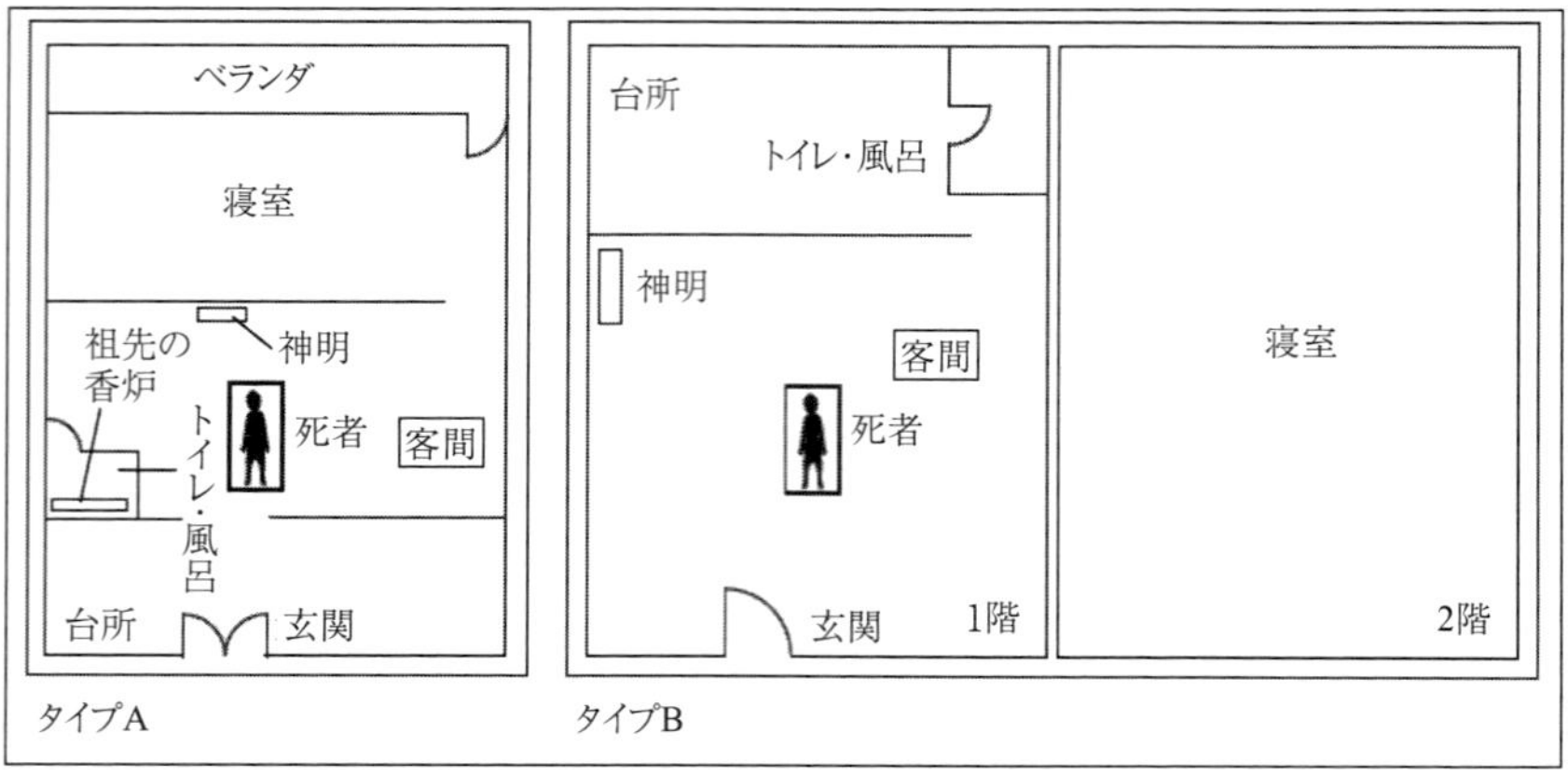

図 4-1　集合住宅内部のモデル図と死者の遺体を安置する場所

=娘=D）・「新婦」（*sin bu* =嫁=SW）といった、死者よりも世代の下の家族が死者の遺体を寝室から客間の中央へと運ぶ（=「搬鋪 *buaN poo*」、図4―1）。「寝室は生者が眠る場所。死者は、家族の安眠を邪魔してはならない。だから、死者と生者の眠る場所は分けるべき」なのだという。客間の中央には椅子が二つ置かれ、その間に四枚か六枚の木の板を渡してその上に遺体を安置する。木の板は、偶数でなければならない（=生者のベッドの木の板は必ず奇数）。死者は「双」（*siang* =偶数）／生者は「奇」（*kia* =奇数）という数字の別は、明確に意識されている。

死者の遺体を運ぶ際、客間がどの方角を向いているかにかかわらず、死者の頭を内側に、死者の脚を玄関に向けて安置する。これは、連家船漁民が船の上で死者の頭を船尾に、脚を船首に向けて安置したことを踏襲していると見られる。

その後、死者の下着を取り替える。下着（「肉衣 *bvah i*」）は、Sm漁業社区近隣の葬儀社で購入した新品を用いる。上半身の肉衣は、死者に近い家族であれば男女ともに取り替えることができるが、下半身の肉衣は、死者の査某囡仔（=D）・新婦（=SW）・「兄弟孫仔」（*hiaN di sun a* =オイ・メイのうちBD、WBD）など、女性しか取り替えることができないという。

死者が出ると、土地公の香炉（=通常は、客間の上方に安置）を客間の片隅に下ろす。家族は、土地公に三本の線香と茶を供えるほか、寿金（=

神明に捧げる紙銭）を燃やして、葬儀が滞りなく進み、死者が「陰間」（*im gan* ＝あの世）において、幸せに暮らせるように、との願いを込める。また、死者の足元には机が置かれ、その上には死者の遺影・香炉・花・茶・果物・菓子などが供えられる。香炉は、死者のために準備され、その後の焼香に用いられる。

朝・昼・晩には箸を一膳立てた米飯とおかずを一皿ずつ、死者のために供える（＝箸を米飯に立てる行為は、日常では忌まれる）。食事を供える時になると、死者の査某囡仔（＝D）たちは、死者の足元で「脚尾紙」（*ka bue zua* ＝黄色の紙銭）・「銀仔」（*gvin a* ＝白い紙に銀箔を施した紙銭）を燃やしつづける。死者が陰間で用いるための金である。

死が発生すると、死者の安置された家は、癩疴あるいは無清気（＝汚らしい）の状態に置かれる。[1] 癩疴の状態は、死者の家を訪れる者のみならず、家屋に祀られる尪公にも悪影響を及ぼす。死者の家族は、尪公のもつ神性が冒されるのを防ぐために、神像を紅い紙でくるみ、客間から別の部屋に移動させる。この状態は死後一年間つづく。

2　守鋪

死の当日の晩は、「守鋪」（*ziu poo*）と呼ばれ、親族や友人たちは死者の家へ集まって夜を過ごす。彼らは、死者の安置された客間で線香を手向け、脚尾紙を燃やす。集まった人たちは線香の火が一晩中消えないように注意を払うほか、猫が客間へ入らぬよう見張りをする。特別な力をもつ猫が遺体を跨ぐと、死者は目を覚まして起き上がり、歩き出すのだという。[2] こうして死者の家を訪れる親族や友人は、いくらかの現金を持参して哀悼の意を表する。この金は「買紙」（*bve zua* ＝紙銭を買うための金）、あるいは「葬助」（*zong zoo*）と呼ばれる。

死者の霊魂を慰めるために「和尚」（*hue sioN* ＝僧侶）と、チャルメラ・太鼓・銅鑼を演奏する楽隊を家に招き、読経してもらう家庭もある。これは、「牽鋪」（*kan poo*）と呼ばれる。また、集まる親族が少ない場合には、和尚や楽隊のほかに、「哭霊」（*kao ling*）と呼ばれる女性を招くこともある。哭霊は、死者の前で巧みに泣き、集まった親族

表4-1　死者に着せる服の色と死者との関係

	順序	死者との関係	服の色
（内側）	1	查某囝仔（娘＝D）	黒
	2	外查某孫（女の外孫＝DD）	ピンク
	3	内查某孫（女の内孫＝SD）	緑
	4	大孫（男の内孫のうち年齢の最も大きな者＝SS）	茶
	5	查某囝仔（娘＝D）	青
（外側）	6	後生（息子＝S）	褐色

の涙を誘う。守鋪の晩は、死者の親族や親しい友人がそのまま残り、ポーカーなどをして寝ずに死者と一夜を過ごす。

3　請水

二日目の朝になると、死者の後生（＝S）・查某囝仔（＝D）・兄弟孫仔（＝BS、BD）など、死者と関係の近い下の世代の者は、「孝服」（*hao hok*＝白い喪服）を身に着け、一列に並んで九龍江本流の岸部へと向かう。岸部へ到着すると、死者の後生（＝S）は陶製の皿で九龍江の水をすくう（＝「請水 *ciaN zui*」）。家へもち帰り、この水で死者の顔を拭く。これは、死者の後生（＝S）や兄弟孫仔（＝BS）など、必ず男性が担う。男性の死者には、髭を剃り、髪の毛を切り揃えてやる。

4　入木

その後、子や孫が死者の衣服を交換する。まず、查某囝仔（＝D）が肉衣の上から黒の上着とズボンを着せ、布靴を履かせてやる。その後、子や孫たちは順序に従って、刺繍を施した色の異なる長袖の上着を着せていく（表4—1）。

次は、遺体の納棺（＝「入木 *zvip bvok*」）である。連家船漁民の間には、「父親を亡くしたら、自分たちで埋葬しろ。母親を亡くしたら、実家の親族を待って埋葬しろ」という言葉がある。この慣習は、火葬を施す現在もつづいている。つまり、死者が男性であれば、死者の後生（＝S）・查某囝仔（＝D）・兄弟孫仔（＝BS、BD）などが遺体を納棺する。反対に、死者が女性で

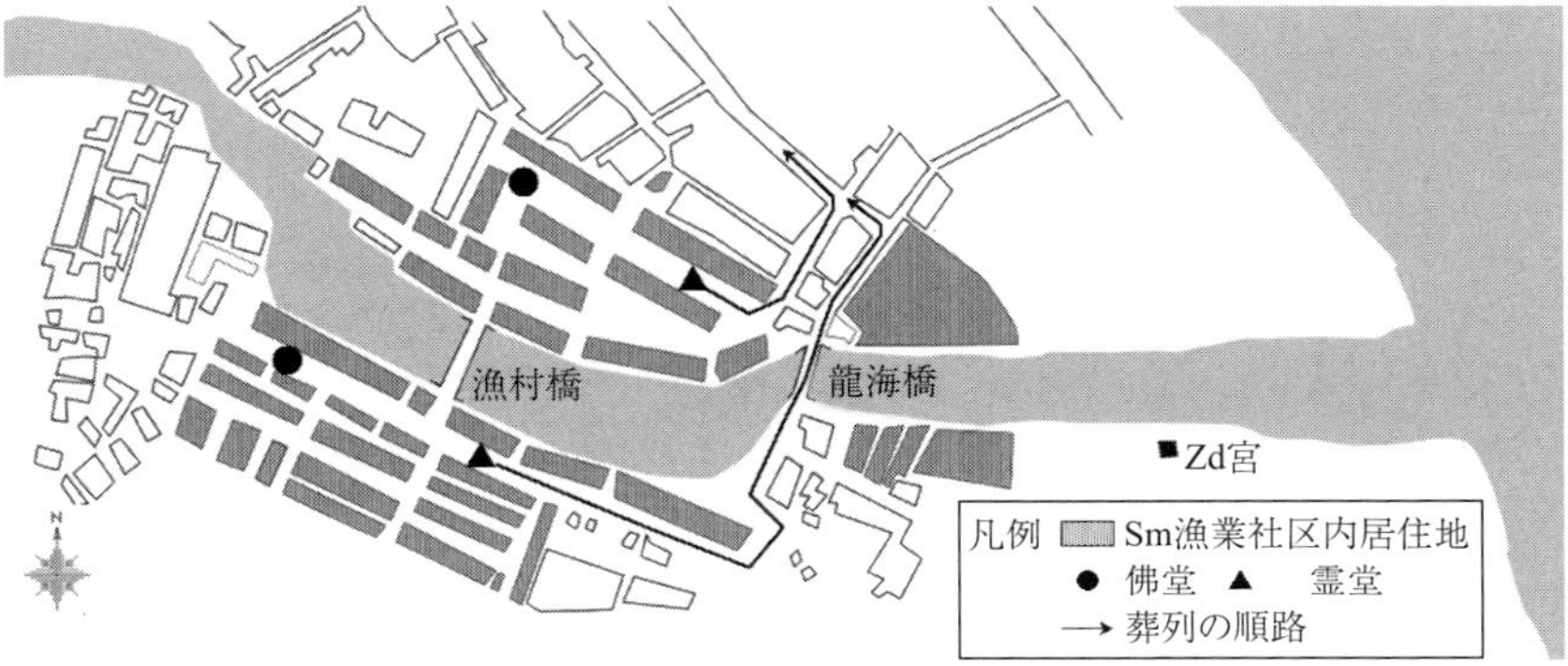

図 4-2　佛堂・霊堂の位置と葬列の順路

あれば、死者の「阿兄」（*a hiaN*＝兄＝Be）・「阿弟」（*a di*＝弟＝By）・兄弟孫仔（＝Bs、BD）など、実家側の男性が来るのを待ち、彼らの手で納棺しなければならない。遺体とともに、衣服・煙草・酒・眼鏡・ラジオなど死者の愛用品を入れるが、子や孫の写真は入れてはならないという。死者が生者を愛おしみ、陰間に連れていくのを防ぐためである。棺柴の蓋を閉め、釘を打つのは、死者の兄弟もしくは「隔腹兄弟」（＝男性イトコ＝FBS）など、死者と同輩の男性の仕事である。

棺柴は絨毯でくるまれ、その上から白い紙で作った花がつけられる。その後、死者の後生（＝S）・兄弟孫仔（＝Bs、HBs）・「内査甫孫」（*lai za boo sun*＝内孫のうち、SS）・「外査甫孫」（*gvua za boo sun*＝外孫のうち、DS）といった男性によって、棺柴は玄関から外へと運ばれる。

5　超度

死の二日目には、Sm漁業社区内の広い通りに二か所、テントを張った空間を作り出す。「佛堂」（*hut dng*）と「霊堂」（*ling dng*）である（図4―2）。棺柴は霊堂の内側に頭を、外側に脚を向けた状態で置かれる（図4―3）。死の当日と同様、朝・昼・夕食の時間になると、死者の査某囡仔（＝D）など親族の女性が、米飯とおかずを死者に供え、脚尾紙・銀仔を燃やしつづける。女性たちは、必ず大きな声で泣き叫びながらこれらを供えねばならない。女性の

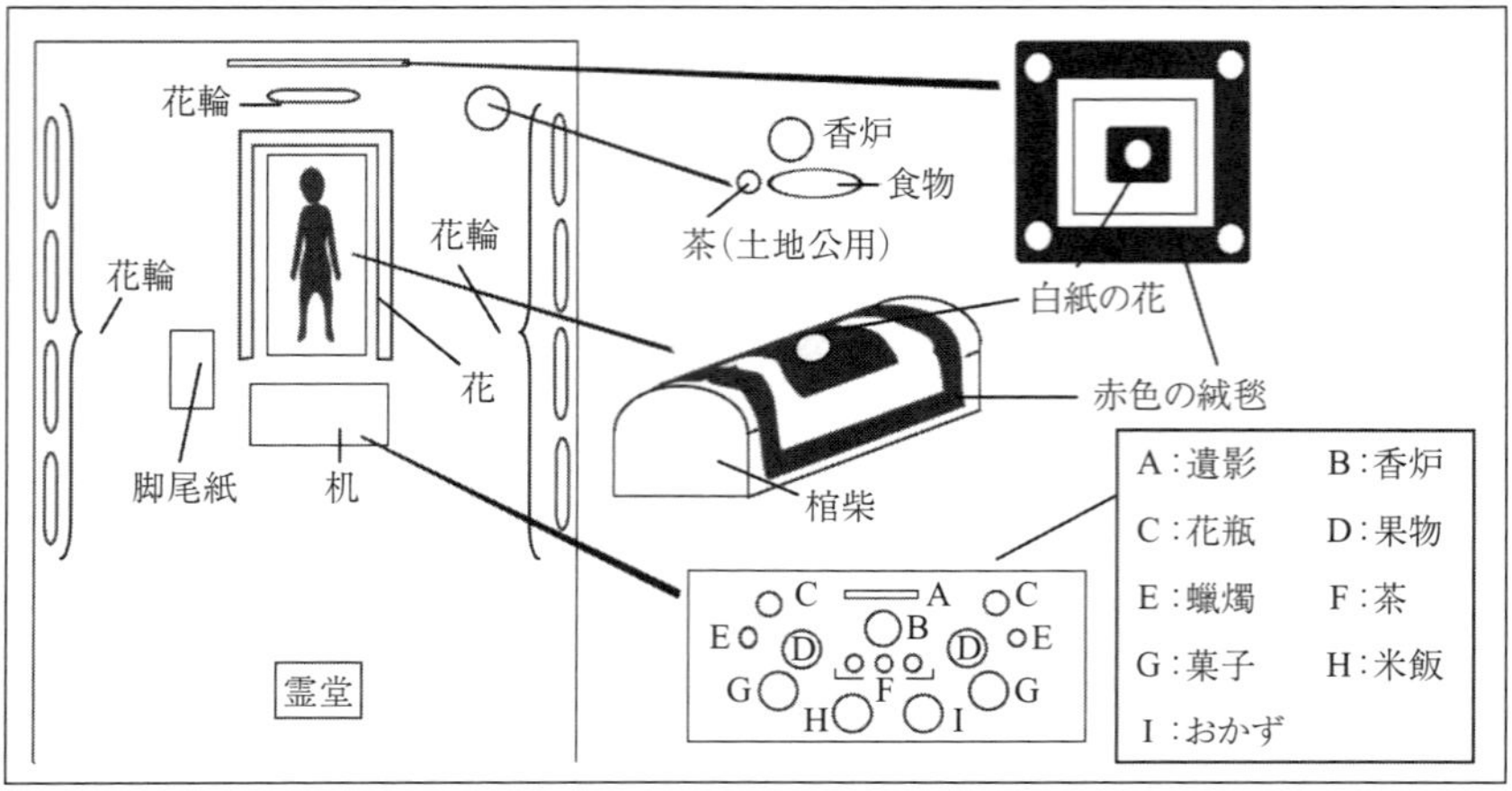

図 4-3　霊堂に安置される遺体と供物

泣き声を聞くと、死者の霊魂は目を醒まし、供物を食べにやってくるという。霊堂の隅には、土地公の香炉と供物（豚肉・アヒルの卵・インスタントラーメン）を供える。霊堂には、死者の親族や友人らが絶えず訪れ、焼香する。

対する佛堂には、弥勒菩薩・観世音菩薩・十殿閻王といった絵が掛けられる。和尚と楽隊を呼び、死者の霊魂を慰めてもらう（＝「超度 *ciao doo*」）。超度では、和尚・楽隊・男性親族が一列に並び、佛堂と霊堂の間を何度も往復する。親族の最前列は、死者の「団婿」（*giaN sai* ＝婿＝DH）である。和尚は、霊堂では『金剛経』を、佛堂では『慈悲三昧水懺』を読経するほか、紙に死者の親族の名前をすべて記し、名前を読んで聞かせる。

死者の親族たちは、守鋪の夜と同様、死者の前に置かれた線香の火が途切れることのないよう、霊堂に安置された棺柴のそばで二日目の夜を過ごす。

6　起車頭

三日目の朝、死者の親族は、霊堂で出棺の儀礼（＝「起車頭 *ki cia tao*」）をおこなう。棺柴の前には、三牲（豚の頭・スルメ・インスタントラーメン）・発粿・紅亀・おかず・茶が供えられる。供え物の数には決まりがあり、死者の配偶者がすでに死去している場合は偶数、死者の配偶者が健在の場合には奇数の供物を用意する。霊堂の前では、親族が集まり、死者の同輩男性の指示のもと、「奠酒」（*dian ziu*）をする。三人一組で酒の入った杯をもち、霊堂に礼をするというものである。その後、和尚に霊堂で読経をしてもらう。この時、死者の長女を先頭に、和尚と親族が一列に歩きながら、棺柴の周りを六周する。

死者が若く、祖父母・父母など世代の上の者が健在のうちに亡くなる場合、死者の父母は竹の棒を手に、子の遺体が納められた棺柴を叩く。連家船漁民にとって、世代の上の者が世代の下の者の死を送るというのは最も不孝なことであり、年若く亡くなった死者は陰間に着いた後、陰間を治める官吏から罰を受けるのを免れることができない。そこで、父母は他人から罰を受けるより、「陽間」（*ioN gan* ＝この世）にいる間に自分たちで叩いてやったほうが我が子の痛みも少なくてすむと考え、叩くという。

出棺の際は、楽隊を先頭に、死者の団婿（＝DH）がつづき、脚尾紙を道に散らしながら歩く。その後ろを、死者の親族で最も世代の上の男性が赤い「霊幡」（*ling huan* ＝旗）を手につづく。さらに後ろを、花を胸つけ、新品のタオルを手にしたSm漁業社区内の人々が歩く。つづいて、「手幡」（*ciu huan* ＝死者の名の記された旗）をもった死者の査某囡仔（＝D）、棺柴を担ぐ男性親族、最後に世代ごとに並んだ死者の親族が列を成し、隣接する社区との境界附近に止まる二台の「霊車」（*ling cia* ＝霊柩車）まで歩く（図4—2）。葬列には、Sm漁業社区の住民であれば、可能な限り参加したほうがよいといわれ、道端でポーカーや麻雀をしている老若男女も、葬列が通ればそれに加わって死者を霊車まで見送る。

7　火葬

棺柴を霊車に乗せると、死者の後生（＝S）・査某囡仔（＝D）・兄弟孫仔（＝BS）など死者と近い関係の親族が棺柴を守るようにして霊車に乗り込み、龍海市営火葬場へと向かう。もう一台には、死者の団婿（＝DH）・「兄弟孫婿」（*hiaN di sun sai* ＝メイの夫＝BDH）と楽隊が乗り込み、窓から脚尾紙を一枚ずつ道路に散らしながら火葬場へ向かう。葬列に加わった他の親族と社区の人々は、霊車が出発するのを見届けると、三々五々、自宅へと帰ってゆく。

龍海市に火葬場が完成した当初（一九七七年）、死者の親族は棺柴を火葬場に引き渡した後、すぐに帰宅することが強いられた。死者の遺骨は火葬場の職員によって処理され、親族のもとには戻らなかった。しばらくすると、親族は火葬場で火葬が終わるのを待つことができるようになった。遺骨は、火葬場の職員の手で陶製の骨壺に納められ、併設された遺骨預かり所に納められる。少し前まで、多くは遺骨を納めた壺をもち帰り、近隣の山や公墓に土地を購入して壺を埋めていた。しかし、近年では土地不足と価格高騰から、大多数が墓地を購入するのを断念し、壺を火葬場で管理してもらうようになっている。

8　過火

死者の親族がSm漁業社区へ戻る時は、霊車に乗り、必ず火葬場へ向かう際と同じ道を通らねばならないという。起車頭の儀礼に参加した親族は、死者の家へ集まり、客間に置かれた死者の遺影・香炉の前で焼香し、死者を拝む。九龍江へ請水に出かける時から火葬後の帰宅まで、死者の家族・親族は孝服を着て一連の儀礼に参加するが、死者を拝み終えると、空き地に集まって孝服を脱ぐ。そして、点火した木炭を入れた素焼きの香炉を跨いで、飛び越える（＝過火）。死者の家へ入ったり、遺体や棺柴に触れたりすることは、重い癩痾の状態を招くのだが、過火の儀礼を経ることで、死者の親族の体についた癩痾の状態を軽減することができる。しかし、これには注意が必要である。男性は、香炉を直接跨ぐことが許されるが、女性は、香炉を跨ぐことを固く禁じられており、香炉の周囲を歩きながら、火に手をかざすことしか許されない。月経のある女性は、常に男性よりも癩痾の状態にあり、香炉の火がもつ清気な状態を汚すことにつながるためである。

過火を終えると、親族は空き地で「甜麵」（*diN mi*＝黒糖で煮た麵）を食べる。この甜麵も過火と同様に、癩疴な状態を軽減させる効果をもつ。その後、親族は死者の家族から「紅霊金花」（*ang ling gim hua*＝赤い紙製の花）と紅包を受け取り、自宅へと帰る。紅霊金花は、各家庭の自宅で祀られる厍公の香炉に挿し、一周忌までそのままにしておく。また、紅包には三元ほどの紙幣が入っており、葬儀参加者はこれで理髪店へ行き、洗髪したり散髪したりすることができる。理髪店に行くか否かは個人に任されるが、親族は、必ず洗髪しなければならない。これにより、癩疴の状態に置かれた体を、よりいっそう清気の状態に戻すことができるからである[3]。

ところで、死の発生から出棺までの三日間、死者の家族はさまざまな儀礼に参加してくれる親族や、死者の友人に食事を提供するのだが、食事はすべて、死者の家以外の場所（＝たとえば隣家の台所など）で作られる。死者の家ではこの期間、食事を作ったり、水を使ったりしてはならないからである。「火や水を使うことは、遺体の腐敗を早めることにつながる」からだという。この決まりのために、死者の家に集まる者は、家のなかで手を洗うことも、トイレに行くことも許されない。

9　做七

火葬から七週間までの毎朝晩、死者の親族は一週間ずつ交代で茶・米飯・おかずを作り、死者の家に安置された遺影と香炉の前まで届けて死者に食べてもらう。第一週は、後生（＝S）、第二週は査某囡仔（＝D）、第三週は内査某孫（＝SD）、第四週は外査某孫（＝DD）というように第七週までつづけられる。その間、陰暦の一日と一五日には、死者のために豚肉・発粿などの供物のほか、銀仔・「漆金」（*cat gim*＝紙銭の一種）を詰めた「紅箱」（*ang sioN*＝赤い紙でできた箱）を準備する。これらを道路で燃やし、陰間で金銭を使う死者のために送ってやる。一連の行為を「做七」

写真 4-2　大厝

写真 4-3　大厝内のメイドと家具

（*zo cit*）と呼んでいる。

10　做功徳

做七が終わる頃、死者の親族たちが漁に出ない日を見計らって、超度の儀礼と、紙製の家を死者に送り届ける儀礼がおこなわれる（＝「做功徳 *zo gongd dik*」・「拝燦 *bai can*」）。これは、死者の親族が死者のために執りおこなう儀礼のなかでも、重要な位置を占める。この日、親族たちは和尚と楽隊を招き、読経をしてもらう。

做功徳の朝になると、Sm漁業社区内の道路に霊堂と佛堂が設置される。霊堂の奥には、竹や紙で作られた二〜三階建ての「大厝」（*dua cu*＝大きな家の意、写真4—2、4—3を参照）が置かれる。大厝は、葬儀社に製作を依頼するもので、これを燃やすことで、死者は陰間で家屋を得て暮らすことができると考えられている。大厝は、何十もの部屋から成る庭つきの家で、なかにはメイドやボディガード、最新型の車や冷蔵庫、時には飛行機まで備えつけられた、煌びやかなものである。

船で水上を漂う姿や船上生活から派生する身体的特徴を揶揄するかのように、陸上の人々から水鴨仔・曲蹄仔などと呼ばれてきた連家船漁民にとって、家屋の獲得は長年の夢であった。そんな彼らは、一九九〇年代に入って死者儀礼を大規模に実施できるようになると、人生の大半を船に住まい、最後に手にした集合住宅も狭隘で簡素なものだった老人たちのために、せめて陰間では豪奢な家屋で不自由ない生活を送ってもらおうと、豪華な大厝を用意するようになったという。

死者の遺影と香炉は大厝の前に安置され、その前に死者本人を表す紙製の人形が置かれる（写真4―4）。死者の親族は孝服を着て霊堂に集まり、焼香して死者の霊魂を慰め、朝・昼・晩の食事を供える。

超度では、和尚・楽隊・死者の男性親族が経典や手幡をもって一列に並び、霊堂と佛堂の間を五～六往復する。正午になると、この列に親族の女性も加わり、男性親族とともに佛堂の前に腰を下ろして供物（蠟燭・花・果物・米飯・おかずなど）を順にまわしていく。供え物が親族全員から陰間へ送られたものであることを死者に示すのだという（写真4―5）。

写真 4-4　死者を模した人形

写真 4-5　死者への供物をまわす親族

午後になると、死者の実家の親族や、兄弟孫仔（＝BS、BD、HBS、HBD）・後生（＝S）・査某囡仔（＝D）・内査某孫（＝SD）・外査某孫（＝DD）・「外孫仔」（*gvua sun a*＝姉妹の子＝ZS、ZD）などが、それぞれ死者のために大量の供物をもって霊堂へ集まる。各親族は供え物として、豚の頭・アヒル・鶏・発粿・紅亀・花・米酒・蠟燭のほか、缶詰・飲料など一〇種類を用意する。これに加え、各親族が土地公を祀るために三牲（豚肉・アヒルの卵・インスタントラーメン）・米酒を準備し、

写真 4-6　白馬に親族の氏名を読み上げる和尚

それらを、世代順に霊堂に並べてゆく。供物が並んだ後で、霊堂のそばでは世代が上の者の指示のもと、親族総出で奠酒がおこなわれる。

その後、死者の親族は、紙銭を詰めた黒い紙製の箱（＝「烏箱 *oo sioN*」）を燃やし、死者に送り届ける。それが終わると、和尚は做功徳の儀礼に参加した親族すべての名前を黄色い紙の上に書き、霊堂と佛堂の間に設置された紙製の白馬に向かって、書かれた親族の名前を読み上げる（写真4―6）。白馬と名前が記された紙は、土工仔の男性がSm漁業社区の境まで運び、燃やす。死者は、燃やされた白馬をとおして自分の親族が集まって做功徳をしてくれたことを知るといい、さらに、白馬を社区の外へ運ぶことで、この度の死に関わって発生した癩疴の状態を取り除くことができるという。

夜になると、親族たちは厝を霊堂から道路に運び出し、数々の電飾をつける。死者よりも世代の下の親族たちは、漆金や銀仔などの紙銭を詰めた四〇個以上の紙製の箱を用意して、大厝の前に置く。さらに、黒い布靴・衣服・花札・トランプ・米飯・おかずなどを供える。また、死者と同輩の男性が大厝の門を開けて、なかに死者の形をした紙製の人形を安置する。この男性は、「新しい家ができました。子も孫も富に満ちています。今後も子子孫孫に恵まれ、魚も蝦も豊漁がつづくでしょう」と唱えながら大厝に火を点け、黒豆・大豆・生米・一角硬貨・鉄釘などを地面に撒き散らす。地面に落ちたこれらを拾い上げて自宅へもち帰ると、将来財を成すことができるとされる。

大厝が燃え尽きる頃、死者の親族はこの火を何周かまわり、ともに甜麺を食べる。これらは、死の発生から做功徳の日まで親族の体に付着していた癩疴の状態を除くことができるという。

11　牽亡

做功徳が終わると、「牽尫姨」（*kan ang i*）と呼ばれる女性に頼み、陰間の死者と交流してもらう（＝「牽亡 *kan bvong*」）。死者の親族は、陰間での生活はつつがないか、大厝を得たか、大厝には雨漏りなどの不都合はないか、車や家具、衣服は足りているか、トランプで陰間の友人と遊ぶことができているか、金銭に不足はないか、肉や米で腹を満たすことができているか、陰間での環境に不都合はないか、といったことを死者に尋ねる。もしも死者が牽尫姨に対して何か不満があると答えれば、親族はすぐさまその品物を準備し、燃やして陰間の死者のもとへと送ってやるのである。

12　吊魂

連家船漁民の大多数は、陸地に家屋を得た後の現在でも、水上労働（＝漁撈・運搬・砂掘削など）に従事している。水上での作業につきものなのが、落水による死亡事故である。なかには、水死体を発見できない場合もある。そのような時、連家船漁民は船首に死者が生前に着ていた衣服を掛け、船で水面を行き来して死者の名を大声で叫びながら遺体を探すという。死から七日間が経っても遺体を見つけることができない場合、死者の家族は道士を漁船に招き、死者の霊魂を慰める儀礼を施してもらう。これは「吊魂」（*diao hun*）と呼ばれ、とても悲しい光景であるという［張亜清　一九九八：八〇―八二］。

13　做対年

死者が死去して一年が経った命日の朝には、死者と近しい関係にある家族・親族が死者の家へと集まり、一周忌の儀礼をおこなう（＝「做対年 *zo dui ni*」）。親族たちは、死者のために三牲（豚の頭・アヒル・インスタントラーメン）と計一〇種類の供物を準備して、死者の遺影・香炉が安置された机に並べる。

この日のために、死者の親族たちは葬儀社で紅箱と呼ばれる紙製の箱を購入し、そこに自分たちで馬蹄銀の形に折った紙銭を入れていく。準備が整ったら、それを外で燃やして、死者へと送り届ける。

その後、死者の遺影の前に、新たに用意した「米粿」[4]（*bvi gue*）・紅圓・紅い糸で円状に巻かれた竹などの供物が並べられる。死者の親族は再び、遺影の前に集まり、皆で線香を手向ける。

死者の死からこの時まで、死者の遺影と香炉は、単独で客間の一角に安置される。だが、做対年の儀礼を終えると、死者の遺影・香炉は、ほかの祖先の遺影・香炉が安置されている場所（＝多くは客間の棚の上）へと運ばれ、これ以後は、ほかの祖先とともに祭祀を受ける。家庭によっては、死者の香炉に溜まった線香の灰を祖先の香炉に入れ、これ以後は祖先と一つの香炉を共有する場合もある。また、配偶者が先に亡くなっている時には、この做対年が終わり次第、新たに亡くなった者の香炉を破棄し、先に亡くなった配偶者の香炉を夫婦で用いるという場合もある。同時に、死の当日から紅い紙で包まれていた家庭の庇公の神像も、紅い紙を外されて通常どおりの祭祀を受けることになる。

14　水死体の処理

癩疴・無清気の状態を発生させると考えられている遺体に対して、連家船漁民が取るもう一つの態度を理解するために、水死体の処理について見てみよう。連家船漁民は、漁や漁獲物の水上運搬をする際、水面に浮いた遺体を発見したり、遺体を網ですくい上げたりすることがある。そのような時、彼らは必ずその遺体を自分の船に上げ、沿岸部の村落に知らせてその遺体が誰のものか判別してもらう。だが、遺体の身元がわかることはほとんどなく、その場合、連家船漁民は自分たちで葬儀社へ赴き、死者の衣服を購入する。そして、土工仔を漁船に招いて遺体に衣服を着せてもらい、米酒・米飯・おかずを並べ、線香を手向けるなどして死者を手厚く祀る。さらに、銀仔などの紙銭を燃やし、死者が陰間へ行っても困らないようにしてやる。これらを済ませると、土工仔に頼んで遺体を山の上の適当な場所まで運んでもらい、埋葬してもらうのだという。

また、漁の最中、網に人骨がかかることも多い。この時、連家船漁民は骨を紅い紙で包み、船に安置しておくという。その後、Sm漁業社区へ戻った際に土工仔を招き、ともに山へ登って適当な場所を見つけ、穴を掘って骨を埋める土工仔の傍らで、連家船漁民は死者のために準備した米飯やおかずを供え、紙銭を燃やすという。

連家船漁民が身元不明の水死体や骨をすくい上げ、処理する際には、多くの時間と金銭を費やすことになる。しかし、これは彼らにとって、時間と費用をかけても当然なすべきことであるという。さらに興味深いのは、連家船漁民は拾い上げた水死体や人骨を、むしろ積極的に祀り、埋葬しているということである。それは、連家船漁民が、水死体や骨を手厚く祀ることで、その死者が陰間に着いた後に、自分たちの漁の安全と豊漁とを保証してくれると考えているためである。

(4)　葬送儀礼の変化と持続および連家船漁民と農民の差異

1　儀礼の構造的側面

九龍江河口に暮らす連家船漁民が、過去七〇年ほどの間におこなってきた葬送儀礼の変遷を見る時、そこに現われる儀礼の変容と持続の様相を、儀礼の構造的側面と、死に関する観念的側面という二方向に分けて捉えることができるだろう。

およそ七〇年の間に、連家船漁民を取り巻く状況は大きく様変わりした。彼らの住まいは船から現在のSm漁業社区内外にある集合住宅へと変わり、葬送儀礼のおこなわれる場所も水上の船から、陸上にある死者の自宅や社区内の道路へと移動した。なかでも、葬送儀礼の形式に大きな影響をもたらしたのは、全国規模で実施された葬儀改革の存在である。とりわけ、一九六〇年代後半から一九八〇年代後半までの間には、棺柴と呼ばれる棺が造船所で作られるほかは、死者の衣服・線香・香炉・紙銭・木主といった死者を弔い祀るための道具は、その姿を消している。この時期には、死者を祀る行為自体が「封建的迷信」として厳しく禁止され、こうした共産党のスローガンを逸脱しない範囲でおこなわれるごく簡素化された形式的な告別式を除けば、儀礼的な行為も見られなくなった。

この葬儀改革が引き起こした変化のうち最も大きなものが、埋葬から火葬へという葬法の変化だろう。ホワイトが報告するような大躍進期の都市における火葬場建設［ホワイト　一九九四（一九八八）：三二五］からは一〇年ほど遅れ、やがて改革開放に差しかかろうとする一九七七年、当時の龍海県にも火葬場が建てられた。これを契機にこの地でも火葬が推進されはじめ、連家船漁民にとっては、現在でも火葬が遺体を処理する際の主要な方法となっている。

こうして一九六〇年代後半から二〇年という長きにわたりつづいた葬送儀礼の断絶と葬法の変化によって、連家船漁民の間で現在おこなわれる葬送儀礼にも、かつてとは異なる要素が出現している。まず、葬法が山腹の墓地や砂浜の荒れ地における埋葬から火葬場における火葬へと変化したことで、墓穴を掘る必要がなくなり、遺体を処理する際の土工仔と呼ばれる葬儀専門職の関与が見られなくなった。これに関連し、遺体を火葬場へ運ぶ際には、死者の親族が自らの手で死者の棺柴を墓地へと運んでいたのに対し、現在では棺柴の火葬場への輸送には霊柩車が用いられるようになっている。さらに、とりわけ改革開放後になって、漁撈や工場労働に従事する連家船漁民がまとまった現金収入を得られるようになり、家庭の経済状況が安定しはじめたことに関連する変化も現れている。それは、死者や土地公に供える食物として、インスタントラーメンや缶詰などを含む高価なものが用いられるようになり、倣功徳で燃やされる紙製の大厝も豪華で煌びやかなものが用意されるようになった、といった変化である。

ここで、葬送儀礼の構造的側面へと視点を転じてみよう。たとえば、死者の遺体が安置される場所が船の甲板から集合住宅の客間へと変化しても、頭を船尾に、脚を船首に向けて安置するという構図は、頭を家の内側に、脚を玄関に向けるというように類似性を保ちつづけている。これは、「死んだ人が船首から自分で歩いて岸へ上がり、葬列に加わることができるようにしてやるため」という考えが、死を迎える場所が変わった現在でも変わらず人々のなかに根づいていることを示している。また、埋葬から火葬へという葬法の変化にともない、墓穴を掘る土工仔は姿を消したが、その代わりに遺体を火葬場へ運んで火葬に付す役割を担う火葬場の職員が新たな要素として加わっている。連家船漁民の側から見れば、どちらにせよ、自分たちとは別の集団に属し、金銭を介して儀礼に携わる葬儀専門職であることに変わりなく、そうした存在に頼らなければ葬送儀礼が遂行不可能である点では、かつてと同じである。さらに、かつての連家船漁民は多くが文字を解さなかったこともあり、死者を記念し、記憶するために必要な位牌はほとんど用いられなかった。現在も、位牌は大多数の家庭で所持されていないが、代わりに、現在では、死者が生前写した遺影が香炉のそばに置かれる。この写真も、死者を記念するという意味では位牌とまったく同じ機能をもつものである。

こうした点に注意しながら、現在、連家船漁民の間でおこなわれる葬送儀礼を見てみると、そこには、ワトソンが帝政後期の中国全土でおこなわれた葬送儀礼に共通する点として挙げた、①哭など儀礼的表現による死の公告、②白を基本とした喪服の着用、③遺体の儀礼的な沐浴、④生者から死者に対する食物・金・物品の贈送、⑤死者の位牌の準備と設置、⑥儀礼的専門職への金銭の支払い、⑦遺体にともない魂を鎮める音楽、⑧遺骸の密閉納棺、⑨棺の共同体外への排除といった要素［ワトソン　一九九四ａ（一九八八）：二二六―二二八］すべてを見出すことが可能である。

大多数の連家船漁民が陸上に家屋を獲得し、共産党政権下の大規模な葬儀改革を経験するなか、遺体の葬法や、葬送儀礼に関与する葬儀専門職の役割は変化し、儀礼に登場する供物も細部で変化している。だが、表面的には大きく見えるこれらの変化の一方で、葬送儀礼がもつ基本的な構造は、現在までも保たれつづけていることがわかる。

2　死に関する観念的側面

(1) 避けるべきものとしての死と遺体への接触

先に見たような葬送儀礼の構造を支えるのは、連家船漁民が死や死者に対して見せる消極的な態度である。死に接触したり、葬儀や葬列に参加したりすることによって引き起こされる癲痾・無清気の状態というのは、大きな感染力をもっている。連家船漁民によれば、それに最も感染しやすいのは、胎児であるという。たとえば、妊娠中の女性が家族や親族以外の人の葬送儀礼などに出くわしてしまうことがあると、生まれてくる赤子の体には青あざがくっきりと浮かび上がるという。

生者に悪い結果をもたらす癲痾・無清気の状態への感染を避けるために、連家船漁民は葬送儀礼のなかでもさまざまな行為をくり返す。たとえば、人が亡くなるとすぐに家庭内の尫公は紅い紙でくるまれ、死者の家族たちは癲痾・無清気の状態が神明の神聖性を侵すことを防止しようとする。また、死者の家を訪れ、葬送儀礼に参加した親族や友人は、火葬が終わった後や、做功徳において大厝を燃やし終わった後など、節目の段階になると過火の儀礼をおこない、髪の毛を洗ったり切ったりすることによって自分の体についた癲痾・無清気の状態を取り除こうとするのである。

また、死の発生から出棺までの三日間、死者の家族が儀礼参加者のために提供する食事は、決して死者の家で調理してはならず、隣家の台所を借りるなどして、別の場所で作らなければならない。これは、死者の家では食事を作ること、水を使うことが禁止されているためで、死者の家に集まった人々は、その家では手を洗うこともトイレを使うことも許されない。連家船漁民の説明によれば、「火や水を使うことは、遺体の腐敗を早めることにつながるから、禁止されるのだ」ということになるのだが、ここではもう一歩進んだ理解を得ることができるだろう。注目したいのは、次の二つのことである。一つは、食事を作ったり手を洗ったりする行為が禁じられる一方で、死者の遺体の足元では脚尾紙や銀仔と呼ばれる紙銭が絶えることなく燃やされつづけ、水を使って死者に茶を入れたり、死者の顔を洗ったりすることもおこなわれるということ。もう一つには、死者の家における調理や水の使用の禁止という状態は、死者の遺体が家の外へと運ばれた後になっても、出棺が終わるまで保たれつづけることである。これらは明らかに、火や水の使用禁止が、死者の遺体にもたらすと考えられている物理的な原因のみに起因するわけではないことを示している。すなわち、死者の家はある一定の期間、癩痀・無清気の状態に満ちており、そこを訪れる者にはそうした状態が移るのだという説明を考えあわせるならば、人々は、死者の家で作られた食事を食べたり、水で手を洗ったりするという行為を避けることによって、死者の家に充満する癩痀・無清気の状態との接触を少しでも軽減しようとしている、と考えることができるのである。

これらは、連家船漁民にとって、死という事態や死者の遺体が、癩痀あるいは無清気の状態を引き起こし、きわめて悪い結果をもたらす存在であり、避けるべき対象であることを如実に示している。ここからは、ワトソン［一九九四b（一九八八）］が中国各地でかつて普遍的に見られたとする死の穢れの概念が、連家船漁民の間では葬儀改革を経た現在でも依然として根強く浸透していることがわかる。

（2）積極的に接触するべきものとしての死と死者の遺体

死や死者の遺体は、癩痀・無清気な状態を招く悪いものであり、生者にとっては接触を避けるべき一義的な存在なのだろうか。これとは対照的に、七〇年前から現在までの間、連家船漁民の間でおこなわれてきた葬送儀礼からは、彼らが死や死者に対して見せる、まったく別の態度を導くことができる。以下では、ワトソン［一九九四b（一九八八）］の報告する広東社会の例と比較しながら、連家船漁民の場合について検討してみることにしよう。

ワトソンによれば、広東社会では葬儀専門職である「仵葬佬」を除くと、普通の人は死者の遺体に接触することはしないという。このほか、人々は近しい親族の葬儀以外、葬儀に参列することも葬列を目にすることも、できれば避けたいものと考えていた。いずれも、死者から発せられる死の穢れ（＝殺気）が自らに移ることを避けるためである［ワトソン　一九九四b（一九八八）］。連家船漁民の説明によると、広東社会と同様に、九龍江河口の農村では、遺体を拭いたり、下着や衣服を交換したり、納棺したり、棺柴を担いだりするといった遺体に直接触れる行為は、土工仔と呼ばれる葬儀専門職の男性が死者の家族や親族に代わっておこなうのだという。

九龍江河口一帯において、土工仔とは、独身の男性がなるものであり、普段は農業などに従事しながら、近隣で葬送儀礼があれば呼ばれて遺体の処理に当たる人物である。広東社会における仵葬佬と同様、土工仔もしばしば蔑視の対象となることがある。連家船漁民も、土工仔とはどういう人なのかと尋ねる私に、「その名をあまり口にしないほうがよい」と前置きしながら、「土工仔っていうのは、女房や子どもがいない男しかやりたくない仕事だよ。あんなに遺体にばっかり触ってるんだ、土工仔はどれだけ癲痾だと思う？　俺たちは、土工仔みたいな人の仕事をすれば、子どもや孫に何か悪いことが起こるって知ってる。だから、女房や子どもがいる男は、誰もあんな仕事はしたくないんだよ」と教えてくれたことがあった。

かつて、連家船漁民はこの土工仔に頼んで山腹などの適当な場所に墓穴を掘ってもらい、棺柴を埋めてもらったという。その一方で、近隣の農村部の人々とは異なり、連家船漁民はその当時から、火葬を受け容れるようになった時代を経て、現在までの間、遺体の顔を洗って体を拭き、衣服を交換し、納棺するという遺体に直接触れる作業は、いずれも死者の家族や親族が進んでおこなってきた。これらの作業は、生者にとって「最後の孝」（*hao*＝親孝行）なのだという。さらに、ワトソンの紹介する広東社会の例とまったく異なり、連家船漁民は親族のみならず、昔からの顔見知りであり、同じ社区の住民なのだからといって、死者の葬列にはできるだけ参加し、その最期を見届けようとするのである。

こう見ると、連家船漁民が死や死者に対して抱く感覚というのは、悪い面を含むものばかりでないことがわかる。それがわかる最もよい例は、彼らが河や海で水死体や人の骨を発見した際の処理の方法であろう。連家船漁民は、身元不明の水死体や人骨を見つけるとそれをすくい上げ、時間と金銭を費やしてそれらを手厚く祀り、埋葬してやる。そうすることは、連家船漁民にとって当然すべきことであると同時に、陰間に到着した死者から庇護を受け、豊漁や作業の安全といった見返りを保障してもらうための手段でもある。これらの事例からは、死者の遺体を積極的に受け容れることで、自ら癩痾・無清気の状態のなかへと入り込み、そこからよい結果を得ようとする連家船漁民の態度を見て取ることができる。

3 連家船漁民と農民との間の民俗事象の差異から見えること

長年の船上生活が桎梏となり、陸上に居を移しても、「かつての水上居民」が見せる特異な民俗事象は、彼らと陸上漢族とを隔てるエスニックな境界として存在しつづけていることを指摘してきた広東社会の研究［長沼二〇一〇a］。

私が連家船漁民の研究をはじめたばかりの頃、留学先の大学で出会う人類学者・民俗学者（とその卵）のなかには、「九龍江の水上居民は水葬をするのか？」と尋ねる人がかなりいた。その意味するところとは、「水上居民は貧しく社会的地位も低い。山上の土地を購入して墓を造ることなどできないだろう。それなら、遺体を河や海に流すのではないか。むしろ、水上に暮らす彼らにとっては、それが当たり前なのではないか」といったものだろう。研究者たちが、（話のネタに触れてみたという程度の）興味本位のうちに投げかける問いには、連家船漁民と陸上に定住してきた人々との間に意図的に線を引き、両者を文化的に隔たった異質のものとして捉えようとする態度が如実に表れている。

研究者たちのこの態度は基本的に、連家船漁民が暮らす地域社会において、人口の上で大多数を占め、社会的・経済的にも支配的な立場にありつづけてきた陸上の農民・市街地住民がもつ思考の方法を、そのまま映し出している。農民や市街地の人々は、土地・家屋をもたず、水面を漂うだけの連家船漁民の姿を「水鴨仔」などと嘲笑しつづけてきた。一方で、連家船漁民もまた、自分たちの慣習が、陸上の他者から常に奇異の眼、侮辱のまなざしを向けられていることを身に染みて感じてきた。九龍江河口において、両者の差異は、広東社会のように、漢族／非漢族間のエスニックな境界とまではなっていないようにも見える。だが、どのような種類の境界であるにせよ、連家船漁民と陸上定住者の間に、常に大きな隔たりが存在し、前者が文化的他者と見なされていることは間違いない。

この側面だけに注目するならば、連家船漁民とは、常に陸上のマジョリティから区別され、異質な存在として位置づけられるだけの、主体性に欠けた、きわめて受動的な存在であるかに見えてくる。だが、農民・市街地住民との間にある民俗事象の差異について、連家船漁民自身がいかに解釈しているのかという点、すなわち、ウォードが分類するところの直接モデル（＝自家製モデル）と内部観察者モデルとを明らかにすることで、先の一面的な理解を脱することが可能になるだろう。

ここでは、連家船漁民のある女性が語る言葉に注目してみたい。六〇代のこの女性は、私に自慢げにこう話してくれたことがあった。「農村の人たちは、死んだ人の体はとても癩病だからといって、自分のお父さんやお母さんの遺体にも触ろうとしないの。私たちは、それは死んだ人に失礼だし、申し訳ないとも思ってる。お父さんやお母さん、親戚の遺体が癩病だって思う連家船漁民はいない。自分たちで亡くなった人の顔を洗って、服を替えて、棺柴に遺体を入れて、その棺柴を担ぐってことは、私たちにとっては亡くなった人への最後の『孝』なの」と。

彼女は、九龍江河口に位置する農村では、遺体の清拭、下着・衣服の交換、納棺、棺柴の運搬といった遺体に直接触れる行為は、土工仔と呼ばれる葬儀専門職の男性が死者の家族・親族に代わっておこなうのが一般的であり、それが農民たちにとっては孝（＝親孝行）と見なされることを知っている。つまり、農民の側にも、自分たち連家船漁民とは異なる孝の形があることを理解し、それを認めてもいるのだ。だが、一方で、この女性の言葉からは、死者の遺体との積極的な関わり方を根拠としながら、自分たちの方法のほうが農民たちのそれよりも優れているのだと自負する彼女の思いを読み取ることができるだろう。ここには、自分たちと陸上の農民との間に横たわる民俗事象と、何を孝と見なすのかという考え方の差異を見つめることで、「自らは農民とは異なるものの、農民から蔑視されるような存在ではない」と強調する連家船漁民の姿を見出すことができる。

この女性の言葉は、連家船漁民の社会においても、彼らの暮らす九龍江河口の地域社会においても、取るに足らぬ、小さなつぶやきに過ぎないかもしれない。だが、彼女の声に注目することは、広東社会の水上居民を対象に、ウォードらによって導き出されてきた論のなかでは疎かにされがちであった、別の側面に光を当てることが可能となるだろう。それはすなわち、陸上定住者との間にある文化的・民俗的差異に対する、水上居民の側からの積極的な意味づけである。

4　連家船漁民の眼に映る陸上の人々との差異

考えてみよう。水上居民が自らを中国人であると主張する際に表出する彼らの自己意識のあり方を解明することに主眼を置くウォードの研究において、水上居民が語る他者との差異とは、自らが他者と同じ中国人という範疇の内側にあることを主張するための材料となる。そこで描かれるのは、次のような水上居民の姿である。すなわち、彼らは、彼らと陸上定住者の行動様式との間に多少の差異があることを認めつつ、それ自体は取るに足らぬ差異に過ぎぬと主張するのだ。なぜなら、彼らも定住者も「真の中国人であればこうするべきである」との正しい行動様式の存在を知り、それを理想としている点では変わりないからである。だからこそ、水上居民は、自らも陸上の定住者と同じく、中国文化（あるいは中華文化）の内側にあるのだと考えることができるのだ、と［Ward 1985（2006）］。

これまで強調してきたように、九龍江河口の連家船漁民もまた、船上生活により生じてきたさまざまな民俗事象の特異性を根拠に、自らが陸上の人々からきわめて異質な存在と見なされてきたことを理解している。だが、その位置を自覚しつつも、逆に、その間に横たわる民俗事象の差異を根拠としながら、陸上定住者に対抗し、自らは農民よりも優れているのだと主張することができている。この連家船漁民の思考は、他者との間の差異を同質的な差異と捉え、他者との共通性を強調することで、自らを他者と同じ範疇の内側に位置づけようとする広東社会の水上居民とは、著しく異なっている。そこには、自らと農民との間にある民俗事象の差異を差異として認め、それを自らに有利なものと主張することで、陸上定住者からの差別的なまなざしに抵抗しようとする連家船漁民の姿を見ることができるのである。

第四節　「祖公」とは誰か——船上での暮らしを映し出す祖先観

(1)　一般的な漢族にとっての祖先

ほかの社会と同様、漢族社会においても、すべての死者が死を以て祖先となることができるわけではない。死者は、きわめて限定的な条件を満たしてはじめて祖先となることができる。渡邊は、祖先とは、子孫の対応次第で、「神」にも「鬼魂」にもなり得る存在であることを忘れてはならないと強調する。渡邊によれば、一般的な漢族社会において、祖先になるための条件とは、次のようなものである。①死者であること。②夭折していないこと。③未婚でないこと。④横死していないこと。⑤生前のおこないが悪しからず、天寿を全うしていること。その上で、そうした死者には、一定の条件を満たした子孫をもつことが要求される。それはすなわち、⑥親族関係をもつ子孫であること。⑦自らと同じ宗族員で、同姓の子孫であること。したがって、⑧子孫は男子でなければならない。女子子孫をもつことは、死者が祖先たらしめるのを妨げる要因とはならないが、その場合、その女子子孫は⑨必ず夫方に婚入して、婦の地位を得なければならない。さらに祖先は、⑩名をもち、位牌と墳墓に記憶されつづけなければならない。こうした静態的な条件をもつのみならず、祖先は⑪子孫たちによって定期的に祀られつづけ、祖先界への絶えざる資材供給が保証されねばならない。子孫がこのような条件を満たさなければ、祖先は鬼魂へと変化し、子孫に悪影響を及ぼす可能性を常にもちあわせているという点で、祖先はきわめて動態的な存在であるともいえる［渡邊　一九九一：一四九―一五〇］。

ここから明らかなのは、ある死者が祖先でありつづけるためには、族譜・位牌・墓碑といった、いわば「書かれた文化」によってその永続性が担保されなければならぬということである。たとえば、自らに直接つながるはずの祖先の名が記された族譜や位牌といった文字記録をほとんどもたず、多くの場合、山腹や岸部、無人島の荒れ地などに死者の遺体を埋め、その場所に墓碑を立てないという連家船漁民にとって、とりわけ⑩と⑪の条件を満たすことはきわめて困難である。すなわち、彼らは、祖先を永続的に記憶し、子子孫孫にわたる祭祀を保証するための手段をほとんどもたないということになる。

(2)　連家船漁民の間でおこなわれる祖先祭祀

ここまでにも強調してきたように、自分と直接つながるとされる多数の祖先の位牌を一括して保管しておくことのできる祠堂をもたぬことにより、連家船漁民は必然的に、各家庭においてさまざまな祖先祭祀をおこなうことになる。一九六〇年代以降の家屋獲得の経緯や、兄弟の人数といった各家庭の事情により、ある個人が祀るべき祖先の香炉がいくつもの家庭に分散して安置されていることが多く、決まった日になると何軒もの家をまわって祖先祭祀に参加するという者も珍しくはない。祠堂をもたぬ人々の間でおこなわれる祖先祭祀に見られるこうした特徴と、先に概観したような一般的な漢族の社会における祖先の条件といったものを念頭に置きながら、連家船漁民がおこ

写真 4-7　祖公に銀仔・漆金を燃やす

なう具体的な祖先祭祀の場に注目することで、彼らが自らとどのような関係にある者を祖先と捉えているのかを探る足がかりとしたい。

1　做忌

死から二年目の命日の朝になると、死者と近しい親族が死者の家へと集まり、線香を手向ける（＝「做忌 *zo gi*」）。死者のために三牲（豚の頭・アヒル・インスタントラーメン）を用意し、普段は客間の上方などにほかの祖公の香炉とともに安置されている死者の遺影や香炉を、机の上へと下ろしておく。このほかにも発粿・亀粿・米糕・お菓子・米酒・飲料・おかずなど、一〇種類の供物を並べ、死者の家へ集まった者から順に線香を手向けて祈りを捧げる。集まった親族が焼香を終えたところで親族たちはそれぞれがもってきた銀仔・漆金といった紙銭を部屋の外の道路で燃やすと、儀礼は終了である。

銀仔と漆金は、いずれも死者が陰間で用いるための金銭であるが、それを準備する者の男女の別が現れている。すなわち、銀仔は、死者の後生（＝S）・兄弟孫仔（＝そのうち、BS、HBS）など男性から死者へと送られるもの、対する漆金は、死者の査某囡仔（＝D）・兄弟孫仔（＝そのうち、BD、HBD）など女性から死者へと送られるものである（写真4―7）。

2　供祖

死者個人に対して、個別の祭祀がおこなわれる做対年・做忌の日を除けば、九龍江河口一帯において、祖先全体を祭祀する日は、年に四回定められている（＝陰暦・三月三日、七月一五日、冬節、一二月三〇日）。これは供祖、あるいは「拝祖」（*bai zoo*）と呼ばれ、連家船漁民の間でもきわめて重要な日と見なされている。これらの日が近づくと、日頃は厦門島近海・台湾海峡まで漁に出ている連家船漁民も、できる限りSm漁業社区へと帰り、自らが祖公（＝祖先）と考える死者の香炉が安置される家へと向かう。後に詳しく見るように、祖公の香炉が何軒もの家に分かれて安置されている場合があり、その場合は、一人が何軒もの家をまわって供祖をすることになる。

供祖の日の朝になると、男性子孫は各家庭で祖公に捧げる料理を数種類、準備する。これは、祖公の香炉が安置されている家の軒数分用意され、一軒ごとに数段重ねの弁当箱を使って料理が詰められてゆく。(5) ほかに、一軒で祀られる祖公ごとに、二種類か四種類の菓子・果物、そして男性子孫であれば二〇〇〇枚分の銀仔を用意する。女性は、基本的には夫とともに夫の祖公が祀られている家へ行くことになるため、夫と同じ供物を用いればよいのだが、自らの父母など近しい祖公に対しては、果物・菓子など調理の必要ない供物と二〇〇〇枚の漆金を準備することができる。

このほか、家屋をもつ者は、祖公の供物を準備する傍ら、料理・菓子・生米を用意し、客間の中央より少し内側の空間に設けた机に並べる。これは、「地基主」（*De gi zu*）と呼ばれる厝公を祀るためで、家の者は先に客間の内側へ向かって線香を手向けた後、机を一回転させ、今度は部屋の内側から玄関に向かって線香を手向ける。このように、住まいの安全と家族全員の無事を祈った後、客間のなかにドラム缶などを置き、寿金・銀仔を燃やす。地基主とは、家屋の内部の安全を守るものと考えられており、ほかの厝公には家屋の外で紙銭を燃やすのに対し、地基主には必ず部屋の内部で紙銭を燃やさねばならない。かつて、船上では地基主を祀ることなどなかった連家船漁民は、陸上に家屋を得たことを契機として、地基主を祀るようになっており、毎月陰暦の一五日前後になると客間に料理や生米を準備して地基主に家内安全を願う。これに加え、年に四度ある供祖の当日も、必ず先に自宅で地基主を祀ってから祖公の祀られる家へと出かけるのである。これと反対に、現在でも家屋を有さず、船を住まいとする連家船漁民は、供祖の当日朝、水中の好兄弟（＝悪鬼。第三章にて詳述）に料理などを供えてからでないと、祖公の祭祀へ出かけてはならないという。

各家庭で地基主や好兄弟を拝み終えると、男性も女性も老いも若きも皆で弁当箱と銀仔・漆金を手に、祖公が祀られている家へと向かう。普段は高い場所に置かれている祖公の香炉は、すべて客間に用意された机に下ろされ、その前に各家庭からもち寄った供物が並べられる。子孫は、祖公一人につき三本の線香に火を点け、香炉に挿してゆく。その後、銀仔や漆金が道端で燃やされ、祖公たちのいる陰間へと送られる。すべての紙銭を燃やし終えると、親族たちは灰の溜まった鉄製の皿の周囲に、米酒を撒いて円を描く。円を描くことで、陰間の祖公たちに「陽間にいる私たちは、今ここで、何千元、何万元もの金をあなたたちに送り終えたのだ」ということを明示することができる、あるいは、米酒で円を描くことによって、円の内側が陰間（＝祖公の空間）、外側が陽間（＝生者の空間）であることを明確にし、陰間の祖公たちに「どんなに戻りたいと願っても、もう二度と陽間へは戻ってこられぬのだ」と伝えることができるという。

これらが終わると、各親族は自分の祖公が祀られる別の家へと供物をもっていく。自分の家でほかの親族を迎えて供祖をおこない、その後でほかの祖公が祀られる親族の家へと向かって供祖に参加するという場合もある。既婚女性は、夫の祖公が祀られる家での祭祀の合間を縫って、菓子・漆金などを手に、自分の実家側の祖公の香炉が安置された家へ出向くことができる。したがって、供祖の日になると、Sm漁業社区のなかは、弁当箱をもった大勢の人でにぎわうことになる。

供祖が終わると、祖公の家に集められた供物は各自、自宅へともち帰る。帰宅すると、家庭によっては、家屋の外に出した机に料理・果物・お菓子・飲み物など六～八種類の供物と箸が別途用意される。これらは、流産や死産となった子どもや、未婚のまま亡くなった死者に捧げるためのものである。これらの死者は、香炉や遺影をもたないことがほとんどだが、それでも、死者の父母・兄弟姉妹は死者のために線香を手向け、供物を捧げるのである。その後、家の外で死者のために銀仔を燃やす。燃やされる銀仔の数は、祖公たちのために準備される紙銭に比して少なく、正式に祖公と見なされる死者との間には、明確な区別がある。

3　清明

連家船漁民は、年に一度だけ、祖公の墳墓へと赴いて墓参をする。それが、「清明」（*cEN mia* = 清明節）の日である。墓参は、彼らの間では「爬山」（*bE suaN* = 直訳では、登山の意）と呼ばれる。連家船漁民にとって、清明の爬山は、供祖とともに重要なものと考えられており、日頃は遠方まで漁に出ている者もSm漁業社区へと戻って、祖公たちの墳墓を訪れる。

まず、連家船漁民の祖公の墳墓が置かれた状況について、四種類に分けて以下にまとめてみよう。

写真 4-8　土を盛って造られた墳墓

（1）忘れられた墳墓

中華民国期前半まで、農村の山腹に土地を購入して墳墓を造ることができた一部の富裕な者を除けば、大多数の連家船漁民は死者の遺体を岸部の荒れ地や無人島に運んで埋めており、墓碑を立てることもなかった。この時期に死去した祖公の墓地について、子孫たちが現在、場所を記憶していることはほとんどない。記憶が途絶えた墓地には、子孫が訪れることはない。

写真 4-9　コンクリートで囲まれた墳墓

（2）中華民国期（後半）以降の墳墓

中華民国後期になると、連家船漁民も農村の山腹に墓地を購入して、土公仔を呼んで穴を掘ってもらい、そこに死者の遺体を埋葬することが増えていった。埋葬が終わると、周囲の土は土公仔によって盛り上げられ、亀の甲羅に似た形に整えられる（写真4―8）。夫婦で隣り合う場所に墳墓を造ることが理想だが、ほとんどは個々の祖公でまったく異なる場所に墳墓が設けられた。この時期になっても、連家船漁民の多くは墓碑を立てようとはしなかった。だが、経た時間が比較的短いことから、この時期の墳墓の場所については、子孫たちの記憶に残っていることが多い。したがって、清明になると、子孫たちは記憶に残っている範囲の墳墓を訪れて祭祀をおこなうことができる。

（3）火葬実施後の墳墓

一九七七年、龍海県に火葬場が建てられた当初、死者の親族は火葬の済んだ遺骨を火葬場の外へもち出すことができたといい、人々は以前と同じように、周辺の農村の山に遺骨を埋めたという。この頃に造られた墳墓も、多くは土を盛り上げて亀の甲羅の形を模したものであったが、なかには墳墓の周囲をコンクリートで囲み、その前に同じくコンクリート製の墓碑を立てたものもあった（写真4―9）。（2）と同様、多くの場合、個々の祖公の遺骨は異なる場所に埋められることが多く、墳墓は広い範囲に点在することになる。この時期の墳墓は、造られてから長い時間が経過していないため、子孫たちもはっきりと場所を記憶しており、清明の時期になると、墳墓を訪れて祭祀

資料 4-1　清明の祭祀活動に関する市営葬儀場からの通知

通知

「清明」の到来に伴い、死者と顔を合わせ、拝みたいという多くの親族たちの願望と要望に応えるべく、市営葬儀場遺骨預かり所は決められた順序に則り開放するものとし、死者の家族や親族たちが骨壺を受け取り、定められた場所において祀ることができるものとする。遺骨の長期保存を保障するために、また祭祀活動を文明的に、かつ秩序だった方式で安全に進めるために、次のような規定を遵守するよう求む。

1．当館における遺骨の預かり期間が満了した者は、速やかに管理費を支払いに来ること。さもなくば、猶予なく遺骨を整理する。
2．当館で骨壺を受け取り、死者を拝みたい親族は、遺骨預かり証、親族の身分証明書、管理費を持ち、定められた日時に市営葬儀場へ来て受け取り手続きをすること。これらが揃わない場合には、受け取りを拒否する。
3．市営葬儀場を訪れて祭祀を行いたい親族は、遺骨預かりに関する当館の規則を遵守し、当館作業員の指示に従った上で、指定の場所において祭祀を執り行うこと。勝手に祭祀を行うための台を設けたり、線香や紙、爆竹などに火を点けたりせず、安全に注意すること。火災と盗難の防止に努め、遺骨を盗むなど法規に反する行為を行わぬよう求める。
4．祭祀の日時は、次のとおりとする。

① 2008 年清明節より 3 年前に当館へ遺骨を預けた者の祭祀日時は以下のとおり。

3 月 22 ～ 23 日：Jh 鎮、Cx 鎮、Sd 区
3 月 24 ～ 25 日：Yc 鎮、漳州市 Lw 区
3 月 26 ～ 27 日：Fg 鎮、Lj 郷
3 月 28 ～ 29 日：Bs 鎮
3 月 30 ～ 31 日：Hc 鎮、Ds 鎮
4 月 1 ～ 2 日：Jm 区、Zn 鎮、Bs 鎮、Dy 鎮、Gw 鎮
4 月 3 ～ 4 日：Sm 鎮

② 2005 年清明節以前より当館へ遺骨を預けた者の祭祀日時は以下のとおり。

4 月 5 ～ 6 日：Sm 鎮、Bs 鎮
4 月 7 ～ 8 日：Jh 鎮、Cx 鎮、Sd 区、漳州市 Lw 区
4 月 9 ～ 10 日：Hc 鎮、Fg 鎮、Ds 鎮、Lj 郷
4 月 11 日：Jm 区、Gw 鎮
4 月 12 ～ 13 日：Zn 鎮、Bs 鎮、Dy 鎮、Yc 鎮

以上のとおり、通知する。

龍海市葬儀場
2008 年 3 月 2 日

写真 4-10　墳墓に黄紙を押しつける男性親族

をおこなう。

（4）火葬場施設内の葬儀場に設けられた遺骨預かり所

龍海市内の火葬場では、基本的には火葬を終えた遺骨の納められた骨壺を遺骨預かり所に安置し、そこで管理・保管する方式が採られている。近年では、毎年、清明の時期が近づくと、市民の要求に応えて死者の親族が遺骨預かり所を訪れ、そこで焼香などをすることが許されるようになっている。これは従来の爬山に代わる方法ともいえるもので、清明の前後二〇日以内に、決められた地域の人々が遺骨預かり所へ赴くことができる（資料4―1）。しかし、連家船漁民が、清明にこうした遺骨預かり所を訪れることはほとんどなく、多くは供物を準備し、祖公の香炉が安置される家庭において祭祀を執りおこなう。

（2）と（3）の墳墓に関しては、清明の期間になると、連家船漁民は祖公を同じくする親族で集まり、死者の遺体や遺骨が埋められた墳墓へと出かける。したがって、清明の時期には少数の家族による家庭レベルの爬山から、多数の家族によって共同でおこなわれる角頭レベルの爬山まで、遡ることのできる祖公の世代深度によって、さまざまなレベルで爬山が実施されることになる。親族たちは爬山の前までに共同で、祖公に捧げるための三牲（豚の三枚肉・麺・おかず）・ゆで卵・肉粽・菓子・果物・飲料・米酒と、墳墓を守る土地公に捧げるための三牲などを準備しておく。さらに、銀仔・漆金・「黄紙」（*uiN zua*＝死者が亡くなったばかりの時に、死者の足元で燃やされる脚尾紙と同じもの。清明の爬山では黄紙と呼ばれる）といった紙銭を大量に用意して、墳墓にもっていく。

墳墓へ到着すると、親族たちは墳墓の周りに生えた雑草を取り除く。これが終わると、墳墓の前に供物とコップ三杯の米酒を並べ、その傍らに土地公へ捧げるための供物を置いて、火を点けた線香を墳墓の前に挿す。その後で、男性親族を中心に、黄紙を墳墓の土に押しつけるようにして置き（写真4―10）、つづけて墳墓の傍らで死者に対して銀仔や漆金を燃やす。これ以外に、土地公へ捧げるものとして寿金も燃やす。これらが終わると、爬山に参加した親族たちは皆で墳墓の周りを取り囲み、供物を食す。墳墓の前で祖公の残した食べ物を食すことで、祖公の庇護を得ることができるという。

爬山は、基本的には清明の前後二〇日ほどの間であればいつでもおこなうことができるが、死後一年満たない死者に対しては、必ず清明の当日より二日前に、また死後二年未満の死者に対しては、必ず清明当日の一日前に爬山をおこなわなければならない。

（4）遺骨預かり所に遺骨が安置された死者に対しては、その死者を祖公と考える親族たちが、死者の香炉が安置された家へと出向き、清明の祭祀をおこなう。親族たちは爬山の時と同様、死者と土地公に供物を用意する。部屋のなかから玄関の外に向かって親族で線香に火を点した後、道端で銀仔・漆金・黄紙を燃やして陰間の祖公へと送る。これらを燃やし終わると、祖公の家に集まった親族は、皆で供物を食す。

(3)　祖公とは誰か

第三節において見たような、死が発生してから一か月ほどの間におこなわれる一連の葬送儀礼には、死者と血縁・婚姻関係にある広範囲の親族と、かつて同じ農村に根拠港をもっていた顔見知り、あるいはSm漁業社区の隣人や顔見知りなど、さまざまな人が参加可能である。これに対して、死から一年目の做対年より後、死者を祀るために集まる者は、ごく狭い範囲に限られる。この範囲は、祭祀の対象となる死者を祖公と見なす人たちである。

私はここまでの記述において、祖公という語を、特に断りなく、いわゆる「祖先」と同義の語として用いてきた。これは、連家船漁民の間で祖先を指すものとして聞かれる言葉で、彼らの暮らす九龍江河口でも一般的に通用する語である。その意味で、祖公＝祖先として理解することは、誤りとはいえない。しかし、先に確かめたような、漢族社会についての研究から導かれる祖先の性格を考慮する時、連家船漁民のいう祖公と、一般的な漢族社会において理解される祖先とでは、両者の間に微妙なズレが生じる可能性について踏まえておく必要がある。くり返しになるが、それは、「書かれた文化」によって祭祀の永続性が担保されることで祖先の地位を保つことができる漢族社会の祖先に対して、連家船漁民のほとんどは「書かれた文化」をもたぬために、死者は永続的な祭祀が保証されにくいという差異があるためである。

そこで、以下では、一人の連家船漁民に焦点を当て、彼にとっての祖公とは、自らとどのような関係にある死者を指すのか、その具体的な様相を細かく見てゆくことで、連家船漁民の社会における祖公観の特徴について考えるための糸口を探ることにしたい。

1　父・張アーロンと子・張アーグンの生い立ち

ここで取り上げるのは、前の章でも登場した張アーグンという連家船漁民の事例である。張アーグンにとっての祖公とは誰かを考える前に、彼をめぐる親族関係について、その少しばかり複雑な背景を押さえておくことにしたい。まずは、その父である張アーロンの生い立ちを、つづいて張アーグンの出生前の出来事を、見てゆくことにしよう。

《事例4―1》張アーロン（一九二四年生・男性・海澄漁船幇出身）

海澄漁船幇で投網漁をする夫婦の長男として生まれた。アーロンがまだ二、三歳の頃、母親が病死。五、六歳の頃には、父も病気で亡くなってしまった。まだ小さかったアーロンは、同じく海澄漁船幇で投網漁をしていた父の兄（＝「阿伯 *a bEh*」＝FBe、張姓）に引き取られることになった。阿伯には、アーロンよりも幼い張アチーという息子がいた。

二人の男児を育てることになった阿伯夫妻は貧しく、将来、子どもたちが長じても、結婚資金が足りず、どちらも結婚させられないのではないかと心配していた。そこで阿伯は、幼い女の子をもらってきて育てれば、投網漁を手伝うだけの知識も蓄えることができて、労働力も手に入るし、年頃になればどちらかの男の子と結婚させることができるだろうと考えた。当時、農村には家が貧しく育てきれなくなった子どもを売りたいという農民が多かった。そこで、アーロンの伯父は、農民から二、三歳の蔡フーホアという女の子を安価で買い取り、アーロン、アチーとともに育てることにした。

ところが、蔡フーホアをもらってきた後で、アーロンの「阿姆」（*a m*＝阿伯の妻＝FBeW）が若くして病に倒れ、亡くなってしまった。そこで、阿伯は、ほかの漁船幇にいたアーランという連家船漁民の女性と再婚することになった。アーランも、前夫と死別して働き手を失っており、アーロンの阿伯と再婚するよりほかに生活の術がなかったのだ。アーランには、黄姓の前夫との間に娘三人と息子一人（＝黄アースン）がいた。三人の娘は、すでに嫁に出ていたので問題はなかったが、息子のアースンはまだ幼く、自立できなかったので、アーランはアースンを連れてアーロンの阿伯のもとへ嫁いできた。

こうして、アーロンの阿伯はアーランとともに一艘の投網漁船で生活しながら、年齢が上の者から順に、張アーロン（男）、張アチー（男）、蔡フーホア（女）、黄アースン（男）という四人の子どもを養うことになった。

三人は兄妹同然に育てられ、フーホアも投網漁を手伝えるようになった。アーロンは、二〇歳になった頃、フーホアと床をともにして実質上の結婚生活をはじめ、(6) フーホアの妊娠を機に、阿伯の船を出て自分の船をもち、独立した。

《事例4―2》張アーグン（一九四四年生・男性・海澄漁船幇出身・前出）

張アーロンと蔡フーホアの間に生まれた、六男三女の長男である。

ところで、アーグンがまだフーホアのお腹にいる頃、父親・アーロンの親友であった張アージン（男）が、阮ギムフォンという連家船漁民の女性と婚約をした。四人は仲がよかったので、アージンとギムフォンは、生まれてくるフーホアの子どもを、男の子であっても、女の子であっても、自分たちの「契囝」(7)（*ke giaN* ＝義理の子）にしようと決めた。しかし、二人の婚約から間もなく、アージンは魚を捕っていた時に事故に遭い、あっけなく亡くなってしまった。その後にフーホアが生んだのが、張アーグンである。

阮ギムフォンは、その後、黄アースンと結婚して、二男三女をもうけた。張アーグンにとって、ギムフォンは「契老母」（*ke lao bvu*）であり、自分が生まれた時にはすでに亡くなっていたために顔も見たこともない張アージンは、「契老爸」（*ke lao bE*）である。また、アーロンとともに育った張アチーも連家船漁民の女性と結婚し、二男をもうけている。アーグンは今から数年前、「尫姨」（*ang i* ＝神がかりすることのできる女性）のもとを訪ねた際、彼女から「あなたの契老爸（＝義理の父）・張アージンは、あなたの遠い遠い父方の親族に当たる人だ」と聞かされた。そのことは、アージンの親友だった実父・張アーロンも知らなかったといい、真相はわからぬが、アーグンはそれを信じるようになった。

2　張アーグンをめぐる親族関係

ここで、張アーグンが自分との関係性を明確に把握することができている親族関係について、彼よりも上の世代を中心とした系譜図（図4―4）を見ながら、整理してみよう。

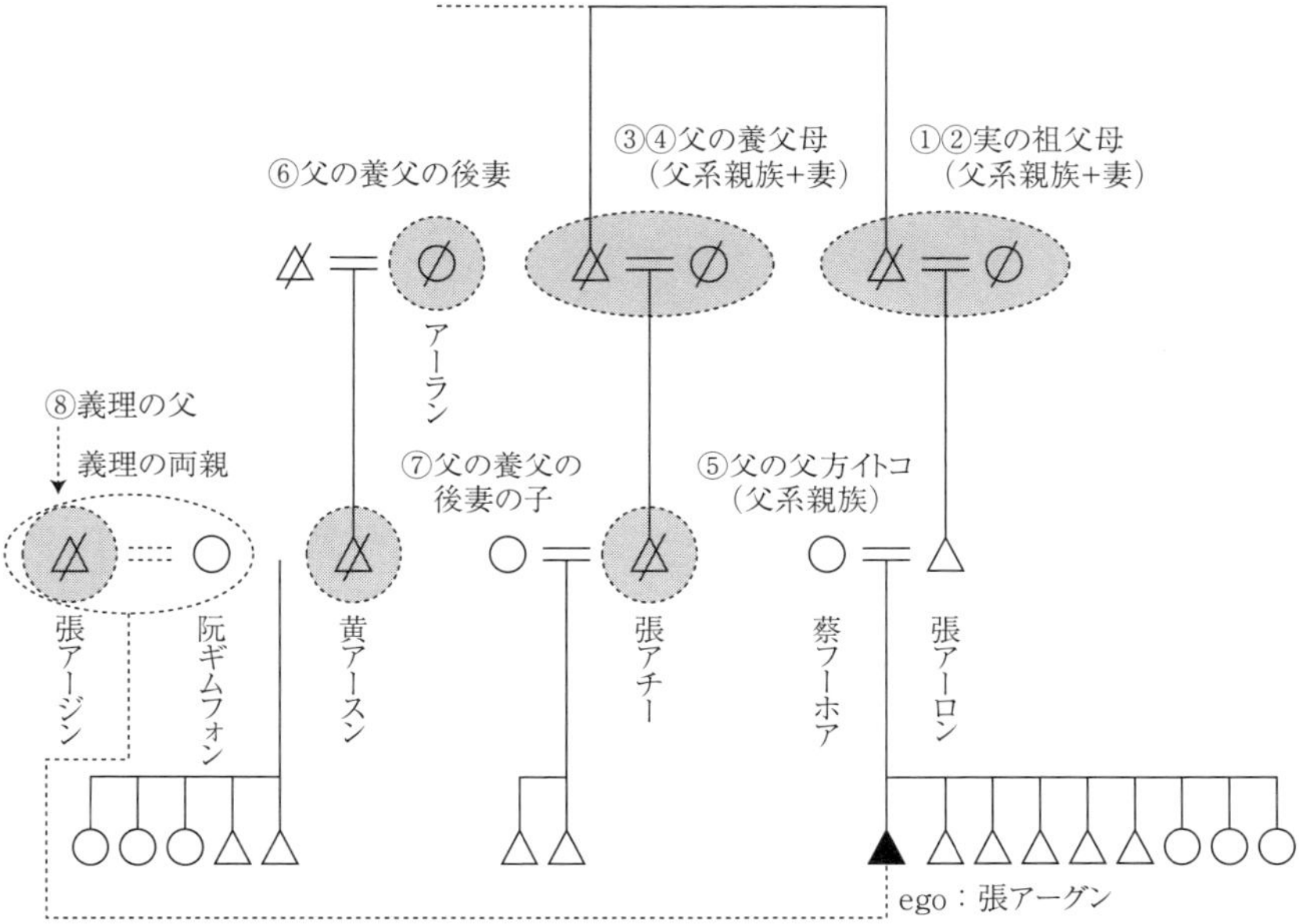

図 4-4　張アーグンの親族関係

①は、父方の「阿公」（*a gong*＝祖父＝FF）、②は、父方の「咉嫣」（*ng ma*＝祖母＝FM）で、どちらも父系親族である。①②ともに、墓所は不明で、位牌・香炉もない。現在は、空き缶で間に合わせの香炉を作り、①②の長男（＝張アーロン）夫妻が暮らす集合住宅に安置している（写真4―11）。

③は、「伯公」（*bEh gong*＝父方の祖父の兄＝FFBe）で、父系親族である。何よりも父・張アーロンの養父で、アーグンが幼い頃も存命だったため、実の阿公（＝FF）のような存在だった。

④は、「伯婆」（*bEh bo*＝父方の祖父の兄嫁＝FFBeW）で、父系親族である。③の最初の妻で、父・アーロンの養母である。

⑤は、「阿叔」（*a zik*＝父の父方イトコ＝FFBS）で、父系親族である。厳密には阿叔（＝父の弟＝FBy）ではないが、父・張アーロンと兄弟同然に育ったため、阿叔と呼んでいる。

③④⑤には、専用の香炉がある（写真4―12）。③⑤は遺影もある。いずれも、⑤の妻が暮らす集合住宅

写真 4-11　空き缶の香炉（死者①②）

写真 4-12　祖公の香炉（死者③④⑤）

写真 4-13　祖公の香炉（死者⑥⑦⑧）

にて安置される。また、③は農村の山腹に墳墓があるが、墓碑はない。墓の場所は把握できている。

⑥は、③「伯公」の二番目の妻で、父・張アーロンの養母でもある。再婚前、⑥は黄姓の前夫と子をもうけたので、厳密には黄姓側の親族である。⑥の前夫の香炉は、三人娘の誰かが所持しているようだが、アーグンは知らない。

⑦は、血縁はないが、父・張アーロンと兄弟同然に育っており、アーグンにとっては阿叔（＝FBy）のような存在。⑦の結婚相手・阮ギムフォンは、アーグンの契老母（＝義理の母）である。

⑧は、阮ギムフォンと婚約中に死亡したが、アーグンにとっては契老爸（＝義理の父）である。どうやら、遠い父系親族に当たるらしいと聞き、アーグンはそれを信じている。

⑥⑦⑧には、それぞれ香炉がある（写真4―13）。⑦は遺影もある。⑥は、農村の山腹に墳墓がある。⑦の遺骨は

龍海市営火葬場の遺骨預かり所に安置され、清明の祭祀は⑦の長男宅にて実施する（写真4―14）。⑧の墳墓の位置は不明である。

こうして見ると、張アーグンにとって、現在までに自らとの関係性を具体的かつ明確に把握できており、位牌（遺影）・香炉・墳墓いずれかの場所がしっかりと記憶された死者は、自分より二代上の者までに限られていることがわかる。

3　張アーグンにとっての祖公

さて、一般的な漢族社会の祖先の条件に照らすなら、張アーグンにとって、祖先とは①②の夫妻、すなわちアーグンの父・張アーロンの実父母だけ、ということになろう。ところが、彼が祖公と見なす死者は、それだけにとどまらないのである。

写真 4-14　自宅における清明の祭祀（死者⑦）

ここで、それぞれの死者と張アーグンの関係性、死者の位牌（遺影）・香炉・墓所の有無と場所、年四回の供祖・清明の爬山へのアーグンの参加状況を示した表4―2を見てみよう。

アーグンは、先に上げた①～⑧すべての死者に対して、供物・銀仔を準備し、供祖に参加している。清明の爬山も、墳墓の場所が不明な死者については祭祀をおこなわないが、場所がわかる③⑥の墳墓は毎年訪れている。遺骨預かり所に骨壺が安置されている⑦については、毎年⑦の長男宅でおこなわれる清明の祭祀に必ず参加している。

とりわけ、アーグンは、契老爸（＝義理の父）で、アーグンの誕生を見届けぬまま婚約中に事故死した⑧張アージンのことを、丁寧に祀っている。「自分しか祀ってあげる者がいない」からで、祭祀の際は、同じ場所に香炉が安置される⑥⑦とは区別し、特別に⑧張アージンのために料理を作り、別の場所で銀仔を燃やしている。

表 4-2　張アーグンに関係する死者と祖先祭祀参加の有無

香炉の場所	死者	張アーグンとの関係	位牌	香炉	墳墓	張アーグンの祭祀参加		
						供祖	供物	清明
張アーロン夫妻の家	①張アーロンの実父	阿公＝父方祖父 FF（血縁関係あり・父系親族）	×	缶で代用	？	○	供物・銀仔	×
	②張アーロンの実母	咉媽＝父方祖母 FM（血縁関係あり・父系親族）	×		？	○		×
張アチーの妻の家	③張アーロンの育ての父	伯公＝祖父の兄 FFBe（血縁関係あり・父系親族）	×	○	○	○	供物・銀仔	○
	④張アーロンの養父の前妻	伯婆＝祖父の兄の妻 FFBeW（血縁関係なし・父系親族）	×	○	？	○		×
	⑤張アチー	阿叔＝父の父方イトコ FFBSy（血縁関係あり・父系親族）	×	○	？	○		×
黄アースンの長男の家	⑥張アーロンの養父の後妻	伯婆＝祖父の兄の妻 FFBeW（血縁関係なし・非父系親族）	×	○	○	○	供物・銀仔	○
	⑦黄アースン	祖父の兄の妻の連れ子 父とともに育った弟 FBy 契老母＝義理の母の夫（血縁関係なし・非父系親族）	×	○	×	○		○※
	⑧張アージン（婚約中に事故死）	契老爸＝義理の父（血縁関係あり？・父系親族？）	×	○	？	○	銀仔	×

※：香炉の安置された長男夫妻の家で

より包括的には、①～⑧の死者は、「自分の近しい存在に当たる上の世代だから」との論理に則る形で、祖公の範疇に組み込まれている。アーグンにとって、広義の祖公の範囲は、言葉だけに表れるのではない。表表4―2からもわかるように、それは、すべての死者の祖先祭祀の場に、供物・銀仔をもって参加するという、アーグンの一連の行為にも表れているのである。

先に確認した、一般的な漢族にとっての祖先のような厳密な祖先の条件からはまったく外れた死者をも、自らの祖公へと取り込む思考のあり方。これは、張アーグンだけに限ったものではない。特徴的なのは、③～⑦の死者の子孫（＝妻・娘を含む）が、皆それぞれ、③～⑦の死者を祖公と見なしているということである。たとえば、供祖の時は、③④夫妻の孫たちも、⑥⑦親子の香炉が安置された家を訪れる。⑦の子孫は黄姓だが、それでも、自分の父や祖父を育ててくれた③（張姓）と前妻④の祭祀には必ず参加している。異姓であっても、生前のさまざまな関係を考慮すれば、祖公に入れてよいと判断しているからである。

もう一つの特徴は、死者と生者の（いささか複雑すぎる）関係性の全体を明確に把握しているのは、張アーグンの世代までに限られているということである。とりわけ、アーグンは同世代のなかで最も年齢が上であり、上の世代に次いで、関係性を最も詳しく理解している。それよりも下の世代では、①〜⑧すべての死者と自分を結びつけて考えることができない者も多い。

4　張アーグンにとっての祖公がもつ特徴

ここで、張アーグンが祖公と見なす死者の特徴について、まとめておくことにしよう。
（1）基本的に、自分よりも上の世代に当たる父系同姓親族とその妻を祖公と見なし、母方の親族は含まない。アーグンの場合、母が幼い頃に農村から買い取られており、母方の親族と没交渉にあるとの特殊な事情も関係していよう。ただし、アーグンの同世代の親族でも、母方の親族を祖公と見なさないとの態度が貫かれているため、これを基本と見て問題ないはずである。これは、一般的な漢族の祖先と同様の原則を示している。
（2）遡ることのできる祖公が、最高でも四世代上までに限られている。死者の全体像を把握するアーグンと同世代から見れば、祖父母・祖父母の兄夫妻など、自分から数えて二世代上の祖公までしかたどることができない。それ以上の祖公については、位牌・墓碑などもなく、その名と自分との具体的な関係性を把握することは不可能である。ただ、アーグンの孫の世代もさまざまな祖先祭祀に参加することを考えれば、最高で四世代上の祖公まで遡ることが可能である。一般的な漢族の場合と比べて、たどることのできる祖公の深度が格段に浅いことがわかる。
（3）どの祖公も、文字に記録されない。いずれも、族譜に記録されることはなく、位牌・墓碑も残されていない。

そのために、世代が下がるにつれて、子孫の多くは祖公の名と自らの関係性を理解することが困難となる。近年は位牌の代わりに遺影が残され、香炉も個々人に一つずつ用意されることから、祖公を祀る装置は以前に比べ強度を増している。だが、族譜・位牌・墓碑の文字記録の不在により、祖公がその名を永続的に記憶されることは、きわめて困難である。祭祀の永続性を担保する記録の欠如もまた、一般的な漢族との大きな差異である。

（4）父系親族の範疇に入らぬ異姓の死者も、祖公に含まれることがあり、他の祖公と同様の祭祀を受けることができる。その条件は、「父と兄弟同然に育った」などという具体的な経験に基づく知識が、子孫に伝わっていることである。つまり、異姓の死者であることは、個々の具体的な関係性がわかっている限りにおいて、祖公の範疇から外される条件にはならないのである。これは、祖先を父系同姓親族に限定するとの一般的な漢族の祖先の条件と著しく異なっている。

（5）同姓ではあるものの、もとより血縁関係があるか否かが疑わしく、子孫を得ることなくして横死した（張アージンのような）死者も、他の祖公と同様の祭祀を受けることができる。ここでも、「自分を義理の子として認めてくれた父である」などという具体的な関係性が、子孫に了解されているとの条件が必要である。一方、条件を満たしている限り、一般的な漢族の死者についての分類では鬼魂の範疇に含まれ、子孫に悪い影響をもたらすはずの死者であっても、祖公として認められる可能性をもっている。

(4)　祖公観が映し出す連家船漁民の暮らし

ここに挙げた、張アーグンが祖公と見なす死者の例は、あくまでも一例に過ぎない。だが、ほかの連家船漁民も、ほとんどの場合、このような一筋縄ではいかない死者たちを祖公と見なす状況が現れており、決してアーグンの例だけが極端に複雑な様相を呈しているというわけではない。以下では、アーグンを例に、それを多くの連家船漁民にとっての祖公観へと敷衍する形で、その特徴と、それを生み出すことになった背景について考えてみることにしよう。

1 連家船漁民の祖公観が見せる特徴

第三章で見たように、連家船漁民の多くは、かつて根拠港のあった農村に村の始祖を祀る家廟をもち、自らを、その始祖を基点に各地に広がる宗族組織の一員として位置づけている。だが、実際には、家廟(・下位レベルの祠堂)に自らと直接つながる死者の位牌が保管されることはない。宗族成員の名が記された族譜にも、自らとつながるすべての死者の名が記されているわけではないない。また、かつて船のなかに安置していたという位牌も、長年の船上生活を経るうちに消失したり、文化大革命で意図的に燃やされたりしており、現在まで伝わることはほとんどない。さらに、死者の遺体・遺骨は農村部の山腹・河の岸部・無人島の荒れ地などに埋められ、そこに死者の名を刻んだ墓碑などが立てられることは稀であった。そのため、墳墓の場所は記憶がつづく限り、下の世代に伝えられはするが、二～三世代を経るとすぐに忘却されてしまうものだった。

そう、連家船漁民にとって、死者を記憶し、祀るためのツールとは、香炉と近年登場するようになった遺影ぐらいなのである(香炉も、死の発生直後から脈々と伝えられてきたとは考えにくく、さまざまな理由で紛失した香炉を、新たに準備したり、空き缶で代用したりしながら、現在の祭祀に用いているに過ぎない)。どちらも、文字記録をともなわない点に特徴がある。陸上定居の実現により、香炉や遺影は頻繁な移動に曝されることはなくなり、紛失する可能性も格段に小さくなっただろう。それでも、香炉・遺影を前にして、子孫は「これは誰それのものである」との知識を口頭で伝え聞き、その名と自らとの関係性とを記憶せねばならないのである。

つまり、族譜の記載・位牌・墓碑といった文字記録、いわば「書かれた文化」をほとんどもたぬ連家船漁民にとって、死者の名を永続的に記憶し、連綿とつづく死者に対して供物・紙銭を提供するための祭祀を継続することは、ほぼ不可能に近いのだ。連家船漁民の場合、墳墓の場所や香炉・遺影の安置場所が、個々の死者と子孫との関係性を示す記憶とともに下の世代へと伝えられていく限りにおいて、死者は祭祀を受けることが可能である。だが、血縁で結ばれた複数の死者を祀ることに特化した祠堂をもたぬ連家船漁民にとって、死者の記憶装置は個々の家庭（それも、かつては船）に分散せざるを得ず、いきおい、その所在は忘却されやすいということになる。死者を記憶するための装置がもつこれらの特徴から、連家船漁民が祖公と見なす死者の世代深度は、浅いものとならざるを得ない。生者から見て、その名や自らとの具体的な関係性を把握できるのは、二～四世代上の死者に限られるという、たどれる祖公の世代深度の圧倒的な浅さが、連家船漁民の祖公観の特徴である。

船上生活の桎梏ともいうべき明らかな特徴の一方、連家船漁民の間にも、一般的な漢族の祖先観と同様の原則が通底している。基本的には、自分よりも上の世代に当たる父系同姓親族とその妻を祖公と見なし、母方の親族は、祖公と見なさないというものである。これは、未婚の女性は父系と目される祖公の祭祀に参加し、既婚の女性は夫方の祖先祭祀に参与することからもわかる。

ここで、この原則を守りながらも、祖先祭祀に対する既婚女性の関与には、もう一つの側面が見られることにも注意を払っておくことにしよう。それは、主に陸上定居によって出現した変化である。というのも、連家船漁民の既婚女性の多くは、夫方の祖公の祭祀に参加する一方、その合間を縫う形で、調理の必要のない供物（菓子・缶詰など）と漆金（＝女性が死者に準備する紙銭）を手に、実家の祖公の香炉が安置された兄や弟の家へと赴くからである。かつて、船上生活をしていた頃、角頭や漁船幇を超えて婚出する女性（ほとんどがそうであった）は、祖先祭祀がおこなわれる特定の一日の間に、嫁ぎ先の根拠港から実家の船が停泊する根拠港へ赴き、実家側の祖公の祭祀に参与することは相当の困難をともなったはずである。つまり、既婚女性が実家の祖公を祀ることを可能とした背景には、集団化とていることが関係し陸上定居の末、さまざまな漁船幇に属する連家船漁民がSm漁業社区（を中心とする）一所に家屋を得たことが関係しているといえよう。

（最後の既婚女性の例を除けば）先に挙げた、遡ることのできる祖公の世代深度が二〜四世代上までに限られ、祠堂ではなく、個々の墳墓や各家庭において祖先祭祀がおこなわれること、一方で自分よりも世代が上の父系同姓親族とその妻を祖公と見なすとの原則が貫かれていることに代表される連家船漁民の祖公観の特徴とは、基本的には、中国各地の水上居民についての報告から導かれる祖先観ときわめて似通ったものである。だが、（多くの研究者がそうであるように）これらの特徴をすべて、「水上居民は宗族組織を発達させられぬ人々である」との結論に帰結させてしまうとするならば、その論理は地域社会の社会的・文化的マジョリティたる（陸上の）巨大宗族組織の人々に支配的なある種のイデオロギーによる、きわめて表面的な理解へと傾いてしまうことになるだろう。

ここではじめて、「だから、連家船漁民の社会には宗族組織が未発達なのだ」などという短絡的な結論から離れて、これらの祖公観をもつ連家船漁民が、実際の祖先祭祀において、いかなる死者をいかなる理由で祖公と見なしているのか、との具体的かつ微細な事例に注目することの意味が浮かび上がるのである。

2　一般的な漢族の祖先観と連家船漁民の祖公観を隔てる差異

もう一度、複雑で難解にも見える連家船漁民の祖公観について、その具体的な内容に目を向けてみることにしよう。連家船漁民は、異姓で本来は父系親族の範疇には入らず、自らと血縁関係のない死者までも、祖公と見なすことがある。また、「正常な」死を遂げられなかった死者（子孫を残さず死去、事故死など）、つまり一般的な解釈では鬼魂の範疇に含まれ、子孫に悪影響を及ぼすはずの死者さえもが、連家船漁民の間では祖公として認められる可能性をもつ。どちらも、ほかの祖公と同様の形で、子孫による祭祀を受ける資格を有している。

だが、すべての死者が祖公と認められ得るわけではない。そこには、一定の条件が存するからである。条件とは、すなわち、「連れ子だった父を、自分の子同然に育ててくれた恩人」だとか、「父と兄弟同然に育った人」だとか、「生前に自分を義理の息子と認めてくれた人」といった個々の死者に関する知識が、具体的な経験をともなって子孫の側に伝わることである。つまり、日常生活のなかで築かれた個別かつ具体的な関係性が下の世代へと伝えられる限りにおいて、一見すれば子孫にとって危険な存在であるかに思われる死者でさえも、祖公と見なされ、ほかの祖公と同様に子孫から食事や紙銭の提供を受ける資格を有するのである。

父系同姓親族の範疇外の死者や、異常死を遂げた死者をも祖公のなかに取り込んでゆく可能性をもつことは、連家船漁民の祖公観を農民・市街地住民（あるいは、一般的な漢族）の祖先観から隔てる大きな特徴でもある。

さて、先に見た連家船漁民の祖公観の特徴、すなわち、遡る祖公の世代深度が圧倒的に浅く、そのために祖公は子孫によって永続的に記憶され、祭祀を受けつづけることが不可能だとの特徴は、一応のところ、族譜・位牌・墓碑をはじめとする文字記録をもたぬという連家船漁民の事情に起因すると考えることができた。しかし、今見たばかりの第二の特徴、つまり、通常であれば祖先と認められぬ範疇・状況の死者までもが祖公と認められる可能性をもつとの特徴に注目する時、私たちは発送の逆転を迫られることに気づくだろう。

そう、まず、本節冒頭で一般的な漢族にとっての祖先を確認した際に見たような、死者が祖先でありつづけるために必要な一一にも及ぶ厳格な条件を満たすことができないのは、彼らが文字記録をもたないためであるとの考えから、一旦離れるべきなのだ。そうではなくて、死者を祖先とするために必要な多くの厳格な条件は、族譜・位牌・墓碑に代表される文字記録の存在を前提としてはじめて成立するということに目を向ける必要がある。あるいは、名や子孫との関係性といった死者に関わる知識を明確に示し、その知識を固定された状態で後代まで残すことを可能にする文字記録が存在するというそのことが、厳格な条件を満たす死者だけを祖先の範疇に入れてゆくという仕組みを成り立たせているといってもよい。単なる言葉遊びのように聞こえるかもしれないが、この二つの見方を区別しておくことは、きわめて重要である。

なぜなら、それは、連家船漁民のように死者に関する文字記録をほとんど欠いた社会と、反対に、それらの文字記録を受け継いできた一般的な漢族社会とを比較する時、その結果として現れる差異を、どちらの側に立って考えるのかという、研究者の認識の立場を問うことにほかならないからである。前者の見方に立って、一般的な漢族社会についての研究から導き出されてきた祖先観の形を「本来あるべきもの」、「正しいもの」と捉えるならば、連家船漁民の祖公観に見られるいくつもの特徴は、彼らが文字記録を欠くことによって、死者が本来もつべき条件を満たすことができず、そのために正しい祖先のあり方へと接近できなかった結果として現れる、いわば多くの欠陥をもった特徴の束にしか映らないだろう。

反対に、後者の視点に立って、連家船漁民の祖公観を相対的に不完全なものと見なす立場から距離を置く時、そこには、族譜・位牌・墓碑などの死者に関する文字記録に頼ることなく、彼らなりの論理によって、多様な死者のなかから、自らの祖公となる死者を選び出そうとする連家船漁民の姿を認めることができるはずである。彼らなりの論理とは、たった二～四世代上までしか遡ることができぬ死者でも、素性がわかり、香炉・遺影・墳墓の場所がわかる限りにおいて、祖公として祭祀をつづけてゆこうとする態度、あるいは、たとえ父系親族の範疇に入らぬ者、異常死を遂げた者であっても、個々の死者に関する知識が、具体的な経験に基づく形で子孫に伝えられているとの条件のもとに、祖公として受け容れようとする態度である。

こうして見ると、一般の漢族社会における祖先観が、文字記録によってしか担保されぬようなきわめて厳格な条件のもとにさまざまな死者を排除することで、祖先の範疇を限定してゆく性格をもつのに対し、連家船漁民の祖公観のほうは、さほど厳格な条件を設定しておらず、親族の系譜上のつながりを重視しながらも、緩やかな条件によってさまざまな死者を祖公として包摂してゆく性格をもつことがわかるだろう。連家船漁民の祖公観を一般的な漢族がもつ祖先観の「亜流」、あるいは「あるべき正しい姿を達成できなかった結果」と見なすことから離れ、そこには彼らなりの論理があるのだと考えるならば、両者の根底には、本来的に異なった性格をもつ論理が働いているものと見ることができるはずである。おそらく、そもそも、連家船漁民にとって、祖先になるための厳格すぎる条件など、さほど意味をもたないのだ。

したがって、しつこいようだが、両者の祖先観・祖公観にある差異は、「連家船漁民の社会には宗族組織が発達していないためだ」とか、「連家船漁民が族譜・位牌・墓碑などの文字記録を欠いているためだ」といった、一見もっともらしく思われる事象のみに帰結させて考えるべきものではない。むしろ、そこに、連家船漁民は、死者の属性を後代まで固定化させる媒体としての文字記録を欠き、文字記録の束縛から自由であることによって、多様な死者を祖公に取り込むことが可能となっているのだとの積極的な意味を見出すことのほうが、自然であるとさえいえる。

3　祖公観が映し出す連家船漁民の暮らし

一般的な漢族の祖先観と、連家船漁民の祖公観の差異が、宗族組織の発達の有無や文字記録の有無に起因するものとして単純化できないとするならば、両者の間に存在する論理の差異を、どのようなものとして理解すればよいだろうか。私たちは改めて、連家船漁民が長きにわたって経験してきた船上での日常生活へと立ち返ってみる必要があるだろう。

第一章で確認したように、連家船漁民にとって、小さな船とは、生産・生活の一切をおこなう場であった。ただ、魚を捕ればいいというわけではない。捕れた魚を茹でて天日に干す、破れた網を繕う、網に錘をつける、延縄の針を研ぐ、芋や豚の血で糸を染め、網を編む。竈に薪をくべて家族の食事を作る、河の水を汲み洗濯板で衣服を洗う、厓公を祀る、祖公を拝む。五～六人の子を生み育てる、年寄りを介護する。陸に上がって魚を売る、水・食糧を調達する、無人島で薪を採る。その間、移動のために櫂や帆を人力で操りつづける……。挙げたらきりがないほどの事柄を、船でこなすのだ（彼らにとって、船と生きる場なのだから）。狭隘な船の上で多くの作業をこなすためには、家族内での緊密な助け合いを必要とした。

だが、その家族が、よく命を落とすのだ。船での生活は、かつてきわめて貧窮していた。病気に罹患しても陸上の病院へ行く経済的余裕がない、病院へ行くことができても提供される医療技術が高度ではないなどの理由から、若くして病死する連家船漁民は多かった。とりわけ、赤痢・コレラなどの急性伝染病が流行すると、陸上に家屋を有する農民・市街地住民であれば、病人を別の棟（・部屋）に隔離することもできようが、狭隘な木造船に多くの家族で住まう連家船漁民の場合、数の少ない船艙にひしめき合って寝ることしかできず、感染は瞬く間に広がったという。こんな話さえ伝わっている。「流行りの伝染病（＝詳細は不明）で病死した妻の亡骸を納めるために、夫は人から借金をして棺柴を買った。すると、半日も経たずして今度は息子が同じ病で命を落とした。金がないので放置されていた廃船から板をはがして箱をこしらえ、そこに息子の遺体を納めた。翌日、ついに娘まで亡くなった。金も材も尽き、娘の遺体は使い古した蓆でぐるっと巻いて、岸部に埋めるほかなかった」と［張亜清　一九九八：一〇六―一〇七］。このほか、夏場に頻発する食中毒も、連家船漁民にとっては落命の危険に直結していた(8)。

台風もまた、連家船漁民にとっては脅威の存在であった。彼らは天気を読む術をもっていたというが、それでも気象予報を受けるための通信手段がなければ、台風や嵐を避けることは難しかった。ひとたびそれらに遭遇すれば、船は転覆し、大量の溺死者を出すということもあったのだ。事実、一九五九年八月二三日に九龍江河口一帯を襲った巨大な台風は、実に一三二人の連家船漁民を溺死させ、漁船三一七艘を転覆・破損させる破壊力をもち［張石成　二〇〇九a：一一五］、その甚大な被害が定住用根拠地の割譲と集合住宅の建設という事態を導いたことは、現在でも人々の記憶に新しい。

それればかりではない。船に住まうというそのことが、連家船漁民の命を危険に曝していたともいえる。漁の途中で、船から陸に渡した細い歩み板を上り下りする時に、あるいは、洗濯の水を汲もうと船から身を乗り出して、子どもが船ではしゃぎまわるうちに足を滑らせて……。日常のさまざまな動作が、落水・溺死の危険を孕んでいた(9)（想像しにくいことだが、連家船漁民の多く、とりわけ女性は、泳ぎの技術を身につけていない）。

本節で見てきた張アーグンにとっての祖公の例でも、若いうちに病死・事故死を遂げる者が多く、天寿を全うできた人は、幾人にも満たぬことがわかるだろう。なかでも、働き手となる夫婦のうちどちらかが亡くなれば、残された一人で多数の子どもを育てながら船上のさまざまな作業をこなすのは、きわめて困難であった（櫂を小刻みに漕いで船の安定を保ちながら、網を打つことだけを想像してみても、その難しさは一目瞭然である）。だからこそ、漁船帮内あるいは漁船帮間の伝手《つて》をたどって、同じように伴侶を失って生産・生活が立ちゆかない者を紹介してもらい、それぞれが子を連れて再婚し、新たに夫婦で生活を切り盛りすることが多かったのだ。連家船漁民のなかには、新たに子をもうけることなど考えず、ある程度体力のあるうちであれば、一人で暮らすよりも誰かと助け合い、漁をしながら生活するほうがよいといって、高齢同士で再婚することも珍しくなかったという。こうして、子連れ同士の再婚、高齢者同士の再婚が一度、あるいは複数回くり返されることによって出現するのが、実に複雑な親族関係である。これも、連家船漁民の人間関係を捉える上で、よく際立つ特徴である。

結果として、たとえば、養父・養母が亡くなった場合、血縁でつながるか否か、父系同姓親族か否かといった指標を考慮しながらも、それらの指標では祖公の範疇から抜け落ちてしまう死者に対しては、生前に自分との間にあった親子関係など、日常生活のなかで築かれた、より具体的な関係性のほうを重視することで、祖公の範疇に組み込んでゆくとの態度が生まれるのも、理解に難くはない。

先に見たように、病気・災害・事故で未婚のまま、あるいは子孫を残さぬまま夭折するなど、いわゆる「正常な死」を遂げられない死者の圧倒的な多さも、連家船漁民社会を際立たせる大きな特徴である。このような社会では、異常死を遂げるよりほかなかった死者が鬼魂へと変化（＝零落）する事態を防ぐために、義理の親子のような日常生活で築かれるさまざまなネットワークを駆使して、死者と血縁でつながることのない者を、その子孫とする仕組みができてきたと考えられる。

張アーグンのいう「父を養ってくれた恩人だから祖公」、「自分の義理の親になってくれた人だから祖公」、さらには「皆、自分にとっては近しい存在の上の世代だから祖公」という言葉は、ここまで見たような連家船漁民の状況をよく表している。さほど厳格な条件が設定されず、父系同姓親族の範疇を重視しながらも、一方では緩やかな条件によってさまざまな死者を祖公として包摂することが可能であるという連家船漁民の祖公観。（九龍江河口一帯の農民・市街地住民を含む）一般的な漢族の祖先観と比較した時に姿を現す、この特徴は、連家船漁民がこれまでに紡いできた、船に住まうという経験が、見事に反映されているのである。

第五節　まとめ――連家船漁民の眼に映る陸上の人々との差異

(1)　陸上の人々が見せる行動様式への同化と差異の持続

一九六〇年代以降、生活（と一部の生産）の拠点を水上から陸上へと移してきた連家船漁民。彼らは、家屋の獲得を機に、船のなかでは必要のなかった土地公・地基主といった土地・家屋に関わる神明を祀りはじめた。教育を受ける機会に恵まれなかった子どもたちも、大多数が幼稚園や小中学校へと通うようになった。近隣の工場で働いたり、病院や市街地の裕福な家庭で清掃をしたり、三輪車で客載せをしたりと、船から離れ、労働の場を陸上へと移す連家船漁民も現れている。一生を船で過ごすという生活の形態は、ほとんど過去のものとなり、船での移動を基礎とすることで、連家船漁民と陸上の農民・市街地住民の間に生じていた数々の文化的差異は、その姿を消したかにも見える。

これらの重要な変化にともない、連家船漁民の間でおこなわれてきた葬送儀礼に、いかなる変更が出現したのかを検討したのが、第三節である。可視的な変化とは、葬送儀礼が催される空間が水上の船から、陸上の家屋・定住用根拠地内の道路へ移動したことである。死者の遺体が死後すぐ自宅に安置され、身支度を整えられた後、社区内の道路にある霊堂へと運ばれて超度の儀礼を受け、三日目には葬列により棺柴が社区外に運び出されるという一連の流れは、近隣の社区や農村で見られるものときわめて似通っている。さらに、火葬の受容により、葬儀専門職の土工仔がほとんど登場しなくなり、代わって棺柴を火葬場へ運び、火葬に付す役割を担う火葬場職員が新たな要素として加わるようになっている。この変化は、農村・市街地住民も同様に経験したことであった。

第四節の祖先祭祀でも、大きな変化が出現していた。家屋の獲得により、香炉・遺影が頻繁な移動に曝されることがなくなり、極端な分散という事態も生じにくくなっており、どの死者がどこで祀られるかを下の世代に明確な形で伝えることができる状況が生まれている。また、死者を記念するツールとして、生前の死者を写した遺影が登場している[10]。遺影は死者の名や死亡年月日を記憶する装置としては機能しにくいものの、死者個人の存在を記念し、記憶するために重要な役割を果たすようになるはずである。族譜・位牌・墓碑に代表される文字記録を欠くことで、死者の名や属性の永続的な記憶不可能との連家船漁民社会の特徴も、遺影という新たなツールの登場で、今後は克服されてゆく可能性を秘めている。

このように、水上から陸上への移動のみならず、国家レベルで展開される葬儀改革や、改革開放政策後の現金収入の増加などの影響を受けながら、連家船漁民の間でおこなわれる一連の葬送儀礼や祖先祭祀を支える要素には、さまざまな変化が現れている。一見すると、連家船漁民の行動様式は、この地域の農民や市街地の人々のそれへと限りなく接近しつつあるようにも思われる。だが、果たして、このことを根拠に、ウォードや可児が一九六〇年代という早い時期に、香港の水上居民について想定していたこと、すなわち、「水上生活をやめて陸上へと生活や生業の場を移せば、そこで陸上の人々と同じ生活様式や行動様式をとることもできる。水上居民たちは、次第に水上居民らしさを失い、陸上の人々と同化していくことになるだろう」[Ward 1985 (2006) : 254-255、可児　一九七〇：一六四―一七五]という事態が、連家船漁民にも当てはまるものと捉えることはできるだろうか。

ここで私たちは、同じ事例のなかから、まったく逆の様相を導き出すのも可能であることに気づくだろう。そう、葬送儀礼や祖先祭祀に関わる事柄について、連家船漁民と周囲の農民や市街地住民との間には、依然として大きな差異が存在しているのも事実なのだから。

それは、葬送儀礼に関していえば、遺体への積極的な関与という面に端的に表れている。連家船漁民は、農民や市街地住民が遺体に直接触れる行為(＝下着・衣服の交換、納棺、棺柴の運搬)を葬儀専門職の土工仔に依頼することを知っており、そこに死という出来事や死者の遺体から発せられる癩痬・無清気の状態からの忌避という観念が強く働いていることを理解している。連家船漁民もまた、一連の葬送儀礼では、癩痬・無清気の状態から自らの身を守る行為を、注意深くくり返す。だが、一方で、連家船漁民は近しい家族・親族の死に際して、遺体に直接触れる行為をできるだけ自分たちの手でおこなおうとし、死者を社区外に運ぶ時の葬列には、顔見知りの者は(実際、ほとんどが顔見知りなのだが)誰でも、可能な限り参加すべきだというのである。さらに、水上で身元不明の水死体・人骨を発見すれば、それを進んですくい上げ、埋葬するとの態度を、現在まで貫いている。

祖先祭祀については、紛失したら新たに準備することをくり返し、現在まで伝えられる香炉と、比較的高頻度でその所在が忘却されてゆく墳墓、ごく最近になって登場した遺影を除けば、農民・市街地住民が保持している死者個人を記念するツール（＝族譜の記載・位牌・墓碑）が連家船漁民に伝えられることはほぼ皆無である。それらにより、遡れる祖公が二～四世代上に限られるという世代深度の圧倒的な浅さと、父系同姓親族に含まれぬ死者や異常死を遂げた死者をも祖公として認めることができる祖公観のあり方が、依然として連家船漁民を陸上の人々から隔てる特徴でありつづけている。

(2)　陸上の人々への同化を希求しない連家船漁民の姿

連家船漁民は、九龍江河口という地域社会にあって、生業・生活形態や行動様式、身体的特徴といったものが見せる異質さを理由に、しばしば差別的な眼差しを向けられながら、社会的・文化的マイノリティとして社会の周縁に位置づけられてきた。多くの報告が示す広東社会の例とは異なり、九龍江河口では、農民・市街地住民との間にある文化的・民俗的差異は、必ずしも「非中国的」・「非漢族的」なものと直結しているわけではなく、より緩やかな形で「異質」なものとして想像されることが多い。だが、いずれにせよ、連家船漁民と陸上の人々の間に、常に大きな隔たりが存在し、そのなかで前者のほうが文化的他者と見なされてきたことには変わりない。

生活の拠点を陸上へと移した後の、きわめて現在的文脈のなかで、連家船漁民は表面的には陸上の人々と同化することに成功しているように見えるにもかかわらず、その一方で、一連の葬送儀礼に現れる行為やそれに関わる観念、あるいは誰を祖公と見なすかといった祖公観の内容からは、連家船漁民と農民・市街地住民の間に、依然として大きな差異が存在することが明白であるとの事実。この事実を、私たちはいかに捉えるべきだろうか。本章では、それらの差異について、可能な限り、連家船漁民の側に寄り添い、理解することを試みている。

第三節では、死者の遺体に触れる行為のほとんどを葬儀専門職に任せようとし、それが「孝＝親孝行」と考える農民・市街地の人々と、それらの行為をすべて死者の家族・親族の手で担うことこそが自分たちにとっての孝だと考える連家船漁民の間にある、大きな隔たりについて検討した。注目したのは、死者の遺体との積極的な関わり方を根拠としながら、自分たちの方法のほうが農民たちのそれよりも優れているのだと自負する連家船漁民の態度である。ここからは、自分たちと陸上に住まう人々との間に依然として横たわる民俗事象の差異と、何を孝と見なすのかという考え方の差異を冷静に見つめながら、「自らは農民とは異なるものの、その差異は一方的に陸上の人々から蔑視され得るようなものなどではないのだ」と主張する連家船漁民の姿が浮き彫りになる。

つづく第四節では、連家船漁民の間に見られる祖公観の二つの大きな特徴を取り上げ、数多く存在するはずの自分に関わる死者のなかから、族譜・位牌・墓碑などの文字記録がなければ担保され得ぬような厳格な条件を満たす死者だけを選別することで、祖先を限定する一般的な漢族の祖先観など、そもそも連家船漁民にとって、大きな意味をもたないことを確認した。それよりも、連家船漁民にとっては、日常生活で築かれた個々の人間関係を基礎に、緩やかな条件によって、さまざまな死者を包摂する形で祖公とは誰かを決定することのほうがよほど重要なことは明らかであり、この祖公観には、陸上での暮らしとはまったく異なるような、死の危険と隣り合わせの船上での生活そのものが反映されていることが了解されるのである。

葬送儀礼について、自らのやり方のほうが農民・市街地住民のものよりも優れていると主張し、陸上の人々とは少しばかり異なる論理によって祖公とは誰かを決める態度を崩そうとしない連家船漁民の姿から、私たちは何を読み取ることができるだろうか。それは、自らの存在や自らの慣習が、農民・市街地住民をはじめとする他者からは、常に奇異の眼、あるいは侮辱のまなざしで見られていることを身に染みて感じる一方で、連家船漁民自身は、それらの慣習を「異質なもの」、「奇怪なもの」と捉えようとする（研究者をも含む）社会的・文化的マジョリティのまなざしに、完全に屈しているわけではないという、重要な事実である。

連家船漁民のようなマイノリティが発する声というのは、地域社会で注目を浴びることはほとんどなく、それが地域社会で支配的な秩序を揺るがすような大きな力となることもない。しかし、彼らの小さな声のなかに、マジョリティからの差別的な位置づけに対抗してゆこうとする態度の一端を見つめようとすることは、大きな意味をもつだろう。そこには、マジョリティである陸上の人々の行動様式を模倣し、そうした人々の内側に同化したいと願いながら、数々の要因によって同化することが叶わない状態にあることに甘んじている連家船漁民の姿など、微塵も認めることはできないからである。

本章の事例から浮かび上がるのは、ウォードが分類するところの「内部観察者モデル」によって、陸上の人々と自らの間にあるさまざまな行動様式の差異を冷静に見つめながら、陸上の人々の側へ一方的に接近しようと試みるのではなく、逆に、自分たちなりの方法や論理によって、死者の遺体を処理し、祖先祭祀をつづけてゆこうとする連家船漁民の態度にほかならないのである。

(3)「連家船漁民＝弱きマイノリティ」という仮定からの訣別へ

連家船漁民が、地域社会の社会的・文化的マジョリティたる陸上の人々の内側の一方的な同化を目指しているわけではないかもしれないとの事態を真摯に見つめようとする時、それは、これまで広東社会の水上居民研究に横たわる、あまりにも自明視された一つの見方からの訣別を意味することになるだろう。その見方とは、「水上居民＝船に住まうという特殊な生業・生活形態により、中国人（漢族）であれば当然目指すべき正しい行動様式から外れた亜流のやり方で、さまざまな行為をおこなうしかない人々」との水上居民像に裏づけられたものである。

たとえば、水上居民と彼らを取り巻く他者の間には多くの文化的差異があるにもかかわらず、どちらも「自分は中国人である」と主張することが可能であることの理由を、水上居民の側から見つめようとしたウォードの研究を考えてみよう。彼女にとって、正しい行動様式とは、真の中国人であればこうするであろうと人々が考えるところの理想モデル、すなわち、漠然とした形で想像される伝統的な文人の行動様式として設定される［Ward　1985（2006）］。これに対して、本来さまざまな生業形態をもつはずの水辺の人々が、いかなる指標によって水上居民という集団に一括されてゆくのかを検討する長沼の研究はどうだろう。彼女にとって、正しい行動様式とは、当該地域の漢族社会で支配的な地位を占める人々、すなわち、宗族組織に属する陸上人によっておこなわれること、たとえば、族譜・位牌・墓碑などの文字記録に記載された祖先を、祠堂において宗族成員共同で祀るといったこととして想定される［長沼　二〇一〇a］。

中国社会には、真の中国人あるいは一般的な漢族であれば、当然目指すべき正統な行動様式が何がしかの形で存在すると仮定しながら、「水上居民のようなマイノリティは、正統な行動様式に接近することはできずとも、それに接近したいと希求することによって、自らを中国人・漢族の内側に位置づけることができている」と論じるウォードの研究。反対に、「水上居民のようなマイノリティは、正統な行動様式に接近したいと願いながらも、さまざまな理由でそれに接近することが叶わず、そのことによって、常にマジョリティの側から、非中国人・非漢族として位置づけられている」と論じる長沼の研究。両者の論が表裏一体の関係にあることは、もはや明らかである。

当然ながら、水上居民のような社会的・文化的マイノリティに注目する時、マイノリティの側はしばしば、目につきやすいさまざまな文化的・民俗的事象の差異を根拠に、マジョリティの側から「正統な行動様式へと近づくことができぬ不完全な人々」として、一方的に社会の周縁へと位置づけられる可能性をもつことを肝に銘じておくこと自体は、きわめて重要である。さらに、そのなかで、いかなる文化的差異が水上居民をマイノリティへと貶める際の指標とされているのかを見極めることもまた、きわめて有効なことである。それは、ウォードが明確に指摘するように、マイノリティの側も、マジョリティから発せられる、時に差別的な性格を帯びたまなざしを、敏感に感じ取っているからである。

しかし、思考をそこで止めてしまうのならば、それは単に、マジョリティの側の論理を明らかにしたに過ぎないことになる。ここで私たちの目の前に現れるのは、二つの大きな分かれ道である。一つは、研究者の側も、そうした地域社会に支配的なマジョリティから発せられる論理のなかに身を置きながら、水上居民の社会を理解しようとする態度である。この場合、水上居民をマジョリティであるところの陸上の人々から隔てるような文化的差異というのは、すべて、本来あるべき正統な形から外れた欠陥だらけのものとして想像されることになる。もう一つの残された道は、次のようなものである。それはすなわち、少しでも油断すれば、地域社会に支配的なマジョリティから発せられる論理のなかに、研究者自身が取り込まれてしまいそうになることを自覚し、そこから必死で離れようともがきながら、水上居民の側に寄り添うことで、その社会を理解しようとする態度である。この場合、水上居民の社会を特徴づけるような文化的要素というのは、マジョリティである人々とはまったく別のところにある、水上居民たちなりの価値観を映し出すものとして想像されることになる。

ウォードや長沼の論は、一見すれば、水上居民の社会をその内側から捉えようとする後者の態度から導き出されたものであるかに思われる。しかし、その実、両者ともに、「水上居民は、中国社会あるいは地域社会において正統と見なされる行動様式へと接近したがっている」、より単純化するならば、「水上居民は、真の中国人・真の漢族になりたがっている」ということを、あまりに無自覚なまま、前提としているように見える。つまり、ウォードも長沼も、マジョリティである陸上の漢族によって、水上居民が社会の周縁に位置づけられているということを強調するあまり、もしかしたら、マイノリティである水上居民の社会には、そうしたマジョリティが規定する価値観に縛られぬような、水上居民なりの論理によって成り立つ文化的・民俗的事象が存在するかもしれないという可能性については、まったく考慮しようとしていないのである。こうして見ると、二人の論というのは、実際のところ、地域社会のマジョリティから発せられる論理という高みに立ちながら、水上居民の社会を見下ろすことによって構築されたものに過ぎないことがわかるだろう。

本章では、連家船漁民の間でおこなわれる一連の葬送儀礼や祖公観について取り上げながら、自分たちの葬送儀礼のやり方のほうが農民たちのそれよりも優れていると主張する女性の声に耳を傾け、一般的な漢族であれば鬼魂の範疇に入るような死者ですらも、自分の祖公として受け容れてゆこうとする男性の姿に目を向けている。それらは、あまりに小さな声、取るに足らぬ実践に過ぎず、地域社会のなかで取り立てて注目を浴びるようなものでもなければ、地域社会の支配的な秩序を揺るがす力をもつようなものでもない。しかし、そこには、農民や市街地住民によって形作られるような支配的な論理から一歩も二歩も距離を置きながら、自分たちなりの方法や論理によって、死者の遺体を処理し、祖先祭祀をつづけてゆこうとする連家船漁民の態度を見出すことができる。そして、彼らのそうした姿に注目することこそが、研究者である私たちに、「社会的・文化的マジョリティである陸上の人々の前では、連家船漁民というのは常に一方的に社会の周縁へと位置づけられる、弱きマイノリティでありつづけるほかない」という得体の知れない、それでいて、とてももっともらしい仮定から離れる契機を与えてくれるものにほかならないのである。

註

（1）死んだ虫を子どもが触ろうとして、母親が「汚いからやめなさい」と叱る際など、日常的に用いられることが多い癩疴に対し、無清気のほうは、日常のなかではあまり用いられることがないといった差異が、両者には認められる。

（2）福建省南部において、猫はほかの動物と異なり、特別な力をもつものと考えられている。そのため、家で飼っていた猫が死亡したり、外で猫の死体を見つけたりした時には、犬などとは異なる処理の方法を採る。連家船漁民の間でも、「犬の死体は水に流せ、猫の死体は樹に吊るせ」という言葉が聞かれる。この言葉のとおり、人々は、尫公を拝む際に用いられる寿金（＝紙銭）と猫の死体とを袋に入れて、それを樹の枝に吊るすことがある。これに対して、船や自宅で飼っていた犬が死亡した時には、その死体は河辺などへもって行き、流してしまえばよいとされる。

（3）死という事態に接触することによって身体についた癲疴あるいは無清気の状態は、必ず落とし、より清気の状態へと戻さねばならないということは、子どもたちの間でも理解されている。Sm漁業社区へ行くようになったばかりの頃、私は社区内の老人活動センター（＝通称「老人宮 *lao lang giong*」）の三階にある部屋を借り、寝泊まりしていた。ある日、小学校三年生で学校へ通うのをやめ、それ以来両親と弟の四人で小さな船に乗り漁の手伝いをしている、ホィイエンという一六歳の女の子と、私の部屋でおしゃべりをしていた。

するど、チャルメラや小さなシンバルを奏でるけたたましい音が、次第に私たちの部屋のほうへと近づいてきた。「葬列だ！」といって、私はカメラを片手に階段の踊り場へと急ぎ、窓から下の道を眺めた。黄色い服をまとった僧侶と楽隊の後に、白く分厚い布で作られた服とズボン、帽子を被った死者の親戚たちがぞろぞろとつづいている。なかには、知った顔もある。咎められぬよう、私は葬列に上からカメラを向けた。白い帽子の表面を覆っているベージュ色のものは何だろう？　葬列を組む順番は、どうなっているのか？　葬列の前寄りの人たちが撒いている黄色の紙は何だろうか？　疑問が次から次へと湧き上がる。いつか、こんなことを連家船漁民の誰かに尋ねてみたいという思いを秘めながら、私はやがて葬列が角を曲がって見えなくなるまで、その姿を写真に収めつづけていた。

興奮冷めやらぬまま部屋へ戻ると、ホィイエンが私にこう告げた。「美代子、今日は顔も髪の毛も、ちゃんと洗うんだよ」と。老人宮の三階は、近隣の鎮や少し離れた別の市からこの漁村にある海鮮レストランへ来て、コックやウェイトレスをしている若い男女数人と私が、全部で四つある部屋にそれぞれ暮らす、いわば雑居ビルのような様相を呈していた。水を自分で流す仕組みのトイレは皆で共同。私たちはトイレの一角にある水道から冷水を出し、それを盥に溜めて身体や髪を洗うしかなかった。こうしたわけで、夏の暑い日でもなければ、髪は二〜三日に一回ほどしか洗いたくないというのが正直なところだった。

「なんで?」と尋ねる私に、ホィイエンは「死んだ人を見たり、葬式に出たりしたら、顔と髪を洗わないといけないんだ」と言う。訝しがる私に、「だって、葬式に出たら、みんな汚いでしょう」と畳みかける。ホィイエンは、このことを自分の母親から言い聞かされていて、自分も祖父や親戚の死を看取ったり、葬儀に参加したりした際には、毎回夜になると家で顔と髪の毛を丁寧に洗い、この汚いものを洗い流すのだという。この時、私とホィイエンは葬列に参加したわけではなかったが、葬列を見かけたのだから、やはり汚いものがついたにちがいない、ということのようだった。

友だちが言うなら仕方がないと、私もこの日ばかりは使い勝手の悪い洗い場で洗髪したように記憶しているが、とにもかくにも、このホィイエンの言葉は、この地で育ったわけではない一調査者としての私の頭に、深く刻まれることになった。

（4）糯米に黒糖を混ぜて作られた餅の一種。

（5）料理は、魚介や肉、野菜を使ったものが用意され、用いる食材に決まりはない。ただし、冬節になると、陽間、すなわち人間の世界でも一般的に食べられる「圓仔」（*iN a* ＝標準中国語では、湯圓。黒糖で煮詰めた米粉の餅）が準備されるなど、同じ供祖でも、それぞれの季節に合わせた料理が作られることもある。

（6）ここで、わざわざ「実質上の結婚生活」をはじめたというのは、父親の生い立ちについて説明してくれた張アーグンが、この点を強調して語っていたためである。というのも、張アーグンによれば、連家船漁民が結婚する際には、経済的な余裕がなくて婚礼などを挙げることができずとも、新郎・新婦がともにどちらかの船に置かれた天公（＝玉皇上帝）の香炉の前で「私たちは今から夫婦になります」という類の報告をすることは最低限おこなうべきなのだという。しかし、彼の父母は幼い頃から同じ船で育っており、いわば馴れ合いとでもいうべき関係にあったので、天公に報告をすることもなく、床をともにして夫婦生活に入ったのだ、ということらしい。

（7）福建省南部に限らず、中国では多くの地域で義理の親子という関係が見られる。中国で標準語とされる普通語のなかでは、「乾爹」（＝義理の父）・「乾娘」（＝義理の母）に対して、「乾兒子」（＝義理の息子）・「乾女兒」（＝義理の娘）などと表わされる。これは、生物学的親子ではない者同士が、さまざまな理由により、双方の合意に基づいて親子関係を結ぶというものである。張アーグンの場合は、まだ自分が生まれていない時に義理の両親が決まっていた、という少々変わった例である。連家船漁民の間で見られる義理の親子関係の諸相については、第五章で詳述する。

（8）食中毒は、一九八〇年代以降に、小さな木造船にも古い小型の冷蔵庫が置かれ、そこに氷を入れて肉や野菜を冷やすことができるようになってから、格段に少なくなっている。だが、かつては、製氷技術が発達しておらず、漁獲物を運搬する運魚船でも自分たちの食べる肉や野菜を冷やしておくことはできなかった。一九七〇年代後半のある年、夏の終わりの夜に、酒のつまみとして食べていた煮魚を甲板に置き、それを翌日の朝になって口にした老人が腹を下し、そのまま船で亡くなった。この老人の孫に当たる女性は、幼い頃より父親からこの食中毒事件について聞かされており、幼稚園に通う自分の息子にも、「たとえ冷蔵庫に入れたものであっても、夜を隔てたごはんやおかずは食べちゃだめよ、阿祖（*a zoo* ＝曽祖父＝ここでは、MFF）みたいに死んじゃうかもしれないからね」と言い聞かせるほどである。

（9）台風や大波に巻き込まれて溺れる、あるいは漁や洗濯の最中に誤って水中へ転落する、船から陸へ上がろうとして足を滑らせ落水するといったことにともなう死亡事故は、水上労働に従事する連家船漁民にとっては、現在でも依然として大きな脅威でありつづけている。台湾海峡に位置する金門島附近に漁に出かけた夫婦の小さな木造船が、大波に飲まれて転覆し、まだ中学校に通う息子を残して亡くなったとか、Sm漁業社区の人が船長を務める鉄製の大型漁船に雇われて漁に参加していた二〇歳の未婚女性が作業中に落水し、そのまま還らぬ人となった、といった死亡事故は、私がSm漁業社区と関わりをもちはじめた二〇〇七年一月以降も、たびたび起こっている。

(10) 死者のために遺影を用意することは、現在では連家船漁民の間で広く見られるようになっている。だが、生前に遺影専用の写真を撮る機会に恵まれることはなかなかなく、亡くなってから身分証明書用の小さな写真を写真屋に頼んで拡大してもらい、それを遺影として用いることが多い。私はSm漁業社区を訪れている間は必ずカメラをもち歩き、何かあればすぐに写真を撮るという毎日を送っていた（特に行ったばかりの頃は、誰に何を聞けばよいのかもわからず、やることといえば、散歩と写真を撮ることぐらいだった）。厓公や死者を祀る人々の姿を写真に収めることも珍しくなかったため、初期の頃には、「迷信活動をしている自分たちを当局に訴えるために来た記者だろう」と疑われたことさえあり、シッシッと追い払われた経験も多々あった。しかし、私が連家船漁民の文化を勉強しに来ている日本人学生であることが少しずつ浸透し、皆が私の存在に慣れるようになると、今度は私に写真を撮ってほしいと頼みにくる老人が増えてきた。慣れないカメラの前で気取った顔をする老人たちは、それを大きめに現像するよう、わざわざ写真のサイズを指定することもあった。自分の両親を家の外に出した椅子に座らせて、自然光の下で健康的な顔を撮ってほしいと頼まれることもあった。記念写真を撮りたいものとばかり考えていたのだが、実はそれらは、死後の遺影として使いたいということだったのである。

第Ⅲ部　水上／陸上のはざまで

第五章　船に住まいつづける連家船漁民

プロローグ

二〇一四年の暮れ。年越しのために帰港した黄アーギムは、船で夕食を作ろうとして大けがを負った。ライターでコンロに火を点けたところ、大爆発したのだ。プロパンガスのタンクはいつも、甲板の下の船艙に置かれ、ガスは管でコンロへと伝わせてあった。劣化だろうか、この時、管には穴が開いていて、すでにガスは船艙中に充満していた。しかし、彼女はそれに気づかなかった。漏れ出したガスに引火して、彼女は船を覆う苫の高さまで飛ばされ、甲板に腰をしたたかに打ちつけた。まつ毛と前髪も、ちりちり燃えた。

運ばれた先の病院で下された診断は、脊椎圧迫骨折。絶対安静を強いられたアーギムに、二人の息子は自分たちのマンションのベッドで横になるよう強く勧めた。だが、アーギムはそれを断固拒否した。それよりも、波に揺れる船の船艙で二か月ほど寝込むことを選んだのだ。「マンションの部屋は寂しい。昼間は誰もいないから。鍵がかかっていたら、誰も訪ねてはくれないだろう。船なら、誰でもやって来られる。そこで寝たまま待っていれば、姉妹や友人も来るだろう。そこでおしゃべりができる。私には、にぎやかなのが性に合っている」と。

家族でしゃかりきに働き、アーギムが夢にまで見た家屋をはじめて手に入れてから、ちょうど二〇年の時が経っていた。今の彼女にとって、鍵のかかる陸上の強固な家屋は、自らと他者とを隔絶する、閉鎖的な容れ物であるかのようだ。一方、ドアも鍵もない船は、常に（彼女が侵入を許す）他者へと開かれ、自らを外界へとつなげてくれるような空間として、そこに漂っている。アーギムが、そして家族が追い求めた家屋とは、いかなるものだったのだろうか。あるいは、改革開放後の現在。職業選択の自由が保障され、連家船漁民の大多数は陸上に家屋を所有もしくは賃借するようになった。だが、それでもなお、労働力人口のうち実に七七・三％が船に住まいながら、水上での労働に従事している。本章では、ある連家船漁民の一家を取り上げ、水上の船と陸上の家屋という二つの空間に跨ってくり広げられる、複雑で動態的な住まい方の実践を描く。

ここで問いたいのは、連家船漁民にとって、土地や家屋の獲得はいかなる意味をもってきたのかであり、それは人々を家屋の希求へと向かわせる価値観のあり方と、家屋が果たす実際的な機能という二つの面に注目することではじめて理解可能となる。この問いは、最終的には、「苛酷で悲惨な水上世界である」というアプリオリな見方に裏打ちされた、「弱者たる船上生活者は、陸上世界への同化を常に切望しているはず」との前提に対する批判へと向かうことになる。

第一節　移動をつづける船上生活者を捉える視座

(1)「移動から定住へ」というアプリオリな認識

①土地・建物を陸上に直接所有しない、②小船を住居にして一家族が暮らす、③その多くが海産物を中心とした採取活動に従事し、獲物の販売、もしくは農作物との交換で生計を立てる、④一か所に長くとどまることなく、一定の海域を絶えず移動するとの特徴を具えた船上生活者［羽原　一九六三：二一―三］。

文化人類学や民俗学の知見が示すのは、中国に限らず、東南アジア・日本といった地域の船上生活者にとって、前述のような住まい方の特徴こそが、陸上定住者からの差別・排除を引き起こす指標となる可能性を孕んできたということである。つまり、両者は、単に生業・生活形態を異にしているわけではない。土地・家屋の有無と、陸上／水上という住空間の違いは往々にして、エスニック・グループ、良民／賤民、あるいは、富裕な支配階級／貧困の被支配階級を隔てる指標となり得るのだ。下位にあるのは、決まって船上生活者の側である。なるほど、水上に住まうとは、空間と地位という二重の意味で、負の意味を背負わされた実践だというわけである。

各地の船上生活者が一様に、自らが陸を離れて船に住まざるを得なくなった「被害」の物語（飢饉・貧窮・敗戦・他民族による抑圧・身分差別など）を有すること［羽原　一九六三：六―七、ニモ　二〇〇五：一四など］も相俟って、こうした陸上定住者と船上生活者の間にある関係性と土地・家屋の有無には、緊密な因果関係があるものと考えられてきた。

一方、各地の船上生活者は近代化の過程において、何らかの形で家屋を得る「陸上がり」を経験しているという点でも、共通性が見られる。この陸上がりについては、多くの研究者が次のように指摘してきた。すなわち、漁具の大型化や市場経済システムの浸透といった生業上の変化のみならず、領海の画定にともなう強制移動の必要性、税収確保・兵役逃れ防止・治安維持を目的とした戸籍管理の要請、あるいは国土の隅々に均質化された国民を想定する教育・福祉・公衆衛生の徹底化といった為政者の企図の影響を色濃く受けながら、どの地域でも先の①～④の特徴をもつ船上生活者という集団は解体の一途をたどり、一般的な漁民と区別されぬ生活、あるいは陸上の人々と変わらぬ生活を送るようになるだろう（ないしは、すでにそうなっている）と［羽原　一九六三：八―一一、野口　一九八四、一九九二（一九七六）、可児　一九七〇：一六四―一七五、Ward 1985、ニモ二〇〇五（一九七二）、金柄徹　二〇〇七：二二―二三など］。

こうした状況を鑑み、中国の水上居民研究では、陸上がりの前後で、彼らの生活や民俗的慣習がいかに変化したのかという問いを立てるものが多くを占めてきた［太田　二〇〇八、稲澤　二〇一〇、長沼　二〇一〇a、二〇一〇b、二〇一三、胡　二〇一一など〕。これに対し、本書で重ねて確認してきたように、陸上がりという事態が現実には容易なものではないことを示す研究も現れている。たとえば、長沼さやかは、約五〇年前に家屋を獲得した広東省の水上居民に注目し、「すでに自分たちは農民や市街地住民と同様の生活を営んでいる」と声高に主張する水上居民に対して、陸上の人々はそれを受け容れず、現在でも元・水上居民を民族的に「異質な者」と見なすとの状況を描き出している。長沼によれば、両者を隔てる根拠となるものとは、元・水上居民の日常的な慣習の隅々に顔を出す過去の船上生活の名残であるという〔長沼　二〇一〇a〕。

なるほど、水上居民たちは、国家から漢族という地位や集合住宅を与えられ、生活の場を水上から陸上へ移してもなお、自身の認識とは裏腹に、真の漢族たる陸上定住者になりきることができないでいるのだ。漢族内部のサブ・エスニック・グループとして発見されることになった水上居民の姿は、次のことを端的に示している。すなわち、「水上に住まう」という過去の経験は、実際にそれを経験した者ばかりか、子や孫の世代にわたるまで、消し去ることのできぬ負の記憶として刻印されつづけるということである。

注目したいのは、陸上がりが生活全般に大きな影響を与えるものと想定する前者の素朴な立場も、当事者の埒外にある陸上集団にとってはさほど大きなインパクトをもち得なかったとする後者のクリティカルな立場も、実は根底に同じ二つの見方を共有しているということである。すなわち、より表層には、ⓐ家屋を獲得しさえすれば、船上生活者は必然的に陸上での生業へと移行して「定住」が進むものとする視点があり、その深層には、ⓑ何重もの意味で弱者として生きてきた船上生活者は、水上を離れて陸上の世界へ適応あるいは同化したがっているものとする視点がある。

その証拠に、いずれの研究においても、周囲の元・船上生活者が陸上がりを遂げた後も船上にとどまって移動生活をつづけるという行為は、急激な社会変化に対応できぬ貧困者や高齢者がやむを得ずおこなうような、きわめて例外的なものとして等閑視されてきた。だが、彼らを等閑視する態度を貫く研究者は決して、彼らを黙殺しているわけではない。そこにはおそらく、船上生活者に対する憐憫や慈愛といった感情が深く関係している。それを物語るのが、一九六〇年代の香港で水上居民を研究していた可児弘明が後年、吐露した次のような言葉である。本格的な陸上がりが進み、船上生活という物珍しい光景が見られなくなるのなら、写真にでも納めておきたいと望む旅行者から、「船上生活者は近い将来いなくなるのだろうか」と尋ねられた可児は、「私としては、『船上生活がなくなるなら、けっこうなことではないか』と答えるほかはない」と記している［可児　一九七〇：一六四］。そう、何よりも船上生活者自身のために、船上生活などという可哀そうな生活形態は解消されてしかるべきなのだ。

ここで私たちは、先ほど見たⓐとⓑのさらに奥底に、より根本的で、かつ拭いがたい感覚に裏打ちされた前提があることに気づくだろう。それは、「人が住まうには、苛酷で悲惨な水上世界」というものである。この感覚が意味するところとは、水上は安全、豊かさ、文化的生活といった一切から隔絶された空間だということであるはずだ。当然ながら、この対極には、それらすべてを叶えてくれるものとして陸上という空間が想定されることになる。

この前提があるからこそ、これまでの研究では「水上での移動から陸上での定住へ」というひどく単純な構図がアプリオリに設定され、そのこと自体の妥当性は議論の俎上に載せられることさえないのだ。だが、考えてもみよう。この構図は、船上生活者に対する定住化政策を進めようとする際に、近代国家の為政者たちが思い描く予想図（＝表：「陸上の家屋に住まうことは、自然の脅威から彼らを守ってくれるだけでなく、彼らが市場経済や教育システム、衛生的・科学的な生活へと接近する近道になるだろう」。／裏：「そうして彼らを飼い馴らすことで、われわれの彼らに対する支配・統治もいっそう容易になるだろう」）とあまりに親和的すぎる。加えて、床呂郁哉が指摘するように、この構図はあたかも前者から後者への移行が、社会の近代化や国民国家への編入といった出来事の結果として起こる、必然的かつ不可逆的な現象であるとの理解を与える可能性を孕んでもいる［床呂　一九九九：一四〇］。

それどころか、それは定住型の農耕を営まぬ山地・砂漠・草原・水辺の移動生活者を「野蛮人」と見なす伝統的な中華思想、そして西田正規［一九八六］、ジェームズ・C・スコット［二〇一三］が批判するような、文明登場の根拠を人類の定住開始に求める「根拠なき定住民優越主義」といったものを、無反省に焼き直しただけの構図と受け取ることも可能である。

(2)　本章の問題意識——家屋獲得の意味を問う

しかしながら、現実の生の営みはそれほど単純なものではないことを、民族誌的記述の数々は示している。たとえば、序章で確認したように、さまざまな国の領海を股にかけ活動していたスールー諸島のサマは、国民国家の成立にともなって、フィリピン・マレーシア・インドネシアという異なる国家へと組み込まれ、各地で定住化政策を経験した。だが、一九五〇年代から岸辺に次々と建てられた杭上家屋は、彼らを真の定住へと結びつけてはいない。むしろ、彼らは一〇～二〇年という規模で定住拠点を離れて船に住まい、新たに設けられた複数の国境の間をあえて越えながら漁や海産物の密輸、さらには海賊行為といったものに従事しており、それが大きな利益を生み出すことにつながっているという［床呂　一九九九、長津　二〇〇一など］。

さらに、広島県の豊島では、日本が近代化を遂げようとする明治末期から大正期にかけて、はじめて家船漁民が出現している。この時期に家船漁民へと転じた人のなかには、陸上に土地や家屋を有しながら漁撈に従事していた漁民のほか、漁撈とは無関係な生活を送っていた農民も含まれていた。金柄徹によると、これには、この地域で幕末からつづいていた漁場紛争の結果、豊島が隣接する村々との間に平等な入会が獲得できず、豊島の漁民たちが入会権の及ばぬ遠方へと出漁を試みたことが深く関わっていた。結果として、船は家族で寝泊まりしながら漁ができるような形へと変わり、生業・生活の大部分を船に依拠する家船漁民が登場したというわけである［金　二〇〇三：

五三―八三二)。

これらの例は、陸上に家屋を所有しても(あるいは、もともと所有していても)、移動と定住のはざまの生活を営んだり、そもそも定住することを拒否したりする人々が、アジア各地に多く存在する現実を示している。それはつまり、船上生活者にとって、「水上での移動から陸上での定住への移行」は、必然でも不可逆でもないことを教えてくれるものにほかならない。そして、何よりも重要なのは、水上での移動生活とは、陸上に定住したいと望むにもかかわらず、それが叶わぬという状態の継続として存しているのではないことを物語っているという事実である。

ここで、九龍江河口の連家船漁民に目を向けてみよう。一九六〇年代から本格的にはじまる土地の獲得と集合住宅の建設・分配は、国家や地方政府による押しつけなどではなく、連家船漁民自身が抱きつづけてきた悲願の達成として、喜びをもって迎えられた。しかしながら、家屋の獲得がすなわち陸上での定住を表わすという状況は、家屋を手に入れてすぐに陸上で労働の場を見つけ、二度と水上へ戻ろうとしない人だけにしか当てはまらない。第二章で見たように、家屋の獲得後も依然として、船での移動を基礎とした生活を営む連家船漁民はきわめて多い。このほかにも、一度は陸上に生活の拠点を置きながら、再び水上の世界へと戻ること、あるいは陸上と水上の間を縦横無尽に往来しながら生産・生活の場を求めることが、ほぼ日常的におこなわれているというのが現実である。

こうした現実に忠実であろうとするならば、「家屋の獲得=陸上での定住」、あるいは「水上の移動から陸上の定住へ」といったアプリオリな視点を一旦拒否し、住まうということに関わる船上生活者の日常実践を真摯に見つめる態度が必要である。問われるべきは、船上生活者自身にとって、土地や家屋の獲得はいかなる意味をもってきたのかである。その時に重要なのは、彼らの日常生活において土地や家屋が現実に果たす役割を、個々の具体的な事例に探ることである。

本章では、陸上に家屋を獲得した後も船上生活をつづける、連家船漁民の一家に注目することで、水上と陸上に跨って営まれる生活のあり方がいかなるものなのかを描き出し、それがいかなる社会的ネットワークによって可能となるのか検討することを第一の目的とする（第二節）。さらに、この家族がここ二〇年ほどの間に、分譲アパートの購入、都市計画によるアパートの取り壊し、立ち退きの賠償としての集合住宅の獲得といった一連の動きのなかで、対立と和睦を見せてゆくさまに焦点を当てる。ここから、連家船漁民の個々人や家族にとって、陸上の家屋という空間はいかなる役割を果たしているのか、そして家屋の希求とはいかなる意味をもってきたのか明らかにすることを第二の目的とする（第三節）。

第二節　船上の移動生活を支えるネットワーク――水上・市場の顔馴染みと陸上の親族

この節では、成人のほとんど（＝六人のうち、五人）が船での移動生活を送る張アーグンの一家を例に、水上の船と陸上の家屋という二つの空間に跨って営まれる家族生活のあり方を描く。注目するのは、船上生活がいかなる社会関係のなかに成立しているのかという点である。

(1)　連家船漁民を取り巻く漁業の状況

九龍江河口から台湾海峡までを中心とした水域において漁撈生活を営んできた連家船漁民も、もはや地球規模で展開される中国の水産物貿易の枠組みや、国家主導の下に進められる海洋資源保護政策と無縁ではない。以下では、私がちょうど連家船漁民のもとで長期にわたる泊まり込みの調査を進めていた二〇〇八年頃の中国の漁業について、概観しておくことにしよう。二〇〇八年は、北京オリンピック開催に向けて一四％の経済成長率に沸いた二〇〇七年から一転[1]、成長率は九％に鈍化し、リーマン・ショックの影響もあって、他国と同様、中国経済も大打撃を受けた年であった(2)。

1　中国の漁業

今や、世界の水産・養殖総生産量の実に七〇％が中国由来である（生産高は、二〇年連続で世界第一位に君臨）。中国は現在、「国内と世界、二つのマーケット、二つの資源」をモットーに掲げ、養殖・漁撈・加工流通・休閑漁業を漁業の要としている。このうち、養殖は漁業資源の枯渇を食い止め、水産物の安定供給に一定の効果を生んでいる。また、遠洋漁船の作業範囲を太平洋・大西洋・インド洋の公海と三二の国家の管轄水域に拡大し、国外の約一三〇か所に漁業基地や水産関係の合弁会社を設けるなど、遠洋漁業国家の顔ももつ［陳可奇：online］。

二〇〇八年、水産物一般貿易・加工貿易・委託加工貿易を合わせた輸出額の合計は一〇六・一億ドルに上った（輸出量の合計＝二九六・五万トン）。これは、中国の全農産物輸出総額の二六・二％を占めており、九年連続で首位を維持した。数量・金額ともに輸出品目の上位を占めるのは、クルマエビ・貝類・ティラピア・ウナギ・ザリガニ・フウセイ・ブチナマズなど、養殖の水産物である。これらは、高度な加工を施されたり、切り身にして冷凍されたり、乾物・塩漬けにされるなどして、中国各地の加工工場から諸外国（＝アメリカ・日本・韓国・ASEAN諸国など）へと輸出されてゆく。その主な供給地は、沿海部の山東・広東・遼寧・浙江・福建・海南、内陸部の湖北・江西・吉林といった省である［中華人民共和国農業部：online］。

意外なことだが、中国は水産物の輸入にも力を入れている。二〇〇八年の時点で、食用の水産物輸入額は一七億ドルであった（輸入量＝一一二・九万トン）。とりわけ、ペルーやチリから輸入される魚粉は、中国国内の養殖業を陰で支える役割を果たしている［中華人民共和国農業部：online］。

表 5-1　2009 年夏季休漁制度改定後の福建省における各漁船の休漁期間

漁の種類	休漁期間				
	5 月	6 月	7 月	8 月	9 月
集魚灯を用いた漁	5 月 1 日 12:00 ～ 7 月 1 日 12:00				
定置網漁	5 月 1 日 12:00 ～ 7 月 16 日 12:00				
北緯 26 度 30 分以南 底曳網漁 刺し網漁（単層は除く） 囲い網漁 馬鍬網漁 追込漁	5 月 16 日 12:00 ～ 8 月 1 日 12:00				
北緯 26 度 30 分以北 底曳網漁 刺し網漁（単層は除く） 囲い網漁 馬鍬網漁 追込漁				8 月 1 日 12:00 ～ 9 月 16 日 12:00	
エビ網漁 カゴ漁		6 月 1 日 12:00 ～ 8 月 1 日 12:00			

福建省海洋與漁業執法総隊による『福建省伏季休漁宣伝手冊』の情報をもとに筆者が作成［福建省海洋與漁業執法総隊　2009］。

2　夏季休漁制度

長らく、漁業といえば網を打ち、魚を捕ることを指すものだった。しかし、海洋資源の枯渇が地球規模で深刻化するなか、各国は新たな漁業の形を模索している。中国は養殖中心の漁業への転換を急務とし、一九九〇年にはじめて、水産物養殖生産高が漁撈生産高を上回ることになった。世界でも類を見ない状況である。中国政府はほかにも、休漁区・保護区・夏季休漁制度を設定し、人工魚礁の設置、稚魚の繁殖・放流を進めるなど、体系的な対策を打ち出しながら、水生生物資源の保護に努めている［陳可奇：online］。

ここでは、連家船漁民の生活に関わる夏季休漁制度を概観しておきたい。片岡千賀之によると、中国は一九八〇年代から、東シナ海・黄海の動力つき底曳網漁に休漁期を設けていた。ただし、その頃は国営漁業と外海漁業が適用外となるなど、実施範囲はきわめて限定的であった。本格的な休漁制度が導入されるのは、一九九五年である。

資料5-1　休漁中の漁船に課せられること

休漁漁船の監視・管理に関する要求

1. 休漁中のすべての漁船は、休漁開始前に漁船の所属する地域の港湾・埠頭・入り江に戻って停泊しなくてはならない。夏季休漁期間は、無断で港を離れたり、停泊地を変更したりしてはならない。
2. 夏季休漁中、各漁船の「漁撈許可証」は徴収し、まとめて管理しなくてはならない。
3. 休漁中、各漁船が所持する漁具は梱包し、船艙など定位置に保管するか、漁船から倉庫などに運んで保存しておかなくてはならない。漁具の修繕が必要な場合は、修繕が終わり次第、船艙・倉庫などに納めて保存すること。条件が整う場合には、可能な限り漁具を漁船から離れた場所に集めて保管すること。
4. 休漁中の漁船が明らかな理由によりその所属する港湾以外の土地で休漁しなければならないと認められる場合、必ず各漁船の所属する漁政執法機関の許可を受け、さらに停泊地にある漁政執法機関の監督・検査を受けなくてはならない。同じ県（市、区）内にある別の港湾に停泊して休漁する場合、各漁船の所属する県レベルの漁政執法機関の許可を受けなくてはならない。県（市、区）外の別の場所に停泊し休漁する場合、各漁船の所属する地域と停泊地域の双方を管轄下におく上級の漁政執法機関から許可を受けなければならない。台風を避けるために港湾を離れたり、別の停泊地へ移動したりする際には、風を避けることを優先し、同時に各漁船の所属する漁政執法機関に報告すること。この際、各漁船が所属する漁政執法機関と、停泊先の漁政執法機関はそれぞれの情況を停泊先の漁政執法機関へ速やかに届け出ること。なお、台風が去った後、漁船は速やかにそれぞれの所属する港湾へ戻らなくてはならない。
5. いかなる漁業船舶であっても、休漁の対象となる作業タイプの漁具をともなって休漁海域へ入ることは許されない。
6. 「専項（特許）漁業捕撈許可証」をもつ漁船は、規定を厳守した上で作業をおこない、漁獲物を処理することができる。この際、積極的に各レベルの漁政執法機関の監督・管理を受けること。
7. 休漁の対象となる漁船は、休漁対象外の作業に転換して生産活動を行ってはならない。
8. 日常生活で必要なものを維持する場合を除き、休漁中の漁船は休漁期間内に無断で給水・給氷・給油をおこなってはならない。
9. いかなる機関・個人であっても、休漁規定に違反して獲った漁獲物を買いつけ、運輸し、売りさばいてはならない。
10. 休漁中のいかなる漁船も、港湾・埠頭・入り江での停泊期間中、かつ漁港監督機関の許可を得ていない場合には公然と作業をしてはならない。

［福建省海洋與漁業執法総隊　2009］

漁業者数・漁船数の大幅な増加と、漁獲量の低下が主な理由であった。当初、東シナ海・黄海では底曳網漁・定置網漁に、渤海では底曳網漁に、計二か月間（七〜八月）の休漁を課したが、その後、期間を二か月半に延長し、対象を南シナ海にも拡大するなど、政府は制度の強化に努めてきた［片岡　二〇〇四］。

二〇〇九年春、農業部は、回復の兆しを見せぬ海洋生態環境と海洋資源の効果的な保護を目指して、夏季休漁制度の適用範囲を拡大すると発表。黄渤海・東シナ海・南シナ海の休漁期間を一五日間延長し、(3) 単層刺し網漁船・釣り船を除く漁船すべてに休漁を課すことになった（表5―1）。従来の制度では、休漁の対象となった漁船が制度適用外の漁船・漁法へと登記変更して漁をつづける例が続出したからである。新たな制度のもと、すべての漁船には、休漁開始前に登録先の港湾へ戻って停泊すること、休漁期間中は、漁具を船艙や倉庫に保管することなどが義務づけられ、それらは海洋・漁業執法局の厳しい管理下に置かれている（資料5―1）。

片岡が指摘するとおり、中国の休漁制度は、期間が長く、休漁補償もないという点で、きわめて中国的な海洋資源管理政策といえる。なぜなら、海洋資源に対する国家の管轄権が、漁業従事者の漁業権益に優先することなくして、この制度は成立不可能だからである［片岡　二〇〇四］。当然ながら、九龍江河口の連家船漁民も漁撈に従事する限り、休漁制度から自由ではない。Sm漁業社区の漁港では休漁期間の終了日になると、同種の漁船が一斉に出漁してゆく光景が見られる。

3　福建省の主な漁場

福建は、台湾海峡に面した沿海の省である。福建の漁場は、閩東・閩中・閩南・閩外・台湾浅瀬に分類され、その総面積は四・六万平方海里に及ぶ。このほかにも、中華人民共和国建国以降の漁船動力化を受け、福建の漁民は新たな漁場を求めて広東省・広西チワン族自治区・浙江省・江蘇省・山東省・遼寧省、さらには外洋へと進出する

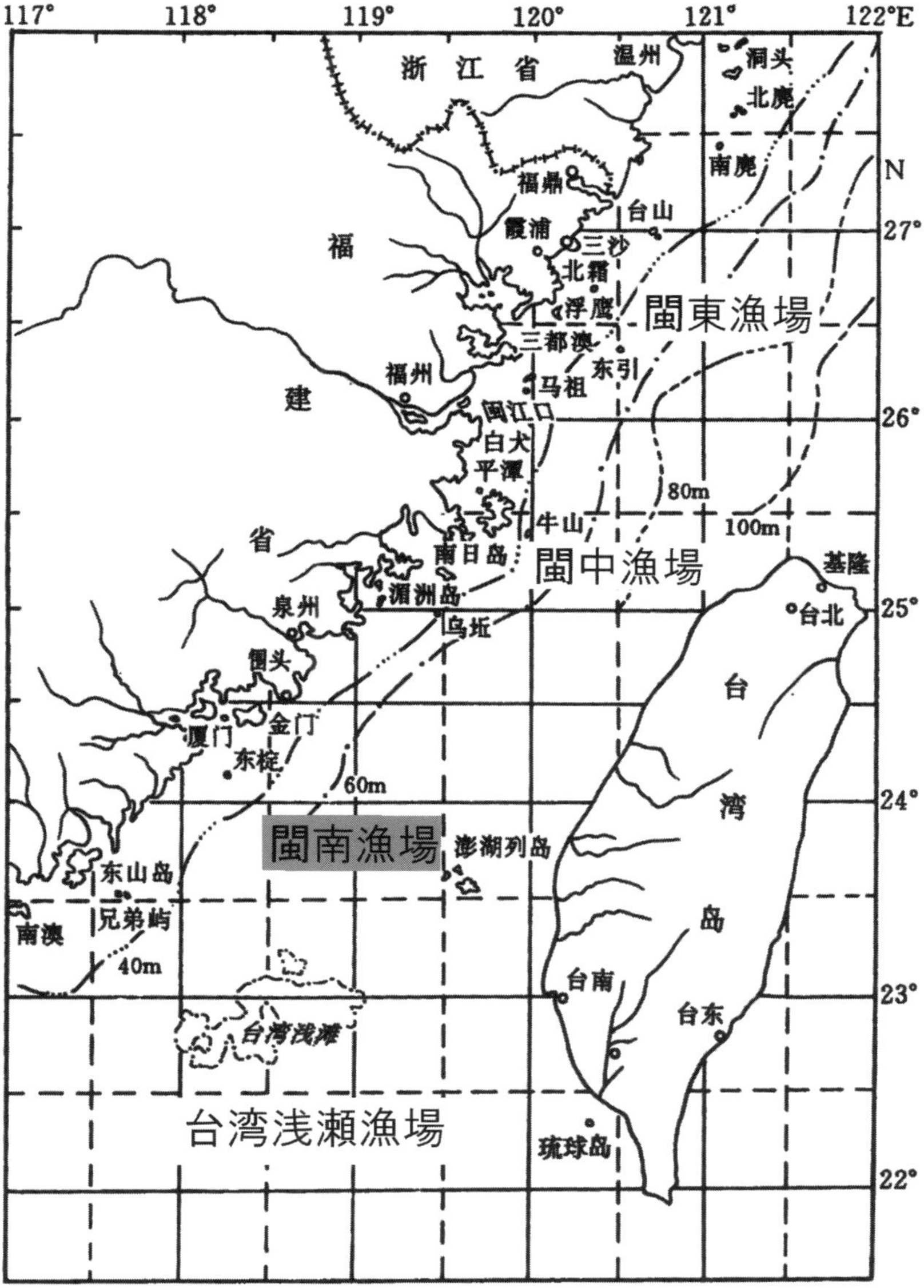

図 5-1　福建省の漁場分布と閩南漁場
（『福建海洋漁業簡史』内の「図 1：福建漁場分布図」をもとに、筆者が加筆・修正したもの［楊瑞堂編　1996：16］）

など、その活動領域を広げている〔福建省水産学会『福建漁業史』編委会　一九八八：七―八〕。

このうち、連家船漁民にとって最も馴染み深いのは、閩南漁場である（図5―1）。彼らはここで、マルアジ・サバ・タチウオ・フウセイ・サッパ・サワラ・イカ・ヒラ・ウルメイワシ・ギギ・エソ・ホンニベ・タイ・アジ・ナメクジウオといった魚を捕ってきた〔楊瑞堂編　一九九六：一七〕。

(2)　張アーグン一家の船上生活

1　連家船漁民の移動生活

一九六〇年代以降、連家船漁民は、定住用根拠地（＝現在のSm漁業社区）内の集合住宅や農家の三合院の一室、市街地の分譲アパートの購入・賃借に奮闘してきた。それが叶わぬ場合には、最低生活保障の一環として市内に建設された通称「廉租房」（＝低家賃住宅）への入居を申請するなど、彼らは陸上の家屋を獲得するために、涙ぐましい努力をしてきたのだ。そのためか、二〇一一年の時点で、陸上に一切の居住空間を有さず、水上の漁船や川岸に固定した廃船を住まいとする連家船漁民は、二〇世帯ほどあるのみだった。つまり、連家船漁民の約九九％が、何らかの形で陸上の家屋を確保するようになったのである。一方、Sm漁業社区に所属する連家船漁民の全労働力人口のうち、実に七七・三％が水上労働に従事しており（＝二〇〇六年の統計）、この状況は二〇一六年現在までほとんど変わってはいない。

たとえば、九龍江河口の沿岸農村では、浅瀬を利用した水産物養殖が盛んであるが（上流はスズキ、下流は蝦など）、Sm漁業社区で養殖業を一切展開していない(4)。したがって水上労働に従事する連家船漁民とはほぼ、船での移動生活を送る人々に集約できる（船の種類・平均的な移動期間・作業内容などは表5―2、船の形は写真5―1～5―7）。なお、この分類は便宜的なものであり、多くの漁船は季節ごとに複数の漁網・漁具を使い分け、漁場を変えながら漁をすると

表5-2　Sm漁業社区の連家船漁民が従事する水上労働

	漁船の種類	移動生活の期間	活動場所	作業	全長×幅×深さ(m)	材質	船に暮らす人数
①	手網漁船	1日(朝～夕)	九龍江内部	投網漁	5.8×2.2×0.8	木	2人(夫婦)
②	小型掃簾漁船	1日(朝～夕)	九龍江内部	小型船での刺し網漁	6.0×1.4×0.8	木	2人(夫婦)
③	灯光漁船	3～7日	九龍江河口～厦門島近海	集魚灯を用いた漁	21.9×5.2×2.0	鉄	3～4人(夫婦＋子)
④	虎網漁船	15日～3か月	九龍江内部	大小3艘の船での流動定置網漁	母船：10.0×3.5×1.0	木	2～3人(夫婦＋子)
⑤	鈎釣漁船	15日～3か月	九龍江河口～厦門島近海	延縄漁	9.5×3.0×1.0	木	2～4人(夫婦＋子)
⑥	中型掃簾漁船	15日～3か月	九龍江河口～厦門島近海	中型船での刺し網漁	7.0×2.1×0.8	木	2～3人(夫婦＋子)
⑦	拖蝦船	15日～3か月	九龍江河口～厦門島近海	蝦引き網漁	15.0×4.3×1.75	木	3～4人(夫婦＋子)
⑧	籠壷漁船	15日～3か月	九龍江河口～厦門島近海	鉄製の枠とナイロン製の網で作られた円筒状の網を水に沈めて魚を捕る漁	18.3×5.0×1.8	鉄	3～4人(夫婦＋子)
⑧	単艘引き網漁船	3か月～6か月	台湾海峡	連家船漁民がオーナー・船長を務める大型船1艘での底引き網漁	22.3×5.3×2.35	鉄	7～15人／1艘(主に男性)
⑨	二艘引き網漁船	3か月～6か月		連家船漁民がオーナー・船長を務める大型船2艘での底引き網漁	29.5×7.2×3.7	鉄	7～15人／1艘(主に男性)
⑩	運魚船	1日～1か月	九龍江河口～厦門島近海	漁船が捕った漁獲物を船上で買いとり、運輸船で厦門島内などの魚売り商人の所まで運ぶ	17.8×4.2×1.55	鉄	2～3人(主に男性)
⑪	交通船	1か月～3か月	厦門島近海	海上・海中での工事に従事する人を陸から現場まで運ぶ	木造の漁船を用いる	木	2人(夫婦)
⑫	砂船	3か月～6か月	九龍江内部・福建省沿海・広西チワン族自治区沿海など	農村出身経営者に雇われて大型船に乗り、川底あるいは海底の砂を掘削・運輸	30.0×13.0×6	鉄	個々人で契約(主に男性)
⑬	貨船	6か月～2年	アジア各地	福建省籍の貨物船に雇われて各地に貨物を運ぶ	－	鉄	個々人で契約(主に男性)

写真 5-1　小型掃簾漁船

写真 5-2　虎網漁船の大隻

写真 5-3　中型掃簾漁船

いうのが現実である。

表5―2からわかるように、連家船漁民がオーナー・船長を務める単艘引き網漁船・二艘引き網漁船・運魚船に雇われる男性や、農村出身者や福建省内の他地域出身者が経営する砂船・貨船に乗る男性が個々人で契約を結んで水上労働に従事する場合を除けば、基本的には、短くて一日、長くて六か月の間、夫婦、あるいは夫婦と（未就学・就学後を含む）子どもがともに船上に住まいながら、生計を立てている。(5)

2　張アーグン一家の住まう営みをめぐる軌跡

まず、本章の主人公である張アーグン一家の、住まう営みの軌跡についてふり返っておきたい。この一家の特徴は、八人家族のうち、実に五人が船に住まう生活をつづけているという点である。

（1）船上で漁をつづける：張アーグン夫妻

張アーグン（一九四四年生）と妻・黄アーギム（一九五一年生）は、改革開放後の一九八九年、当時大流行していた拖蝦船を購入。夫妻は長男の張ゴッギャン（一九七一年生）と次男・張ジーギャン（一九七二年生）とともに、計四人でこの船に住まいながら、厦門島近海まで出かけて蝦引き網漁をしていた。

一九九四年、アーグン一家は二〇万元（＝約二四〇万円）を費やして、九龍江の畔に新築された分譲アパートの一室を購入した。寝室三部屋、居間、台所、シャワーとトイレのついた洗面所から成る一二〇平方メートルの部屋だった。

写真 5-4　拖蝦船

写真 5-5　単艘引き網漁船

写真 5-6　運漁船

写真 5-7　砂船

写真 5-8　張アーグン夫妻の掃簾漁船

だが、一九九〇年代後半は蝦の不漁がつづいた。そこで二〇〇〇年、アーグンは所有権を保持したまま、拖蝦船を知り合いの連家船漁民に貸すことにした。これを機に、アーグン夫妻は新たに中古の木造船を購入。船首が尖った「尖頭」（*ziam tao*）と呼ばれる種類の船（＝全長約七・〇メートル、幅約二・一メートル、深さ約〇・八五メートル）である。船体は赤・黄・緑・青のペンキで塗られ、船首の両外側には目玉がついている。遠くを見渡し、多くの魚を探し当てられるように、との意味が込められているという（写真5—8）。

アーグン夫妻は、陰暦二月から一一月までの間、厦門島近海において、延縄で虎鰻（*hoo mua*＝ハモ）などを、時にはナイロン製の刺し網を用いて鳳尾魚（*hong bue hi*＝イワシの仲間）などを捕っている。また、それ以外の冬季には、同じ海域で日ごとに場所を変えながら、刺し網を用いて、三牙魚（*sam gE hi*＝イシモチの仲間）・小黄魚（*sio uiN hi*＝キグチの仲間）といった魚を捕っている。

二人は五月半ばから一か月半にわたって設けられる休漁期や年末・年始、年四回の祖先祭祀、家屋で祭る厝公の誕辰、台風で漁を休まざるを得ない際などにアパートへ戻るが、それ以外は漁場附近の水上に船を浮かべ、船上で食事を摂ったり寝泊まりしたりしている。

（2）水上→陸上→水上へ：長男・張ゴッギャン

長男の張ゴッギャンは、息子の張イーチー（一九九七年生）の誕生からしばらくして、父親の拖蝦船を下りて陸へ上がり、靴工場で働きはじめた。妻の王ビージェン（一九七一年生）は、高校卒業後に縫製工場にいたが、彼女もゴッギャンと同じ靴工場で働きはじめた。ゴッギャンはその後、龍海市内の工場を転々としたが、ビージェンは今でも靴工場に勤めている。

ゴッギャンは二〇〇三年頃になると、「自分には水上の仕事が向いている」と言って、砂船の副船長となった。これは、福建省各地や近隣の省の海や河へ赴き、海底や川底の砂を掘削して運搬する仕事である。ゴッギャンは、高校卒業直後に操船免許を取得したことが幸いしたのだ。ゴッギャンは年末・年始や、船の修理期間を除くと、一～三か月に一度しかアパートに帰らない。

また、妻のビージェンは、工場が休みの日曜日以外は、毎日朝の七時にはアパートを出て工場へ行き、夜の一〇時半頃に帰宅するという生活をつづけている。

（3）水上→陸上→水上→陸上へ：次男・張ジーギャン夫妻

次男・張ジーギャンは一九九九年、Fg鎮出身で連家船漁民の張シュウディン（一九七六年生）と結婚。シュウディンは小学校へ通わず、幼い頃から船で生活し、両親の流動定置網漁を手伝っていた。やがて息子の張ウェイチー（二〇〇〇年生）が誕生すると、ジーギャンは両親の船を下りて、機械工場での仕事や鮮魚販売などで生計を立てた。

二〇〇五年、厦門島付近で海底トンネル建設工事がはじまり、渡し船（＝交通船）が必要との情報がまわってきた。そこで、ジーギャンは、父が知り合いに貸していた拖蝦船を返してもらい、妻とともに渡し船の仕事を請け負うことになった。船では、朝夕、岸から海上の工事現場への労働者の送り迎え、現場の大型船の錨の上げ下ろし、国家一級重点保護野生動物のシロイルカの工事現場附近からの追い出しを担った。

現場を離れることができないので、ジーギャン夫妻は年末・年始など長期休暇以外はほぼ毎日、厦門島北東部の海上に船を停泊させ、船で寝泊まりした。妻・シュウディンは、一か月に一度ほど、仕事の合間を見つけて息子のウェイチーの顔を見るためにアパートへ戻っていた。二〇一〇年の海底トンネル完成にともなってジーギャン夫妻は渡し船をやめ、ジーギャンは機械工場で、妻は工場の食堂で調理師をしたりするようになっている。

3　張アーグン夫妻の船上生活

張アーギム夫妻が小さな木造船で営む船上生活とは、いかなるものだろうか。

(1)　船の設備

張アーグンと妻・黄アーギムの船には、船尾に発動機が据えられている。ほかにも、二本の櫂が備えられ、船を泊める時や網を打つ時には、これで動きを細かく調整することができる。

船は基本的には船尾側が食事を作ったり食べたりするスペース、船首側が漁具を置いたり、洗濯をしたりするスペースというように分かれているが、ひとたび漁がはじまれば、船全体が作業の場となる。船の上部には鉄製の枠が取りつけられており、夜や雨の日などになると苫を掛けることができる。甲板下は、五つに区切られた船艙となっている。

船尾にはプロパンガスとコンロが設けられ、鍋・ヤカン・まな板・包丁といった調理用品、調味料、食器、歯ブラシなどもすべて船に置かれている。それらは船の揺れで転がるのを防ぐために、甲板の上の木棚に収められるか、

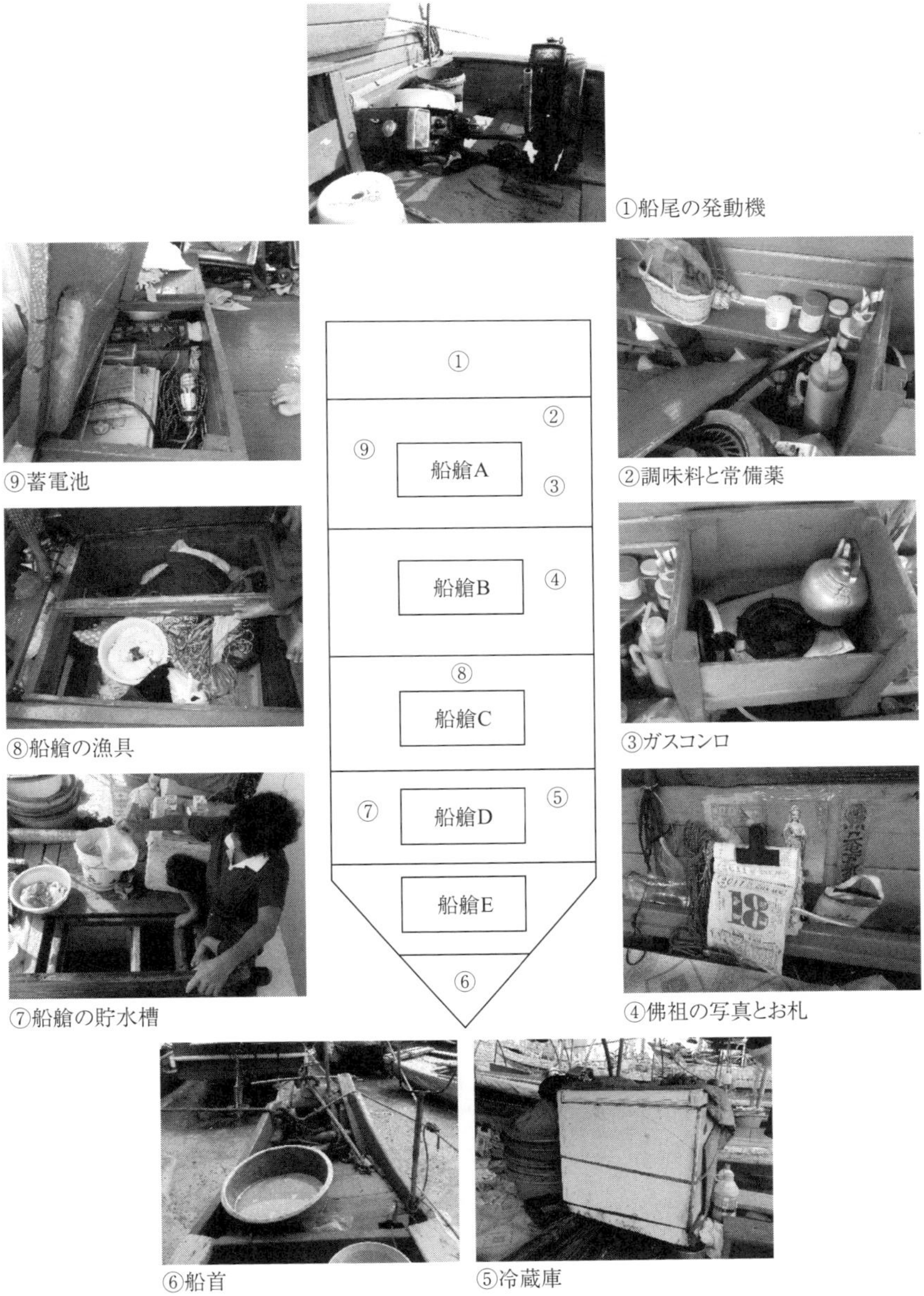
①船尾の発動機
⑨蓄電池
②調味料と常備薬
⑧船艙の漁具
③ガスコンロ
⑦船艙の貯水槽
④佛祖の写真とお札
⑥船首
⑤冷蔵庫
①
②
⑨
船艙A
③
船艙B
④
⑧
船艙C
⑤
⑦
船艙D
船艙E
⑥

図 5-2　船艙配置図

紐で船体のどこかに固定される。このほか、船首寄りには廃品の小型冷蔵庫が置かれている。冷蔵庫には、沿岸農村の製氷店などで購入した氷塊を入れておく。この冷蔵庫では、Sm漁業社区の近隣や出漁先の市場で購入した野菜・肉・魚などを冷やし、食用とすることができるほか、捕った魚を一時的に保管することも可能である。冷蔵庫のおかげで、連家船漁民を困らせていた夏場の食中毒の危険は、格段に低下したという。また、船首近くの船艙は、真水を入れる貯水槽となっており、料理や食器洗い、洗濯の仕上げなどに用いている。ただし、貴重な真水は、食器洗いの後で甲板の掃除に用いるなどくり返し使い、一度で捨てることはほとんどない。

さらに、船には蓄電池も常備されている。電気は基本的に夜の裸電球を点すためだけに用いられ、ラジオには乾電池を使うなど、電力も真水と同じく惜しみながら使われる。漁網や漁網の修繕に用いる道具、季節ごとに用意される夫婦の洋服や寝具といったものはすべて船艙のなかに収められている。さらに、船の壁には夫妻がそれぞれ休漁期を利用して浙江省舟山群島の普陀山（＝仏教の聖地）へ出かけた際に求めた観音菩薩の写真と札、日めくりカレンダーなどが貼られている。陰暦が書かれたカレンダーは、潮の流れや厓公の誕辰を知る上で、大きな役割を果たす（図5—2、同図の写真①〜⑨）。

（2）出航・漁撈

Sm漁業社区近くを流れる九龍江本流から出航する際、妻のアーギムは点火した紙銭を水上に撒き、航行の安全を祈る。河口は汽水域で潮の満ち引きがあるため、漁船を出す時間は潮が引く時刻を見定めて、夫のアーグンが決定している。したがって、時期によっては、真夜中に船を出すこともある。アーグンの操縦で、約三時間を費やし厦門島附近の海域へと向かう。日が昇らぬうちに到着した場合は、適当な場所に船を泊め、夫婦ともにしばしの仮眠をとる。

延縄漁の前、夫妻は、港湾に停泊中の大型漁船や水揚げ場へ船をつけ、新鮮な魚やイイダコを買い取って餌を準

写真 5-10　刺し網を流す

写真 5-9　延縄の餌を物色する

写真 5-11　夫婦で刺し網を引き揚げる

備する必要がある（写真5―9）。魚は船で腹を開き、延縄用の針につけておく。漁場は夫妻で決めるが、つき合いのある連家船漁民に携帯電話で連絡をとり、魚の群れが多そうな場所を尋ねることもある。漁の開始時間は潮の流れに左右されるが、夫婦とも早朝五時頃までには起床し、食事を摂らずに漁に取りかかることが多い。

延縄・刺し網いずれの場合も、右舷から糸や網を海面に垂らす作業を妻のアーギムが、櫂を漕いで船の方向を定め、船体の安定を保つ役割を夫のアーグンが担う。刺し網漁の場合、漁網を水に入れて一定の時間が経過すると、夫婦二人で網を引き揚げ、魚を網から外してバケツや氷の入った発泡スチロールの容器に次々と移していく。延縄漁ではハモが捕れると、船首側の貯水槽にハモを泳がせておく。合間に、夫婦交替で前日の残り物をコンロで温め直して朝食を摂りながら、正午頃まで何度も漁をくり返す。漁の最中には、厦門籍の釣り船や漁船が寄ってきて、アーグン夫婦の捕った魚を少量ずつ購入してゆくこともある。釣りや延縄の餌にするためである（写真5―10～5―12）。

写真 5-12　餌のついた糸を投げる

写真 5-13　連家船漁民同士の情報交換

写真 5-14　トラックで駆けつけた魚問屋に魚を売る

（3）魚を売る

正午頃になって漁が一区切りつくと、漁獲の多い時は近隣の魚問屋何軒かに電話をかけ、最も買取り価格の高そうな問屋を選んで漁場近くの岸までトラックで来てもらう。こうした情報は、携帯電話で連絡を取り合うことで、近くの漁場で漁をする連家船漁民に伝わり、問屋が到着する頃には、数艘の漁船が集まっていることも多い。魚を売る時は、魚問屋に漁獲量をごまかされぬよう、自分でも吊り秤で重さを計るなど、細心の注意を払うことになる（写真5―13、5―14）。

ハモが大漁の時には、厦門市内の大きな市場附近に移動し、ハモ専門の問屋に連絡して買い取ってもらう。アーグン夫妻には馴染みのハモ問屋があり、他の問屋とは取引しないと決めている。アーギムは龍海市Sm街道出身の問屋店主を同郷人と認識しており、時には、夫を漁船に残してハモ問屋へ赴き、お茶を出してもらっておしゃべりに興じることもある。

捕獲量が少ない時や、個人で魚をもち込むことができる市場の近くで漁をおこなう場合は、適当な場所に漁船を接岸して、天秤棒で魚を担ぎ、徒歩で市場へと向かう。こうした市場は地域密着型の小規模なものであることが多く、一回に一〇元ほどの「市場衛生費」を支払えば、誰でも客を相手に商売をすることができる。アーギムが膝を悪くしてから、これは夫・アーグンの仕事である。とりわけ、夏のハモは動脈硬化予防、夏バテ解消といった効能が知られており、市場でも大人気の商品である。ただ、ハモは細かい骨が多く調理しにくいため、調理法を知らぬ客には、「圧力鍋でゆっくり時間をかけて煮れば、骨ごと食べられる」といった情報を教えるのも、アーグンの大切な役目である（写真5—15、5—16）。

写真 5-15　岸から上陸し、市場へ向かう

写真 5-16　ハモを売る

（4）船での生活

漁を終え、捕れた魚を売った後は、夫婦揃って昼食を摂る。昼は、米飯か麺を主食に、肉類・魚類を使ったおかず一～二品、野菜

を使ったおかず一～二品、スープといったところである。昼食の時間になると、附近の漁場で漁をしていた連家船漁民が誰からともなく集まり、海上の停泊拠点ができあがる。アーグン夫妻も、時間が合えばそうした場所に移動し、複数の家族で集まって一緒に食事を摂ることもある（写真5―17～5―19）。

　食事を終えると、別の船の連家船漁民とおしゃべりに花を咲かせたり、ポーカーをしたり、昼寝をしたりと、思い思いの時間を過ごす。その後は、延縄の針や刺し網の修繕、保存食作りなどに勤しむ（写真5―20、5―21）。また、小規模な港湾や水辺の工事現場詰所などに船を接岸し、顔見知りの管理員を探して蓄電池や携帯電話の充電を頼んだり、氷を買いに出かけたり、真水を確保したりすることも、大切な作業である。

　夕方五～六時頃になると、粥とおかず二品ほど（＝煮つけの魚、野菜炒めなど）を準備し、軽めの夕事を摂る。それ

写真 5-17　船での調理

写真 5-18　おかずをもち寄っての昼食

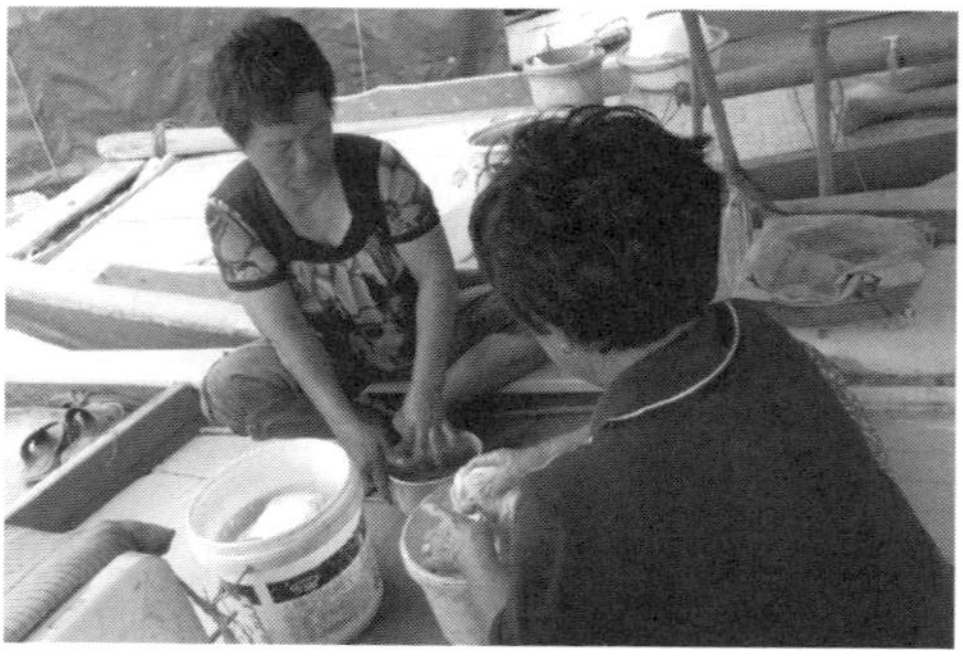
写真 5-19　おしゃべりしながらの食器洗い

が終わると、ラジオで翌日の天候や波の高さを確認したり、ポーカーをしたりして、八時過ぎには就寝となる。就寝時には、複数の漁船同士をつないでいたロープをほどき、互いに微妙な距離を保ってそれぞれが錨を下ろす。夏場は、甲板の上に寝転び、冬場は風を防いで船艙へ潜り込むようにして眠る（写真5―22）。

（5）水上の停泊拠点

連家船漁民の間で自然発生的に作られてきた水上の停泊拠点は、厦門島の周囲に散在する。どこも、岸から少し離れた海上で、大きな港へアクセスしやすい地点が選ばれる。廃船の浮かぶ海上が選ばれることもあるが、これはとても便利である。連家船漁民は廃船に簡素な屋根と壁を造っており、皆そこで着替えをしたり、用を足したりで

写真 5-20　延縄の針を糸につける

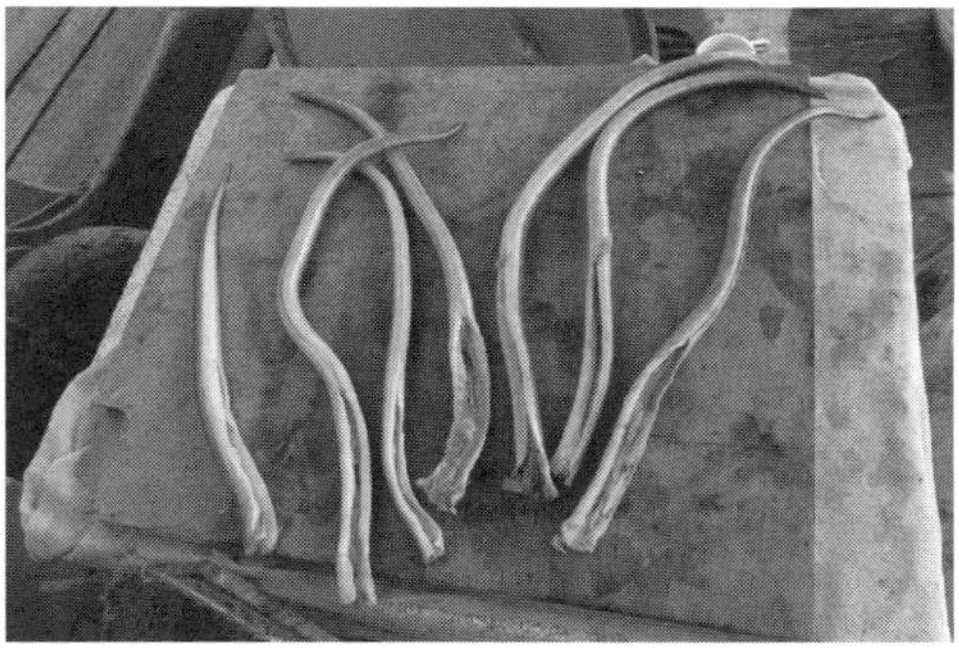

写真 5-21　鰻の腹を裂き、天日に干すと美味

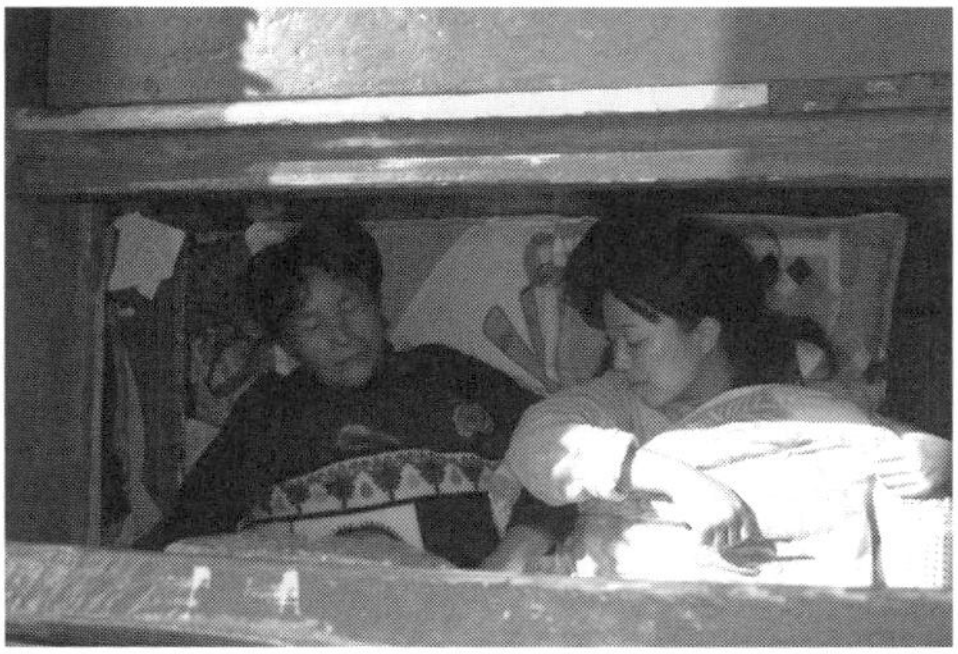

写真 5-22　船艙で横になる

写真 5-23　別の連家船漁民からカニを買う

写真 5-24　連家船漁民の妻同士、市場に買い物へ

写真 5-25　水汲み（この日は女性二人で作業）

きるからだ。とりわけ、トイレのない小型木造船に住まう者にとって、皆が公共で使える目隠しつきの空間があるというのは、心強いものである。(6)

特になわばりはないが、どこも慣習的に、Sm漁業社区の連家船漁民と、漳州市や龍海市Fg鎮に定住用根拠地を得た福河漁船帮・浮宮漁船帮の連家船漁民が共用する停泊拠点となっており、彼らの間は顔見知りの関係で結ばれている。皆、漁場を変えれば、近くに停泊拠点を探して集まり、誰がどこに集まるかはきわめて流動的である。

こうして九龍江河口の多様な地域から集まった連家船漁民の間には、連れ立って市場へ魚を売りに行く、仲のよい妻同士で市場へ食料を買いに出かける、捕れたての魚やカニを交換するなど、多岐にわたる関係が認められる（写真5—23、5—24）。また、真水の確保も、連家船漁民同士が連携しておこなう重要な任務である。真水は、人民解放軍の港へ行くと、無料で分けてもらうことができる。そこで、数艘の漁船からポリタンクを預かり、力のある男性を中心に二～三人が一艘の船で軍港の水道へと向かうのだ。彼らは時に、水道と停泊拠点の間を数往復して、各漁船に十分な量の真水が行きわたるように気を配ってくれる。六〇代のアーグン夫妻も、給水作業は若い連家船漁民に頼ることが多い（写真5―25）。

(3) 移動生活を支える陸上・水上のネットワーク

1 船上生活に関わる陸上・水上の顔馴染み

張アーグン夫妻は、ひとたびSm漁業社区を出航すれば、厦門島近海での船上生活を、二週間～三か月ほどつづける。時には、漁船を厦門島附近の停泊拠点に泊めたまま、高速艇で帰宅することもある。自宅での用が一～二日で済むならば、燃料代を費やして漁船で往復する必要などないからである。いずれにせよ、一か月半に及ぶ休漁期や大風がつづく時でなければ、用が済めばまた二人で厦門島近海へと戻り、漁をつづけることになる。また、二〇〇八年には、厦門島内に誰でも利用可能な「避風港」（＝避難用港）が造られた。台風などで待避が必要な時には船を下りて、港の施設で宿泊できるようになったため、夫妻がSm漁業社区へ戻る機会は減少している。

こうして見ると、アーグン夫妻の移動生活には、二つの移動が含まれることがわかる。それは、①Sm漁業社区のそばを流れる九龍江本流の停泊拠点と、厦門島近海の間で、二週間～三か月を周期としてくり返される移動。②厦門島近海において、慣習的に定められたいくつかの水上の停泊拠点と漁場の間で、一日を周期としてくり返される移動である。

どちらの移動も、一艘の漁船で、夫婦二人で営まれる。だが、彼らの移動生活は、陸上と水上に跨る顔馴染みのネットワークなくしては成立不可能なものでもある。陸上の顔馴染みとは、延縄漁の餌となる新鮮な魚を安価で融通してくれる水揚げ場の店主、魚を高値で買い取ってくれる問屋、同郷人のハモ問屋、充電のために便宜を図ってくれる港湾詰所の管理人、魚を売るために赴いた先の市場の客、また食材を得るために訪れる各市場の八百屋・乾物屋・惣菜屋のおかみといった人々であり、主に、おしゃべりで社交的な妻・アーギムによって安定的な関係が維持されている。

一方、水上の顔馴染みとは、漁場や魚の売値について情報を交換したり、一緒に食事やポーカーをしたり、真水の調達を頼んだりできるSm漁業社区の連家船漁民と、集団化政策で別の地域に所属することになった連家船漁民が当てはまる。このほかに、延縄漁の餌にする魚を融通してくれる大型漁船の乗組員や、船で魚を買い付けにくる魚問屋や、釣り船の船長、真水を無償で提供してくれる軍港の軍人といった人々の存在も重要である。

2　子育てをめぐる家族・親族のネットワーク

連家船漁民のなかには、小学校・中学校の子や孫を陸上に残したまま、船で自宅・漁場・市場の間を移動する者も多い。彼らの前には、学校へ通学する必要があるものの、まだ一人では自立した生活ができぬ幼い子の面倒を、誰に任せるのかとの大きな問題が立ちはだかっている。換言すれば、一九七六年に漁民船工子弟小学校の宿舎が廃止された後は、子育てをどこで、誰が担うのかという問題が解決できない限り、船上での移動生活は成り立たないという状況にあるのだ。

以下では、張アーグンの二人の孫を例に、子育てがいかなる社会関係のなかに成立しているのかを検討する。

(1) 子育てをめぐる張アーグン一家の状況

二〇〇五～二〇一〇年の間、張アーグン一家が購入した一二〇平方メートルのアパートに日常的に住まう可能性

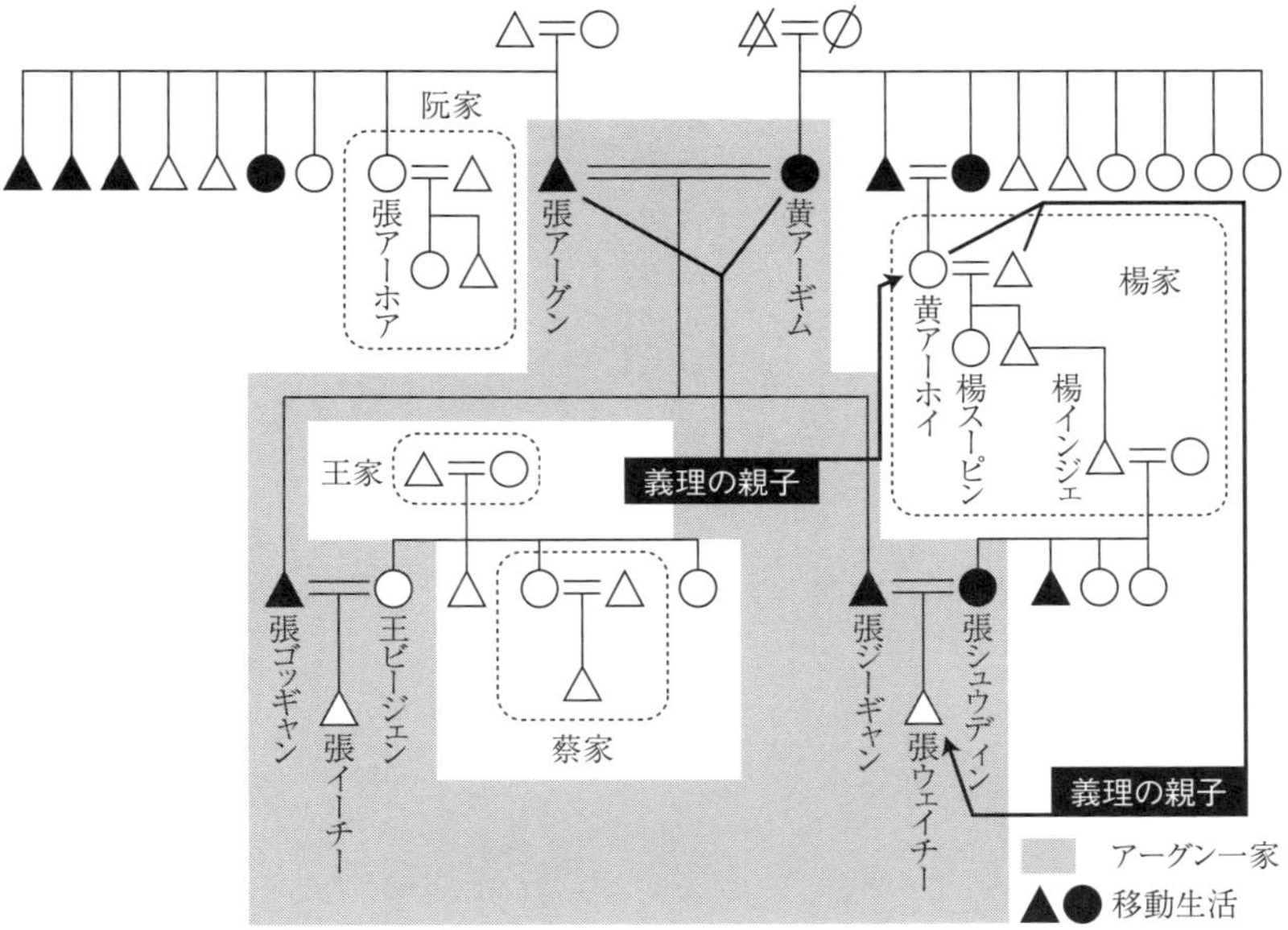

図5-3　張アーグン一家の親族関係

があるのは、船での移動生活に加わらない三人だけだった。すなわち、長男の妻・王ビージェンと息子・張イーチー、次男の息子・張ウェイチーである。

　イーチーとウェイチーの通った漁業小学では給食が提供されず、二時間の昼休みは、帰宅して昼食を摂るよう指導がなされていた。また、夕方の放課後は自宅で宿題をしたり、食事をしたり、風呂に入ったりする必要がある。成人のなかで唯一、船に乗らない王ビージェンは、日曜を除くすべての日に工場で働いており、昼食・夕食を工場の附近で済ませ、夜一〇時半頃帰宅するという生活を送っている。そのため、ビージェンは、イーチーとウェイチーの昼食・夕食・宿題・風呂の世話をしてやることができない。一般的な家庭であれば、こんな時、子どもたちを祖父母に託すこともできよう。だが、この家庭では、アーグン夫妻もまた、船で移動をつづけており、それは無理な話である。

　つまり、船上生活を営む者が大きな割合を占めるアーグン一家の場合、彼ら全員の移動生活を陰で支えるのが、イーチーとウェイチーという二人の男児の面倒を見る者の存在なのである。それでは、一家は、幼い子どもたちの世話をどのような関係にある人に頼っているのだろうか。図5―3は、イーチーとウェイチーの子育てに関わる親族を示したものである。

（2）張イーチーを世話する人々：父方・母方に跨る親族ネットワーク

学校のある平日、張イーチーは昼休みと放課後になると、Sm漁業社区内にある「姑婆」（*goo bo*＝FFZ＝祖父・張アーグンの妹）に当たる張アーホア夫妻（＝阮家）の家に行く。そこで昼食や夕食を摂り、夕食後には宿題を済ませる。そして、夜は自分で自宅のアパートへ帰り、シャワーを済ませて、母の帰宅を待つ。イーチーの父・ゴッギャンは、いつも息子に食事を作ってくれるアーホア夫妻に対して、毎月六〇〇元（＝約八〇〇〇円）の食費を渡している。

張アーホアは、アーグンにとって年の離れた一番下の妹である。アーグンは幼い頃から小学校に通うこともなく漁や子守をして、弟妹たちを育ててきた。長じてからは幼い弟妹に経済援助をしてもいた。なかでも、アーホアはアーグンを父のように慕い、幼い頃に受けた恩を返したいと、アーグンの孫・イーチーの面倒を快く見てくれるのだ。

学校が休みの土曜、イーチーは起床した後で「外公・外媽」（*goa gong*・*goa ma*＝MF・MM＝母方の祖父母＝王家）の住む市街地の社宅へ行き、昼食と夕食を作ってもらう。午後は、高校で英語教師をしている「阿姨」（*a i*＝MS＝母の姉＝蔡家）が暮らす市街地のマンションを訪れ、近所の子どもたちと一緒に勉強を見てもらい、宿題もそこで済ませている。

（3）張ウェイチーを世話する人々：義理の親子関係

次に、張ウェイチーの場合を見てみよう。その前に確認しておくべきは、彼を取り巻く複雑な義理の親子関係である。ところで、張アーグンと妻・黄アーギムは女の子が大好きで、女児誕生を切望していたが、男児しか授からなかった。そこでアーグン夫妻は、妻方の「査某孫仔」（*za bvoo sun a* ＝ BD ＝兄の娘）に当たる黄アーホイを契査某団（＝義理の娘）として迎え、可愛がっていた。

契査某団とは、親子の契りを結んだ娘を指す。一般に、親子の契りとは、やんちゃな子や病気がちの子に実父母とは別の親を与え、解決を図るという民俗的な方法である。アーグン夫妻は、息子たちより少しだけ幼いアーホイが愛しくてたまらず、彼女と義理の親子関係を結んだ。夫妻は事あるごとにアーホイを自分たちの船に呼び、食事をともにするなどしており、息子のゴッギャンやジーギャンにとっても、アーホイはまるで実の妹のような存在だった。

長じたアーホイは縫製工場で働くようになり、連家船漁民出身で旋盤工として働く楊姓の男性と結婚した。アーホイ夫妻には、娘・楊スーピン（二〇〇〇年生）と息子・楊インジェ（二〇〇六年生）がいる。アーホイが娘・スーピンを生んだのと同じ年、アーグン夫妻にも孫のウェイチーが誕生した。しかし、ウェイチーは三歳ぐらいになると、親の言うことをまったく聞かず癇癪ばかり起こすようになっていた。これに手を焼いた両親は、ウェイチーに契老爸（＝義理の父）と契老母（＝義理の母）を探すことにした。そこで選ばれたのが、黄アーホイとその夫であった。

二〇〇五年頃、ジーギャン夫妻が渡し船の仕事をはじめて船に住まうようになると、まだ幼かったウェイチーは、義理の親であるアーホイ夫妻が市街地に購入したアパートへ預けられることになった。ウェイチーは、そこでスーピンやインジェと寝食をともにしながら、幼稚園や小学校に通った。祖父母が帰港すると、ウェイチーはその船で食事を摂ったり、寝泊まりしたりすることもできた。ウェイチーが自宅へ戻るのは、両親が長期休暇で帰宅する年に数日間だけだった。一年のほとんどの時間を義理の両親のアパートで過ごすという生活は、二〇一〇年になってジーギャン夫妻が渡し船をやめるまで、約五年間にわたってつづいた。

（4）父方・母方に跨る陸上の親族ネットワーク

船上生活をつづける連家船漁民の子育ての実践へと注目する時、陸上の家屋に同居する権利をもつ世帯構成員として家族の範疇を捉える見方は、ほとんど意味をもたないことがわかるだろう。彼らの理念的な居住行動に目を向ければ、父母・兄弟夫婦・その子どもから成る、きわめて父系的な結合としての家族の姿を認めることができる。しかし、一方では世帯構成員の大多数が、夫婦ごとに、あるいは単独で陸上の家屋を離れ、船に住まいながら別の小さな世帯を形作るという二重の構造をもっている。学校教育が陸上でのみ展開される以上、どちらのレベルの世帯も、日常生活のなかで子育てに関与することはほとんど不可能である。

そこで登場するのが、定住用根拠地のSm漁業社区や、周囲の市街地・農村といった陸上に暮らす人々の間に広がる、父方・母方の親族ネットワークである。つまり、船上生活をつづける連家船漁民にとって、家族・親族というのは、互いに緩やかな境界線を保ったまま、自在に伸縮してゆく可能性をもつ関係性の束として存在しており、そのことこそが重要な意味をもっている。

なかでも、こうした家族・親族のつながりをより強固なものとしているのが、「契老爸・老母―契査甫囝」（＝義理の親―子）という擬似的な親子関係である。

通常、福建省南部や中国各地で見られる義理の親子とは、半ば儀礼的な関係性で結ばれるものであり、義理の親となった者が、子を引き取って育てることは想定されていない。ところが、張ウェイチーの例では、義理の両親が子の面倒を一手に担っている。つまり、現在でも移動生活を基礎とする連家船漁民の場合、義理の親子という本来的には儀礼的な意味しかもたぬように見える関係性が、血縁で結ばれた実の親子関係を補完する形をとりながら、実際の日常生活の場面でも大きな役割を果たしているのである。

第三節　連家船漁民にとって「家」とは何か

長年の間、陸上に土地や家屋をもたず船で水上を漂うという生活形態や、そこから派生する身体的特徴などを指標として、白水仔・白水婆、水鴨仔、船底人・船底婆仔、曲蹄仔といった蔑称で呼ばれてきた連家船漁民。彼らは、一九五九年にはじまる陸上定居政策の後、長い時間をかけて、陸上に自らの家屋と呼べるだけの一定の空間を確保することに成功してきた。彼らにとって、とにもかくにも陸上に自らの家屋を獲得するということが、大きな夢でありつづけてきたかのようである。以下では、張アーグン一家を例に、連家船漁民にとって、家屋の獲得がどのような意味をもってきたのかを考えてみよう。

(1)　家屋をめぐる家族の葛藤

1　核家族から父系拡大家族の実現へ

(1)　父系拡大家族居住の実現

張アーグンと黄アーギム夫妻が一九九四年に二〇万元を費やして購入したアパート。九龍江本流の畔に建つそれは、一二〇平方メートルもの面積を有するものだった。夫妻は、家屋がなくては息子たちの結婚に障るだろうと考え、長男・次男、それぞれの将来の妻子のためを思って、アパートの購入を決めたのだ。とりわけ、妻アーギムは、長男・次男が結婚後も、このアパートに住まいつづけることを強く望んでいた。

結果的に、このアパートは、アーグン一家が当時乗っていた拖蝦船とは比べものにならぬほど多い人数の収容を可能とした。息子たちは二人とも、夫妻のもとから独立せずに済んだのだ。ここに住まう権利をもったのは、アー

写真 5-26　張アーグン一家の厝公

グン夫妻、長男と次男、それぞれの妻、やがて生まれたそれぞれの長男である。（実際どうかはともかくとして）三つの核家族から成る合計八人の拡大家族が、三つの寝室を分けて用いながら、一つの家屋に住まうことになったのだ。(7)

（2）家屋を守る厝公の登場と「一家伙阿」の一体感

ところで、アーグン一家のアパートには一九九四年の入居から間もなく次のような厝公（＝神明）が安置された。①佛祖（＝観音菩薩）、②三平祖師公(8)（*Sam piaN zoo su gong* ＝漳州市平和県三平寺の開祖）、③土地公の神像と、④天公（＝玉皇上帝）の香炉、⑤竈君（*Zao gun* ＝竈の神）の神画・香炉である（写真5―26）。一家は、これらの厝公に、家屋の安全・豊漁・水上労働の安全、家族八人の健康を託すことにしたのだ。

③を除く厝公は、アーグン夫妻が以前から信仰していたものである。これに対し、③土地公は、船では祀る必要がないものと考えられていた。土地公は、土地を守る厝公だからだ。しかし、陸上に建つ家屋には、土地公による加護が必要だと聞き及んだアーグン夫妻は、土地公を祭ることにした。

こうして、アパートの購入を機に、それまで漁船で祀られていた厝公と新たに招いてきた厝公すべてが家屋へと移されることになった。その後、毎朝晩の焼香、毎月陰暦二日・一六日と各厝公の誕辰や記念日に食事を用意して、厝公とその臣下へ食事や紙銭を捧げる行為は、基本的には家屋でおこなわれることになった。これを経て、アーグン夫妻と長男家族、次男家族の計八人は、このアパートに住まう権利をもつだけでなく、新たに登場した家屋の厝公によって庇護されるべき「一家伙阿」（*zit gE hue a* ＝一つの家族）としての一体感をもつことになったのである。

2　立ち退きによって引き起こされた家族の分裂

張アーグン夫妻にとって、一九九四年に購入した分譲アパートは当初、子が結婚し、孫が結婚した後も家族の成員を増やしながら、一家伙阿としてともに住まうことを可能にする家屋となるはずだった。一度購入すれば、未来永劫まで使用権が保証されるものと想定したからこそ、夫妻は借金をして高額を支払うことに決めたのだった。ところが、二〇〇八年の年始になると、九龍江沿岸に堤防を造り、道路を拡張することを主目的とした「龍海市南溪湾新城総体規画」なるものが発表された。アーグンのアパートも計画の範囲内に含まれ、一家は立退きを命ぜられることになったのである。以下に、この予期せぬ立退きによって引き起こされたアーグン一家の葛藤から、揺らぐ一家伙阿の観念を見ていきたい。

(1)　立退き命令と「安置房」の補償計画

立退きには、いくつかの条件が認められていた。それは、①使用権を有していた家屋の面積に応じて、龍海市内に新たに二か所設けられる「安置房」(＝立退き者に割り当てられる集合住宅)に、一定面積の部屋を無料で確保できること。②通知後、決められた時間内に立退きに応じる場合、安置房が完成するまでの二年間、部屋を賃借するための料金を一定額まで市が補償することなどであった。その結果、アーグン一家は、①安置房に合計一三〇平方メートルまでの部屋を補償してもらえること、②賃借先の部屋面積に合わせ、毎月一平方メートル当たり三〇〇元の賃料を市に補填してもらうことが決まった。

ただし、問題があった。二年後に完成する安置房には、七〇平方メートルと八〇平方メートルの部屋しかないとの情報がもたらされたのだ。アーグン一家の希望は、これまでどおり、一家伙阿の八人が共に住まう空間を得ることだったが、八〇平方メートルではそれは叶わない。それならばせめて、安置房の同棟・同階の隣同士の部屋を二つ補償してもらい、容易に往来ができるようにしたいと皆が考えていた。大勢が参加する抽選により部屋割りが決められるという状況のもと、一家は考え得るすべての伝《つて》を頼って、同棟・別階に七〇平方メートルと八〇平方メートルの部屋を確保した。理想どおりではないが、八〇平方メートルの部屋をアーグン夫妻と長男家族が、七〇平方メートルの部屋を次男家族が使おうと一家は相談していた。ただし、二部屋の内装代約二〇万元のほか、超過分二〇平方メートルにかかる六万元は、一家が自己負担することになった。

当然ながら、二〇万元で購入した以前のアパートよりも狭く、分断された二つの空間に引っ越しを迫られること、そのような空間に大金の二六万元を費やさねばならぬことに対する怒りはアーグン一家についてまわった。しかし、一家が遠く離れた場所で別々に住まうという最悪の事態は何とか避けられるということで皆、一応は納得したようであった。

（2）予期せぬ分裂

話し合いや画策をつづけながら、アーグン一家は安置房完成までの仮の住まいを賃借する準備を進めた。計八人が住まう空間を賃借することは困難だったので、一家はSm漁業社区近隣で二つの物件を探すことにした。最終的に、アーグン夫妻と長男家族の五人は農家の一室を、次男家族三人は、アーグンの弟・張ゲーチュンが結婚予定の息子のために購入していた中古分譲マンションを賃借することになった。

夫妻と長男家族が借りた農家の一室は、三〇平方メートルで居間と寝室だけ、台所は吹き曝しの裏庭にあるという、簡素で使い勝手の悪い造りだった。アーグン一家の厎公は、仮にここへ移されることになった。対する次男家族が借りた分譲マンションは一二〇平方メートルと広く、二つの寝室、豪奢な居間と使い勝手のよい台所、シャワールーム兼トイレがついており、家具も揃っていて以前のアパートよりも住み心地のよい空間だった。使用予定だったゲーチュンの息子は結婚話が進まず、当分の間ここには住まないという。ここには、前住人の祀っていた関帝公（＝関帝）や土地公の神像・香炉が安置されたままになっており、アーギムの勧めで次男夫妻は自分たちが家屋にいる時だけは、これらの尪公の祭祀を怠らずにおこなうことにした。

しばらくすると、家主であるゲーチュン親子が、このマンションをさほど気に入っていないことが判明した。それを聞きつけた次男・ジーギャン夫妻は、水面下でゲーチュン親子と連絡を取りはじめた。そして、安置房完成時にジーギャン夫妻が住むはずの七〇平方メートルの部屋をゲーチュンの息子に譲渡し、自分たちはゲーチュンからこの分譲マンションを買い取る話を取りまとめたのだ。高額な分譲マンションと安置房の差額分については、ジーギャンの妻・張シュウディンの実家から借金をして支払うことにした。

（3）家屋の分裂

ジーギャン夫妻が分譲マンションを買い取ることになったという話はやがてアーグン夫妻の耳に入り、大問題を引き起こすことになった。怒りに震えたのは妻・アーギムだった。アーギムの夢は、彼女が考えるところの一家伙阿で同じ家屋に住まうことであり、彼女にとって、一家伙阿とはすなわち、以前のアパートでともに住まう権利を有していた計八人であった。安置房では同室に住まう夢は叶わぬが、それでも同じ棟を獲得できるならばと、一家で金銭を工面していこうと決めたばかりなのに、なぜ、次男家族だけが離れてしまうのかというのが、アーギムの怒りの理由であった。

これに対して、ジーギャン夫妻は、そもそも安置房で八人が同じ空間に住まうことは不可能なのだから、自分たちが家屋を購入したところで、内実はそれほど変わらないという考えをもっていた。しかも、安置房とジーギャン

写真 5-27　完成した安置房

家族の分譲マンションとは徒歩で三分もかからぬほどの距離にある。一家伙阿として互いの間を行き来することは簡単にできるのだから、大した問題ではなく、それよりも自分たちが条件のよい分譲マンションを手に入れたことを喜んでくれてもよいはずだというのが、ジーギャン側の言い分だった。

成員のほとんどが船での移動生活を送っていたアーグン一家は、皆が陸上へと戻ってくる時を利用し、長男家族をも巻き込みながら議論をつづけたが、アーギムもジーギャン夫妻も半年以上譲らず、互いに周囲に悪口を漏らすという状態であった。しかし、最終的にはアーギムが折れ、年に数回の節句にはこれまで通り、一家伙阿で集まり食事をともにすること、そして、両家の頻繁な往来を維持することなどを条件に、ジーギャン一家が分譲マンションに住まいつづけることを許したのである。

結局のところ、安置房は立退き命令から四年後の二〇一三年春節前に完成した（写真5―27）。アーグン一家は、安置房の八〇平方メートルの部屋をアーグン夫妻と長男家族（＝計五人）が、そして分譲マンションを次男家族（＝計三人）が、家屋として用いることになった。それまで八人だった一家伙阿は、観念上は相変わらず一家伙阿でありつづけているものの、生活空間としての家屋は別々にするという形式をとりながら暮らしている。

（４）家屋を庇護する阤公の分裂

家屋の分裂にともない、立退き前のアパートではアーグン夫妻・長男家族・次男家族の計八人を庇護する役割を担っていた家屋の阤公たちは、基本的にはアーグン夫妻と長男家族だけを守る家屋の阤公となった。次男家族のほうは、分譲マンションの前住人が置いていった関帝公と土地公を、正式に自分たちの家屋の厝公として祭祀することになった。こうして、アーギムが理想とするところの八人を含む一家伙阿は、生活空間のみならず、自分たちを庇護してくれる厝公をも分裂させるという結果になったのである。

3　家屋をめぐる葛藤から浮かび上がる一家伙阿の姿

張アーグン一家のなかでも特に妻・アーギムは、連家船漁民が伝統的に理想としてきた居住方式（＝核家族での同居）を拒否し、息子たちの結婚後もその妻子を含めた拡大家族で一つの空間に住まうという居住形態を強く望んでいた。その居住形態は、一九九四年に分譲アパートを購入したことにより、未来永劫まで保障されるはずのものであった。先に見たように、実際に広いアパートで毎日寝泊まりできたのは、長男の妻と息子だけだった。いくらアーギムが「家屋には八人の一家伙阿で暮らすのが理想だ」と主張したところで、八人全員が家屋に揃うのは一年に数回といったところだった。それでも、アーギムにとって家屋は、いざとなれば観念上の一家伙阿が一同に住まうことができる容器として、大きな意味をもっていたといえる。

これに対して、次男・ジーギャン夫妻が考えたのは、より実際の生活に即した形の家族のあり方であった。そもそも、蝦引き網漁船を下りた後、アーグン夫妻・長男家族・次男家族は個々に船上・陸上に分かれて生活しており、アパートの獲得を以てしても、伝統的な居住方式を解消し、拡大家族による同居を実現することはできなかった。ならば、今さら窮屈な環境で八人という一家伙阿が同居の形をとる必要などなく、アーギムの考える、より大きな一家伙阿という範囲は、各自がそれぞれ心のなかで想像すればよいという論理である。

(2)　家屋をもつことの意味

二〇一五年夏現在、アーグン夫妻は、延縄漁や刺し網漁をしながら木造船で暮らしている。長男は、砂船で副船長を務め、その妻は工場労働をしており、息子は厦門の宿舎つきの専門学校へ通っている。八〇平方メートルの安置房は、長男の妻が夜、帰ってきて寝るための場所となっている。対する次男は、機械工場に勤務、その妻は、癌の罹病が発覚し、化学療法を受けるために入退院をくり返している。次男の息子は、父母のもとから中学校へ通学しており、分譲マンションは、次男家族三人が食事を摂ったり、寝たりするための空間となっている。以下では、船上での漁をつづけるアーグン夫妻に注目しながら、家屋の日常的な用いられ方と家屋が果たす機能について概観してみよう。

1　家屋の用いられ方

アーグン夫妻がSm漁業社区附近の港に帰港するのは、夏の休漁期（＝二か月半）、年に四回の祖先祭祀、端午節・春節など節目となる日のみである。実は、安置房の完成後、夫妻が住まう予定だった長男の家屋に帰宅することはほとんどない。四階までの階段の上り下りがつらいこと、台所が狭く使い勝手が悪いことが主な理由である。

それでは、アーグン夫妻はどこへ帰宅するのか。彼らは、船をSm漁業社区附近に停泊させると、捕れたての魚をもって次男家族の分譲マンションへ赴く。真っ先にするのは、沐浴と洗髪である。というのも、船上では使える真水が限られ、専用の空間もないことから、洗髪はともかく、身体はタオルで拭くのがやっとだからである。その後で昼食をこしらえると、次男家族とともに食事を摂る。食後は居間の長椅子や孫のベッドを使い、夫婦別々に昼寝をする。

2　帰港中の船上生活

夫妻は昼寝から起きるとすぐに漁船へ戻り、網を繕ったり錘をつけたりする作業に取りかかる。作業の合間には、ほかの船の連家船漁民と語らい、互いの船を訪れてお茶を飲んだり、ポーカーや囲碁をしたりもする。普段は陸上で暮らす連家船漁民のなかには、多くの船が帰港してこうしたにぎやかな場が作り出されるのを心待ちにしている者が大勢いる。彼らは兄弟姉妹・子・友人などの漁船が帰ってくると、楽しそうに漁船を訪れ、おしゃべりに夢中になったり、漁船の作業を手伝ったりする。アーグン夫妻の場合、孫が学校から漁船へ帰ってきて宿題を済ませることもある（写真5―28〜5―30）。

このほか、帰港時には船で必要な米やプロパンガスを商店から購入したり、大量の肉を買って船で自家製ソーセー

写真5-28　茶を飲みながら囲碁に興じる

写真5-29　普段は集合住宅に住まう妹（左）が姉の漁船を訪れる

写真5-30　学校から帰り、船で宿題をする

写真 5-31　自家製のソーセージ

ジを作ったりすることもある（写真5―31）。それどころか、アーグン夫妻は長男や次男が自宅で使用する布団や毛布を船へ運び、洗濯することさえある。室内の狭い洗面台よりも、船上のほうが洗濯に向いているからだ。

夕方になると、その日の夕食を船で食べるか家屋で食べるかを決める。漁船で食べる場合には、粥と数種類のおかずを作り、孫を呼んで一緒に食事を摂る。家屋で食事をする場合には、船上で下ごしらえした材料を次男の分譲マンションへもち帰り、簡単な食事をこしらえて皆で食べる。食後、アーグン夫妻はいつも、懐中電灯や家屋で充電した蓄電池といったものを抱え、二人で漁船へ戻り就寝する。「船上は、冬は寒いが、夏は家屋よりも涼しくて心地がよい。それに夜に万が一、泥棒がやってきて漁網や漁具を盗られてしまったら怖いから」というのがその理由であるらしい。

3　一年に数日のみの家屋での寝泊まり

私の観察と、家族の話から得た情報を総合すると、アーグン夫妻が陸上の家屋で寝泊まりするのは、一年のうち、一～二日だけである。帰港中に台風が襲来した時、あるいは除夕（＝陰暦一二月三〇日夜）などに次男の分譲マンションで一晩だけ、泊まるのだ。特段問題がなければ、年によっては一年に一度も家屋に寝泊まりしないことさえある。つまり、アーグン夫妻は、Sm漁業社区へと帰港しても、厦門島近海で漁をしながら海上の停泊拠点で生活の一切をこなす時と同じように、ほとんどすべての時間を、漁船の上で過ごしているということになる。異なるのは、Sm漁業社区附近の停泊拠点のほうが、船上から陸上への移動が容易であるということぐらいである。

4　家屋がもつ機能

アーグン一家にとって、家屋とは、どのような空間として機能しているだろうか。表面的な理解によれば、そこは①一家伙阿を守護する厓公の安置、②大型の家財道具・季節外れの洋服・食品の保管、③ごく限られた成員の安眠を確保する空間と理解できる。また、春節など主要な節句には長男家族・次男家族がどちらかの家屋に集まって食事をともにすることから、船での移動生活を送る者が多くを占める一家にとっては、家屋の存在が、一家伙阿をつなぐ結節点となっているようにも見える。

アーグン一家が涙ぐましい奮闘を経て、獲得してきた陸上の家屋。しかし、一家にとって、とりわけアーグン夫妻にとって、家屋が果たすこれらの機能は、どれも、彼らが陸上への定住を遂げたことを意味するには不十分である。なぜならば、一家の流動的な生活は、陸上と船上の間を揺らぎながら、最初の家屋の獲得から約二〇年が経過した二〇一五年までつづいているからである。

(3)　連家船漁民にとって「家」とは何を意味するのか

実は、陸上と船上の間でくり返される流動的な生活のあり方は、アーグン一家に限ったことではない。家屋の獲得後も船での移動生活をつづける連家船漁民に共通するのは、生活のさまざまな側面において、家屋よりも船のほうが、大きな役割を果たす空間となっているということである。それならば、連家船漁民はなにゆえに、陸上の家屋を追い求めてきたのかと問う必要があるだろう。

1　家屋の獲得＝差別的なまなざしからの解放

想起したいのは、一九六〇年前後から開始された陸上定居政策（＝集合住宅の建設と分配）が、現在の連家船漁民の間では、政府による強制的な定住促進政策などではなく、悲願達成の物語として記憶されているということである。「家屋さえあれば……」とは、連家船漁民がしばしば口にする言葉である。「家屋さえあれば、農村の女性を娶ることもできただろう」、「家屋さえあれば、巨大台風で家族を失うこともなかっただろう」、「家屋さえあれば、子どもたちも学校で馬鹿にされることはないだろう」など……。

なるほど、家屋を獲得することは、船だけが住まう空間だった頃から、連家船漁民が夢見ていたことだったのだ。たとえ、手に入れた家屋が、実質的には神明が鎮座するだけの空間に見えるとしても、家屋をもつ限り、かつて農村や市街地の人々から向けられた嘲笑や侮蔑といったものから、自分たちを解放してくれるとの期待が、連家船漁民の間にはありつづけてきたということだ。つまり、土地や家屋に関して、陸上で育まれてきた価値観は、それに近づきたいという連家船漁民の思いとは裏腹に、それに近づくことを阻む障碍が立ちはだかるというそのことのために、逆説的に、陸上の人々よりも強く意識されてきたといってよい。

だからこそ、陸上定居政策は、一方では、流動的な生活を送る人々を強制的にある土地へ縛りつけることで管理を容易にしようという、当時の為政者たちの政治的企図を根底に潜ませながら、表向きは、「国家の主人たる連家船漁民を、生命の危機から守るための思いやり」という体裁を取ることが可能だったし、「家屋を与えてくれた政府よ、ありがとう。毛主席よ、ありがとう」との評価を得ることができたのだといえる。定住用の集合住宅が完成すればそこへ入居したい、改革開放後に集合住宅が払い下げになればそれを購入したい、現金収入が入ればアパートを賃借したい、貯蓄が増えれば分譲アパート・マンションを購入したい、それらが無理なら、低家賃住宅に入居したいという思いは、ごく自然な欲求として連家船漁民の間で認識されており、また実践されてもいる。その欲求はもはや、「なぜ家屋を手に入れたいのか？」という問いに対する答えを言語化させないまでに、強く内面化されているといえる。

2　家屋の獲得≠定住

集合住宅を建てさえすれば、連家船漁民は居所を陸上に移すだろうという、陸上定居政策の策定者サイドの予想は、ある意味ではそのとおりとなった。約五〇年という長い時間をかけて、Sm漁業社区に所属する連家船漁民の戸籍登録上の現住所は、数世帯を除けばすべて陸上の家屋となったからだ。しかし、そのことがすなわち、「連家船漁民は定住するに至った」という結論を導くのかといえば、それがまったく的を射ていないことは明らかである。

多くの研究者が想定してきたような、「船上での移動生活は家屋の獲得により、ゆくゆくは終焉を迎えるもの」との図式は、連家船漁民の間で共有されているとはいい難い。たとえば、中学・高校を卒業した後、あるいは本当であれば小学校へ通うべき年齢の時から、両親とともに漁船での移動生活に親しんで漁法や操船技術を学び、長じてからは、漁船を両親から引き継いだり、新造したりして、本格的に漁をはじめるという若年層は、現在も一定の割合で存在しつづけている。

張アーグンの長男・次男がそうであるように、現在一〇～四〇代の若年層の多くは、陸上で生まれ、両親や親族により家屋・保育園・学校を中心とした陸上の世界で育てられてきた世代である。船上へと生業の場を求める若年層の登場は、幼少期から船上で育ってきた世代のみならず、陸上で育った若い世代にとっても、水上と陸上という二つの世界は明確な境界によって隔てられているわけではなく、水上の世界が一方的につらく、悲惨な要素に彩られているわけでもないということを教えてくれるものにほかならない。

つまり、家屋を獲得したからといって、生業を陸上に移すことや、住まう空間を家屋だけに限定する必然性など、どこにもないのである。家屋を獲得した後の連家船漁民にとって、家族の生産・生活・祭祀といった活動とは、水上の船と、陸上に広がる自身の家屋や、家族以外の複数の家屋のつながりとを往来しながら営むものであり、それはごく自然に実践されている。その意味で、家屋の獲得に関しては陸上世界の価値観を強く反映してきた連家船漁民も、そこでいかに住まうのかという方法については、陸上世界の価値観に対してまったくといってよいほど頓着しない姿勢を見せている。このことは、中国の水上居民に関する従来の研究で無批判に前提とされてきた、「弱者として生きてきた水上居民は、水上を離れて陸上の世界へと適応あるいは同化したがっている」とする視点を、強く否定するものとなる。

第四節　まとめ——船に住まいつづける連家船漁民

(1)　船での移動生活とそれを支えるネットワークの持続性

一九五九年の陸上定居政策開始から、およそ五五年。すでに連家船漁民の九九％が、何らかの形で陸上に家屋を確保しているという現在、彼らがなおもつづける船での移動生活とは、次のような二種類の移動を含むものとして成り立っている。それは、①Sm漁業社区のそばを流れる九龍江本流の停泊拠点と、厦門島近海や台湾海峡の間において二週間〜三か月の周期でくり返される移動、そして、②厦門島附近や台湾海峡の海域に慣習的に定められてきたいくつかの水上の停泊拠点と、季節や追い求める魚の居場所によって変わる漁場の間で、一日を周期としてくり返される移動である。

第一章で見たような、いわゆる「伝統的な」連家船漁民のものと比較すると、その移動生活には次のような変化が出現している。すなわち、ⓐ生活・生業圏が広範囲に及ぶようになった。ⓑ九龍江沿岸部の農村へ直接赴き、路上で物々交換をすることがなくなり、漁獲物を問屋に卸したり、公設市場で管理料を支払って販売したりすることで現金を得るようになった。そして、ⓒ船での移動の間に、戻ることのできる恒常的な家屋が登場した、といった変化である。

しかし、それらを考慮に入れても、基本的な移動の形態というのは、家屋を獲得した後でも基本的にはその性格を変えていない。「伝統的な」連家船漁民も、①長期的なサイクルでは、根拠港と漁場の間を、そして、②一日のサイクルでは、漁場と出漁先の停泊拠点の間を、それぞれ移動していたのであり、根拠港が新たにSm漁業社区近辺の九龍江本流へと変化したところで、そして、使うことのできる家屋が登場したところで、移動生活の性格自体はさほど影響を受けていないのである。

このように、現在でも船での移動をつづける連家船漁民にとって、なくてはならないのが、出漁先の魚問屋や市場の（買い手としての）客、あるいは（売り手としての）店主、港湾の管理人といった陸上のネットワークと、「昔から、同じ九龍江河口で船に住まってきた者同士」という顔見知りの関係で結ばれた、（Sm漁業社区に所属する者に限定されぬ形で広がる）連家船漁民のネットワーク、大型船の乗組員、軍港の軍人といった水上のネットワークである。後者のほうは、集団化政策により経済的な結合を失うことなった漁船幇や、漁船幇内の父系出自集団（＝角頭）といった関係性に代わるものとして出現している。

さらに、帰港先のSm漁業社区を中心につながる陸上の家族・親族ネットワークを総動員した子育ては、中国社会を生き抜くためには、もはや学校教育が不可避であるというきわめて現代的な状況を如実に表している。なぜなら、将来、船に住まうことをやめて陸上の工場や役場などに勤めようとすれば義務教育以上の学歴が必要であるし、反対に船に住まう生活をつづけたいと願っても、一定の講習と筆記試験を受けて船舶操縦免許を取得しなければ、船主となることはできず、そのためには最低限の識字能力が要求されるというのが現状だからだ。

ただし、かつての「伝統的な」連家船漁民のなかにも、数は少ないながら、根拠港のある農村の川岸に廃船を据え、魚寮を造ってそこに暮らしていた老人たちがいたこと、そして、その老人たちは農村の国民小学校へ通う連家船漁民の子女を受け容れて、寝食の面倒を見ていたことを考えるならば、陸上のネットワークが水上での移動生活を支えるということ自体は、従来の形を保ちつづけているといってよい。

(2)　家屋の希求が意味すること――差別からの解放と定住の拒否

九龍江河口各地に分散していた根拠港が現在のSm漁業社区附近へと一括され、そこに集合住宅をはじめとする各種の家屋を獲得したことは、ある一面では、連家船漁民の住まうという営みに大きな変化を与えている。そもそも、彼らにとって船とは、交通の手段・生業の道具・生活の場・子どもを生み育てる場・信仰の場が混然一体となった空間であり、まさに、「住まう＝生きる」ことを可能にする空間であった。ところが、中華人民共和国建国以降に全国で展開された一連の政策は、連家船漁民にも他集団と同等の均質な国民としての地位を与え、陸上に接近しさえすれば、彼らも教育・福祉・医療・衛生といったものを享受し得るようなシステムを確立していった。結果的にはこのことが、子どもの出産・教育、病気の治療、死といったものを船から引き離し、陸上の病院・学校・家屋などへ移すことにつながったのである。

だが、こうした大きな変化を経ても、船での移動をつづけようとする人々にとって、その日常的な生活のありようは、土地・家屋を有さず船に住まっていた時から、さほど性質を変えているようには見えないというのもまた、揺るがぬ事実である。このことを、私たちはいかに理解すればよいだろうか。多くの研究者が断じてきたように、連家船漁民もまた、「悲惨でつらく、屈辱的な船上生活からの脱却が、未だ叶わぬ状態」のまま、とどめ置かれていると評価すべきなのだろうか。

より深い理解へと至るために、今一度、第一章で確認したことへと立ち返ってみよう。周囲から連家船漁民に投げかけられてきた白水仔・白水婆、水鴨仔、船底人・船底婆仔、曲蹄仔といった名の数々。これらはまさに、陸上に土地と家屋を有さず、船に住まいながら根なし草のように河を漂い、漁撈や水上運搬に従事するという生活・生業形態と、そこから不可避に派生する身体的特徴を指標としてつけられたものであった。連家船漁民のほうは、そうした名を拒みつづけてきたのだが、それでも、彼らが農民や市街地の人々、そして土地・家屋を所有する一般的な漁民から自らに向けられる侮蔑的なまなざしを痛感してきたことは間違いない。

ただし、注意すべきは、連家船漁民の側からすれば、周囲からの侮蔑的なまなざしというのは、あくまでも自分たちが陸上に土地と家屋を有さないことに対して向けられたものであって、船に住まうこと、移動を基礎とした生活を送ること、あるいは水上での労働に従事することに対して向けられたものではなかったという点である。その証左が、もはや言語化されぬほどにまで内面化された家屋獲得の希求と、生業と住空間を陸上だけに限定する(いわゆる)「定住」状態の拒否という、一見すると相容れぬようにも思われる事象の併存状態である。

(3) 連家船漁民から見る陸上/水上の境界性

実に労働人口の七七%を超える連家船漁民が水上労働に従事し、陸上で育った経験しかもたぬ若年層のなかにも、漁船での移動生活に慣れ親しみ、最終的には漁船を譲り受けて独立する者が多いという事実。これは、水上の世界、あるいは水上に住まうという営みが、周囲からいかにまなざされようとも、連家船漁民自身にとっては、つらく、貧しく、悲惨なものであるわけではないことを示している。そこから見えるのは、陸上/水上という二つの世界の間に、それほど明瞭な境界を設けずに、境界をいとも簡単に乗り越えながら、どちらにも跨った生活を営もうとする連家船漁民の姿である。

くり返すが、そもそも、農民・市街地の人々・一般的な漁民／連家船漁民という二者の間に、陸上に土地や家屋をもつか否か、あるいは人生の大半の時間を家族とともに船上で過ごすか否かといったことを指標としながら、明瞭な境界線を引いてきたのは、連家船漁民の側ではなく、それ以外の（研究者も含めた）他者であった。これに対して、連家船漁民の側は一貫して、「自分たちは討海人（＝漁をする者）・掠魚人（＝魚を捕る者）である」と主張しつづけてきたのだが、この言葉を借りるならば、連家船漁民にとっては、陸上に家屋を獲得しようがしまいが、自身は今も昔も、陸上・水上のはざまを生きる討海人・掠魚人でありつづけているということになるだろう。

こうした姿は、「移動／定住」という二項対立的な図式や、「弱者として生きてきた船上生活者は、水上を離れて陸上の世界へ適応あるいは同化したがっている」とするアプリオリな視点を、水上に生きる連家船漁民の上方（つまり、陸上の世界）から一方的につきつけ、家屋の獲得を以て「彼らはもはや定住している」、あるいは「彼らはやがて完全な定住を遂げるだろう」といった判断を下す態度を拒否することによってはじめて、見えてくるものなのである。

註

（1）　二〇〇八年の前半までは、オリンピック景気ともいえる好景気がつづいていたことを、私も肌身で感じていた。私は二〇〇七年六月から中国政府の奨学金を受け、厦門大学人文学院人類学・民族学系に高級進修生として在籍していたが、一年間は月に一四〇〇元の奨学金を得ていた。当時、留学生の多くが賃借していた厦門大学周辺のセキュリティ万全の清潔なワンルーム・マンションで、毎月の家賃が相場一〇〇〇～一七〇〇元だった。一四〇〇元の奨学金はさほど高額には聞こえないが、奨学生には学内の留学生寮の入居費や学費がすべて免除されたことを考えれば、一四〇〇元あればアルバイトをせずに十分生活していけるという状況にあった。ところが、二〇〇八年六月に入って年度が替わると、奨学金が急に二〇〇〇元まで増額されることになり、「今まさに、中国は好景気に沸いているのだ」と実感したのだった。ただし、それは一方で物価にも値上がりが起こる可能性を示しており、事実、このあたりから、食品から不動産に至るまで、さまざまなものの値段が急激に高騰してゆくということになった。

（2）リーマン・ショックによる経済の大打撃も記憶に新しい。Sm漁業社区で私を娘として受け容れてくれた家族のうち、私の兄嫁に当たる王ビージェンは、欧米向けに製品を輸出する台湾資本の靴工場に勤めており、そこで長年、事務の仕事をしていた。ビージェンは、朝七時半頃から仕事をはじめ、途中、昼と夜の休憩を挟んで、夜の一〇時頃まで残業するという生活を長らくつづけていたが、リーマン・ショックの直後から、工場は生産ラインの縮小を迫られ、龍海市内に二か所あった工場のうち一か所は閉鎖、休日出勤や残業は一切許されないということになった。休日出勤や残業の手当がつかなくなったために、ビージェンがもらえるのも基本給のみとなり、給料はそれまでの半分ほどに減ってしまったことを鮮明に覚えている。

（3）近年、温暖化により中国近海の水温は上昇の一途をたどっており、海洋生物の産卵時期も早まる傾向にある。春に小型漁船が近海漁業をつづければ、生態系に大きな影響を及ぼすことは目に見えている。従来の制度から、休漁期間をくり上げたことには、産卵期の成魚・幼魚の保護を図る狙いがあった。

（4）これは、Sm漁業社区が、九龍江本流の川岸を自分たちの土地として所有していないことによる。すなわち、一九六〇年代以降、九龍江支流の畔に定住用根拠地となる土地を得て、その支流を漁港として整備した後も、そこはあくまでも船を停泊させるだけの空間として機能してきたのであり、水産物の養殖を展開できるような場所とはならなかった。連家船漁民の間でしばしば聞かれる恨み言といえば、「なぜSm漁業社区の党支部書記は、自分たちのために資金を投じて、養殖をできる場所と設備の確保をしてくれないのか」というものである。そこには、養殖を開始しさえすれば、漁撈だけに頼る現在よりも、安定した収入が得られるのではないかという期待が込められている。

（5）ここでいう子どもとは、未婚の息子や娘の場合もあれば、結婚した後で妻子を陸上に残して両親とともに漁船に乗る息子の場合もある。印象としては、既婚の娘が両親とともに漁船で寝泊まりしながら漁をすることはごく少数にとどまっている。また、未婚の息子や娘が両親とともに漁をする場合、その大多数が義務教育の中学校を卒業した後の一六歳以上ということになる。しかし、連家船漁民の家庭では、息子や娘が学校での勉強に向いていないと両親が判断した場合や、本人たちが学校へ行きたくないと主張する場合などに、義務教育の途中であっても教育を受けさせることを断念するということも少なくない。もちろん、学校をやめた後に陸上の店などでアルバイトをする子もいるが、両親が漁をしている場合には、一緒に船に乗り、幼い頃から漁の方法を身につけるということも多い。

（6）トイレのない小型木造船でも、用を足すことは可能だ。人目につかない空間では、船尾に二台ある発動機の隙間から直接海に向かって用を足すか、船艙に小さな桶をもって潜り込み、そこで用を足して甲板に上がり、内容物を海に流すという方法を採ることができる。私は、張アーグンと黄アーギム夫妻と義理の親子の関係を結んだ後で、何度か二人の漁に同行することがあった。特に冬場の船上というのは大風の影響をもろに受けるため、とても寒く、頻繁にトイレに行きたくなるのが悩みの種であった。

私は船での生活に慣れておらず、移動中に船尾の板の隙間から直接用を足すと、足を滑らせて落下し、プロペラに巻き込まれて命を落としかねないというので、桶を使って船艙で用を足すようにとの達しが出ていた。尿意を催すたびに、母・アーギムに拙い閩南語で「おしっこ」と伝え、甲板の一部を開けてもらって、船艙に桶をもち込み、しゃがんで用を足さねばならなかった。反対に、夜、船艙で寝ている時には、そこを這い出して、誰もいない暗がりまで移動してから用を足す必要があった。そのために、横で寝る母ばかりか、甲板で寝ている父まで起こしてしまうことになり、本当に苦労した。一人で用を足すことすらままならないという状況に、大の大人がまるで赤子にでもなってしまったかのような感覚になったものである。

（7）家屋獲得以前、連家船漁民の伝統的な居住方式において、息子の結婚とは、息子夫妻婦と未婚の子から成る小規模な核家族を生み出す契機となるものであった。結婚する息子に船を新造してやることが両親の責務であり、息子夫妻婦は両親から独立した形で移動生活を営むのが理想とされてきたからだ。経済的な理由から、現実には、三世代以上に及ぶ大規模な拡大家族が一艘の小さな船にひしめき合って住まうことも頻繁に見られたのだが。一九六〇年代以降に本格化する陸上定居の動きのなかでも、初期に見られたのは、こうしたやむを得ぬ形での拡大家族の同居であった。集合住宅が不足する状況下では、親族の誰かに集合住宅が分配されれば、そこにはさまざまな関係にある複数の家族が集まってきたし、家主もそれを受け容れたからである。だが、改革開放以降、家屋が金銭による購入・賃借の対象となり、連家船漁民も定住用根拠地の外部に家屋を求めるようになると、状況は変化していった。張アーグン一家のように、ある一定以上の面積と部屋数を備えた家屋獲得に成功した連家船漁民にとって、それは、複数の核家族を含み込む拡大家族の形での共同居住を実現するための空間となったのだ。それはもはや、意図せぬ形でつなぎ合わされてゆく拡大家族ではない。（むろん例外はあるが）そうした家屋ははじめから、父系の直系家族と合同家族が住まうことを想定して購入・賃借されるからである。ここに、理想の住まい方をめぐる大きな変化を見て取ることができる。

（8）三平祖師公とは、漳州一帯や台湾などで広く祀られる神明である。唐代に漳州市平和県の三平寺を開いた楊義中という高僧が、後に仏教の神格に転じたものと伝えられている。実は、アーグンの父親である張アーロンは、結婚してすぐ、貧しくどうにもならない暮らしから脱したいと願い、根拠港から二泊三日の道のりを歩いて三平寺へと出かけ、焼香したことがあった。ただ、文化大革命期には封建的迷信とされたため、漁船に三平祖師公の神像や香炉を安置することは叶わなかった。父親から、祖師公にはすばらしい力があると聞かされていたアーグンは、改革開放後の一九七八年頃から、祖師公の誕辰とされる陰暦正月六日になると、三平寺を訪れていた。そして、自分たちの家屋を購入した一年後に、三平寺で祖師公の神像を購入して家屋へと招き、念願だった祖師公の祭祀を開始することにしたのだ。

終章　「水上に住まう」ことが意味するもの

第一節　社会変化期を生きる連家船漁民

1　「連家船漁民」とは誰か

本書の主人公、連家船漁民とは誰なのか。第一章で描いたのは、九龍江河口という地域社会において、連家船漁民／農村・市街地の陸上定住者／土地・家屋をもつ漁民という三者が相互にくり広げる、「自己／他者」の識別の様相である。互いを、いかなる集団として想像するのか。そこには、名づけと名乗りをめぐる、幾重にも錯綜したズレがあった。

船に住まい、漁撈に従事するという特異な生活・生業形態や、そこから派生する身体的特徴を指標に、「船に住む奴ら」（＝白水仔・船底人）・「カモ」（＝水鴨仔）・「足の曲がった奴ら」（＝曲蹄仔）との名を投げかけられてきた連家船漁民。一方、侮蔑的な意味の込められたこれらの名に抗する連家船漁民は、「漁をする者」（＝討海人）・「魚を捕る者」（＝掠魚人）との名乗りを見せる。そこにあるのは、自他を隔てるのは漁撈／農耕・その他という生業の差異でしかないとの主張である。だが、討海人・掠魚人を「陸の人」（＝山頂人）と対置することで、一般的な漁民を同じ範疇にあるものと見る連家船漁民に対し、漁民の側は連家船漁民をここに包摂することを断固拒否する。なぜなら、漁民のほうは、連家船漁民による主張とは別の特徴の集合を指標としながら、正統な討海人・掠魚人たる自らと、連家船漁民との間に、明確な境界を見出しているからである。

錯綜するズレのなかに存立する名の数々は、連家船漁民という集団が、地域社会においてはきわめてわかりやすい姿として想像されることを如実に物語る。広東社会や福州閩江の水上居民が「非漢族」、「漢族性を欠いた人々」として描かれるのに対し、九龍江河口の連家船漁民については、そのような印象が導かれないという事実。これは、地域差を示すものなどではない。それは、水上居民と対峙する研究者の側が、「見る者の名づけ」と、「歩く者の名づけ」のどちらに注目するかという視点の差異を反映するものにほかならない。

水上居民をめぐって現れる見る者の視点とは、別の集団の正統性・優位性や別の集団の境界を際立たせるために、水上居民を境界外部へと排除することを第一義とする思考と不可分のものである。よって、この視点に貫かれた水上居民像とは、見る者にとって重要でない事象（たとえば、水上居民がいかなる特徴を具え、いかなる生活を送る人々なのかを示す細かな事柄）を無視・歪曲することで姿を現すことになる。水上居民がいかに野蛮か、いかに漢族（の良民）とかけ離れた存在かを示すことだけが、そこでの目的なのだから。そうである以上、見る者の名づけに呼応して水上居民の側から発せられる名乗りとは、きわめて受動的なものとなるだろう（非漢族と指差されてはじめて、「自分は漢族である、中華の内側にある」と名乗りを上げるというように……）。

一方、地域社会のなかで普通にしていても耳に入ってくるような、歩く者によってなされる名づけと名乗りへ視点を移すならば、他者が想像する水上居民像も、水上居民自身が想像する水上居民像も、そして、水上居民が想像する他者の像も、すべて等しく、能動的なものとして姿を現すことになるだろう。たとえ、その間に侮蔑や対立感情が含まれようとも、それは、実際に境界を接し合って暮らすという対面的な関係のなかで、互いに差異を身近で観察しながら、何が自らと他者とを隔てるにふさわしい差異であるかをその場その場で細かく判断した結果として発せられるものなのだから。

この、見る者と歩く者という二つのレベルの名づけを区別せぬまま、地域社会のなか（あるいは、外部）から、ただやみくもに「水上居民は非漢族である」、「水上居民は漢族性を欠いた人々だ」との目立つ語りのほうだけを抽出し、それに呼応する水上居民の名乗りだけに目を向けるのだとしたら、そこで描かれる水上居民像はひどく偏ったものとなる可能性を秘めている。だが、本書の第一章で導かれる歩く者の名づけと名乗りの諸相からは、陸上の世界から疎外される連家船漁民もまた、自分たちなりの方法で（すなわち、陸上の論理の転倒ではない形で）、自己と他者を区別し、互いを意味づけるような、きわめて能動的な一面をもつ存在であることがわかるはずである。

2　土地と家屋獲得の歴史

家族で船に住まい、九龍江河口を移動しながら漁撈や漁獲物の運搬に従事してきた連家船漁民。第二章では、彼らが中華人民共和国建国後の政治的文脈において、近隣の農民や市街地住民とほとんど変わらぬように見える生活を手に入れてゆく過程を描いた。ここでの狙いは、一連の政策によってもたらされた住まう環境の変化を、個々の連家船漁民がいかに受け止め、そのなかをいかに生きてきたのかを明らかにすることにあった。

一九五〇年以降、いくつもの段階を踏んで展開された集団化政策と、巨大台風の甚大な被害を受けて実施された一九六〇年代の陸上定居政策、そして、一九八〇年代から本格化する改革開放の動き。いずれも、いわゆる「伝統的な」連家船漁民の暮らしに、ラディカルな変化を与えてきた。なぜなら、それらは、連家船漁民の生きる道を陸上へと拓いたからである。

集団化政策と陸上定居の動きは、船ごとに各地で分散的な生活を送っていた連家船漁民を人口四〇〇〇人超の巨大組織へと組み込み、彼らを生産・生活の両面から定住用根拠地へと依存させることになった。労働と居住の場の決定権は組織が一手に掌握し、それは連家船漁民を地縁（＝根拠港の共用）と血縁（＝父系出自）の論理によって結びつけていた漁船幇の紐帯をちぐはぐに集合・分断することで、新たな形の共働・共住関係を作り上げていった。だが、事態はそれほど単純ではない。ひとたび視線を彼らの日常へと転じると、そこには、結婚相手の仲介や大型底引き網漁船の経営などに際し、依然として重要な役割を果たす漁船幇内部（・間）の紐帯が顔を見せるからである。

地方政府主導のもとに進められた定住用根拠地の割譲と集合住宅の分配もまた、単純な事態ではなかった。そこからは、相反する二つの印象が導かれるからだ。為政者から見れば、それらは、人民公社・地方政府・国家が連家船漁民のような移動的な人々の管理・統治を容易なものとするために必要な、最も簡便な道具であったはずである。一方、連家船漁民にとってそれらは、従来の為政者とは異なり、共産党だけが自らの苦しい境遇を気にかけ、真の意味で救済の手を差し伸べてくれたとの評価をともなう権利獲得の出来事として記憶されている。そこには、自然の脅威から身を守り、陸上定住者から容赦なく向けられる侮蔑的なまなざしをはね返すために、土地・家屋の獲得を悲願としてきた連家船漁民と、建国前から財や権力をもたざる者のよき理解者であらねばならぬとの宿命を負いつづけてきた共産党政権の姿が見え隠れする。そう、連家船漁民の陸上定居とは、両者の目論見があざなえる縄のごとく、分かち難く結びつくことで展開されていったのである。

結果として、陸上定居は連家船漁民の教育水準を格段に向上させ、つづく改革開放は彼らが陸上のさまざまな職業に接近する機会を与えてくれた。この状況と、過去に陸上定住者と連家船漁民の間で生じていた差別／被差別の関係性を一瞥するならば、連家船漁民にとって陸上こそが魅力的な空間であり、集団化政策・陸上定居を経て改革開放へと至る一連の政治的動向は、彼らを憫然たる水上から解放し、魅惑の陸上へと引き上げる役割を担ったものとの速断を生むかもしれない。だが、これは一面的な理解に過ぎない。なぜなら、職業選択が自由な現在も、水上労働に活路を見出す連家船漁民が多く存在し、それは「過去の船上生活の残存」、あるいは「船上生活からの脱出失敗の結果」と呼ぶにはふさわしくない数にまで及んでいるからである。これこそ、連家船漁民にとって、水上とは記憶の彼方へと忘却すべき（したい）空間などではないことを示す証左にほかならない。

第二節　陸上の世界に自らを位置づける

1　祭祀活動に見る連家船漁民の集団意識

一連の集団化政策と陸上定居を経験した後の現在。連家船漁民は、農民や市街地住民のものとして広がってきた陸上の世界に自らを位置づけ、そこを自らの空間として受容しようと模索しつづけている。だが、それは、陸上定住者が形作る社会への同化を目指した実践などと片づけられるほど、単純な営みではない。第三章では、民俗的な方法（＝祖先祭祀・神明祭祀）に注目することで、①かつて根拠港のあった農村の宗族組織、②集団化により結合力を失ったかに見える、漁船幇内の父系出自集団、③集団化の結果として新たに形作られた行政組織（＝Sm漁業社区）という、性質を異にする三種類の社会的紐帯への帰属意識が、現在を生きる連家船漁民のなかで重層的に共存するさまを描いた。

二〇世代あまりという長い間にわたり船に住まいつづけてきたことを自認する連家船漁民。彼らは他方で、集団化以前に根拠港が存した農村の同姓農民との間に宗族関係をたどり、そもそも自分たちは農村の出身であると主張する。この主張を担保するのは、文字記録（＝族譜・位牌・墓碑）ではない。宗族の来歴をめぐる知識は、農村の宗族成員と共同で開催される祖先祭祀への参加と、農村における日常生活でくり返される口伝など、きわめて不確実性の高い手段をとおして、連家船漁民と農民の間に共有されてきたからである。これらの宗族に関わる知識を上から下の世代へと伝え、それを不断に確認する場を提供するのが、比較的深度の浅い祖先を中心とした父系出自集団（＝角頭）によっておこなわれる角頭尪祭祀である。

農民と連家船漁民、あるいは連家船漁民同士を結ぶ血縁的紐帯は、もはや、現実の生産や生活の上では、さほど大きな実的機能を果たしてはいない。それでも、連家船漁民は祖先祭祀や角頭尪祭祀をつづけ、そこに参加する。それは、彼らが地域社会の歴史に自らを位置づけたいと願うからにほかならない。

一方、連家船漁民の間には、新たな形で登場した集団に対する所属意識も芽生えはじめている。一九九〇年に現・Sm漁業社区全体を庇護する尪公が登場し、それを機に創出された端午節の儀礼は、連家船漁民が角頭や漁船幇という血縁的・地縁的紐帯をはるかに凌駕する、人口四〇〇〇超の大規模な集団のなかで「われわれ意識」を築き上げるまでになったことを示す。これは、集団化の最終段階に登場したSm漁業生産大隊に由来するもので、一九六〇年代以降、政治的文脈で突如として出現した半ば強制的な共働・共住の経験が、この集団に対する連家船漁民の所属意識を支えていることは疑いない。

だが、これらは、すべてを政策の転換よって理解できるほど単純なものではない。それは、連家船漁民が集団化の過程で正統な権利として獲得したはずの定住用根拠地や漁港を、約五〇年もの間、「他者からの借り物」と認識してきたことからも明らかである。連家船漁民は日常のなかで顔をつき合わせて生産・生活に勤しみ、時に対立しながらも同じ空間にいるという経験と、九龍江の停泊地点や定住用根拠地を共用するといった経験を積み重ねることではじめて、巨大な集団に自らを位置づけ、新たに得た陸上・水上の空間を自らのものとして受け容れることが可能となったといえる（興味深いことに、生業の場としての水上を離れた者にとっても、端午節の儀礼は、水上の空間を自らのものとして受け容れる契機となっている）。

これはつまり、水上居民の定住化という事態が、為政者による定住用地や家屋の供給という物質的な方法によってすぐ達成されるほど容易なものではなく、当事者の間では葛藤や揺らぎをともなった事象として存在することを示すものにほかならない。

2 連家船漁民の眼に映る陸上の人々との差異

大多数の連家船漁民が陸上に自らが独占的に用いることのできる家屋を獲得し、教育・福祉をはじめとした公共サービスを享受するためにも陸上空間に依拠せざるを得ないという状況。生活のあり方に根本的な転換を生じせしめた変化の後、かつて、船での移動を基礎とする連家船漁民と陸上定住者（＝農民・市街地住民）の間を隔てていた数々の文化的差異は、消失することになったのだろうか。第四章では、陸上定居を遂げた後の連家船漁民がおこなう葬送儀礼や祖先祭祀の方法、そこに現れる祖先観を取り上げ、それらが依然として陸上定住者との間に多くの差異を呈していることに着目した。

陸上定居だけでなく、国家レベルで展開される葬儀改革や、改革開放後の現金収入増加の影響を受け、連家船漁民の葬送儀礼や祖先祭祀を支える要素には、さまざまな変化が現れている。一見すると、連家船漁民の行動様式は、この地域の農民や市街地住民のそれへと限りなく接近しつつあるようにも思われる。だが、それは、「水上居民は生活・生業の場を陸上へ移せば、陸上の人々と同じ生活様式や行動様式をとることができる。やがて、彼らは（望んで）水上居民らしさを失い、陸上の人々と同化していくだろう」という、一九六〇年代に研究者たちが描いていた青写真を支持するものではない。

なぜなら、遺体への積極的な関与を「親孝行」と見なすことや、遡れる祖公（≒祖先）が二〜四世代上に限られるという世代深度の圧倒的な浅さ、そして父系同姓親族に含まれぬ死者や異常死を遂げた死者をも祖公として認めることができる祖公観のあり方が、依然として連家船漁民を陸上の人々から隔てる特徴でありつづけているからである。

それでは、両者の差異を、連家船漁民の側はいかに解釈しているだろうか。そこにあるのは、遺体に直接触れる行為を葬儀専門職に任せず、自らが引き受けることを根拠に、自分たちのやり方のほうが農民のそれよりも優れていると自負する連家船漁民の姿である。さらに、連家船漁民は、族譜・位牌・墓碑などの文字記録により担保される厳格な条件を満たす死者のみを祖先と認定する一般的な漢族の排他的な祖先観と一線を画し、死の危険と隣り合わせの船上生活で育まれた独自の祖公観により祖先祭祀を遂行してもいる。このことは、自らの存在や慣習が、他者からは常に奇異の眼、あるいは侮辱のまなざしで見られていることを身に染みて感じる一方で、連家船漁民自身は、それらの（研究者をも含む）社会的・文化的マジョリティのまなざしに、完全に屈しているわけではないという、重要な事実を教えてくれる。

それに注目することは、従来の水上居民研究に横たわる、あまりにも自明視された一つの見方からの訣別を意味することになる。それは、「水上居民＝船に住まうという特殊な生業・生活形態により、中国人（漢族）であれば当然目指すべき正しい行動様式から外れた亜流のやり方で、さまざまな行為をおこなうしかない人々」との水上居民像に裏づけられたものである。研究者がこの論理に身を置くならば、水上居民を陸上定住者から隔てるような文化的差異はすべて、欠陥だらけのものとして立ち現れることになろう。だが、少し油断すれば、この論理に研究者自身が取り込まれてしまうことを自覚しながらも、そこから離れようともがきつづけるならば、水上居民の社会を特徴づけるような文化的要素は、陸上定住者とはまったく別のところにある、水上居民たちなりの価値観を映し出すものとして姿を現すはずである。

第三節　水上／陸上のはざまで

1　船に住まいつづける連家船漁民

陸上定居政策の開始から、およそ五五年。改革開放後、職業選択と居住地選択の自由が保障され、連家船漁民九九％は、陸上に家屋を所有もしくは賃借するようになった。だが、それでもなお、労働力人口のうち実に七七・三％が船に住まいながら、水上での労働に従事している。第五章では、連家船漁民の一家を取り上げ、水上の船と陸上の家屋という二つの空間に跨ってくり広げられる、複雑で動態的な住まい方の実践を描いた。ここで問うたのは、連家船漁民にとって、土地や家屋の獲得はいかなる意味をもってきたのかであり、それは彼らを家屋の希求へと向かわせる価値観のあり方と、家屋が果たす実際的な機能という二つの面に注目することではじめて理解可能となる。

そもそも、連家船漁民にとって船とは、交通の手段・生業の道具・生活の場・子どもを生み育てる場・信仰の場が混然一体となった空間であり、まさに、「住まう＝生きる」ことを可能にする空間であった。ところが、中華人民共和国建国後に全国規模で展開された一連の政策は、連家船漁民にも他集団と同等の均質な国民としての地位を与え、陸上に接近しさえすれば、彼らも教育・福祉・医療・衛生といったものを享受し得るようなシステムを確立していった。結果的にはこのことが、子どもの出産・教育、病気の治療、死といったものを船から引き離し、陸上の病院・学校・家屋などへ移すことにつながった。

とはいうものの、船での移動をつづける人々にとって、その日常的な生活のありようは、土地・家屋を有さず船に住まっていた時から、さほど性質を変えているようには見えない。ならば、多くの研究者が断じてきたように、連家船漁民もまた、「悲惨でつらく、屈辱的な船上生活からの脱却が、未だ叶わぬ状態」のまま、とどめ置かれていると評価すべきだろうか。

周囲から連家船漁民に投げかけられてきた、屈辱的な名の数々。それらはまさに、陸上に土地・家屋を有さず、船に住まいながら河を漂い、漁撈や水上運搬に従事するという生活・生業の形態と、そこから不可避に派生する身体的特徴を指標としてつけられたものであった。連家船漁民のほうは、それらの名を拒みつづけてきたが、それでも、彼らが陸上定住者や漁民から向けられる侮蔑的なまなざしを痛感してきたことは間違いない。だが、注意すべきは、連家船漁民の側からすれば、周囲からの侮蔑的なまなざしとは、あくまでも自分たちが陸上に土地と家屋を有さないことに対して向けられたものでしかなかったという点である。その証左こそ、言語化されぬほどにまで内面化された家屋獲得の希求と、生業と住空間を陸上だけに限定する（いわゆる）「定住」状態の拒否という、一見すると矛盾するようにも思われる事象の併存状態である。

陸上で育った経験しかもたぬ若年層にも、漁船での移動生活に慣れ親しみ、最終的には漁船を譲り受けて独立する者、あるいは個々人で大型船に労働の場を求める者が多いという事実。これは、水上の世界や水上に住まうという営みが、周囲からいかにまなざされようとも、連家船漁民自身にとっては、つらく、貧しく、悲惨なものであるわけではないことを示している。そこから見えるのは、陸上／水上という二つの世界の間に、それほど明瞭な境界を設けずに、境界をいとも簡単に乗り越えながら、どちらにも跨った生活を営もうとする連家船漁民の姿である。

この姿は、「移動／定住」という二項対立的な図式や、「弱者として生きてきた船上生活者は、水上を離れて陸上の世界へ適応・同化したがっている」とするアプリオリな視点を、陸上の世界から一方的につきつけ、家屋の獲得を以て「彼らはもはや定住している」、あるいは「彼らはやがて完全な定住を遂げるだろう」といった判断を下す態度を拒否することによってはじめて、見えてくるものである。

2　「水上に住まう」ことが意味するもの

さて、本書の目的は、約一〇〇年にわたる現代中国を舞台に、福建南部の連家船漁民を見つめながら、水上に住まうという営みの意味を問うことにあった。試みたのは、住まうことを、単に容器としての船や家屋で寝泊まりするという行動に矮小化することなく、日常実践の総体、それも、人々の生き方そのものを表すような総体として捉えるということである。

本書から浮かび上がるのは、連家船漁民が見せる、「陸上世界への同化の希求」とも、「定住化への抵抗」とも呼べぬような、矛盾に満ちた実践の重なりである。これこそ、陸上の高みから発せられる、「人が住まうには、苛酷で悲惨な水上世界」との前提に貫かれた数々の問い（＝①彼らはなにゆえに、船上へと追いやられているのか。②彼らはいかなる論理で、社会の周縁へ追いやられているのか。③彼らが脱却したいと望む船上生活は、いかなるものか）から訣別すべきことを教えてくれるものにほかならない。端的にいえば、私はこれらの問いから導かれる「物言わぬ弱き被差別者」という、一見、単純明快なようでいて、しかし、変に歪められた形の水上居民像が好きではないのだ。明快さとは、些末な事象を（意図的に）看過する態度と紙一重のものであり、それは、「物言う」彼らの水上＝船上の論理を容易に覆い隠してしまうものだから。

連家船漁民の一筋縄ではいかぬ日常には、「理想の住まい方」実現の欲求・差別への抵抗／生業・アイデンティティ・船上で育まれた価値観といったものの間を揺れながら、水上と陸上の間に明瞭な境界を設けることなく、そのはざまを自由に往来する形で営まれる、複雑で動態的な、住まうという実践がある。これらの、矛盾とも映る事象の数々は、どれも連家船漁民を理解するために欠かすことのできぬ要素であり、それらの絡み合いを、住まう営みとして総体的に描くことが、本書の狙いであった。

水上は、連家船漁民がいざという時に依拠できる陸上空間を獲得した現在も変わらず、苛酷な世界でありつづけている。そこは、人の生命をも奪いかねぬ、むきだしの自然であるからだ。だが、そこは絶対的につらく、貧しく、悲惨なものと認識されるような、そして、彼らが記憶の彼方へと忘却したいと望むような空間などではない。危険と隣り合わせの水上は、今でも、連家船漁民に多様な生き方を許容する、豊かな空間なのだから。

昔はそのまま口にすることができるほど澄んでいたという九龍江の水は、私の目には時折、泥の河と映る。連家船漁民が自家用に捕る小さな魚のなかに、背骨の曲がった魚を見つけることもある（私には、その原因はわからない）。河口で建設工事が進んでいたパラキシレン生産工場は、住民の反対運動を受けて移転した先の漳州市内のとある半島で、爆発事故を起こした。二〇一五年のことである。連家船漁民の生活を支える九龍江河口の豊かな水域にも、もしかしたら、汚染の影がすぐそこまで迫っているのかもしれない。水上に対する価値は、これから変わりつづけるだろう。フロンティアとしての海、汚染にまみれた海……。そこに住まう連家船漁民に向けられるまなざしも、変化してゆくことだろう。

だが、それも、連家船漁民にとっては日常である。水上に住まうという営みは、いかなる環境にあろうとも、常に他者から負の評価を与えられてきたのだから。だが、その水上と陸上の間に、必要以上に境界を見出そうとしているのは、陸上の論理を携えた私たちのほうなのかもしれない。その境界領域をジグザグと縫うように歩きつづけてきた連家船漁民にとって、そこは、境界であって境界ではないような空間であり、誰にいかにまなざされようとも、往来可能な領域として存している。のである。

あとがき

連家船漁民の父と母、兄たちが蝦引き網漁をして得た金で買い求めたアパートの跡には、豪奢な高層マンション群から成る新たな花園（＝生活区）が完成した。株式投資で莫大な利沢を出したという女性が暮らす、一三階の居室に招かれたことがある。リビングの窓から眼下を見やると、そこには母なる河、九龍江が広がる。河を行き交う巨大な貨物船や砂船。泊にたゆたう小船の群れ。「ここからの眺望は美しい」と彼女は言う。泥の河も、高みから見下ろせば美しい。人はその窓に、一枚の絵画を見るのだろう。変わりゆく陸の世界を生きる者にとって、それは時に、幼き日の記憶へといざなう、郷愁の絵ともなる。

その絵の下方を、うごめく黒い無数の影。そこに、私の父と母の姿もあるはずだ。小さな、小さな影だ。だが、私は知っている。絵のなかの小船で、母は今日も、家からもち込んだ布団を洗い、空芯菜の葉を選り、手製のソーセージを作ることを。「疲れた」とごねる母に、父は夕飯を用意してやるだろうか。

本書は、二〇一四年三月に神奈川大学歴史民俗資料学研究科へ提出した博士学位論文「連家船漁民の研究―水・陸のはざまを生きる福建南部の水上居民」を大幅に加筆修正したものである。本書の内容には、すでに論文としてに大幅な修正を加えていることを断っておきたい。

発表したものも含まれる。初出は、以下のとおりである。ただし、本書執筆に当たり、いずれも事例の記述や議論

二〇一〇「端午節の儀礼にみる水上生活者たちの所属意識—中国福建省九龍江河口に暮らす連家船漁民の事例から」『比較民俗研究』二四：四—三九

二〇一二「中国福建省南部における水上居民の葬送儀礼とその変遷」『年報非文字資料研究』八：三一三—三三九

二〇一三「現代中国の社会変化期における水上居民の暮らし」『年報非文字資料研究』九：二七七—三〇七

二〇一三「水上の移動生活を支える陸上の親族ネットワーク—中国福建省南部の水上居民「連家船漁民」を例に」『次世代人文社會研究』九：二三一—二四八

二〇一六「福建の船上生活者にとって「家」とは何か—ある家族の年代記から」『物質文化』九六：四五—五八

本書の議論は、さまざまな出会いに支えられることで練り上げられてきた。まず、調査地である福建省龍海市Sm漁業社区の皆さまの全面的なご協力がなければ、この研究自体を進めることができなかった。とりわけ、閩南日報社元副社長の張亜清氏、Sm漁業村で幹部を務めた張石成氏には、連家船漁民の歩んできた歴史に関する多くの資料を提供していただいたほか、さまざまな人々との出会いを導いていただいた。私を社区へと迎え入れてくれたSm漁業社区元・書記の張アーガン氏からは、調査を円滑に進めるための多面にわたる支援を受けた。そして、私を娘としてくれた張アーグン・黄アーギム夫妻とその家族、親族からは、終始、安らぎの場を与えてもらった。どっしりとした深い愛情を注いでくれる父、頑固でわがままで、おちゃめな母。二人の姿が、本書の連家船漁民像に小さか

らぬ影響を与えている。プライバシー保護のために、ここに本名を記すことは能わないが、心より感謝申し上げます。

連家船漁民のもとに私をいざなってくださった元・厦門晩報社の朱家麟氏、元・厦門大学人文学院人類学・民族学系の朱家駿先生、林琦先生。ご自身の母校、厦門大学への留学を勧めてくださった神奈川大学歴史民俗資料学研究科（当時）の故・蔡文高先生。福建南部の村での調査方法を教えてくださったほか、連家船漁民の父母を得るという場面にも立ち会ってくださった京都文教大学人間学部の潘宏立先生。厦門大学でともに学生生活を送った多くの大学院生の友人。皆さまのお力添えがあってこそ、連家船漁民のもとへ赴いての現地調査が可能となった。自分の調査がどこへ向かうのかわからぬまま過ごした何年もの間、皆さまからの助言と「不要緊！」の言葉が、私にとって何よりの支えだった。

学位論文の執筆に当たっては、神奈川大学歴史民俗資料学研究科の諸先生方、ともに学んだ大学院生諸氏から、さまざまな折に、有益なコメントをいただいた。とりわけ、指導教官の佐野賢治先生には、実に八年という長きにわたり、厳しくもあたたかい言葉で導いていただいた。入学時の研究計画を早々に取り下げ、どこで何をするか決めぬまま中国へ発ち、帰国後の授業でもお粗末な内容しか発表できぬ私に、放任主義を貫きながら、要所要所で、広い視野から的確かつ鋭いコメントをくださる先生の存在なしに、研究をつづけることはできなかった。

論文審査に関わってくださった小熊誠先生のゼミでは、他の大学院生たち（主に中国からの留学生）と切磋琢磨しあいながら、さまざまな論考を読み込む機会を与えていただいた。やさしくもクリティカルな先生のご指導のもと、少しずつ中国社会を理解するための素地を身につけることができた。先生には、風響社の石井雅氏とのご縁もつないでいただいた。ご紹介がなければ、自筆の著書が世に出ることなど、夢のまた夢であった。

同じく論文を審査してくださった田上繁先生からは、たびたび歴史学的見地からのご指摘をいただき、現地調査の甘さを再確認させられた。また、先生には北九州市若松の元・船上生活者に関する調査チームに加えていただき、研究の視野を日本へと広げることができた。

外部から論文審査に関わってくださった國學院大學文学部の渡邉欣雄先生からは、容赦のない、それでいてあたたかなご指導をいただくことができた。審査の会場で頂戴した「あなたの論文には、よいところが六つある。悪いところは、七つある」との言葉。今も、この数を逆転させることを目指して研究に邁進すべしと自分に言い聞かせている。

私の長々とした話に真摯に耳を傾けてくださった奈良県立大学地域創造学部の玉城毅先生からは、論文の内容や構成について、細かくやさしい多くの意見をいただいた。共同研究「水上生活者の子どものために設置された児童福祉施設の研究」に加えてくださった厚香苗氏、藤原美樹氏との出会いは、船上生活者の教育と福祉をめぐる新たな問題系へと私の関心を開いてくれることとなった。

二〇一五年に南山大学人類学研究所へ赴任した後に得た出会いの数々は、これまで集めた調査データを別の角度から見直し、本書に通底する問題意識を呼び起こしてくれることになった。特に、海洋人類学がご専門の後藤明先生からは、家とは何か、住まうとは何かといったことを考える上で、常に刺激的な発想をご教示いただいている。また、岡部真由美氏、藏本龍介氏、宮脇千絵氏、中尾世治氏には、本書の原稿執筆に当たり、何度も勉強会を開いていただいた。とりわけ、各部や各章をつなぐ議論の枠組みをいかに設定するかという最も重要な点で、皆さまからのご意見をいただけたことは、本当に貴重であった。いつもへろへろに疲弊した状態で登場する私を、やさしく勇気づけてくださった皆さまには、御礼の言葉しかない。

本書の出版を受け入れ、遅々として進まぬ執筆にも、見放すことなく懇切丁寧に対応してくださる風響社の石井雅氏に、心より御礼申し上げる。

最後に、(日本の)両親に感謝の気持ちを伝えたい。ほとんどの事柄を相談なしに決めてしまう私の選択を、二人は一度も否定することなく、いつも遠くから見守っていてくれた。苦しくて人類学をやめてしまおうと考えた時も、二人は励ますわけでもなく、やめろというわけでもなく、見守りつづけてくれた。ありがとう。

二〇一七年一月

藤川美代子

【附記】
本書の刊行は、独立行政法人日本学術振興会平成二七年度科学研究費補助金（研究成果公開促進費・学術図書・課題番号16HP5113）の交付を受けて可能となった。また、現地調査と分析については、日本科学協会（二〇〇九年度）、神奈川大学日本常民文化研究所非文字資料研究センター（二〇一〇年度・二〇一一年度）、澁澤民族学振興基金（二〇一三年度）による研究助成を受けた。記して深く御礼申し上げます。

参考文献

（日本語文献）

厚香苗、藤原美樹、藤川美代子
　二〇一五「水上生活者の子どものために設置された児童福祉施設の研究――『住むための船』から『学ぶための寮』へ移った子どもの視点から」『住総研研究論文集』No.41、一般財団法人住総研

天児慧・菱田雅晴編
　二〇〇〇『深層の中国社会――農村と地方の構造的変動』勁草書房

網野善彦
　一九九八『海民と日本社会』新人物往来社

アンダーソン、ベネディクト
　一九八七（1983）『想像の共同体――ナショナリズムの起源と流行』（白石隆、白石さや訳）、リブロポート（Benedict R. O'G. Anderson, *Imagined Communities: Reflections on the Origin and Spread of Nationalism*, Verso）

イサジフ、ゼルボルド・W
　一九九六（1974）「さまざまなエスニシティ定義」青柳まちこ編・監訳『「エスニック」とは何か――エスニシティ基本論文選』新泉社、七三―九六頁（Wsevold W. Isajiw, "Definitions of Ethnicity", *Ethnicity* 1–2 : 111–124）

石井昭示
　二〇〇四『水上学校の昭和史――船で暮らす子どもたち』星雲社

石毛直道

一九七一　『住居空間の人類学』鹿島出版会
伊藤亜人
一九九二「中国と日本の漂海漁民」網野善彦編『海と列島文化四　東シナ海と西海文化』小学館、二四九―二七二頁
稲澤　努
二〇一〇「消される差異、生み出される差異――広東省汕尾の『漁民』文化のポリティクス」『海港都市研究』五：三―二二
二〇一六『消え去る差異、生み出される差異――中国水上居民のエスニシティ』東北大学出版会
内堀基光
一九八九「民族論メモランダム」田辺繁治編『人類学的認識の冒険――イデオロギーとプラクティス』同文館、二七―四三頁
太田　出
二〇〇七a「民国期の青浦県老宅鎮社会と太湖流域漁民――『郷鎮戸口調査表』の分析を中心に」太田出、佐藤仁史編『太湖流域社会の歴史学的研究――地方分権と現地調査からのアプローチ』汲古書院、一〇三―一四三頁
二〇〇七b「太湖流域漁民の『社』『会』とその共同性――呉江市漁業村の聴取記録を手がかりに」太田出、佐藤仁史編『太湖流域社会の歴史学的研究――地方分権と現地調査からのアプローチ』汲古書院、一八五―二三六頁
二〇〇八「連家漁船から陸地定居へ――太湖流域漁民と漁業村の成立」佐藤仁史、太田出、稲田清一、呉滔編『中国農村の信仰と生活――太湖流域社会史後述記録集』汲古書院、四七―六七頁
外務省通商局編
一九二一『福建省事情』外務省通商局監理課
加々美光行
二〇〇八『中国の民族問題――危機の本質』岩波書店
片岡千賀之
二〇〇四「中国における新漁業秩序の形成と漁業管理――東シナ海・黄海を中心として」『長崎大学水産学部研究報告』八五：五七―六六
可児弘明
一九七〇『香港の水上居民――中国社会史の断面』岩波文庫
一九七二「『蜑民』の異民族出自説をめぐって」『中国大陸古文化研究』六：一九―二七
一九八六「良賤制度下の蜑戸について」西順蔵、小島晋治編『世界差別問題叢書六　アジアの差別問題』明石書店、三〇〇―

三三八頁

河岡武春

一九八七『海の民――漁村の歴史と民俗』平凡社

川口幸大

二〇〇四「共産党政権下における葬送儀礼の変容と持続――広東省珠江デルタの事例から」『文化人類学』六九―二：一九三―二一二

二〇一〇「廟と儀礼の復興、およびその周辺化――現代中国における宗教の一つの位相」小長谷有紀、川口幸大、長沼さやか編『中国における社会主義的近代化――宗教・消費・エスニシティ』勉誠出版、三―二六頁

木山英雄

一九八六「浙東〝堕民〟考」西順蔵、小島晋治編『世界差別問題叢書六　アジアの差別問題』明石書店、二四〇―二九九頁

金　柄徹

二〇〇三『家船の民族誌――現代日本に生きる海の民』東京大学出版会

二〇〇七「アジアの家船に関する比較研究――その（一）」『アジア研究所紀要』三四：二二三―二四九

草間八十雄

一九八七（一九二九）「水上労働者と寄子の生活」『近代下層民衆生活誌Ⅲ　不良児・水上労働者・寄子』明石書店（草間八十雄『水上労働者と寄子の生活』文明協会）

胡　艶紅

二〇一二「現代中国における漁民信仰の変容――太湖流域の蘇州市光福鎮漁港村の事例から」『現代民俗学研究』四：三九―五四

コーエン、ポール・A

一九八八（一九八四）『知の帝国主義――オリエンタリズムと中国像』（佐藤慎一訳）、平凡社（Paul A. Cohen, *Discovering history in China: American historical writing on the recent Chinese past*, Columbia University Press）

小長谷有紀、川口幸大、長沼さやか編

二〇一〇『中国における社会主義的近代化――宗教・消費・エスニシティ』勉誠出版

蔡　蕙光

二〇一二「台湾総督府による台湾籍民学校の成立――東瀛学堂・旭瀛書院・東瀛学校」『東京大学日本史学研究室紀要』一六：

一四〇—一一一

蔡　文高
二〇〇四『洗骨改葬の比較民俗学的研究』岩田書院

スコット、ジェームズ・C
二〇一三（2009）『ゾミア——脱国家の世界史』（佐藤仁監修・訳）、みすず書房（James C. Scott *The Art of Not Being Governed: An Anarchist History of Upland Southeast Asia*, Yale University Press）

鈴木佑記
二〇一六『現代の〝漂海民〟——津波後を生きる海民モーケンの民族誌』めこん

瀬川昌久
一九九一『中国人の村落と宗族——香港新界農村の社会人類学的研究』弘文堂
一九九三『客家——華南漢族のエスニシティーとその境界』風響社
二〇〇四『中国社会の人類学——親族・家族からの展望』世界思想社
二〇一二「第一章　中華民族多元一体構造論と民族行政の現場における民族認識——広東地域の事例を中心に」瀬川昌久編『近現代中国における民族認識の人類学』昭和堂、二一—五八頁

ド・セルトー、ミシェル
一九八七（一九八〇）『日常的実践のポイエティーク』（山田登世子訳）、国文社（Michel de Certeau, *L'invention du Quotidian: 1. Arts de Faire*, Union generale d'Editions）

立本成文
一九九九『地域研究の問題と方法——社会文化生態力学の試み』京都大学学術出版会

中国農村慣行調査刊行会
一九五二『中国農村慣行調査』一—六　岩波書店

チャン、アニタ・マドスン、リチャード・アンガー、ジョナサン
一九八九（一九八四）『チェン村——中国農村の文革と近代化』（小林弘二監訳）、筑摩書房（Anita Chan, *Rchard Mdsen, Jonathan Ungar, Chen Village*, The Regents of the University of California）

陳　其南
二〇〇六（一九八五）「房と伝統的中国家族制度——西洋人類学における中国家族研究の再検討」（小熊誠訳）、瀬川昌久、西澤

治彦編『中国文化人類学リーディングス』風響社、一七一―二三一頁（陳其南「房与伝統中国家族制度――兼論西方人類学的中国家族研究」『漢学研究』三―一：一二七―一八四）
鶴見良行
一九八七『海道の社会史』朝日新聞社
一九九〇『ナマコの眼』筑摩書房
二〇〇〇（一九八九）「海を歩く思想――漁業からみた日本と東南アジア」『海の道』みすず書房、一九三―二一四頁（鶴見良行「海を歩く思想――漁業からみた日本と東南アジア」『マージナル』四）
床呂郁哉
一九九九『越境――スールー海域世界から』岩波書店
長津一史
二〇〇一「海と国境――移動を生きるサマ人の世界」村井吉敬編『海のアジア』第三巻 岩波書店、一七三―二〇二頁
長沼さやか
二〇一〇a『広東の水上居民――珠江デルタ漢族のエスニシティとその変容』風響社
二〇一〇b「現代中国における宗族新興の可能性――広東珠江デルタの水上居民を例に」小長谷有紀、川口幸大、長沼さやか編『中国における社会主義的近代化――宗教・消費・エスニシティ』勉誠出版、二七七―二九八頁
二〇一三「祖先祭祀と現代中国――水上居民の新たな儀礼の試み」川口幸大、瀬川昌久編『現代中国の宗教――信仰と社会をめぐる民族誌』昭和堂、一八五―二〇二頁
名和克郎
一九九二「民族論の発展のために――民族の記述と分析に関する理論的考察」『民族学研究』五七―三：二九七―三一七
西田正規
一九八六『人類史のなかの定住革命』新曜社
ニモ、ハリー・アルロ
二〇〇一（1994）『漂海民バジャウの物語――人類学者が暮らしたフィリピン・スールー諸島』（西重人訳）、現代書館（Harry Alro Nimmo, *The Songs Salanda: and Other Stories of Sulu*, The University of Washinton Press）
二〇〇五（1972）『フィリピン・スールーの海洋民――バジャウ社会の変化』（西重人訳）、現代書館（Harry Alro Nimmo, *The Sea People of Sulu: A Study of Social Change in the Philippines*, Intertex Books）

野上英一
一九三七『福州攷』臺灣總督府熱帶産業調査會
野口武徳
一九八四「陸に上がる東南アジアの漂海民」家島彦一、渡辺金一編『イスラム世界の人びと四　海上民』東洋経済、三五―七六頁
一九八七『漂海民の人類学』弘文堂
一九九二（一九七六）「海上漂泊漁民の陸地定着過程」谷川健一編『漂海民――家船と糸満』三一書房、三八九―四〇九頁（野口武徳「海上漂泊漁民の陸地定着過程」成城学園五十周年記念論文集編集員会編『成城学園五十周年記念論文集』成城学園、四〇五―四三八頁）
ハイデガー、マルティン
二〇〇八a「建てる・住まう・考える」『ハイデッガーの建築論――建てる・住まう・考える』（中村貴志訳）、中央公論美術出版、一―八一頁
二〇〇八b「詩人のように人間は住まう」『哲学者の語る建築――ハイデガー、オルテガ、ペゲラー、アドルノ』（伊藤哲夫、水田一征編訳）、中央公論美術出版、三一―四四頁
羽原又吉
一九六三『漂海民』岩波書店
バルト、フレドリック
一九九六（1969）「エスニック集団の境界」（内藤暁子、行木敬訳）、青柳まちこ編・監訳『「エスニック」とは何か――エスニシティ基本論文集』新泉社、二三―七一頁（Frederik Barth "Introduction", in F. Barth(ed.) *Ethnic Groups and Boundaries: The Social Organization of Culture Differences*, Boston: Little Brown and Company. pp.9―38）
潘　宏立
二〇〇二『現代東南中国の漢族社会――閩南農村の宗族組織とその変容』風響社
費　孝通
二〇〇八（一九八八）「中華民族の多元一体構造」費孝通編『中華民族の多元一体構造』（西澤治彦、塚田誠之、曽士才、菊池秀明、吉開将人訳）、風響社、一三―六四頁（費孝通「中華民族多元一体格局」費孝通編『中華民族多元一体格局』中央民族学院出版社、一―一九頁）

フリードマン、モーリス
一九八七（1966）『中国の宗族と社会』（田村克己、瀬川昌久訳）、弘文堂（Maurice Freedman, *Chinese Lineage and Society: Fukien and Kwangtung*, Athlone Press）
一九九一（1958）『東南中国の宗族組織』（末成道男、西澤治彦、小熊誠訳）、弘文堂（Maurice Freedman, *Lineage Organization in Southern China*, Athlone Press）

ホワイト、マーティン・K
一九九四（1988）「中華人民共和国における死」ジェイムズ・L・ワトソン、エヴリン・S・ロウスキ編『中国の死の儀礼』（西脇常記、神田一世、長尾佳代子訳）、平凡社、三〇七―三三二頁（Martin K. White, "Death in the People's Republic of China", in *Death Ritual in Late Imperial and Modern China*, James L. Watson, Evelyn S. Rawski(eds.), The Regents of the University of California. pp.289―307）

水辺の生活環境史（水上生活）研究班編
二〇一四『北九州市若松洞海湾における船上生活者の歴史的変容――オーラルヒストリーからのアプローチ』神奈川大学常民文化研究所非文字資料研究センター

三谷　孝
二〇〇〇「第七章　村の廟と民間結社」三谷孝、内山雅生、笠原十九司、浜口允子、小田則子、リンダ・グローブ、中生勝美、末次玲子『村から中国を読む――華北農村五十年史』青木書店、三一七―三四五頁

三谷孝編
一九九三『農民が語る中国現代史』内山書店

三谷孝、内山雅生、笠原十九司、浜口允子、小田則子、リンダ・グローブ、中生勝美、末次玲子
二〇〇〇『村から中国を読む――華北農村五十年史』青木書店

南　裕子
一九九九「都市と農村の関連構造、地方都市の変化」佐々木衛、松戸武彦編『地域研究入門（一）中国社会研究の理論と技法』文化書房博文社、一四九―一七七頁

宮本常一
一九六四『海に生きる人びと』未来社
一九七五『海の民』未来社

毛里和子
一九九八『周縁からの中国――民族問題と国家』東京大学出版会
好並隆司
二〇〇四「中国の被差別民――山西楽戸をめぐって」沖浦和光、寺木伸明、友永健三編『アジアの身分制と差別』解放出版社、五五―七八頁
路遙、佐々木衞編
一九九〇『中国の家・村・神々――近代華北農村社会論』東方書店
渡邊欣雄
一九九〇「香港水上居民の家族生活――長洲島を事例とした予備的調査」白鳥芳郎教授古稀記念論叢刊行会編『アジア諸民族の歴史と文化』六興出版、一一五―一四〇頁
一九九一『漢民族の宗教――社会人類学的研究』第一書房
ワトソン、ジェイムズ・L
一九九四ａ（1988）「中国の葬儀の構造――基本の型・儀礼の手順・実施の優位」ジェイムズ・L・ワトソン、エヴリン・S・ロウスキ編『中国の死の儀礼』（西脇常記、神田一世、長尾佳代子訳）、平凡社、一七―三二頁（James L. Watson, “The Structure of Chinese Funerary Rites: Elementary Forms, Ritual Sequence”, and the Primacy of Performance, in *Death Ritual in Late Imperial and Modern China*, James L. Watson, Evelyn S. Rawski(eds.), The Regents of the University of California. pp.3–19）
一九九四ｂ（1988）「広東社会の葬儀専門職――穢れ、儀式の実施、社会的階層」ジェイムズ・L・ワトソン、エヴリン・S・ロウスキ編『中国の死の儀礼』（西脇常記、神田一世、長尾佳代子訳）、平凡社、一二四―一四九頁（James L. Watson, “Funeral Specialists in Cantonese Society: Pollution, Performances and Social Hierarchy”, in *Death Ritual in Late Imperial and Modern China*, James L. Watson, Evelyn S. Rawski(eds.), The Regents of the University of California. pp.109–134）
（中国語文献）
陳碧笙
一九五四「關於福州水上居民的名稱、來源、特徵以及是否少數民族等問題的討論」『厦門大学学報（文史版）』一九五四―一：一一五―一二六
陳序経

一九四六　『疍民的研究』商務印書館
陳正統主編
二〇〇七　『閩南話漳腔辭典』中華書局
陳支平
二〇〇〇　『福建六大民系』福建人民出版社
方達明
二〇一〇　「曲蹄」『海拔三六五八』海風出版社、三―一三頁
傅貴九
一九九〇　「明清民考略」『史学集刊』一九九〇―一：一六―二三
傅衣凌
一九四四　「福建畲姓考」『福建文化』三二：七―一二
費孝通
一九九九（一九四七）「郷土中国」『費孝通論文集第五巻（一九四七～一九四八）』群言出版社、三一六―三九五頁（費孝通『郷土中国　生育制度』北京大学出版社）
福建省海洋與漁業執法総隊
二〇〇九　『福建省伏季休漁宣伝手冊』福建省海洋與漁業執法総隊
福建省江夏黄氏源流研究会編
二〇〇四　『福建黄氏世譜・人物編』中国文史出版社
二〇〇五　『福建黄氏世譜・宗祠編』中国文史出版社
二〇〇六　『福建黄氏世譜・源流世系編』中国文史出版社
福建省龍海県地方誌編纂委員会
一九九三　『龍海県誌』東方出版社
福建省人口普査弁公室・福建省統計局編
二〇一三　『福建省二〇一〇年人口普査資料』一、中国統計出版社
福建省水産学会『福建漁業史』編委会編
一九八八　『福建漁業史』福建科学技術出版社

広東省民族研究所編
二〇〇一『広東疍民社会調査』中山大学出版社

郭志超
一九九七「田野調査與文献稽考——恵東文化的謎之試解」『厦門大学学報（哲学社会科学版）』一九九七—三：一〇九—一一四
二〇〇六『閩台民族史辨』黄山書社

郭志超、林瑤棋主編
二〇〇八『閩南宗族社会』福建人民出版社

海迪
二〇一〇「小説没有尽頭（代序）」『海抜三六五八』海風出版社、i—viii

韓振華
一九五四「試釋福建水上蛋民（白水郎）的歴史來源」『厦門大學學報（文史版）』一九五四—一：一四九—一七二

何格恩
一九三六a「蜑族的來源質疑」『嶺南學報』五—一：二三—三六
一九三六b「唐代的蜑蠻」『嶺南學報』五—二：一三四—一三七
一九五九「蜑族之研究」『東方文化』五—一・二：一—三九

何家祥
二〇〇四「浮家泛宅——広東『疍戸歧視』研究」中山大学人類学系提出博士学位論文
二〇〇五「農耕他者的製造——重新審視広東『疍民歧視』」『思想戦線』三一：四五—五一

黄向春
二〇〇五「歴史記憶與文化表述——明清以来閩江下遊地区的族群関係與儀式伝統」厦門大学人文学院歴史系中国近現代史専業博士学位論文
二〇〇八「従疍民研究看中国民族史與族群研究的百年探索」『広西民族研究』二〇〇八—四：五五—六五

黄新美、韋貴耀、劉月玲、張建世、張壽琪
一九八五「広州蓮花山水上居民体質特徴調査」『人類学学報』四—二：一七三—一八一

黄新美
一九八〇「居住環境與人口健康素質——珠江口水上居民群体常見的翼状胬肉的研究」『南方人口』一九八八—〇四：五〇—五一

　一九九〇「珠江口水上居民（疍家）種族現状的研究」『中山大学学報（哲学社会科学版）』九九―一〇五

黄新美、張壽琪、韋貴耀

　一九八八「珠江口水上居民体質特徴的研究」『人類学学報』七―三：二七八―二八〇

黄新美、韋貴耀、張壽琪

　一九八九「珠江口虎門地区水上居民体質特徴調査」『中山大学学報（哲学社会科学版）』一九八九―〇三：一〇三―一〇七

蔣炳釗

　一九九八「蛋民的歴史来源及其文化遺存」『広西民族研究』一九九八―四：七七―八四

江玉平主編

　二〇一一『漳州與台湾族譜対接指南』厦門大学出版社

経君健

　二〇〇九（一九九三）『清代社会的賤民等級』中国人民大学出版社（経君健『清代社会的賤民等級』浙江人民出版社）

克而瑞（中国）信息技術有限公司

　二〇一一『二〇一一年五月厦門房地産市場研究報告』克而瑞（中国）信息技術有限公司

頼青壽

　一九九八『九姓漁戸』福建人民出版社

連心豪、鄭志明主編

　二〇〇八『閩南民間信仰』福建人民出版社

李健民

　二〇〇九「閩東疍民的習俗與文化」『寧徳師専学報（哲学社会科学版）』九一：一九―二七

嶺南社会研究所編

　一九三四「沙南疍民調査報告」『嶺南學報』三―一：一―一五四

林国平

　二〇〇三『閩台民間信仰源流』福建人民出版社

林国平、彭文宇

　一九九三『福建民間信仰』福建人民出版社

林惠祥

一九八一（一九四七）「福建民族之由来」『林恵祥人類学論著』福建人民出版社、二八九—二九三頁（林恵祥「福建民族之由来」『福建生活』頁不詳）

一九八四（一九三六）「第六章　百越系（漢族來源之四）附二　蛋民」『中国民族史』上、上海書店、一三八—一四八頁（林恵祥「第六章　百越系（漢族來源之四）附二　蛋民」『中国民族史』上、商務印書館、一三八—一四八頁）

林孝仁

二〇〇三「切実保護連家船漁民的漁業権」『中国水産』二〇〇三—一一：三一—三四

劉松青

一九二六「福州蜑戸調査記」『北京大學研究所國學門週刊』二—一八：一二一—一三四

龍海県水産局編

一九八九『龍海県水産誌』龍海県水産局

羅香林

一九二九「蛋家」『民俗』七六：一—三二

一九七八（一九五五）「蜑民源流考」『百越源流與文化』国立編訳館中華叢書編審委員会、二二三—二五六頁（羅香林「蜑民源流考」『百越源流與文化』国立編訳館中華叢書編審委員会、二〇九—二三九頁）

沈驥

一九三三「福建省内幾種特殊民族的研究」『福建文化』一—一：一—九

施聯朱

一九九四「関於蛋民的識別」黄光学主編『中国的民族識別』民族出版社、二八七—二九一頁

石亦龍

二〇〇三「恵東女長住娘家習俗與疍民無関」『中国経済史研究』二〇〇三—二：一二一—一二七

宋祝平、張亜清、庄亜江

一九七八『Sm漁民戦海記』福建人民出版社

王明珂

一九九七『華夏邊緣——歴史記憶與族群認同』允晨文化實業股份有限公司

王栄国

二〇〇三『海洋神霊——中国海神信仰與社会経済』江西高校出版社

呉高梓
一九三〇「福州蜑民調査」『社會學界』四：一四一―一五五
伍鋭麟
一九三六「三水河水蛋民調査報告」『嶺南學報』五―二：一―五三
厳昌洪
二〇〇五「近代東南社会『賤民』群体的復権意識与復権闘争」『史林』二〇〇五―四：一二三―一二六、八四
楊瑞堂編
一九九六『福建海洋漁業簡史』海洋出版社
詹堅固
二〇〇九「論雍正帝開豁広東疍戸賤籍」『学術研究』二〇〇九―一一：一一七―一二二
張石成
二〇〇九a『連家船』私家版のため、出版情報なし
二〇〇九b『連家船（続集）』私家版のため、出版情報なし
張壽祺
一九九一『蛋家人』中華書局
張亜清
一九九八『九龍江・連家船』海峡文芸出版社
張亜清、張石成、藤川美代子
二〇〇九『即将逝去的船影――九龍江上「吉普賽人」史迹』海風出版社
張銀鋒
二〇〇八「族群歧視与身份重構――以広東『疍民』群体為中心的討論」『中南民族大学学報（人文社会科学版）』二八―三：二一一―二一六
鍾敬文
一九八五（一九二八）「中国疍民文学一臠――咸水歌」『鍾敬文民間文学論集』下：二九二―二九九（鍾敬文「中国疍民文学一臠」『民間文芸叢話』頁不詳）
朱海濱

二〇〇六 「九姓漁戸来源探析」『中国歴史地理論叢』二一―二：五一―五九

（英語文献）

Ingold, Tim

2010 “Anthropology and Life.” *General Anthropology* 17(1) : 1–3.

Ward, Barbara E.

1985(1965) “Varieties of the Conscious Model: The Fishermen of South China.” in *Through Other Eyes: An Anthropologist's View of Hong Kong*, The Chinese University Press.（“Varieties of the Conscious Model: The Fishermen of South China”, in *The Relevance of Models for Social Anthropology*, Michael Banton(ed.), Tavistock Publications Ltd. pp.113–137. バーバラ・ウォード 二〇〇六「さまざまな意識モデル――華南の漁民」（瀬川昌久訳）、瀬川昌久、西澤治彦編『中国文化人類学リーディングス』風響社、二三七―二七九頁）

Wolf, Arthur P.

1974 “Gods, Ghosts, and Ancestors”, in Wolf, A. P. (ed.), *Religion and Ritual in Chinese Society*, California: Stanford University Press. pp.131–182.

（インターネット）

陳可奇

「新中国成立六〇周年漁業発展成就総述」『人民網』

http://nc.people.com.cn/GB61154/9837351.html（二〇〇九年九月一一日アクセス）

海峡都市報

二〇一一年六月一五日 「五月龍海房価格再度超越市区 均価后市有望再走高」記事を転載した『漳州新聞網』を参照

http://www.zznews.cn/fangchan/zfdt/2011–6–15/2011615XRB3QEX+NN161436.shtml（二〇一一年九月三日アクセス）

福建省第六次全国人口普査領導小組弁公室

「福建省第六次全国人口普査主要数拠公報（一）」

http://www.fujian.gov.cn/zwgk/tjxx/tjgb/201106/t20110614_366181.htm（二〇一三年五月三〇日アクセス）

龍海市第六次全国人口普査領導小組弁公室

「龍海市第六次全国人口普査主要数拠公報」
http://www.0596lh.com/forum.php?mod=viewthread&page=1&tid=439861（二〇一二年八月三一日アクセス）

龍海市人民政府
a「龍海市人民政府公衆信息網　龍海概況　対台優勢」
http://www.longhai.gov.cn/ReadNews.asp?NewsID=457（二〇一二年九月一日アクセス）
b「龍海市人民政府公衆信息網　龍海概況　郷鎮簡介 Sm 鎮」
http://www.longhai.gov.cn/ReadNews.asp?NewsID=743（二〇一二年九月三日アクセス）

Lu Hungguong
"Min River, Bridge of Thousand Ages and Foochow Tanka boats, Foochow, China, 1927."
http://ja.wikipedia.org/wiki/%E3%83%95%E3%82%A1%E3%82%A4%E3%83%AB:Min_River_and_Tanka_Boats.jpg（二〇一三年一一月一五日アクセス）

中華人民共和国農業部
「二〇〇八年全国水産品進出口貿易情況」『中国農業信息網』
http://xn——vhq58f7u0f.cn/xxfb/t20090302 1227903.htm（二〇〇九年〇九月一一日アクセス）

（歴史文献）

常璩（東晋）『華陽國志』
魏徴等撰（唐）『隋書』（一九七三　中華書局）
樂史（宋）『太平寰宇記』（一九六三　文海出版社）
鄺露（明）『赤雅』（一九八九　上海古籍出版社『四庫全書』五九四）
屈大均撰（清）『廣東新語』（一九八五　中華書局）
任昉撰（梁）『述異記』（一九八五　中華書局）
李調元撰（清）『粤風』（廣陵書社『中國風土志叢刊』五六）
周去非（南宋）『嶺外代答』（一九六八　芸文印書館）
沈復（清）『浮生六記』（一九八一『浮生六記』松枝茂夫訳　岩波書店）

（映像資料）

厦門衛視専題片（特集番組）

一九九三『夫婦船』厦門衛視

表

資料

図

写真・図表・資料一覧

写真

ら

わ

ま

や

は

な

た

さ

か

索　引

あ

著者紹介

藤川美代子（ふじかわ　みよこ）

1980年、愛知県生まれ。

2014年、神奈川大学歴史民俗資料学研究科博士後期課程修了。博士（歴史民俗資料学）。

現在、南山大学人類学研究所第一種研究所員。

主要論文に、「福建の船上生活者にとって『家』とは何か―ある家族の年代記から」（『物質文化』96、2016年）、「現代中国の社会変化期における水上居民の暮らし」（『年報非文字資料研究』第9号、2013年）など。

水上に住まう　中国福建・連家船漁民の民族誌

2017年2月10日　印刷
2017年2月20日　発行

著　者　藤川美代子
発行者　石井　雅
発行所　株式会社　風響社

東京都北区田端4-14-9（〒114-0014）
TEL 03(3828)9249　振替 00110-0-553554
印刷　モリモト印刷

ISBN978-4-89489-237-8 C3039